中华学人丛书

变局与抉择

晚清人物研究

◎ 李细珠 著

北京师范大学出版集团
BEIJING NORMAL UNIVERSITY PUBLISHING GROUP
北京师范大学出版社

前　言

　　历史是人创造的。无论是英雄史观，还是人民史观，虽然各自强调的侧重点不一样，但历史的主体都是人。事实上，英雄人物也好，人民群众也好，他们都是从不同的角度参与了历史的创造，并担当了不同的角色，因而对历史也就有不同的贡献。可以说，正是他们的合力创造了历史。人是历史的主体。正如马克思、恩格斯在《德意志意识形态》里所说："我们仅仅知道一门唯一的科学，即历史科学。历史可以从两方面来考察，可以把它划分为自然史和人类史。但这两方面是不可分割的；只要有人存在，自然史和人类史就彼此相互制约。"人是联结和主宰自然世界与人类社会的灵魂。没有人，历史只是混沌洪荒；有了人，历史方才异彩纷呈。

　　历史研究离不开人物研究，甚至可以说，从来都是以人物研究为主题。人物研究不能孤立地就人论人，而要考察人物生存的背景与时代，尤其要考察人物的生活经历，尽可能与所研究的人物对话，这样才能理解人物的思想与行动，所谓知人论世，亦即知世论人也。如陈寅恪先生所谓"应具瞭解之同情"，有云："盖古人著书立说，皆有所为而发，故其所处之环境，所受之背景，非完全明瞭，则其学说不易评论。而古代哲学家去今数千年，其时代之真相，极难推知，吾人今日可依据之材料，仅为当时所遗存最小之一部，欲藉此残余断片，以窥测其全部结构，必须备艺术家欣赏古代绘画雕刻之眼光及精神，然后古人立说之用意与对象，始可以真瞭解。所谓真瞭解者，必神游冥想，与立说之古人，处于同一境界，而对于其持论所以不得不如是之苦心孤诣，表一种之同情，始能批评其学说之是非得失，而无隔阂肤廓之论。"①寅恪先生此处虽是就古代哲学史研究而论，其实历史人物研究亦不妨效法。人是历史研究的"题眼"，研究者设身处地，穿越时空，进入所研究的人物的精神世界，从人物论时代，从时代论人物，人生境遇与时代变迁的关系浑然天成，历史人物研究自可更进一境。

话虽如此说，但要做好历史人物研究其实很不容易。我个人觉得，历史人物研究最大的难点就是不确定性，所谓"盖棺难以论定"。这不是一个简单定性的历史人物评价问题，而是涉及对历史人物的生平事迹、交往关系、思想源流、内心精神世界等具体史实的描述与解释，以及对其功过是非的整体把握问题。论者或谓不然，君不见历史人物都是曾经在历史上客观存在过的人物，怎能说不确定呢？事实上，历史人物都是复杂多面的，单面相的人是不存在的。人的认识难免受各种主客观条件的限制，这便为准确认识历史人物的真相增加了种种障碍。

具体而言，历史人物研究的不确定性，主要受三个方面因素的影响：其一，是时代变迁的制约。一个时代有一个时代的学术，历史人物研究也离不开时代的影响。回顾近代中国历史人物研究的路径，在革命史视角下，太平天国运动、义和团运动、辛亥革命"三次革命高潮"中的革命派人物曾经被无限拔高，革命的对立面人物则被任意贬低，处于两者之间"灰色地带"的人物则被有意无意地漠视而边缘化，但随着时代的变迁，在改革开放以后，由于近代化视角的引入，开始拨乱反正，甚至有矫枉过正之嫌，从一个极端走到另一个极端。比如，洪秀全与曾国藩在历史研究中的命运，可谓天翻地覆。历史上曾经存在过的洪秀全与曾国藩当然是确定的，但后人对他们的研究与认识则随着时代的变迁而变化，甚至出现截然相反的现象。所谓此一时也彼一时也，这只不过是一个显例而已。任何时候我们都会认为我们对历史人物的认识是达到或接近了历史的真实，但实际上，我们的认识最多只是反映我们所处这个时代的认识水平而已。

---

① 陈寅恪：《冯友兰中国哲学史上册审查报告》，见 陈寅恪：《金明馆丛稿二编》，279 页，北京，生活·读书·新知三联书店，2001。

其二，是占有资料的有限。史料是历史学研究的基础，历史人物研究也必须以史料说话。近年来，随着国家清史工程的推进，整理出版了大量晚清历史文献，如中国第一历史档案馆的原始档案影印本《清代军机处电报档汇编》《清代军机处随手登记档》，与一些重要历史人物文集《李鸿章全集》《袁世凯全集》，等等，进一步推动了晚清历史人物研究。不仅如此，其他相关史料的整理出版以及数字化也是空前的繁荣。总体而言，晚清历史人物研究可谓具有海量的史料，但是，具体到某一个历史人物，却又不会有现成的全部资料，所谓竭泽而渔只是理想而已。事实上，对于任何一个历史人物，研究者也只能根据自己掌握的有限资料开展研究，因而也只能得到某些侧面的认识，而难以把握全体，只能随着相关资料的不断发掘而不断改进与完善。

其三，更重要的是研究者个体认知的差异。尽管历史人物都是曾经在历史上的客观存在，但这种客观存在不会自己呈现出来，而必须通过研究者主观认知的途径才能有所呈现。研究者的主观认知，既要利用既存史料，又深受其个人知识结构、所持立场方法及其所处时代等复杂因素的影响，自不免千差万别。因此，对于同样一个历史人物，不仅不同时代的研究者会有不同的认识，即使同一时代的研究者看法也不尽相同。历史人物研究中聚讼纷纭，仁者见仁智者见智，所谓"一千个人眼中有一千个哈姆雷特"，甚至如盲人摸象般仅得一孔之见都不足为怪。

值得说明的一点是，历史人物研究的不确定性并不是不可知论，而只是表明任何历史人物研究都只是阶段性的有限认识，人物研究永远在路上。比如说，孙中山研究长期以来是近代中国历史人物研究的"显学"，国内外学界有成百上千学者涉足其中，孙中山研究论著成千上万种，但迄今还没有一部被学界普遍公认的《孙中山传》，可为典型的例证。在某种意义上可以说，历史人物研究中这种不确定性的存在，或许正是其研究的魅力所在。

本书收录晚清历史人物研究 10 篇论文，是笔者关于倭仁与张之洞两项专题研究之外的人物散论。晚清时期，传统中国面临数千年未有之变局，国家何去何从，国人如何自处，便成为时人思考的沉重话题与必须面对的难题。观望、彷徨、呐喊、奋起、顿挫、再兴……各色人等你方唱罢我登场，中国近代化在经世、洋务、维新、新政与革命的交互递进中艰难前行。本书涉及晚清士子管庭芬、魏源、容闳、谭嗣同，官僚曾国藩、倭仁、李鸿章、刘铭传、张之洞、张人骏、袁世凯及实际最高统治者慈禧太后，从不同侧面考察了近代初期他们面对西力东侵与西学东渐挑战在传统与近代之间徘徊的心路历程，以及从洋务自强到变法新政时期清廷高层与地方大员面对千古变局的回应。这些论文虽然并没有使晚清人物应对变局的论述构成一个完整的体系，但却从不同的角度为该课题的研究提供了进一步思考的基点，也在一定程度上反映了晚清大变局中各类人物不同抉择的复杂面相。

目　录

乡村士绅在"近代"边缘的生活世界

  ——嘉道咸同时期管庭芬日记解读 ……………… 1

 一、管庭芬行迹与"近代"边缘的海宁 ……………… 2

 二、科举的理想及其幻灭 …………………………… 5

 三、日常生活与地方社会 …………………………… 15

 四、战乱时期的经历与见闻 ………………………… 33

 五、对近代西方的模糊感知 ………………………… 40

 六、余论 …………………………………………… 46

人生境遇与时代变迁

  ——魏源、容闳、谭嗣同三题 ………………… 48

 一、略论魏源思想的文化背景 ……………………… 48

 二、"边缘人"的角色尴尬——容闳在晚清中国的人生境遇…… 57

 三、谭嗣同戊戌进京前后的思想变动及其原因 …………… 67

曾国藩与倭仁关系论略 ………………………………… 82

 一、早年相交于师友之间 …………………………… 82

 二、晚清理学两个路向 ……………………………… 83

 三、朝内朝外共辅"同治中兴" …………………… 88

 四、晚年"绝交"说史实辨误 ……………………… 93

李鸿章对日本的认识及其外交策略

  ——以19世纪70年代为中心 ………………… 95

 一、前言：问题的提出 ……………………………… 95

 二、中日"修好"与联日制西………………………… 99

三、从台、琉事件看日本的野心 ……………………… 106

四、开放朝鲜与以西制日防俄 …………………………… 114

五、余论：相关问题的讨论 ……………………………… 122

略论刘铭传的台海防御观 ………………………………… 130

一、台防与东南海防 …………………………………… 131

二、台防与闽防 ………………………………………… 134

三、海防与陆防 ………………………………………… 136

四、结语 ………………………………………………… 140

张之洞庚子年何曾有过帝王梦

——与孔祥吉先生商榷兼论清末文献中的"政府"概念 ……… 144

一、几点商榷 …………………………………………… 144

二、"政府"与"成立新政府"之真义 ………………… 170

三、余话 ………………………………………………… 174

在社会问题与经济问题之间

——从张之洞禁烟思想与实践的内在矛盾看晚清禁烟问题的

两难困境 ………………………………………… 177

一、张之洞对鸦片烟毒的认识及其禁烟思想 …………… 178

二、张之洞在山西巡抚任上的禁烟举措与成效 ………… 180

三、张之洞禁烟思想与实践的内在矛盾及其成因 ……… 184

四、晚清禁烟问题的两难困境及其失败症结 …………… 187

张人骏与江苏谘议局 ……………………………………… 190

一、张人骏其人及其对新政的态度 …………………… 191

二、江苏谘议局的开办与张人骏 ……………………… 200

三、张人骏与江苏谘议局的权限之争 ………………… 208

袁世凯与清末责任内阁制 ………………………………… 223

一、袁世凯与责任内阁制的提出 ……………………… 223

二、清廷高层政争与责任内阁制的流产 ……………… 227

三、光宣间政争与袁世凯阁制主张再度受挫 ………… 237

四、袁世凯内阁与清王朝覆灭 ………………………… 245

神妖之间的人
　　——慈禧太后形象三面观 ·· 258
　　一、神化的慈禧太后 ·· 258
　　二、妖魔化的慈禧太后 ·· 271
　　三、还原到人的慈禧太后 ·· 285
后　记 ·· 301

乡村士绅在"近代"边缘的生活世界

——嘉道咸同时期管庭芬日记解读

  道光二十年(1840 年)爆发的中英鸦片战争，被学界大体公认为中国近代史的开端。其基本含义是：中国在西方列强的武力侵略之下，被迫纳入近代资本主义世界体系，从此走向世界，走向近代。在这个从传统向近代转型的时期，经常被论者论及的有林则徐、魏源、姚莹、包世臣、梁廷枏等一批"开眼看世界"的经世派人物，他们在向国人介绍西方知识的同时也开始迈入近代的门槛，但更多的传统士人究竟是否走向了近代则是一个值得探究的问题。进而言之，那些没有走入"近代"或仍在"近代"边缘徘徊的士人，他们又是如何因应世变以及其实际生活世界又是怎样一番情景呢？这更是值得深入探讨的问题。浙江海宁乡村士绅管庭芬，可为此提供一个典型的个案。学界既往关于管庭芬的研究比较欠缺，只是对其校勘学、版本目录学成就有所涉猎①，并在相关学人研究中稍有提及②。随着管庭芬日记的刊布，管庭芬研究开始引起学界的重视③。本文主要利用新刊《管庭芬日记》等资料，具体探讨管庭芬在"近代"边缘的生活世界，以期为鸦片战争前后近代转型期传统乡村士绅的生活状况勾勒一幅清晰的历史图景。

---

  ① 刘尚恒：《清管庭芬稿本〈一瓻笔存〉等三种叙录》，载《文献》1991 年第 3 期；徐永明：《管庭芬未曾重订〈曲海总目〉》，载《中国典籍与文化》2001 年第 2 期。

  ② 邵胜定：《〈曝书杂记〉的性质与钱泰吉的学术》，载《广东图书馆学刊》1987 年第 3 期；葛金根：《奇僧六舟》，载《东方博物》2008 年第 2 期；陈鸿森：《清代海宁学术丰碑——陈鳣其人其学述要》，载《中国文化》2013 年第 2 期。

  ③ 徐志平：《管庭芬〈渟溪日记〉》《管庭芬日记中的科举考试》，载《南湖晚报》2014 年 3 月 16 日、5 月 18 日。

一、管庭芬行迹与"近代"边缘的海宁

管庭芬，原名怀许，字培兰、子佩，号芷湘，晚号笠翁、芷翁、淳溪老渔、淳溪病叟、芷湘居士等，嘉庆二年（1797 年）生于浙江海宁路仲里，诸生出身，能诗善画，精鉴赏，尤熟谙乡邦文献，勤于校勘，"生平露钞星纂，日以书卷为生活"，① 为清代浙江著名的民间藏书家和校勘学家，光绪六年（1880 年）卒于乡里，享年 84 岁。

管庭芬之所以引人注意，是因为他长达 50 余年的日记至今存世并被刊布。中华书局在选刊《淳溪日记》专题资料的基础上，进一步全部刊布系统整理过的《管庭芬日记》，② 为研究管庭芬及其时代的乡村士绅与地方社会提供了非常宝贵的文献资料。管庭芬自称其日记始于乙亥年即嘉庆二十年（1815 年），此前 18 年的事迹也于道光十二年（1832 年）做了概要的追记；而嘉庆二十二年至二十四年（1817—1819 年）的日记因故被毁，也同样做了简要补记；唯嘉庆二十一年（1816 年）九月十二日至年底日记缺失，无从补佚；嘉庆二十五年（1820 年）以后一直到同治四年（1865 年），全部日记几乎无日缺漏地被保存并刊布于世。③ 如此长时间且完整的日记，在清代与近代人物中都非常罕见，因而弥足珍贵。不过，值得注意的一点是，新刊《管庭芬日记》最后一天是同治四年（1865 年）十二月二十九日除夕，一年终了，戛然而止，也没有特别说明。此后 15 年——同治五年至光绪六年（1866—1880 年），管庭芬是否还有日记，其实非常值得期待有进一步的新发现。当然，此为可遇而不可求，现在只能根据已刊日记考察管庭芬此前近 70 年（1797—1865 年）的生命历程了。

---

① 许传霈等原纂、朱锡恩续纂：《海宁州志稿》卷二十九，人物志，文苑，管庭芬，46 页，1922 年排印本。

② 管庭芬等撰、虞坤林整理：《淳溪日记（外三种）》，北京，中华书局，2013；张廷银整理：《管庭芬日记》，北京，中华书局，2013。

③ 管庭芬非常重视写日记，嘉庆二十五年至同治四年（1820—1865 年）几乎无日间断，甚至在道光三十年（1850 年）三月初二至二十九日病重期间由长子升恒代记近一个月（《管庭芬日记》第 3 册，1364~1366 页）。

管庭芬一生最主要的生活空间是以路仲里为中心的海宁。根据新刊《管庭芬日记》，未见嘉庆十九年(1814年)以前管庭芬离开海宁的记载。嘉庆二十年(1815年)，管庭芬第一次参加府试、院试，两次到杭州；进学后，又因多次参加岁试、科试、乡试等各种科举考试临时进省城，并与方外友人六舟上人等交往密切而在杭州南屏、天竺山等处短期住留。嘉庆二十二年(1817年)，管庭芬开始设馆授徒，"馆于晏城沈氏，离家仅四里，已入桐乡县境矣"①。这次越境开馆属例外，其实管庭芬此后主要在家授徒，或设馆于郭溪酆墅镇王家与郭家等处，并长期在硖石蒋氏别下斋校勘古籍，主要活动在海宁境内。

道光三年(1823年)、五年(1825年)，管庭芬曾两次到嘉兴走亲访友。道光九年(1829年)九月初二至十一日，管庭芬与友人柳湖"作越中之游"，② 到过萧山县。这是有据可查的几次短暂的出县境的活动。

管庭芬外游最远、离家时间最长的一次是所谓"都门之游"。③ 道光十年(1830年)九月二十一日，管庭芬辞别老母弱妻幼子，走出家门，沿京杭大运河北上，途经嘉兴、苏州、常州府武进县、丹阳县、京口(镇江)、扬州、高邮州、宝应县、淮安府山阳县、清江浦、宿迁、峄县、滕县、兖州府嵫阳县、东平州、茌平县、高唐州、德州、东光县、沧州、静海县、天津关，于十月二十四日抵达通州漷县，投奔时任通州州判的堂兄管蓼吟(嗣许)，寄宿其官署之中。道光十一年(1831年)四月初一至初六日、八月二十一至二十四日，管庭芬两次短暂到京师活动。同年十一月二十八日，管庭芬告别兄嫂，离开漷县第三次进京，十二月初四日离京南归，基本上按照原路，于道光十二年(1832年)正月二十五日返回海宁家中。此次北上进京远游，途经江苏、山东、直隶三省，历时一年零四个月。

还有一次在海宁县与杭州府境外远游，是管庭芬与好友六舟上人的"越东之游"。④ 道光二十九年(1849年)十一月十五日，管庭芬与六

---

① 《管庭芬日记》第1册，66页。
② 《管庭芬日记》第2册，533页。
③ 《管庭芬日记》第2册，589页。
④ 《管庭芬日记》第3册，1344页。

舟上人从杭州南屏出发，途经萧山、上虞、姚江等县，十八日到达宁波府城，十二月初四日从宁波按原路返回，途中受友人之邀，特游兰亭，过绍兴府城，十二日回到杭州南屏。

除了多次到省城杭州及京师、宁波两次远游之外，管庭芬主要生活在海宁。海宁位于浙江省北部，东邻海盐，西接余杭，北连桐乡，南濒钱塘江。乾隆三十八年（1773 年），海宁由县升州，隶属于杭州府。海宁又名海昌，是浙江省城杭州的门户，地理位置十分重要。乾隆《海宁州志》称："海昌西联省会，东接大洋，其地政繁而赋重，矧海塘系七郡之安危。……升县为州，奉旨准行，盖实为全省之望焉。"①

管庭芬的家乡路仲里，是海宁县城东北部一个比较偏僻的小村落。"路仲里，一名澄溪，在县城东北三十里，稍北三里为桐邑界，西北四五里为崇德界。地居偏僻，小有市廛。东西广里许，南北相去甚促。士民环市而居。"②路仲里是典型的江南水乡，澄溪贯穿南北，水道纵横交错。从路仲里外出，主要交通工具是船。在《管庭芬日记》中，随处可见"舟之……（某处）"的记载，如《海宁州志》所谓"行者工舟楫"③，正是对海宁交通状况的如实写照。从海宁到杭州的交通，也主要是水路。《海宁州志》载："自省至县，水路三：曰上河，由临平镇；曰下河，由塘栖镇，俱会于长安镇；曰备水塘河，由打铁关。陆路一，曰南塘，出省城太平门，由海塘，抵县南门。水路上河一百二十里，下河一百四十里，备水塘河一百里，陆路一百里。"④管庭芬从海宁到杭州经常走的是长安至临平一线的上河水路。应该说，海宁的对外交通还是比较便利的。

但是，与中国近代化的艰难历程一样，海宁走向"近代"的步履也是非常缓慢的。鸦片战争以后，中国被迫对外开放广州、厦门、福州、

---

① 战鲁村修：《海宁州志》卷一，州治，14 页，乾隆四十年（1775 年）修、道光二十八年（1848 年）重刊本。

② 许传霈等原纂、朱锡恩续纂：《海宁州志稿》卷三，舆地志 13，市镇，4 页。

③ 战鲁村修：《海宁州志》卷二，风俗，49 页。

④ 战鲁村修：《海宁州志》卷一，疆界，12 页。

宁波、上海五口通商。"天朝上国"的封闭体系被打开几个缺口，但整个清王朝仍然基本上沉浸在昏睡状态之中，甚至期望从南京"城下之盟"得到一种永久的和平。"但使夷人从此永不犯边，四海晏然安堵，则以大事小，乐天之道，孰不以为上策哉！"①鸦片战争之后 20 余年，中国丧失了第一次近代化发展的机遇。虽然五口通商是在西方列强武力侵略之下被迫走向近代世界的窗口，但当时并没有多少人从这些窗口呼吸到域外新鲜的空气，通商五口的近代化也没有迅速向内地辐射。与内地其他地方一样，在相当长时期内，海宁也没有随之走向近代化，而最多只是处于"近代"的边缘。这有两层含义：其一是地理空间的边缘。海宁介于第一批被迫开放的通商口岸上海与宁波之间，按照当时海宁至上海、宁波的交通条件，其实不难受到上海、宁波近代化辐射的波及，但事实并非如此。上海于道光二十三年九月二十六日（1843年 11 月 17 日）开埠，宁波于道光二十三年十月二十八日（1844 年 1月 1 日）开埠。当上海与宁波被迫接受近代西方事物开始近代化历程时，海宁仍在传统中国体系内自我蜕变。其二是实质意义的边缘。如果可以把中国早期近代化理解为与近代西方的接触、认识与适应，那么在《管庭芬日记》中就根本看不到"近代"的因素，通过有关两次鸦片战争中"英夷"入侵以及一些西方传教士的传闻，管庭芬对近代西方充其量只有若干非常模糊的感知（详下文）。管庭芬在海宁与杭州的生活很难说有"近代"的因素，即使于道光二十九年（1849 年）到过开埠后的宁波，似乎也没有"近代"的感觉，最多只能说生活在"近代"的边缘。

二、科举的理想及其幻灭

尽管人们对科举制度时有非议，但科举考试对于传统士人却有着无穷的魅力。曾国藩常以三甲"赐同进士出身"为耻，左宗棠则终身以仅得举人为憾，这些都是人所熟知的儒林趣谈。显然，对于传统士人来说，科举功名具有与身家性命等同的价值。"本朝最重科目，咸同

①　曾国藩：《禀祖父母》，见《曾国藩全集·家书》第 1 册，33 页，长沙，岳麓书社，1987。

时俗尚未变，士由异途进者，乡里耻之。"①可以说，科举功名是传统士人人生价值的一个重要标志。生当嘉道咸同的管庭芬，自然不能免俗。

管庭芬4岁开始识字，从父亲读《千字文》等书，随后在父亲与塾师金介亭指导下学习四书五经。16岁课时艺并"观场州试"②，此后从金介亭专课举业。

与一般传统士子一样，管庭芬非常憧憬学而优则仕，"他年若许登台阁，愿作朱云折槛旌"③，但其科举道路一开始便不平坦。嘉庆二十年（1815年），19岁的管庭芬第一次正式应试，虽顺利通过州试、府试，但院试不幸落榜。其嘉庆二十二年至二十四年（1817—1819年）的日记因故被毁，但在日后简要补记中并没有应试记录，似有不堪回首之隐衷。在补记中，他自叹"学业无成"，有谓：

> 余马齿渐长，学业无成，惆怅之余，作诗聊以自励。云："土木形骸了不知，赖趋庭训与严师。敢抛笔砚将身误，要卜文章报国时。白日易荒须努力，青年不再莫荒嬉。蹉跎究竟思无益，须念高堂发尽丝。"聊写真意，非因吟咏也。④

甚至有对科名的鄙薄，日记有谓：

> 读书所以长识见，若徒博科名，死于章句下，不知古今理乱为何物，亦属可怜。余有绝句云："静摊黄卷对孤檠，一榻丛残手自评。别有深心人不解，读书岂仅博科名。"⑤

又有对族人澹凝茂才"颇有击碎唾壶之慨"的下第诗的共鸣，"依韵以和，并为寄慰"，有云：

---

① 胡思敬：《科目盛衰》，见《国闻备乘》，42页，上海，上海书店出版社，1997。

② 《管庭芬日记》第1册，13页。

③ 《管庭芬日记》第1册，66页。

④ 《管庭芬日记》第1册，70页。

⑤ 《管庭芬日记》第1册，72页。

其一："寒毯枯坐对空园，老屋三间寄隐身。鲤跃禹门先点额，珠投暗室便韬真。不随世上幢竿戏，懒逐天涯马足尘。今日何须歌伏枥，英雄岂仅作遗薪。"其二："虽非潘岳旧丰神，笔阵能攻百二秦。大器由来成晚节，好花从不放三春。胸添闷垒宜浇酒，室有奇书可贺贫。从此鹏骞原指日，岂嫌华发渐成银。"①

可见这三年似也有应试落第的经历。既郁闷又倖存期望，管庭芬的心情无比复杂。

嘉庆二十五年(1820 年)，24 岁的管庭芬终于如愿考入海宁州学为生员(秀才)，取得最低一级的科举功名，成为下层士绅。友人金秀峰赠诗曰："雅慕君才抵甲兵，果然一举便登瀛。文因博览增奇气，诗以清言获盛名。此日鹏程初发轫，他年凤阁即蜚声。从知云路原非远，有志何难事竟成。"②管庭芬记下此诗，心中充满憧憬。

第二年，正值道光元年(1821 年)辛巳恩科乡试，管庭芬乘胜出击，但遗憾的是这第一次又应试不中。其落卷评语为："少精警刻露之笔。"③管庭芬无话可说，然初战不利，总不免失意之感。其咏秋海棠诗有曰："也随黄菊艳墙东，绰约娇躯倚碧桐。滴泪竟成千古恨，断肠偏放一秋红。醉痕上脸难禁雨，病迟梳头懒避风。十二阑干重点缀，美人原在梦魂中。"虽自云"聊以咏物而已，若曰有托，则吾岂敢"④，但实在难掩内心失落之伤。

不知何故，道光二年(1822 年)壬午科乡试，管庭芬并没有应试。其当年《岁末感怀诗》之四有云："韶光一掷疾如梭，总忆春回腊又过。淅沥寒声销病骨，寂寥灯影动帘波。无才敢望青纱脱，有志当须铁砚磨。收拾残书作归计，何年方听鹿鸣歌。"⑤仍对科举充满殷切期望，而且有立志苦读势必拿下之意。

为全力以赴参加道光五年(1825 年)乙酉科乡试，管庭芬甚至毅然

---

① 《管庭芬日记》第 1 册，83 页。
② 《管庭芬日记》第 1 册，99 页。
③ 《管庭芬日记》第 1 册，152 页。
④ 《管庭芬日记》第 1 册，151 页。
⑤ 《管庭芬日记》第 1 册，197 页。

辞却学馆，专力温书备考。友人也寄予厚望，许为"夺标巨手"，并作诗"预贺元禧"，其诗有句云："梯云定是抢元手，转瞬芙蓉镜里仙。"①然而非常不幸的是，就在乡试即将开考之际，管庭芬的父亲突然去世，"忽罹大故，方寸俱裂"②。其"抢元"之梦一时被击得粉碎。

此后一段时期内，管庭芬与任职"都中"的堂兄管蓼吟函札往返密切。他动了进京的念头，希望管蓼吟代为推荐，有谓："弟年来坐食艰虞，一片青毡，又未肯捐弃，虽长安米贵，居大不易，而争名利者不得不趋人海，如同寅中有可荐袁之处，恳力为推毂，则是所祷切。"并赋诗展望进京情景："何时聚首问京华，看遍长安陌上花。风雨灯残联短榻，关山秋老听边笳。思求骏骨金台路，望接蟾宫碧汉槎。吟罢新诗帘幕卷，寥天雁字一行斜。"③管蓼吟一边留意代觅教馆，一边仍勉励其努力科考，回函有谓："承委觅馆地，兄岂不留意。然明月岁场期，正宜努力，高摘榜花，后年即可由兄处入礼闱，伫望伫望。"④当然，管庭芬也希望能通过科考摆脱困境，有云："明岁又届乡闱，如弟能徼幸一第，不独略振衰宗，亦不负大兄锦注耳。"⑤但道光八年(1828年)戊子科乡试，管庭芬仍是名落孙山。

特别值得注意的是，管庭芬道光十年(1830年)九月至十二年(1832年)正月的"都门之游"主要目的不是寻觅教馆，而是希望"移民"科考，即设法"援例""占籍"参加顺天乡试，用管蓼吟与管庭芬在《澥阴志略》序、跋中的话说就是"拟应京兆之试"。⑥ 管庭芬这段时间的日记没有明说，但其所记师友信函则透露了此种信息。其师辈周竹泉来书有云："足下以风雅之才，入莲花之幕，定能到处逢迎。且长安为争名之地，今年入闱之说，恐不能。明岁能援例，更妙。否则占籍小试，姑耐守之以俟机会，幸勿以是为戚戚也。"许春苹来函云："以阁下绣虎

① 《管庭芬日记》第 1 册，303 页。
② 《管庭芬日记》第 1 册，308 页。
③ 《管庭芬日记》第 1 册，411、412 页。
④ 《管庭芬日记》第 1 册，450 页。
⑤ 《管庭芬日记》第 1 册，455 页。
⑥ 《管庭芬日记》第 4 册，1430 页。

雕龙之俊，怜才者自当出一头地，援例之举，务宜善为筹划，藉此振翮云霄，庶不虚此一行也。"许函附诗："半载离怀郁不开，春风吹梦到金台。守株我已穷愁剧，伏枥君休壮志灰。早羡凤楼夸妙手，岂无狗监识真才。伫看蟾窟分香后，定卜簪花得意回。"①遗憾的是，师友的期许并没有成为现实。管庭芬也曾两次到京师活动，但都没有实质性收获。道光十一年（1831年）辛卯恩科，管庭芬不但没有参加顺天乡试，而且也错过了浙江乡试。在是科乡试之后，管庭芬作《秋怀》诗有云："书卷飘零未遇时，佯狂燕市少人知。无踪鸿雁仍追月，有用文章不在诗。远岫接连寒翠湿，平沙辽阔暖烟迟。此身悔踏金台路，闲却囊中笔一枝。""未能捧檄慰高堂，辜负三秋桂子香。牛斗终难藏宝气，轮蹄何必逐名场。难求骏骨愁文士，不碎瑶琴学酒狂。听到催归归也得，万重云树枉思乡。"②一个"悔"字，一个"闲"字，点破了"都门之游"的失意和无奈。日后在追忆这段往事时，管庭芬仍颇感不堪回首："我昔郁悒不得志，惘惘出门非快意。轮蹄历碌壮怀消，满眼黄尘着人腻。名缰利锁两无就，始信长安居不易。黄金渐尽金台高，买得穷途一掬泪。"③

从道光十二年（1832年）壬辰科到咸丰二年（1852年）壬子科，21年间，管庭芬连续参加12科浙江乡试，均名落孙山。管庭芬已经56岁，此后其日记未见有乡试应试记录（详见下表）。

道光元年至同治四年（1821—1865年）管庭芬参与浙江乡试一览表

序号	乡试科名	参与情况	备注
1	道光元年（1821年）辛巳恩科	应试不中	
2	道光二年（1822年）壬午科	未应试	
3	道光五年（1825年）乙酉科	未应试	因父亲去世丁忧
4	道光八年（1828年）戊子科	应试不中	
5	道光十一年（1831年）辛卯恩科	未应试	北游在通州漷县

---

① 《管庭芬日记》第2册，630、631页。
② 《管庭芬日记》第2册，636页。
③ 《管庭芬日记》第2册，730页。

序号	乡试科名	参与情况	备注
6	道光十二年(1832年)壬辰科	应试不中	
7	道光十四年(1834年)甲午科	应试不中	
8	道光十五年(1835年)乙未恩科	应试不中	
9	道光十七年(1837年)丁酉科	应试不中	
10	道光十九年(1839年)己亥科	应试不中	
11	道光二十年(1840年)庚子恩科	应试不中	
12	道光二十三年(1843年)癸卯科	应试不中	
13	道光二十四年(1844年)甲辰恩科	应试不中	
14	道光二十六年(1846年)丙午科	应试不中	
15	道光二十九年(1849年)己酉科	应试不中	
16	咸丰元年(1851年)辛亥恩科	应试不中	
17	咸丰二年(1852年)壬子科	应试不中	
18	咸丰五年(1855年)乙卯科	未应试	
19	咸丰八年(1858年)戊午科	未应试	
20	咸丰九年(1859年)己未恩科	未应试	
21	咸丰十一年(1861年)辛酉科	—	因战乱停考
22	同治元年(1862年)壬戌恩科	—	因战乱停考
23	同治三年(1864年)甲子科	—	因战乱停考
24	同治四年(1865年)乙丑科	未应试	战乱后补行科考

资料来源：张廷银整理：《管庭芬日记》第1—4册，北京，中华书局，2013；法式善等撰：《清秘述闻三种》中册，北京，中华书局，1997。

管庭芬对于科举的心态有一个转变的过程。起初是踌躇满志，志在必得，企望金榜题名，光宗耀祖。管庭芬确实是海宁一个难得的读书种子，潘德音（琴史）为其诗集作序有谓："芷湘子天才卓荦，好读书，承其家学，惟以汲古为务，每见秘笈，靡不借抄，藏之箧衍，集中所云'供我岂无万卷书'，其素志也。"①如前所述，师友的奖掖与期许正是管庭芬不断参加科考的动力。事实上，管庭芬也不时做着"何日

---

① 《管庭芬日记》第1册，176页。

名成，桂花仙榜"①的梦。他在"都门之游"第一次进京时，即到前门外关圣庙拈香"兼祈功名"；从京师南返时，又到前门外关圣庙"敬问回南功名"。② 可见其对科举功名的渴望。

然而事实是无情的。屡试屡败后，管庭芬体察到科考的种种弊病，转而痛斥科举。在管庭芬日记中，有一个细节值得注意，道光十四年（1834 年）甲午科乡试以前，作为生员的管庭芬尚在为举人拼搏，但他却非常关注每科会试考题、浙江会试中式题名录及会试鼎甲单，③ 此后其日记则极少涉及此类信息。或许可以说，道光十四年（1834 年）甲午科乡试，正是管庭芬对科举心态变化的一个转折点。时年 38 岁的管庭芬在此前七科乡试中四次应试不中，已开始失去信心，其心态也因此发生微妙的变化。是科落榜后，其日记载：

> 门斗以落卷来归，评云"于题义未能切实发挥"，而誊录首场字迹恶劣，且脱误十余字，二三场皆任意草书，不能句读。阅之痛心。吁！钱神当道，寒士不可言功名矣。④

管庭芬把自己落榜的原因，归咎于没有钱买通誊录者，使他们任意胡乱誊录，以至于影响考官阅卷。此后还多次如此抱怨，道光十九年（1839 年）十月二十七日记载：

> 门斗来还落卷，誊录脱误漏略，不忍阅视，房官评云："首艺明晰，次三有不可解句。诗妥。"吁！不可解之处，咎在此乎，咎在彼乎。誊录持权，寒士吃亏。甚矣，在房官尚梦梦也。⑤

道光二十三年（1843 年）十月二十七日记载：

---

① 《管庭芬日记》第 1 册，224 页。
② 《管庭芬日记》第 2 册，620、648 页。
③ 《管庭芬日记》第 1 册，169、210～212、215、348、357 页；第 2 册，515、677、681～682、721～722 页。
④ 《管庭芬日记》第 2 册，779 页。
⑤ 《管庭芬日记》第 3 册，976 页。

门斗寄落卷来，潦草纵横，脱误不能句读，家贫不克以赔博誊录之欢，其阱人一至于此，欲邀功名者，宜富家大吉矣。因题长歌于后云："秀才不利市，到处受磨折。眼落数寸光，心空一斗血。文章无灵俗子笑，举世何从判优劣。频年秋风吹棘闱，虚度中秋好明月。昨朝落卷至，挑灯试批阅。字迹乱蚓蛇，句法误秦越。潦草蓝笔点几行，疵累何尝细摘抉。钱神不来誊录怒，此辈直可阨豪杰。我闻科场本大典，监司于此励风节。何意横行任魑魅，竟使居奇作金埒。寒士虚费半载粮，三年攻苦望提契。甫闻木樨香，旋报菊花发。一朝铩羽亦丧气，怪事书空频咄咄。不知主司未抹红，陷阱早从帘外设。昨日美少年，顿挫发成雪。呼天欲诉天亦醉，火则太寒冰太热。平心而论聊自解，富居五福早分别。吾侪沦落亦其分，孔圣孔方难并列。呼儿持去覆酒瓮，何必逢人说蹉跌。"余卷在第一房，其评语云"欠圆警"。①

管庭芬的抱怨也许有一定道理，但这并非他屡试不中的关键，其实他更应该从自己身上找原因。平心而论，管庭芬的考试技巧确实有问题。早在管庭芬"都门之游"时，已是举人并在京师课馆的潘仲方看了他的制义文后，特别指出了这一点，有谓："佳制六篇，细读之下，才气迥不犹人，惟好用词采，于近时风气不合，尚须讲求细切为主。《八铭初集》及《张太史塾课》虽系初学读本，然近来北闱考试者俱以此为摩本，无庸过求其高也。至墨卷须择其清晰者读之，极重华旺者断不宜看。《八铭》中如'君子易事'一句，'欲修其身'二句，此为近时花样，类而推之，可隅反也。"②管庭芬后来致书也是举人的好友许春苹，也承认了这一点，有云："弟之制义实与近时花样不同，兼之狂生落魄，事事不合时宜，以奇字为怪诞，以佳话为笑柄，此中苦海汨没英雄，惟阁下每为首肯者，岂公道在人，抑或有过情之誉，真令人疑愧并集矣。"③但实际上，管庭芬并没有下功夫，在考试技巧上少有实质

---

① 《管庭芬日记》第 3 册，1139～1140 页。
② 《管庭芬日记》第 2 册，617 页。
③ 《管庭芬日记》第 2 册，685 页。

性的改进。

道光十四年(1834年)甲午科后，从道光十五年(1835年)乙未恩科到咸丰二年(1852年)壬子科，管庭芬又一连参加10次乡试，有考必试，每试必败，直到56岁仍然落榜后，最终不得不自动放弃。管庭芬如此屡败屡试，似乎有点碰运气的意味，实际上他并没有充分准备，平日主要忙于课馆和校书，每次都是匆忙应试，故不免屡试屡败。或许因为心态的变化，所以他看到的科考阴暗面较多，每每记入日记，发点牢骚。道光二十三年(1843年)癸卯科乡试，"候点头场名。雨骤风狂，水涌厂漏，兼之人数至一万二千有零之多，势甚拥挤，至有伤而不能就试者。余至迫暮方入，衣履皆湿透，不得更易，生平困苦，惟此为最。然后来者有中宵未克归号者，其窘更有甚于余矣。至四更三点方得封门，五更三点方能对号，亦二百年来所未有也"①。道光二十八年(1848年)科试，"出一等案，余不招覆，盖宗师所取者仅势利两途，惟以外貌相士，余年已苍老，自不合台阁，其见摈宜也。后知贱名抑置三等十名之外，毋乃过甚乎?"②道光二十九年(1849年)己酉科乡试，"时近号闻有桐庐诸生孙君名宇潼者，扶病入闱，即殁于号舍，始真功名有重于性命，亦大可悲矣"③。咸丰二年(1852年)壬子科乡试，管庭芬最后一次应试落第，在日记中对此科结果的评论颇有意味："是日揭晓，海昌中式者曰周士清，其才品无所取，至朱雪篁学博元佑文行俱优，以拔萃科而入副榜，士论皆惜之。"④明显有对科考录取公平性的怀疑。同治四年(1865年)在太平军战乱之后补行庚申科试、壬戌岁试、癸亥科试，管庭芬认为"此回试事之变局，则开国以来所未有"，在日记中记其乱象颇多，谨录其二则如下：

> 是时学使者性本慈爱，待士子以概从宽，奈过信掌案积蠹之吏所言，不遵《学政全书》旧规，庚申例为辛酉科举，壬戌例为恩

---

① 《管庭芬日记》第3册，1130页。
② 《管庭芬日记》第3册，1294页。
③ 《管庭芬日记》第3册，1336页。
④ 《管庭芬日记》第4册，1449～1450页。

科科举，盖数百年来不易之典也，今皆不遵，而以癸亥一场所取方准两科入闱，若未赴癸亥科考者，虽前已名列一二等，一概皆使录遗，此蠹之弊，非例也。于是寒畯考费甚为拮据，颇不洽于士心。

仁和、钱塘、富阳人才几罄，此时宁、绍两郡有力者过江冒籍，几十之二三，皆藉案吏之力，庶无烦言。海宁童生赴试者几及二百，而拨府每案仅二人，仁、钱、富考者不满百，每案皆拨至十人。吁，钱神之力如此其广，而学使者岂不知之。①

历来对科举颇有非议者，多为科考不顺之人。管庭芬在科举的理想幻灭之后，对科举的不满，每每形诸笔端，正是其屡试屡败不平心声的反映。

纵观管庭芬的科举生涯，其实充满了酸甜苦辣，有进学成功的喜悦，更有屡试失败的忧伤。他 24 岁中生员，取得了下层士绅的身份，但 56 岁还没有中举人，最终没有进入上层士绅行列。据有人对科举考试中榜时平均年龄的研究，生员约 24 岁，举人约 30 岁，进士约 35 岁。② 应该说，管庭芬的开局还可以，但此后竟然屡屡参加乡试而不中，就不能简单归咎于制度的问题，而更需要其反躬自省，至少应对其应试能力做恰当的评估。其实，中生员取得下层士绅的身份也并不容易。据统计，清代太平天国以前由生员取得下层士绅身份的人数约 73.9 万③，而当时中国总人口约 4.3 亿④。就是说，当时中国人中生员的比例是 0.17％，可见也是凤毛麟角。这个生员与下层士绅身份对管庭芬非常重要。民国《海宁州志稿》中仅 188 字的管庭芬小传，不忘

① 《管庭芬日记》第 4 册，1816～1817 页。
② 张仲礼著，李荣昌译：《中国绅士——关于其在 19 世纪中国社会中作用的研究》，174 页，上海，上海社会科学院出版社，1991。
③ 张仲礼著，李荣昌译：《中国绅士——关于其在 19 世纪中国社会中作用的研究》，110 页。
④ 何炳棣著，葛剑雄译：《明初以降人口及其相关问题：1368—1953》，75 页，北京，生活·读书·新知三联书店，2000。

点出其诸生的身份和"重游泮官[宫]"的荣耀，① 无疑这是其 84 岁生命历程中重要的闪光点。事实上，也正是这个生员学衔与下层士绅身份的获得，使管庭芬具有与一般布衣百姓不一样的生活世界。

三、日常生活与地方社会

作为生员出身的下层士绅，管庭芬本应该把主要精力用于读书应试，争取通过乡试、会试，挤进上层士绅社会。但是，由于家庭并不富裕，管庭芬不得不以教馆维持生计，如其所自述"受室后碌碌为衣食计，闲则习举子业"②，而个人又特别偏爱古书金石，这些耗费了他的主要精力，以至于科考并不顺利，未能更进一步，终生仅得诸生身份，只能在下层士绅社会活动，最终成为一个学者型的乡村士绅。

(一)四世同堂的教读之家

管氏始祖于明朝成化年间由姚江迁居海宁路仲，历代祖辈多为诸生出身，以课馆为业，有读书传统。管庭芬自述："余家食贫守拙，安分读书，积百有余年矣。"③管庭芬生父管题雁，字应期，号柳衣，郡庠生，著有《心亨书屋剩稿》二卷，是路仲里著名的塾师，"此间论俊秀，强半托门墙"④。管庭芬五岁时过继给伯父管省吾（字武曾，太学生）为嗣，其时伯父已过世，伯母朱太孺人也在管庭芬 21 岁时去世，此后管庭芬实际上是与本生父母生活在一起。

管庭芬夫人为海宁潘氏，其岳父潘晴江（一山）、叔岳潘仲方与潘琴史对他多有帮助。嘉庆十九年（1814 年），管庭芬的长子升恒出生。接着连生三女，管庭芬戏作二绝句："呱呱忽听作啼声，何苦添丁女又生。欲改褐衣裁紫凤，阿娘巧为细经营。""睹此真堪赋恼公，懒开汤饼

① 许传霈等原纂、朱锡恩续纂：《海宁州志稿》卷二十九，人物志，文苑，管庭芬，45～46 页。
② 管庭芬：《管庭芬笔记两种·艸兮笔记》，1 页，上海，上海书店出版社，1989。
③ 《管庭芬日记》第 1 册，7 页。
④ 《管庭芬日记》第 1 册，3、305 页。

宴堂中。他年姊妹于归日，裙布荆钗累阿翁。"①后又生三儿女，均早夭。道光六年(1826年)，长子升恒与海宁应时良(笠湖)之女订亲，道光十六年(1836年)完婚，连生数女，"为之怅怅"。②道光二十八年(1848年)六月十五日，"接升恒书，喜于十四日丑刻得一孙，因名之曰'保孙'"③。咸丰三年(1853年)十二月二十日，"次孙庆生生"④。其时管庭芬上有年近八旬的老母，享受着四世同堂的天伦之乐。

作为下层士绅的管庭芬，家里薄有田产，属于小地主之家。在管庭芬日记中，常有"收租之……(某处)"或"之……(某)佃处收租"的记载。实际上，管庭芬的主要收入来源是课馆，但又因喜欢买古书，仍是颇感拮据，所谓"借馆谷以糊口，略有赢余，虽衣敝履穿，不为修饰，即付西吴书估"⑤，加上其家庭人口较多，所以生活并不富裕，甚至常有贫困之感。其《听雨》二绝有云："亲老家贫可奈何，谋生乏策枉蹉跎。剧怜苦雨愁难遣，想到中霄滴泪多。""丰年犹恨欲啼饥，屡值奇荒更莫支。如此米珠薪桂候，一家难免绝粮时。"⑥其挽二弟联云："镂肾雕肝，半世苦为家室累；析薪负米，一贫难慰兄弟愁。"禁不住感叹："虽挽弟，实以自挽也。不亦悲哉。"⑦这是具有诗人气质的管庭芬悲天悯人的心声，当然其实际生活并非如此悲苦，也许这正是一个心高命薄的下层士绅在物质与精神生活方面均未能得到满足的真实写照。

(二)设馆授徒

在清代，仅有生员学衔的下层士绅并不具备直接入仕的条件，其入仕的途径有二：一是正途，即进一步通过乡试、会试，取得举人、进士学衔；二是异途，就是通过捐纳的方式。管庭芬的"正途"没有走

---

① 《管庭芬日记》第1册，241页。
② 《管庭芬日记》第3册，1161页。
③ 《管庭芬日记》第3册，1295页。
④ 《管庭芬日记》第4册，1492页。
⑤ 《管庭芬日记》第1册，225页。
⑥ 《管庭芬日记》第1册，219页。
⑦ 《管庭芬日记》第4册，1514页。

通，而"异途"又没有资本，且不屑为之。① 于是，管庭芬最合适的出路就是设馆授徒。

嘉庆二十二年（1817 年），管庭芬首次开馆于桐乡晏城沈氏"红叶村庄"。"僻居乡曲，居停又非解人意，甚落寞。"②初次体验到乡村课馆生活的寂寥。两年后，又移馆于家乡附近的晖芸书屋。其时管庭芬尚未进学，但在当地乡村士子圈内已稍有诗文之名。管庭芬最重要的两次课馆经历，是设馆于郭溪鄾墅镇王家与郭家。道光二年（1822年），管庭芬在鄾墅镇王桎峰家设馆，其书斋曰"太古轩"，有《太古轩记》一篇详叙其课馆生活如下：

> 太古之轩，芷湘子书以悬寓斋额也。忆自壬午之春，始客居郭溪太原氏，地当浐江之奥区，平畴绿野，中有屋数楹，掩映于疏槐高柳间，主人为予洁其北窗，作书室，尘嚣不闻，惟鸡犬声时流露于篱落下，余顾而乐之，因颜其居曰"太古"。每当课蒙之暇，把卷卧北窗下，清风徐来，原不让靖节之羲皇上人，而栩栩然或吟或咏，诸生时窃笑以为狂，而吾亦不能自抑，须卷尽乃止。邻居四五家俱以耕凿为业，终岁不入城市，每询以时事，则口棘无所答，吾甚爱其直朴，孰谓康衢击壤之风去古甚远哉。客有诮予曰："山静如太古，唐人山居诗也。子非山中人，而以此颜其居，毋乃弗类乎。"余笑曰："子非知古者，夫已往曰古，今之今即后之古也，况予日处荒村寂寞中，当春风来而繁英长，夏日烈而老木荣，霜气降而败叶脱，雪花飞而水泽坚，此四时中之太古，古与今无别也。时或相羊原隰，老农邀予坐茅檐下，竹痕侵衣，稻花拂袂，夕阳下来，秋歌互答，此出作入息之太古，古与今亦无别也。其或旧雨不来，孤灯夜坐，愁霖作声，蕉碎欲死，童子低头，怅惘莫已，此寥寂中之太古，古与今又无异焉。间则翻经史，弄笔墨，讲章句，论忠孝，日与圣贤相对，此六时中之太古，

---

① 《管庭芬日记》第 1 册，452～453 页。按：管庭芬抄录无名氏《捐官十嘲》（对捐官者极尽冷嘲热讽之能事），认为"实堪解颐"。

② 《管庭芬日记》第 1 册，73 页。

古与今又何歧乎。至于一喜一怒，一哀一乐，一动一静，一饮一食，又何限于古今。吾虽非山栖者而以太古名其居，聊以志地志真率而已，庸何伤？"客亦不答，微哂而退。因为之铭曰：茫茫天地，有今有古。古往今来，疾驰如弩。茅屋三间，野水当户。携书千卷，高陈两庑。旅况无聊，颂声彻午。三代圣贤，日可为伍。赖此荒区，养生有主。太古名轩，以志我鲁。①

管庭芬把这"荒村寂寞"的课馆生活描绘成一幅令人神往的田园诗画面，并不无自得其乐之感，关键在于他原本以为设馆只是权宜之计。道光四年（1824年）底，为了全力以赴准备道光五年（1825年）乙酉科乡试，管庭芬特意辞馆回家备考。但不幸的是，因为父亲的突然去世，竟使其金榜题名的美梦顿时化为泡影。道光七年（1827年），管庭芬又到鄔墅镇郭杏园家设馆，其《重馆泞江》四律之一有云："半肩行李又随身，重向泞江问主人。聊借蠹书消岁月，为谋鹤俸且风尘。河堤柳绽初迎客，花径蜂喧欲报春。富贵神仙俱未遂，青毡仍守鲁儒巾。"尤其之二有句"未能焦尾成龙去，翻效于思弃甲来"，与之四有句"连日惊潮喧壮志，两年负笈未天涯"，②颇有狼狈回归之憾。实际上，当时管庭芬已颇不满于乡村课馆生活，其致书堂兄管蓼吟有云："弟年来食指浩繁，破砚生涯，终非活计。钻故纸之中，日与二三童子相对。鸡肋之味，实弃就两难耳。"③如前所述，他本来希望通过管蓼吟谋划"都门之游"，以寻求新的发展，但结果未能如愿以偿。

道光十二年（1832年），管庭芬从"都门之游"回来后，又不得不重操旧业，开馆授徒。当年二月十四日，"朱云乾表兄招予课其长君静籛读，是日到馆"④。道光二十年（1840年）正月二十四日，"王春海、粟海二君舟来邀到馆，午后抵硖。"二十五日，"是日开馆，徒三人"⑤。咸丰六年（1856年）八月二十一日，"因寅防处西席钱君伯生返禾，属

---

① 《管庭芬日记》第1册，229~230页。
② 《管庭芬日记》第1册，399~400页。
③ 《管庭芬日记》第1册，455页。
④ 《管庭芬日记》第2册，669页。
⑤ 《管庭芬日记》第3册，986页。

权馆事，课其子载黄、厚培于思不群斋"①。有时或在家设馆授徒，日记有"陈丈升初携其郎湘圃步瀛受业于余"②和"迁学徒于家塾"③的记载。咸丰九年(1859年)正月二十三日夜晚，已放弃科举应试的管庭芬做了一个奇怪的梦，"是宵梦至一处，茅舍竹篱，颇饶幽致，入内似书室，中悬一联云：'寻一片苔矶垂钓，留几间茅屋读书。'闻寺钟动而醒，岂示我终老牖下之兆乎"④。梦是心理暗示，也是现实的投影，管庭芬梦境所呈现的正是其长年乡村课馆生活的鲜活图景。

(三)吟诗作画

吟诗作画是文人士子的风雅。管庭芬亦酷爱并擅长于此，其日记随处可见为友人画画题诗或自画自题的场景，毋宁说这已成为其生命的一部分。

管庭芬在海宁士子中饶有诗名，颇得师友推许。马省三观其近稿题一绝："绝妙高人绝妙诗，万言倚马亦吾师。果然写出非凡句，疑是江郎梦笔时。"⑤张愚全和其《重馆浔江》诗有云："知君李杜是前身，信笔拈来迥异人。腹有诗书供咳唾，胸无城府绝凡尘。友朋合契联吟社，童冠偕游乐暮春。哲匠当年曾赏鉴，英才那个老儒巾。"⑥马古芸寄归其诗稿跋其后："芷湘先生诗笔清妙，海昌诸名宿皆服其才而称道之。余未解诗，而芷湘屡过碧萝吟馆，殷然就质于余，因得读其近稿，但觉天风清冷，如瑶琴发响，非筝琶筑笛之可比，近体似韦柳，古诗则追踪元白，充其才力，将欲抗驾前贤，若近时所谓能诗者，真屈宋衙官矣。"⑦吴醒园为其《自娱集》作序："予知芷湘之能诗久矣，而所见者不多，恒以未得读其全稿为憾。……息心展诵(《自娱集》)，见其取材也富，运思也深，调则从容而不迫，辞则妍丽而清新，拟诸前辈，唐

---

① 《管庭芬日记》第4册，1556页。
② 《管庭芬日记》第3册，1303页。
③ 《管庭芬日记》第4册，1777页。
④ 《管庭芬日记》第4册，1616页。
⑤ 《管庭芬日记》第1册，264页。
⑥ 《管庭芬日记》第1册，403页。
⑦ 《管庭芬日记》第2册，460页。

似元白，宋比欧梅，明同何李，以视拜表揖赵趋时好者，迥乎不侔矣。"①管庭芬吟诗主张率性写真，反对刻意雕琢，认为不求留名而自可流传。其日记有谓：

> 友人与余论作诗之旨，谓当熟读唐宋大家之有声调者千余首方可着笔，然非苦心构思，终不能传。余心知其非，因作二绝示之，其一："触著灵机笔亦随，心肝呕出欲何为。吟坛纵是凌烟阁，诗望留名志已卑。"其二："描摹景物写阳春，行乐何堪易苦辛。界宋分唐忙底事，古今无用是诗人。"②

管庭芬在海宁士子中也有画名。其自写《薇麓寻碑图》，友人钟署香题云："芷翁画为我乡望，笔力苍坚势奔放。偶然兴到一挥洒，陡觉云烟生纸上。苕溪妙手推长房，邱壑蟠胸与相抗。为写薇麓寻碑图，不作吴兴山水状（时费君晓楼亦写《寻碑图》赠君）。贻君小本只尺幅，中具层峦兼叠嶂。非颠来亦非迂倪，能事岂肯王宰让。两人宗派果否同，各自成家绝依傍。多才非藉一艺传，即论丹青亦瑜亮。"③管庭芬好画兰，曾画兰四幅寄赠好友胡蕉窗。蕉窗回函有谓："展玩之下，秀气扑人眉宇。其设色二幅，更觉丰神绝世。"④管庭芬父亲去世三七之期，竟然有人要其画兰，使其颇感无奈，其日记载：

> 是日有无知者，坚予画兰，即题二绝示之曰："秋风入户竹敲门，尺幅溪藤滴泪痕。三两箭花一丛叶，麻衣人写楚骚魂。"其二："凄凉霜露草堂寒，把笔先愁墨汁干。谁谓芳兰开欲笑，阿侬恸作蓼莪看。"⑤

很少见管庭芬品画，其日记有如下一则：

> 王香潭先生龙蟠，以画竹一幅寄赠先大人，笔力雄健，惜乏

---

① 《管庭芬日记》第 2 册，670 页。
② 《管庭芬日记》第 1 册，236 页。
③ 《管庭芬日记》第 3 册，1247 页。
④ 《管庭芬日记》第 1 册，118 页。
⑤ 《管庭芬日记》第 1 册，307～308 页。

秀韵，是为期颐之征。又吾乡贺墨颠布衣之秀写意仙佛及芦雁、稻蟹，为世所推许久矣。予谓画诚佳矣，惜少数百卷书助其运腕耳。①

在管庭芬看来，王老先生的画缺乏活力，而布衣画家没有书卷气。他喜欢意气风发的文人学者有文化底蕴的画，"供我岂无万卷书"②正是其自我期许。

据说管庭芬在太平军战乱之后"旧业荡然，藉卖画以自给"。③ 事实上，在此之前，管庭芬也可能以卖画补贴家用。其道光十九年（1839年）六月初八的日记，抄录了友人所示《茶花草堂写生规约》，所画扇面、册页、单条、屏幅、小横披、手卷、矮条幅、斗方、大堂幅、大横披、小轴心等，均明码标价。管庭芬还特别说明抄录之用意："庶几求笔墨者得所指南也。"④但在管庭芬日记中，没有见到其收取润笔的记载，是有碍于士绅的面子而不便收还是没有记呢，实在只有他自己心知肚明了。

（四）学术取向与贡献

在清代汉学与宋学的学术分野中，管庭芬的学术取向是宗尚汉学。从其日记所载购书与借书情况看，多明末清初著名学人的考据类著作，如顾炎武《日知录》与《天下郡国利病书》，黄宗羲《南雷文定》，万斯同《群经辨疑》，阎若璩《四书释地》，朱彝尊《经义考》，顾祖禹《读史方舆纪要》，梅文鼎《历算全书》等。也有乾嘉诸子著作，如钱大昕《十驾斋养新录》与《潜研堂文集》，赵翼《陔余丛考》《二十二史札记》与《赵瓯北集》，全祖望《鲒埼亭全集》，毕沅《灵岩山人集》，阮元《积古斋钟鼎款识》与《诂经精舍文集》等。至于宋明理学与心学著作，则较少提及，邻县桐乡清初著名理学家张履祥《杨园先生全集》是例外，但他对这位杨园先生并不恭敬。咸丰十年（1860年）六月初二日，管庭芬抄录杨园

---

① 《管庭芬日记》第1册，70～71页。

② 《管庭芬日记》第1册，176页。

③ 许传霈等原纂、朱锡恩续纂：《海宁州志稿》卷二十九，人物志，文苑，管庭芬，46页。

④ 《管庭芬日记》第3册，959页。

《近鉴》一卷，并记曰：

> 杨园先生著《近鉴》各条，说者谓其殊伤忠厚，非隐恶扬善之道，阅之良然。盖道学家自谓接贤圣薪传，责人而不能责己也。全集中蜀山草堂本删去，惟近刻者有之。余始知杨园无后，未始不由口舌争名，视天下之人皆不肖耳。①

另外，特别引人注意的是，在提到明朝心学家湛若水时，其日记有这样一则：

> 偶阅严嵩《钤山堂集》首序，甘泉湛若水笔也。若水谈性命之学，著述盈二百卷，而序中卑鄙处，阅之使人失笑，直朱万拜一流人物耳。即书三绝于后，其一："盥首焚香礼数全，门生百拜展瑶编。纵然心学能千古，难掩钤山序一篇。"其二："往昔南园一记成，放翁从此损高名。君无讽劝徒工媚，只学篱边犬吠声。"其三："前贤语录任评删，可食豚蹄两庑间。想是身先恩相死，不曾天水序冰山。"②

理学蹈空，便有"假道学"之嫌。上述张履祥、湛若水的例子，表明管庭芬对理学/心学家虚伪卑劣一面的极端鄙视。

管庭芬虽然身处海宁乡村，但其眼光并不局限于荒野僻壤，而是自觉地投向全国学术前沿，能及时追踪学术主流乾嘉汉学。可以说，管庭芬崇尚汉学的学术取向及其编校古籍的学术事业，正是深受乾嘉汉学流风的直接影响。

在管庭芬的学术交游中，值得注意的是两位具有全国性影响的学者何绍基与邵懿辰。何绍基(1799—1873年)，字子贞，号东洲，湖南道州人，进士出身，曾任翰林院编修、四川学政，为诗人、书画家，通经史，精小学、金石碑版，著有《惜道味斋经说》《说文段注驳正》《东洲草堂诗·文钞》《东洲草堂金石跋》等。道光三十年(1850年)，管庭芬在杭州与何绍基有直接交往。其六月二十九日记载："时何子贞太史

---

① 《管庭芬日记》第 4 册，1655 页。
② 《管庭芬日记》第 1 册，265～266 页。

绍基寓居万峰山房，抵晚过访。太史人颇敦厚，无仕宦习气，工书，求笔墨者绢素山积。"七月初三、初六、十二日，均有"子贞太史过谈"的记载，十二日"并以去秋于粤东试时闱墨见惠"。管庭芬回到海宁后，八月十一日"子贞太史自省垣寄联为赠"。① 邵懿辰（1810—1861 年），字位西、蕙西，浙江仁和人，举人出身，久官于京师，为今文经学家、目录学家、藏书家，著有《礼经通论》《孝经通论》《尚书传授同异考》《四库简明目录标注》等。咸丰七年（1857 年），邵懿辰到海宁硖石，管庭芬有机会与之聚谈。其十月初八日记载："至硖晤邵位西主政懿辰，位翁向任刑部，入军机，以议琦善罪，忤堂官，借他事镌级，以六品致仕。博学工文，为吾杭所推重。把晤如旧相识，谈叙甚欢。夜同饮东湖草堂，月上而散。"② 咸丰十年（1860 年），邵懿辰再到海宁硖石避难，管庭芬与之多次晤谈。其三月初五日记载："适邵蕙西部郎懿辰避乱至硖，住寅昉家，谈次，幸其眷属俱无恙。"初十日，"蕙西过谈"。二十八日，"寅昉邀深庐夫子及蕙西丈、沈君二溪、陈君湘葵及予登沈山，并携樽饮酒于碧云寺之喝石山房，抵暮下山"。三十日，"蕙西、湘葵、寅昉过谈"。闰三月初二日，"蕙西过谈，夜同饮五饮斋"。初三日，"蕙西返杭，来别"。③ 与何绍基、邵懿辰这样一流学者的相见或出于偶然，相谈也比较匆促，但对于久处乡间的管庭芬开阔视野则不无裨益。

在海宁当地乡村士绅社会中，对管庭芬学术事业帮助最大的有两位，一是表侄胡蕉窗（尔荣），一是表弟蒋光煦（生沐）。胡蕉窗家里藏书丰富，是管庭芬早年交往密切的朋友。管庭芬不仅为胡蕉窗购书做参谋，而且经常到胡处借书。管庭芬好读书，但家里并不富裕，少有余钱买书。其嘉庆二十二年（1817 年）日记载：

送春后，有书估朱姓来，富有册籍，余欲购经解及考据书二三种，正值囊空，苦无以应。因检得夹衣数件付长生库质钱，书

① 《管庭芬日记》第 3 册，1372～1376 页。
② 《管庭芬日记》第 4 册，1584 页。
③ 《管庭芬日记》第 4 册，1643～1646 页。

方为我有。戏作《典衣买书歌》曰："天涯有客芷湘子，青山懒隐隐村市。贫居陋巷无所求，愿与史籍同生死。既耕还读甑层虚，仰天狂啸心不舒。天生我才必有用，供我奈岂乏今古。叩门喜接西吴客，一笑相逢皆秘册。绕床真奈阿堵无，欲舍仍留费筹画。缊袍挂体春衣闲，呼童且质钱刀还。奇文换得自欣赏，绝胜梦游嫏嬛间。芸香谨贮留耕室（余家书室名），雠校亦可销永日。丹黄涂乙复呻唔，两手晨昏少停笔。吁嗟乎！富儿插架为斗奇，开卷茫然何所知。深房空锁少人迹，蠹鱼作粮蛛牵丝。寒士寥寥稀卷轴，个中欲想寻清福。苦心积得几残编，也要后人能善读。"①

管庭芬自述"家贫无书，平日俱借读于人"②，其早年主要就是从胡蕉窗处借，正如蕉窗在其诗稿上题辞："我书借君读，君诗吟我听。奇文异册撑住腹，觅句欲夺江峰青。"③在《破铁网序》中，管庭芬记下了与胡蕉窗书缘的一面，有谓：

> 人生乐事，惟读书藏书，评金石器具，舍此外无所求焉。但吾辈寒素所缚，不能作平地神仙，每阅古人书谱画记及考古博古诸书，不觉神跃跃欲动，故目有所遇，中心藏之。乡居惟胡子蕉窗为密迩。蕉窗缥囊锦轴及钟鼎文字，济美一楼，犹以未能埒云林清秘为恨。然性情疏放，家遂中落，年来书估骨董到门，有所悦而力不从心者辄攒眉相告，大有琅嬛福地张茂先不能再窥之思。余每聆其语，尝一一志之册，并以余向所心赏者共为一编，颜曰"破铁网"。盖因古人有《铁网珊瑚》及《珊瑚网》诸目，反而称之也。后之阅是册者，作烟云过眼录观可也。④

道光六年（1826年），胡蕉窗英年早逝，管庭芬颇为悲痛，作挽蕉窗十律，其四有云："与我贫交十五年，每劳鸿影递吟笺。一灯论史同听雨，三月看花屡泛船。妙画追摹求鉴品，奇书互校亦因缘。从今再踏

---

① 《管庭芬日记》第1册，65～66页。
② 《管庭芬日记》第1册，225页。
③ 《管庭芬日记》第2册，645页。
④ 《管庭芬日记》第1册，181～182页。

黄垆土，惨淡墙坳发杜鹃。"①

蒋光煦是海宁硖石有名的藏书家，也是管庭芬中年时交往较多的朋友。管庭芬颇欣赏蒋光煦，认为："生沐性耽翰墨，砺志诗书，为富室中绝无仅有之人。"②道光十八年（1838年），管庭芬与费晓楼、许心如等人受聘为蒋光煦校刻《别下斋丛书》。管庭芬乐此不疲，但校书其实是个苦差事，以下一例可见一斑：

> 是日命梓匠修《陆冰修先生诗集》版。案是书刻于辛卯、壬辰间，错误极多且行款俱不如式，不堪翻撷。生沐属予及心如从原稿及别本互为刊正，凡搜误字五百余，改错字千余，补字二千余，又削去重出绝句一首，每卷仍改刻先生同学参订，与手稿同，版心"遗稿"改作"诗稿"，庶几可以印行，然终非善本也。匠人云需工三十余，于此日为剞劂之始。③

咸丰十年（1860年），蒋光煦因太平军战乱避难他乡，其藏书楼被战火化为灰烬，因此忧愤而逝。管庭芬为《别下斋书画录》作序有如下记载：

> 咸丰己未，粤寇阑入东南，浙江全省戒严，生沐挈眷避居予家，嗣后迁茶院山中。庚申八月寇焚硖石，生沐之居烬焉，毕生所弆，一旦尽归劫火，遂侘傺无聊，酒后每抚膺恸哭，是冬即抱恨以终。④

还有一位与管庭芬关系密切的重要人物为钱泰吉，即管庭芬日记中的"深庐夫子"与"警石学师"。钱泰吉（1791—1863年），字辅宜，号警石、深庐、冷斋，浙江嘉兴人，廪贡生，著名藏书家，精于版本目录学，道光七年（1827年）至咸丰三年（1853年）官海宁州训导，后主讲海宁安澜书院。管庭芬拜钱泰吉为师，故时相过从。钱泰吉著《曝书杂记》，管庭芬作跋述其学术如下：

---

① 《管庭芬日记》第1册，351页。
② 《管庭芬日记》第4册，1673页。
③ 《管庭芬日记》第3册，950页。
④ 《管庭芬日记》第4册，1825页。

学师钱警石先生秉承旧德，少喜聚书，插架数万卷，丹黄粲然，而于两《汉书》《元文类》校勘尤详审。道光戊戌偶著《曝书杂记》二卷，以《史》《汉》之类例，为晁、陈之品评，分之则百余条，合之则自首至尾脉络灌输，为自来说部之创格，而著录之变体也。盖先生于古文义法极严，虽随笔记纂，亦体裁不苟如此。其中叙述家训，感念故人，皆至情至性之所系，岂独妙义微言启迪来学者。庭芬从游有年，窃谓粗知先生者，爰赘数语于后。①

道光二十五年（1845 年）正月，钱泰吉拟修《海宁备志》，招管庭芬为分纂。二十三日记载："接深庐夫子书，云志事已开局，诸君已集，招予襄分纂之役。"②与管庭芬在志局共事者尚有应笠湖、陈淡如、钟署香、潘蹈孙、曹杏庭等，均为海宁地方名士。道光二十七年（1847 年）十月，历时两年零九个月，《海宁备志》纂成。

管庭芬治学颇勤，著述丰富，除《艸兮笔记》《破铁网》等笔记③及大量诗文外，较重要者尚有如下数种：

1.《海昌经籍志略》，汇集自东晋至清朝海宁人士著述目录。管庭芬自序云："芬于读书之余，潜心海邦著述，露钞雪纂，欲辑成书，复得周氏《余闻》诸书，汇而归之。上自硕儒名臣，旁及遗民闺秀，方外隐逸之流，使仰屋苦心，不至与爝火寒萤同归虚幻，则亦佚中之存也。"先成二卷，后扩为六卷。"经籍志"体例始于《隋书》，一般是国史的重要构成，而较少出现于州县志。管庭芬为此颇自得："搜一邑之诗文合成一集，宇宙间不下十百家，至专辑经籍，则未之闻也，有之，自余始。"④钱泰吉也很看重管庭芬的《海昌经籍志略》，并把它辑入《海昌备志》，有谓："管兄芷湘博览古籍，尤熟于乡邦文献，所撰《海昌经籍志》，余既纂入《备志》矣。"⑤

---

① 《管庭芬日记》第 3 册，948 页。
② 《管庭芬日记》第 3 册，1182 页。
③ 上海书店出版社 1989 年把《芷湘笔乘》与《艸兮笔记》（附《破铁网》）合刊为《管庭芬笔记两种》。
④ 《管庭芬日记》第 2 册，585 页。
⑤ 《管庭芬日记》第 4 册，1466 页。

2.《海昌遗珠录》，汇录海宁人士诗文集，并附自撰《淳溪杂诗》四十绝（后又增补十五绝）。同里周勋懋（竹泉）夫子盛赞之，有谓："是录也，录其人并系以传，录其诗并附以文，如吴若谷之《孝友传序》、管竹溪之《朱节孝诗》、钱绿窗之《书佩刀歌后》，悉有关于世道人心。人可传，藉诗文以传，非如诗抄诗选，徒以翡翠苕兰纷若悦目已也。呜呼，有论世知人之识，有征文考献之功，管子之心苦矣！管子之功伟矣！"①

3.《潞阴志略》，通州潞县史志，道光十一年（1831 年）编纂，为管庭芬都门之游的意外收获。管蓼吟时任通州州判，署潞县，其序云："邑故有志，历久弗传，未得考沿革之大略。是从弟芷湘拟应京兆之试南来，税驾署斋，暇日为余从《畿辅通志》及《通州志》中引及潞阴旧乘者，悉纂而录之。并于京邸友人处检阅群书，有涉潞事，复为裒益，即排比为一卷。"②

4.《花近楼丛书》，管庭芬在太平军占领海宁时避难期间抄录文献汇编。其时，管庭芬于战乱中"日藉笔砚以消郁垒，笈携小品，尽手录之，不足，复于村塾及邻近告借以续之。"因有感于"故家典籍又大半毁于劫火，深为天丧斯文之叹"，汇集所存，得七十余种，名《花近楼丛书》，"盖取杜少陵'花近高楼伤心客'之意也"。后又继续抄录，"偶见故家散帙，辄假之以归，设有可存，则录藏簏衍"，辑为《花近楼丛书补遗》。③

另外，尚有《净慈寺志》与《天竺山志》两种，详见下文。

（五）居士与佛道界

儒、佛、道在中国，向来大体相安无事。虽然儒为社会主流，但佛道二教也与人们日常生活多有关联。管庭芬作为儒门士子，起初并不信佛道二教，甚至非常厌恶。其嘉庆二十一年（1816 年）八月二十九日记载："是日女尼化香灯米者洊至，余甚厌恶之，因思天下至贱者唯妓，自知行秽，不敢造良家闺阃。近日尼与妓无所攸分，而富室名门

---

① 《管庭芬日记》第 2 册，739 页。
② 《管庭芬日记》第 4 册，1430 页。
③ 《管庭芬日记》第 4 册，1693、1778 页。

每反关联深闺之密友，则淫盗之谋每起于隐微而不自觉，可为叹息痛恨者若辈耳。"①嘉庆二十三年（1818 年）日记有云："余服先太孺人之丧已期年矣，念及不觉凄然泪下，即于九月初三日礼佛事，以忏悔。余性雅不许二氏教，实未能免俗，每聊复尔尔。"②道光二年（1822 年）四月初五日，"静中无事，偶阅佛典，戏拈八首，其一曰：'静中阅佛帙，糟粕何足征。西方极乐土，所言全无凭。讵意舍卫国，半多乞食僧。衲衣尽坏色，托钵行峻嶒。祇园聚群丐，岂为超上乘。吾儒仰洙泗，无诞无夸矜。所以陋巷乐，千古终服膺。'"③可见管庭芬的门户之见甚深，对佛教不无鄙薄之心。

尽管如此，但通过逐渐与佛道界接触，如经常出入各处佛寺与道观，其实管庭芬的生活已离不开佛道二教了。道光五年（1825 年），管庭芬的父亲去世，连日请尼僧、羽士（道士）做法事，并在事后特意致函好友胡蕉窗借阅佛书，有谓："日间心绪稍定，愁坐苦次，莫遣闷怀。邺架莲池大师《云栖法汇》一书，乞假一观，于万虑皆空之际，翻阅数册，庶资冥福时，不为俗僧所愚耳。"④显然，管庭芬在寻找心灵的慰藉。

后来管庭芬竟然号称芷湘居士，尽管尚不清楚他是否信奉佛教，但他的生活已与佛寺及僧人密不可分了。在这方面影响管庭芬的关键人物是六舟上人。六舟（1791—1858 年），俗姓姚，名际仁，法号达受，字六舟、秋楫，号万峰退叟、南屏住山僧等，浙江海宁人，好游历、金石、书画、收藏，因多才多艺，被阮元誉为"九能僧"。⑤管庭芬与六舟为海宁同乡，又爱好多有相近，故颇为投缘。道光二十八年（1848 年），六舟住持杭州南屏净慈寺，特邀管庭芬常住南屏，相偕游览杭州各山寺庙，搜集金石碑铭，并辑补《净慈寺志》。管庭芬《游报先寺》诗颇有意味，有云："向隶孔家山，弦诵栖吾党。转瞬复琳宫，仍

---

① 《管庭芬日记》第 1 册，62 页。
② 《管庭芬日记》第 1 册，74 页。
③ 《管庭芬日记》第 1 册，172 页。
④ 《管庭芬日记》第 1 册，305～308 页。
⑤ 《管庭芬日记》第 4 册，1407 页。

为空王掌。学佛世所喜，崇儒教难广。我游徒叹息，落日下林莽。"①
由儒转佛，直击管庭芬心中难言之隐。道光二十九年（1849年）冬，管
庭芬又与六舟作"越东之游"，探访各处名山古寺。在《越游小录》序中，
管庭芬自嘲"作此冷淡生活，未免得为热中人所齿笑乎"，并在序末开
始署名"芷湘居士"。② 六舟自订年谱为《金石书画编年录》，管庭芬协
助删补，并为作序，考其行谊，称为"以翰墨为清修者"，盛赞其"借挥
洒为说偈，藉考订为净土，亦千载不仅见之才也"。③ 咸丰八年（1858
年），六舟去世，管庭芬非常悲痛，其自叙交谊有云："芬与公相订缟
纻几三十年矣，相交最深，相知最稔。自戊申后公主净慈禅寺，招芬
来游湖上，时坐万峰之巅，旷览江山之胜，不乏联吟之作。及公退院，
芬寓灵竺山中，公亦不时相访，手携纸墨，遍拓摩崖旧迹几百余种，
装褫成册，共相欣赏。"④六舟不愧为管庭芬难得的方外知己。

　　因六舟的关系，管庭芬与杭州各寺僧多有交往。咸丰元年（1851
年），在六舟辞却净慈寺住持后，管庭芬受天竺山上竺寺楞严、萃云二
上人之邀，开始编纂《天竺山志》。⑤ 历时近三年，于咸丰三年（1853
年）告藏。管庭芬作《天竺山志》弁语云："法喜楞严方丈暨副寺戒恒大
师慨志乘之未备，因于辛亥之春，贻书海昌，属予入山互相参订。奈
山中无书，阅市借人又距城非迩，幸南屏六舟上人及仁和汪铁樵骑尉
诸君各谈闻见，及出所藏秘册用备采辑，凡历三易寒暑，始得创稿，
共成二十有七卷。……今幸不负楞公等所属，使三竺之文献有征，一
归简要，不以虚诞之谈、不以鄙陋之习盈其卷中，稍足以自信云。"⑥
《天竺山志》为佛门胜地保存了重要的文献资料。

（六）乡村士绅与地方社会

　　在传统中国社会中，士绅是地方精英，既有一般百姓没有的特权，

---

　　① 《管庭芬日记》第3册，1306页。按：报先寺原址为报恩寺，明时曾改建
万松书院，后复改为寺。
　　② 《管庭芬日记》第3册，1363页。
　　③ 《管庭芬日记》第4册，1392～1393页。
　　④ 《管庭芬日记》第4册，1600～1601页。
　　⑤ 《管庭芬日记》第4册，1422页。
　　⑥ 《管庭芬日记》第4册，1487页。

可以自由见官，与地方官平起平坐，也有为地方表率，领导和参与地方事务，并维护地方利益的职责。① 乡村士绅在地方社会的这些特权与职责，是由士绅特有的身份所决定的。

在日常生活中，经理婚嫁丧葬礼仪是乡村士绅重要的社会功能。管庭芬的日记记载了许多他所参与的婚嫁丧葬事务。如婚事，道光十八年（1838 年）九月二十八日，"为庆麟侄孙作冰上人，联姻浔南之次媛。是日缠红，晚饮而归"②。咸丰七年（1857 年）正月十九日，"舟之硖，饮朱馥堂处，即宿焉"。二十日，"是日为归朱从曾孙女五七领贴之期，襄理尽日"③。又如丧事，道光二十三年（1843 年）二月二十四日，"午后谦谷命舟来邀办竹泉夫子丧务"。二十五日，"作挽竹泉夫子四律"。二十六日，"是日代朱半塘明府恭寿作祭文一首"。二十七日，"是日书屏幅挽联竟日"。二十八日，"是日为竹泉夫子迎神之期。……更许舟归"④。乡村士绅之所以成为在当地办理婚嫁丧葬事务的重要角色，不仅因为他们懂得相关礼仪，而且他们的体面身份在某种程度上可以体现事主的面子。

乡村士绅还可以是处理家族事务的主角。道光二十五年（1845 年）九月，管氏从孙辈绿庵青年夭折而无子嗣，有族人想乘机侵占其家产，管庭芬出面维护。二十四日记载："是日为绿庵盖棺之期，族有利其资产，欲并而有之，余恐孀居者将来并无馔粥之养，力为维持，颇遭怨尤。"⑤咸丰八年（1858 年）三月，管氏三支侄辈润之因不娶无嗣，欲将个人田产全部捐献管氏公堂，族长召集管氏四支代表公立议据合同，管庭芬为大支代表及合同执笔人。⑥

乡村士绅更重要的社会功能是调适官民关系。在传统的官、绅、民三维社会结构中，士绅通常充当政府官员与普通民众之间的"中介

① 参见张仲礼著，李荣昌译：《中国绅士——关于其在 19 世纪中国社会中作用的研究》，30、48 页。

② 《管庭芬日记》第 2 册，934 页。

③ 《管庭芬日记》第 4 册，1566 页。

④ 《管庭芬日记》第 3 册，1112~1113 页。

⑤ 《管庭芬日记》第 3 册，1203 页。

⑥ 参见《管庭芬日记》第 4 册，1593 页。

人"或"调停人"的角色。士绅与地方官共同管理当地事务。"中国士绅的一个重要特点是：他们是唯一能合法地代表当地社群与官吏共商地方事务参与政治过程的集团。"①在乡村社会中，只有士绅可以直接与地方官打交道，并借此沟通官民之间的关系。

从管庭芬日记来看，他与海宁地方官多有交往。在日记中，时有诸如"州署观剧""为瞿端卿州尊作画"与"陶棣生蓙尹尊人淳甫先生六秩寿，作画赠之，并题四绝"的记载。② 以下略述管庭芬与知州易梧冈（凤庭），海防（东防）同知吕幼心（荣），署知州朱述之（绪曾）的交往。

易梧冈于嘉庆十九年（1814 年）任海宁知州，当时管庭芬尚未进学，但因为他的父亲管题雁（应期）是郡庠生，有下层士绅的身份，因而他作为士绅之子也有机会接触地方官员。易梧冈进士出身，颇有贤名。管庭芬日记载："公由壬戌甲科出守，爱民重士，为近时贤令。""是岁大旱，无禾，公又劝赈以诗，合邑皆乐从而民无流亡，善政也。"管庭芬认为易梧冈的《劝赈诗》"虽无甚警拔，而一片真诚，亦流露行间字里也"。当时和者甚众，管庭芬也试作四律，但颇不惬意。嘉庆二十年（1815 年），管庭芬多次参加易知州月课，并顺利通过州试、府试，可惜最后院试落选，没有进学。嘉庆二十一年（1816 年），易梧冈刊刻《劝赈唱和诗》四卷，并派人送了一套给管家。不久易梧冈母亲去世，管庭芬"入城吊易太夫人之丧"。易梧冈丁忧将回籍，"邑之人将庀材建粤贤祠，书碑立主祀之，较之胥吏户［尸］祝前任孙某不啻天渊矣"。③

吕幼心于道光元年（1821 年）与四年（1824 年）两任海宁东防同知，其时管庭芬刚入学海宁州学。吕对管颇为欣赏，许为"人材"，使管非常感念。管庭芬日记有关于听吕幼心宣讲《圣谕广训》及多次遵嘱和吕诗的记载。道光二十三年（1843 年）三月初四日，管庭芬日记载："是日怅悉阳湖吕幼心司马之讣。二十年前，公任海昌时，蒙以人材见奖，

---

① 张仲礼著，李荣昌译：《中国绅士——关于其在 19 世纪中国社会中作用的研究》，51 页；瞿同祖著，范忠信、晏锋译：《清代地方政府》，306、283 页，北京，法律出版社，2003。

② 《管庭芬日记》第 3 册，1258、1270 页。

③ 《管庭芬日记》第 1 册，13~15、18~26、43、46、49、53 页。

迄今老大无成，殊为自愧，而知己之感，则不能忘也。"①

朱述之于道光二十七年（1847年）署海宁知州，时管庭芬正协助海宁训导钱泰吉编纂《海昌备志》。朱述之爱好收藏金石书画，莅任之初曾特意到志局看望管庭芬，从此交往密切。管庭芬离开志局回乡后，朱述之还"专役招饮"，管不时赴州署共酌，并为朱作画，为朱母祝寿。朱述之还经常寄金石拓本请管庭芬鉴赏，并致函请教海宁地方史志。道光二十八年（1848年），朱述之调任嘉兴，贻书告别，管庭芬"往送述之刺史，五鼓已起程矣，为之怅怅"。咸丰元年（1851年），朱述之仍寄所刻影宋本《棠阴比事》一册见赠。咸丰十年（1860年）十月，管庭芬获悉朱述之去世，日记载："朱述之司马已没于越中旅次，所藏书不可复问矣，为之泫然。"②

因为与地方官多有交往，管庭芬作为乡村士绅，充当了沟通官民关系的纽带。道光十二年（1832年），管氏伯曾祖墓地荫木古松被人盗砍，管庭芬出面领衔，与同是生员的族人管澹凝等人具呈，请知州示禁，得到知州批准饬缉示禁。③ 咸丰二年（1852年），管氏侄孙寿征生母沈孺人去世，因其早年丧夫，独自抚养寿征成人，而寿征极拮据，亦竭力办完丧事，"族党甚敬之"。管庭芬特意"上其事于当道，备志立传题旌"。④ 咸丰八年（1858年），管庭芬因八弟及侄三元遭地痞钱阿庄、阿银兄弟殴打，为此呈控钱氏兄弟，"牟册知[如]州尊讯治钱阿庄枷杖，并提讯阿银。"⑤

乡村士绅虽然与地方官共同管理地方社会，但在地方官有不利于地方社会时，士绅一般会站在地方民众的立场上，以维护地方利益。

---

① 《管庭芬日记》第1册，17页；第2册，469、470、786页；第3册，1114页。

② 《管庭芬日记》第3册，1275～1279、1284～1285、1291～1292、1294～1297、1302～1303页；第4册，1399、1670页。

③ 参见《管庭芬日记》第2册，670、671、676页。

④ 《管庭芬日记》第4册，1448页。

⑤ 《管庭芬日记》第4册，1596页。按：原文有误，时海宁知州为牟温典，字册如。参见许传霈等原纂、朱锡恩续纂：《海宁州志稿》卷24，职官表下，文职二，13页。

以下两则日记，可以清楚地看出管庭芬在这方面鲜明的态度。道光十五年(1835年)七月初九日，"是日闻新任州尊李已莅海宁，疲政一清，为之色喜"①。道光二十四年(1844年)十一月十五日，"是时邑有署令胡某以贪狡著，民颇苦之，至是忽病死，阖邑称快"②。太平军兴起时，海宁官府欲劝捐，某些劣绅企图借机分肥，管庭芬颇为鄙视。咸丰三年(1853年)四月十六日，"时州尊有劝捐守御之议，凡城中下劣绅士藉董事分肥者，无不欣然有喜色"③。当官府以劝捐下压士绅时，管庭芬甚至采取不合作态度。咸丰七年(1857年)二月初六日，"时牟春[册]如州尊以书来，命捐赈作董以劝里之殷富，余以疾辞之"④。乡村士绅作为有乡望之人，更多地关心民众的生活与地方社会秩序的稳定。

四、战乱时期的经历与见闻

作为乡村士绅，管庭芬本可以在课馆授徒、吟诗作画、校勘古书的田园牧歌式的乡村生活中安度晚年，但世事难料，天有不测风云，一场突如其来的战争震撼了中国，也改变了管庭芬个人的命运。道光三十年底(1851年初)，太平天国起义爆发，迅速席卷大半个中国，引起巨大的社会震荡。战乱打破了常规，年届55岁的管庭芬不得不在惊慌惊恐中度过多年动乱的岁月。

据管庭芬日记，他是在咸丰二年(1852年)底才听到太平军的消息。十一月二十八日，"时闻粤氛侵及武昌、汉阳，而九江、安庆等处已戒严"⑤。这是第一次出现有关太平军动向的记载。直到咸丰十年(1860年)，管庭芬才知道"太平天国"这个名号，当年九月二十六日记

① 《管庭芬日记》第3册，816页。
② 《管庭芬日记》第3册，1176页。
③ 《管庭芬日记》第4册，1467页。
④ 《管庭芬日记》第4册，1567页。按：原文有误，时海宁知州为牟温典，字书如。参见许传霈等原纂、朱锡恩续纂：《海宁州志稿》卷二十四，职官表下，文职二，13页。
⑤ 《管庭芬日记》第4册，1456页。

载："相传江苏等处所奉伪号曰天父天兄天王太平天国。"①

　　起初，管庭芬只是简单记下了汉阳、九江、金陵、上海等城陷落及杭州戒严的消息，其日常生活照旧，似并无太大的干扰。其中有两件事值得注意：一是金陵城破时，原温州镇总兵汤贻汾（雨生）全家殉节，曾题绝命词于壁，慷慨激昂，"一时悲公志节，和者甚众"。因六舟上人与汤有旧，六舟特装裱其《秋日集磨砖作镜轩诗》手稿属题，管庭芬即次原韵云："回忆清谈茗一杯，香参明镜本非台。豹韬气壮思名将，鹫岭云深访辩才。落叶打窗今雨至，残灯辉壁故人来。顿教往事成千古，云锁金陵郁不开。"②二是沈月海亲家在太平军北伐时于沧州全家殉难。咸丰三年（1853年）十一月初四日，"风闻沈月海亲家于九月间全家殉难沧州之信，为之骇然，不寐竟夕"。次年正月二十五日，"接沈芑塘亲家书，知月海亲家及侄女葆贞沧州被粤寇之难，全家死节，不胜悲恸，然为国捐躯，虽撄惨祸，不失忠贞，破涕之余，稍为心慰"。二十八日，撰挽月海亲家联云："碧血丹心，守土一门全毅烈；云车风马，招魂千里肃英灵。"四月初六日，作长歌纪实，其中谓侄女葆贞："吾家有女死最烈，骂贼縻躯节先殉。"③当时因太平军尚未进攻浙江，故起初几年内海宁尚为安静。"元帅庙温天君出巡逐疫至仲（路仲——引者注），士女喧填〔腾〕竟日，尚存太平景象。"④管庭芬的日常生活也尚为安定。

　　咸丰十年（1860年）初，太平军李秀成部为解金陵之围，行围魏救赵之计，大举进攻皖南浙北，破杭州外城，随后迅速回师攻破清军江南大营，又连下常州、无锡、苏州，再次挥师南进，浙江陷入兵燹之中。

　　早在李秀成大军围攻杭州时，管庭芬便预感到浙江难免兵灾，不免心境恶劣，但他一介书生，无能为力，唯有自作镇定，不失书生本

① 《管庭芬日记》第4册，1667页。
② 《管庭芬日记》第4册，1465页。
③ 《管庭芬日记》第4册，1488、1494～1495页。
④ 《管庭芬日记》第4册，1530页。

色。其日记载："时寇警渐近，心殊恶劣，惟草录近人小品以遣闷怀。"①当天他录下《春雪亭诗话》一卷，并题写跋语，随后便经常抄书题跋，借以遣怀，后来就把所录之书汇编为《花近楼丛书》，实在是意外收获。管庭芬乱中抄书实属无奈之举，实际上他的内心并没有如此淡定。无情的战火不仅扰乱了平静的生活，而且使亲朋好友家破人亡，繁华的城镇与宁静的乡村均残破不堪，地方社会秩序陷入极度混乱无序状态。年逾花甲的管庭芬用血和泪记下了自己生命史上最悲惨的一页，其经历与见闻均不堪回首。

其一，亲人的劫难。因家乡路仲被兵，管庭芬不得不奉年逾八旬的老母拖家带口避难近村，"破楼一间，聊以栖止。自初一至初五，逆氛渐逼，知梅里、石泾、硖川焚荡殆尽，延及吾乡，复携眷狂奔，炮火掀天，昏烟匝地，几频于险者数次，幸脱于虎口"。三女儿所在村庄被毁，"尚有所居楼房及厨屋幸存，然不可以蔽风雨矣"。孙女婿金渌岑"为贼所掠，为不释于怀，甚为悲戚"，亲家金九滋"因渌岑被掠，忧愤而卒"。随后金渌岑也暴得沉疴而殇，年仅25岁。"洒泪送渌岑并劝慰二孙女，老年视此，五内几裂。""稻孙舅弟诒谷骂贼，正命于家，并失其首。一诸生能如此结局，可谓烈矣。"②最令管庭芬伤心欲绝的是其长子实际上也是唯一的儿子升恒在逃难时受伤染病去世。咸丰十年（1860年）八月二十九日，"大儿升恒因避寇逃窜受伤，忽患血痢，日夜数十次，因延李梦兰兄诊视，服药无效，心甚忧之"。九月初八日，"大儿之病日沉，恐其不起，心甚怵然"。十一日，"儿病渐不可支，心殊郁郁"。十三日，"愁看儿病，老怀难遣"。十四日，"未刻大儿升恒卒，年四十有七。儿虽不才，略可以支撑门户，暮年丧子，情何以堪，不觉老泪之纵横也"。③ 白发人送黑发人，天下之悲惨莫过于此。

其二，朋友的劫难。在管庭芬日记中，记载了不少好友被难的情况。仅举几例：咸丰十年（1860年）三月初四日，"痛悉余友胡次瑶孝廉琨全家殉节之信，为之一哭"。五月二十二日，"时禾城（嘉兴——引

---

① 《管庭芬日记》第4册，1641页。
② 《管庭芬日记》第4册，1661、1663～1664、1698～1699、1701、1714页。
③ 《管庭芬日记》第4册，1665～1666页。

者注)破，后闻余友沈烛门照已陷于贼，又沈丈莲淑生死未卜，为之凄然"。次年三月初七日，"知白马庙已为寇毁，六舟禅友所藏书画长物及金石拓本荡然无遗矣。吁！可慨焉"。十二月初七日，"曹柳桥丈自武林(杭州——引者注)来，云自城破后孑然逃出，全家死亡殆尽。近日城中饿毙者十之六七，贼虽不屠城而城无异于屠矣。而老友汪铁樵家景象可知，为之郁悒累日"。① 硖石蒋光煦(生沐)的遭难，最使管庭芬痛苦。海宁四镇，硖石最富庶。乾隆《海宁州志》有谓："硖石最饶庶，袁花次之，长安又次之，郭店为下。"②硖石镇"蒋、徐为最富"③。海宁州隶属于杭州府，是太平军从苏州南下经嘉兴、海盐进攻杭州的通道，而离管庭芬家乡路仲不远的硖石镇又首当其冲，如时人所谓"硖石为海宁门户，而海宁又为杭城之门户也"。④ 被兵之后，硖石受损最严重，"繁华之市半为瓦砾之场"。⑤ 蒋光煦全家流离失所，到处避难。管庭芬因曾长期到蒋氏别下斋校刻古籍，颇有感情，一直非常关注蒋家命运。咸丰十年(1860年)四月十九日，"时硖川人心颇惶恐，不可以居。生沐奉母挈眷避居予家"。六月十一日，"生沐已卜迁于桐木港，余送其眷属往"。八月初十日，"余使人至硖探问，知生沐(家——引者补)焚荡无余，仅存别下斋三间，而所藏秘籍、名书、法帖、金石等皆归劫灰"。十一日，"生沐处使来，云桐木港亦有警，复移避于章桥徐丈传山家"。十八日，"生沐处使来，知已迁避诵玄寺之胡衣谷家，所致书皆痛哭流涕之言，不堪卒读"。二十日，晤生沐，"相见恸哭，殊难为慰"。九月初七日，"晤生沐，时因忧愁忿郁，受病已深，相见哽咽，多作不详[祥]语。余不能久坐，洒泪而别"。十一月二十三日，"晚接生沐讣音，为之一哭。……今年甫四十有八，仅得中寿，著述俱

---

① 《管庭芬日记》第4册，1643、1654、1682、1701页。

② 战鲁村修：《海宁州志》卷二，市镇，33页。

③ 袁花冯氏：《花溪日记》，见虞坤林整理：《淳溪日记(外三种)》，116页，北京，中华书局，2013。

④ 陈锡麒：《太平军陷海宁始末》，见虞坤林整理：《淳溪日记(外三种)》，269页。

⑤ 《管庭芬日记》第4册，1664页。

未编定，仅《东湖丛记》六卷已刊行世，而版又毁于寇火，悲哉"①。蒋光熙因别下斋藏书及书版尽毁于战火，忧愤而终，管庭芬备感神伤。

其三，地方的劫难。长时间的战乱给海宁各地造成了严重创伤，到处满目疮痍，惨不忍睹。管庭芬日记多有记载，随举二例如下：咸丰十年（1860 年）八月，管庭芬家乡路仲附近被祸惨状：

> 初三，晴。贼焚石泾附近村庄，即潜至硖石杀掠，烟焰萦结，半天皆黑。又有贼一股由石泾南掠，余乡早罢市，逃避一空。夜有眉月。

> 初四，晴。贼兵午后至路仲市，焚毁十余处，烽火烛天，炮声殷地，难民悲号道路，弃女抛妻，不可胜记。但贼之往来，与余避地不及半里，而幸免于祸，岂非天之默佑，而使全家幸得完聚哉。

> 初五，晴。贼焚硖川东南湖大街，生沐、寅昉之居俱成灰烬，又至路仲掠富室数家去。未几官兵又至，掠贼之所遗，兼土寇纵横，莫能抵御，以至十室九空，立锥无地，痛何如之。夜有月，东北风甚大。

> 初六，晨阴雨。烽烟稍息。余先至家探望，幸老屋尚存，而家具已不可复问。时吾乡掠去丁壮十余人，内管姓亦失四人，妇女殉节者已查得二人：沈三英妻谢氏及钱八姑。吁！亦可悲已。夜有淡月。贼毁惠力寺及西山庙宇，竟夕火光烛天。

> 初七，阴雨竟日。余乡市之前后及附近村落无主之尸盈河横道，惨不可言。②

同治三年（1864 年）正月二十日，海宁州城残破景象：

> 时城甫收复，兵勇未撤，城中大半焚毁，编户未复，民间尸棺俱为贼发，到处白骨委地，壕沟中骷髅堆积，半皆被戮之良民，伤心满目，惨不忍言，即将所见者详记之。

---

① 《管庭芬日记》第 4 册，1651、1656、1662~1664、1666、1673 页。

② 《管庭芬日记》第 4 册，1661~1662 页。

学宫：大成殿启圣祠及名宦、乡贤、节孝等祠木主皆无，徒存壁立，教授、训导住宅并尊经阁皆为白地，惟明伦堂尚无恙，宋元碑碣仅有存者。

州署：毁尽，仅存头门，吏目署亦无，州大堂宋元诸碑皆不存。

书院：残毁，仅有未拆之梁柱尚存。

海神庙：拆毁，存白地，大殿尚存废踪，惟东西两石坊及白石狮虽残缺，尚在，而尸骸尚多，瘗埋将有待。

都司署：虽残破，收[修]葺之尚可居。

北道官、南道官：北宫尽毁，南宫惟像设不存。

安国寺：残毁已极，大殿、后殿虽存像设，墙垣俱无，幸唐石经幢三座无恙，尸骨满地。

延恩寺：所毁同安国，惟大殿尚存梁柱。

城隍庙：为贼兵屯粮之所，尚无恙，惟像设一空。①

可见，战乱对海宁人民生命与财产的破坏可谓触目惊心。同时，战乱对海宁社会经济的冲击更是创巨痛深。一是物价飞涨，民不聊生。同治元年（1862 年）六月二十一日，"是日米价昂至万三千钱一石，民不聊生，余家仅以杂粮和以糠粃作糜，苟延旦夕，然尚恐不继。老年当此兵荒，殊乏有生之趣矣"。十一月十八日，"时米价日增，避乱者至不能乞糠粃，故途多弃孩，呱呱之啼与哀哀之泣，中夜闻之，使人鼻酸"。二十日，"时米价昂至七千钱一石，心甚忧之，盖闻贼于各处办粮，故不能贱耳"。② 二是货币混乱，商民交困。同治三年（1864年）十二月二十七日，"时市中尽行私铸小钱，每百大钱不满四十，商民交困，而当道者置若罔闻也，吁！"甚至杂用日本钱，"偶检行钱，多嘉隆、明命年号，盖东国日本年纪也"③。三是官府的勒捐和搜刮，使绅民不堪重负。同治三年（1864 年）十二月二十日，"时州尊承藩谕，

---

① 《管庭芬日记》第 4 册，1766～1767 页。
② 《管庭芬日记》第 4 册，1716、1730 页。
③ 《管庭芬日记》第 4 册，1799、1808 页。

亩捐之外，殷富更勒大捐，如不遵者，虽生监皆交捕厅管押。吁！缧绁而比乐输，复又见于今日矣"①。同治四年（1865 年）四月三十日，"时遍贴无钤记关防之司道告示，谕丝行纳帖，每行白银八十两至四十两止，又称茧者每斤二十文，盖出自厘捐局主裁，脂膏刮尽，民何以堪，可为浩叹"②。

值得注意的是，在战乱中，对社会造成破坏的，甚至参与劫掠的，既有太平军、土匪，也有清朝官兵，管庭芬都做了如实的记载。当时，兵勇与寇匪本就难分。咸丰十年（1860 年）二月二十八日，"有游兵过硖，是勇是寇，几不能辨。诸乡村土匪皆揭竿而起，大室皆危如累卵"。有些兵勇的抢劫扰民其实更甚于寇匪。六月十五日，"时有广勇由海盐上省，沿途掳掠财物及妇女，而领队者不问也"。次年八月二十六日，"时有广勇及炮船兵二百营于诸桥，斫伐荫木，占住民房，邀劫行旅，民之噢咻，甚于盗贼，皆罢市"。③ 地方社会的混乱无序状态，正是各种势力胶着缠斗时的必然结果。

尽管如此，管庭芬并不认为改朝换代的时代就要来临。一方面，他认为太平军并非"王者之师"，太平天国将不成气候。以下两则日记可为证：咸丰十年（1860 年）十一月初十日，"贼复焚掠濮院、乌镇。时有自贼中来者，云彼以劫掠赀财为打先锋，淫掠妇女为打水炮，焚烧屋宇为挂红，其余不可悉记。然其以书籍为炊饭拭秽之用，饭食堆粪壤之中，并其嬉笑杀人视为儿戏，能成鸿业者，断不若是也"。咸丰十一年（1861 年）十二月二十七日，"时有馈岁者，敌以为不奉其禁令，皆夺其酒肉一空，王者之师不若是也，可笑极矣"。④ 因此，管庭芬认为某附生"甘心从贼"，参加太平天国科举考试，"可谓丧心病狂矣。"他极端鄙视某些"从贼之搢绅"和"导贼之士夫"。⑤

另一方面，他仍对清王朝的前途充满希望。出于乡村士绅固有的

---

① 《管庭芬日记》第 4 册，1798 页。
② 《管庭芬日记》第 4 册，1808 页。
③ 《管庭芬日记》第 4 册，1643、1656、1694 页。
④ 《管庭芬日记》第 4 册，1672、1703 页。
⑤ 《管庭芬日记》第 4 册，1711、1729 页。

立场，管庭芬时刻盼望着"大清中兴一大转机"。① 他非常希望清军能尽快平定太平天国，因而对杭州与金陵的克复备感欣喜。同治三年(1864年)二月二十五日，"喜悉廿三日晚已收复省城，从此吾邑稍可安枕矣。"三月初五日，"左中丞(宗棠——引者注)亦攻复省垣，使万民重整大清衣冠，令行薙发，不觉额手称庆"。② 同治三年(1864年)六月二十八日，"欣闻十六日克金陵贼巢，贼首焚伪宫殿，不知所终，或云自焚死，戮其逆党，几无孑遗，擒伪忠王李秀成、伪亲王洪仁达，将槛送入京"。七月二十三日，"时闻李逆秀成已磔于金陵军营，传首被害各府县，快事也"。③

太平天国严重地冲击了清王朝统治的社会基础，作为这个社会基础之一员的乡村士绅管庭芬，经此战乱，确实留下了刻骨铭心的痛。"垂老遭时乱，全家屡远奔。扁舟奉慈母，破屋息惊魂。觅食珍糠粃，冲寒累子孙。"④这是管庭芬痛切肺腑的历史记忆，也是其本该平静的生命史上不堪回首的悲剧的一幕。历史选择了他，他别无选择，只能用一支秃笔记下这些惨痛的经历与见闻，以供后人凭吊。

五、对近代西方的模糊感知

管庭芬没有到过西方国家，没有直接接触西方人，他是如何感知近代西方的呢？通过《管庭芬日记》零星的记载，可从如下三个方面分析：

其一，涉及西方知识的文献资料。一方面是关于西方史地知识的文献。管庭芬于道光六年(1826年)十二月初六日记载："小筠归予《海国见闻录》。"⑤应该是《海国闻见录》，福建同安人陈伦炯著，成书于雍正八年(1730年)。该书上卷《大西洋记》篇，涉及欧洲各国历史地理，

① 《管庭芬日记》第4册，1703页。
② 《管庭芬日记》第4册，1769、1771页。
③ 《管庭芬日记》第4册，1782、1784页。
④ 《管庭芬日记》第4册，1702页。
⑤ 《管庭芬日记》第1册，391页。

虽记载简略，甚至不无错讹，但却是中国人较早介绍西方知识的重要文献，为之后谢清高《海录》、魏源《海国图志》、徐继畬《瀛寰志略》所参照与援引。① 道光二十年（1840 年）十月二十一日，"顷得《英吉利国记》一首，从寄尘室主人抄自梅里，云从所获谍者招语译出，或系柳东先生撰述，亦未可定"。随后全文抄录。该文提及欧洲荷兰、法国等国，但主要介绍英国，涉及英国地理、物产、贸易、军事、官制、首都、人种、宗教、风俗、人民、国王等多方面，尤其揭露了英国的海外殖民侵略活动，有谓："（英吉利）以濒海，专事贸易，故船驳至精，与贺兰、佛郎机相等。凡商船所至之国，视其守御不严者，辄以兵压其境，破其城，或降服为属国，或夺踞为分国，若西海之亚墨利加，西南海之亚非利加之甲城之孟迈之孟哈拉，皆其属藩，若南海之新加坡之新贺兰之谛面地之吕宋，皆其分国也。"②道光二十年（1840 年）日记最末还附录了《备英夷说》全文，"此篇系戊戌冬幕粤逸叟所撰，甬东友人抄示"。该文主要是向当道建言如何应对英国侵略的方策。③ 惜乎管庭芬对上述文献没有评点，不知其内心真实看法。

另一方面是关于近代科技知识的著述。道光十四年（1834 年）十一月初五日记载："是日偶见《自鸣钟图释》一纸，即图于此。（整理者按：此图整理时省略。）右《释》虽已见上华亭徐朝俊《高厚蒙求》，此更简易，存之以便识认。"④自鸣钟在明末清初已由西方传教士带到中国，属西洋"奇技淫巧"。管庭芬与海宁同乡著名数学家李善兰（秋纫）早期多有交往，其道光二十年（1840 年）四月二十五日记载："秋纫以所著《四元解》四卷见示。前著《方圆举例》（即《方圆阐幽》——引者注）一卷问序于余，余茫无以应之。今读此书，益见其造诣日深，庶几绝学一灯赖此不坠矣。"随后全文抄录其《四元解》自序，该序比较中西之法，而立意

---

① 参见陈代光：《陈伦炯与〈海国闻见录〉》，载《地理研究》1985 年第 4 期；邱敏：《〈海国闻见录〉与〈海录〉述评》，载《史学史研究》1986 年第 2 期；间小波：《〈海国闻见录〉——中国人开眼看世界的珍贵文献》，载《学海》1993 年第 3 期。

② 《管庭芬日记》第 3 册，1015～1017 页。

③ 《管庭芬日记》第 3 册，1024～1028 页。

④ 《管庭芬日记》第 2 册，782 页。

在与西人争胜，所谓"今而后习中法者可以傲西人以所无矣"①。咸丰五年（1855年）十月初六日，"是日仁和曹柳桥茂才金籀过访，以所刻《释天》一卷见赠，谓日轮统摄天地而不动，而能以盛气鼓星月与地而旋转。又谓日月星辰中黑影皆有国土人民。又谓天河中白气皆众星所聚，因极远而不能分离。略主西人所说，亦新奇可喜"②。同治四年（1865年）二月二十五日，抄录《经天该》一卷，书其后云："是书又名《经天诀》，相传为明季利玛窦著，又称薄子钰所作，未得而详焉。其中所载之星有多寡之殊，有隐显之异，当与《步天歌》参观，可以知今昔之谈象纬矣。然南极下出地之星，中法所未载，北极下出地之星，西法所未收，天形如球，高下终未可一理论也。吾辈管蠡之见，本无藉于此，姑录斯卷以俟蒙求。"③可见管庭芬对西洋科技似并不排斥，从其点评曹柳桥（金籀）所刻《释天》"略主西人所说，亦新奇可喜"之语，甚至不无赞赏之意。

其二，有关两次鸦片战争中"英夷"入侵的见闻与观感。第一次鸦片战争时期（1840—1842年），英军两次侵扰浙江沿海，曾攻陷定海、镇海、宁波、乍浦等地，身在海宁的管庭芬日处忧危之中，密切关注战事。道光二十年（1840年）六月十三日，管庭芬在日记中首次记到英军犯浙江、定海失陷事，"海上承平二百年，一旦遭此蹂躏，深为浩叹"④。此后，管庭芬的见闻观感主要表现在三个方面：一是英军攻城略地所致各种惨状。如，乍浦失陷，"死者不可胜算，城中民人逃窜一空，其有畏辱而不能避者皆自裁以殉，奇都统出奔嘉兴郡城后亦殉难。萧山街及灯光山庙俱焚舍无余"。"乍浦劫掠仅遗空城，天后宫及炮台皆焚毁殆尽。""至于火药弃满城河，浮尸叠见汉港，尤不胜述。"⑤又如，京口（镇江）失陷，"城中盐枭、汉奸、逆夷互相劫掠，人民逃避不能出，死于火，死于兵，尸皆重叠于道，血流成渠，逆夷自陷各城以

① 《管庭芬日记》第3册，997～998页。

② 《管庭芬日记》第4册，1534页。

③ 《管庭芬日记》第4册，1804页。

④ 《管庭芬日记》第3册，1002页。

⑤ 《管庭芬日记》第3册，1080～1082页。

来，莫有惨于此者。夷船俱停泊金焦两山间，南北文报不通，商船断绝，民乃大困"①。二是清政府官员腐败无能。虽然不乏裕谦、海龄、关天培、陈化成等英勇抵抗、就义殉节的文官武将，但更多的是像奕山、奕经、琦善、伊里布、牛鉴等妥协投降、屈膝求和的钦差大臣与督抚大员。道光二十二年（1842 年）二月，"扬威将军奕公经与英逆战于甬东失利，退回军营，思驻扎海宁为安乐窝，为羽书催去。"五月，英军攻吴淞口，"牛制军一军先奔，其麾下员弁一哄而散"②。七月三十日，"是日闻和议成，兼传牛制军等与逆夷璞鼎查等称觞累日，迭作宾主，凡所约文武相见则讲平行之礼，择定马头建造会馆通商，并许缴还烟价银二千万两，先付六百万两，刻下尚有不敷者，令殷富捐足付之。吁！以百姓有限之脂膏，填逆夷无穷之欲壑，忍乎哉"③。三是因战争而使地方社会动荡。海宁虽未被兵火，但时在惊恐之中。道光二十一年（1841 年）十二月十九日，"是日闻逆夷兵船由凤凰山进口，近尖山内龙王堂汛，因暗沙胶舟，不敢犯邑城而返，然城中逃避下乡已纷纷扰扰，十室九虚矣"④。道光二十二年（1842 年）四月十五日，"是晚城中讹传夷逆已进尖山口，民皆争避出城，兵弁束装，俱有遁志，彻宵城不能闭，扰扰纷纷，天明始定"。二十五日，"是日讹传有游兵劫掠村镇，梅里、石泾、硖川皆罢市，村民扶携老幼以避者充斥道路，一时之中至数百里皆为惊骇，是何异焉。至次日而人心始定，问其讹言之所始，皆不能答也"⑤。由于战乱，各处难民以"坐饭"为名，聚众涌入海宁等地，肆意扰乱社会秩序。"是时海上多患，凡失业之辈与无藉之众勾结乡村好事之徒及老弱妇女，以坐饭为名，乘机劫抢，凡近海各县村镇无不受其虐焰，殷富者人人自危矣。""坐饭者数千人之居停家，毁墙打户，不堪其扰。""时闻远近被掠者比比而然，余所居路仲乡特一村镇耳，而日哄数万众，要索百端，以至罢市数日，兼

---

① 《管庭芬日记》第 3 册，1087 页。
② 《管庭芬日记》第 3 册，1074、1083 页。
③ 《管庭芬日记》第 3 册，1090 页。
④ 《管庭芬日记》第 3 册，1068 页。
⑤ 《管庭芬日记》第 3 册，1081 页。

闻有恒产者亦杂其中，不知是何肺肠也。""州尊之碌弹压，坐饭者始稍稍退去。"①

第二次鸦片战争期间（1856—1860 年），正值太平天国运动如火如荼之时，英法联军从广州北上，直扑天津、北京，整个过程似未引起管庭芬太多注意。管庭芬日记相关记载只有如下四条：咸丰八年（1858年）十月十三日，"是日闻英夷犯粤败绩"。咸丰十年（1860 年）九月二十四日，"有从上海来者，云九月中英夷入寇京师，大掠离宫所藏历代重宝而去，大驾北狩，皆贼臣有以导之也"。三十日，"录嘉善黄退庵凯钧所辑《圆明园记》一卷毕，十一叶。即书其后云：八月中英夷驶入天津，直薄都门，焚毁圆明园，劫掠历代所藏宝器而去。呜呼！庸臣持柄，使大将不能立功，以至丧师辱国，作城下之盟，草莽之臣为之同声一哭。况今巨寇遍于东南，民皆涂炭，惨祸极矣，而英夷反资寇以火药洋枪盐米，使不能绝其饷道，故议乱之首者，英夷罪不胜诛矣，何天亦相之，是岂醉而梦耶？然园囿之兴废实关世运之盛衰，吾邑故相陈氏之安澜园，圆明园中曾仿其景而构造之者，近为其后人斥卖几尽，故附其小记，以存梗概"。十月十六日，"时有北来者谈英夷事者，洗耳不听"。②可见管庭芬只是零星地耳闻有关第二次鸦片战争的信息，甚至没有提及法国，重点是英国侵略者抢劫并烧毁圆明园，而且英国人还帮助太平军，"罪不胜诛"，根本不想听到他们的事。

两次鸦片战争留给管庭芬的印象是：那个代表近代西方文明的大英帝国，其实只是一个野蛮的强盗式的殖民侵略者形象。

其三，关于西方基督教及洋人的传闻与感知。管庭芬对于西方基督教的传播及洋人进入内地，均深表忧虑。道光二十七年（1847 年）七月十三日记载："是日闻省中发下告示一纸，贴于海神庙前，系许修复各处前所拆毁之天主堂，民间有传习耶稣邪教者无禁，盖由广督知照而通示者也。又闻海盐接壤已大兴土木，建耶稣之祠，从此随地皆逆夷间谍，其患不仅沿海矣。吁！为此议者，其居心尚可问乎？"③政府

① 《管庭芬日记》第 3 册，1087～1089 页。
② 《管庭芬日记》第 4 册，1607、1667～1668、1670 页。
③ 《管庭芬日记》第 3 册，1267 页。

无法禁止基督教，其祸将由沿海波及内地。道光二十九年（1849 年），管庭芬在通商口岸宁波亲眼看到西方殖民者的强势及华洋杂处的景象，以及基督教在民间势力之盛，非常担忧。其日记载："偶涉江滨，见夹岸皆新建夷房，崇楼峻宇，皎如霜雪，其奉耶稣教主之处倍极巨丽，且往来黑白夷鬼，近颇与市井交际，居民视之恬然，而其狡狯之心颇难测度。吾浙东南之隐忧，自此日以深矣。""偶步南门，内有英夷设立讲书之所，但其妄谈耶稣之旨，非儒非释非道，词义极其俚鄙，且刊刷成卷，递相分送。近闻愚民为其煽诱，皈依极多，始知逐臭之夫盛于海滨，诚不虚也。"其《明州杂诗》之四有谓："碧眼波斯野似狙，夹江巢结任分居。愚民争羡耶稣教，估客欣传货殖书。风俗于今殊可想，鲸鲵未必尽堪除。鲰生枉具轮囷志，东望沧溟郁不舒。"①有洋人旅游到海宁硖石，管庭芬担心其有为将来入侵探路之嫌疑，其随意来往，终究是隐患。道光三十年（1850 年）八月二十四日，"闻上日有白鬼子二、黑鬼子一拥巨舟，游至硖，声言欲赴横山车辐浜之天主堂，停一日而北去，虑其将来为入寇认识路径之计，守土者能无戒心乎"②。咸丰八年（1858 年）九月二十六日，"有花旗夷人并夷妇至硖，登东山，观者甚众。此类禽心兽性到处横行，其患甚深也"③。其"白鬼子""黑鬼子"与"禽心兽性"等用语，表明管庭芬内心非常厌恶洋人。

另外，从管庭芬行迹与交游来看，应该有机会从宁波与上海这两扇被迫打开的窗口了解近代西方世界的信息，但这并不能使他清晰地认识近代西方。如上所述，他到过宁波，亲眼看到西方殖民势力在宁波的状况。实际上，管庭芬与上海也有不少交流渠道。从日记看，他的八弟与好友陆子研就在上海，并时有书信往来，还有"为沪上友人作画幅"④的记载。早在上海开埠前不久，陆子研来信告知鸦片输入使大量白银外流影响上海市面银根吃紧的消息，并预感到遗祸深远。道光二十三年（1843 年）五月十八日记载："接子研书，书中兼及吴淞口夷

① 《管庭芬日记》第 3 册，1347～1349 页。
② 《管庭芬日记》第 3 册，1377 页。
③ 《管庭芬日记》第 4 册，1605 页。
④ 《管庭芬日记》第 4 册，1731 页。

船不时游奕，通商虽无明谕，然上海自春及今鸦片银被夷人运去三百余万两，以至市上洋银紧急。民贫而国病，其祸患终未已也云云。阅至此，不觉废书三叹。"①咸丰十年（1860 年）十月初五日，孙瀜（次公）以所著《洋泾杂事诗》一卷赠与管庭芬。同治三年（1864 年）八月二十九日，管庭芬阅读《洋泾杂事诗》，并书其后云："自古外夷阑入内地，中原未有不受边患者。我朝自英夷入寇之后，各省海疆无不占据以长丑类，孙丈此诗虽长言慨叹，惜未能尽其禽行兽处之鄙俗也。……阅至此，不觉废书三叹。"②尽管面对现实的无情，管庭芬只有无奈地一再"废书三叹"，但管庭芬把洋人视作"丑类""禽兽"，其内心深处实际上并不能接受近代西方，而是极端的鄙视。

值得指出的是，除了对西方科技知识稍有些许感性认识之外，管庭芬几乎没有感受到近代西方的"文明"，相反，他从两次鸦片战争中充分感知到近代西方的野蛮，而这也是近代西方殖民主义真实的一面。他可能戴着有色眼镜看待西方基督教及来华洋人，但这些早期来华传教士与洋人是与西方炮舰捆绑而来的，其充分呈现在中国人面前的主要是侵略者的面孔，因此可以说，管庭芬所极端鄙视的也是近代西方殖民主义真实的一面。管庭芬对近代西方从根本上采取排拒的态度，这种态度当然不可能使他清晰地认知近代西方。其实，管庭芬对近代西方充其量只有若干非常模糊的感知。

六、余论

管庭芬一生 84 岁（1797—1880 年），本文根据《管庭芬日记》，粗线条地描述了他近 70 年（1797—1865 年）的生活世界。这 70 年，正是中国社会从传统向近代转型的时期。管庭芬没有顺利完成这种转型，而一直主要生活在传统世界之中，最多在"近代"边缘徘徊，并没有与时俱进跨入"近代"门槛。

如何看待管庭芬在"近代"边缘的生活世界的问题，实际上与如何

①　《管庭芬日记》第 3 册，1120 页。
②　《管庭芬日记》第 4 册，1668、1787 页。

理解"近代"有直接的关系。对此，值得追问的有三个相关的问题：

第一，什么是"近代"？如果把"近代"基本上等同于西方，那么，管庭芬的生活世界就基本上与"近代"没有什么关系，至少是关系不大。

第二，"近代"是文明进步吗？如果认为"近代"就是文明进步，那么，管庭芬的生活体验表明，"近代"还有野蛮鄙陋的另一面，这正是他所极端鄙视的，因而他对"近代"采取了排拒的态度。

第三，为什么要"近代化"？如果把"近代化"理解为中国传统社会转型的方向，那么，管庭芬基本上拒绝了这种转型。他在生活中的喜怒哀乐，都主要来自传统社会内部，而不是所谓"近代"。

作为一个普通的乡村士绅，管庭芬的生活世界具有相当普遍的代表性。可以说，管庭芬是当时中国社会从传统向近代转型时期的典型个案。或许正是因为有千千万万像管庭芬这样拒绝转型的普通士人与民众，故而使这个转型的道路显得颇为艰难曲折，甚至因为不得不转型而变得扭曲畸形。至于这究竟是中国传统社会的阻力还是生命力，却非常值得引人深思。职是之故，所谓"近代"与"近代化"的意义或许当予以重估。

原载《社会科学研究》2016 年第 3 期

人生境遇与时代变迁

——魏源、容闳、谭嗣同三题

在面对近代变局的过程中，不同的历史人物有不同的应对方式。作为历史研究，有所谓知人论世，或知世论人，就是从历史人物的生存背景与环境，考察其思想与行为，理解其人生态度，从而观察世变百态。以下魏源、容闳、谭嗣同的事例，提供了三个观察这段历史的侧面。

一、略论魏源思想的文化背景

魏源是鸦片战争前后的中国进步社会思想急剧变动过程中最为杰出的代表人物之一，正因此而奠定了他在中国近代思想史上的崇高地位。当时魏源思想何以能够如此超绝群伦？本文试图从其生活经历和师友关系方面探讨魏源思想形成与发展的文化背景。

(一)生活经历的影响

魏源，字默深，乾隆五十九年(1794年)生于湖南邵阳。嘉庆十九年(1814年)20岁以前，他基本上生活在家乡邵阳，其中嘉庆十八年(1813年)曾到长沙求学岳麓书院，而终未出省。此后大半生，除有几年在北京读书并多次进京应试和外出旅游以外，魏源大都生活在江浙一带。可见，魏源虽生在湖南，但其主要活动却是在江浙。了解这一点，对理解其思想的形成和发展是很重要的。

首先，看魏源的经世致用思想。魏源这一思想形成的标志，是道光五、六年(1825—1826年)为江苏布政使贺长龄编辑《皇朝经世文编》。在《皇朝经世文编五例》中，魏源明确提出："书各有旨归，道存乎实用。""既经世以表全编，则学术乃其纲领。"①以实用、经世为主旨，表明其经世思想的特色在注重"实用"。对此，魏源长期的督抚幕僚生活为其提供了实践机会。两江总督陶澍及其后任陈銮、林则徐、壁昌、李星沅、陆建瀛，"凡有漕河盐兵等政更张，皆延与议定而后行"②。当时魏源的经世思想关注于内政改革。针对清代著名的河、漕、盐三大政，他分别写有《筹河篇》《筹漕篇》和《筹鹾篇》，表现了卓越的经世之才。在试行漕粮海运和创行票盐方面还取得了显著实效。就是在这些具体的实践活动中，魏源的经世思想不断丰富和完善。

其次，再看魏源的开眼看世界和向西方学习思想。魏源明确提出"筹夷事必先知夷情"③，表明他开眼看世界的情怀。他不但在江浙亲身参与"筹夷"之事（投身于鸦片战争），而且还亲到"夷人"占领的澳门、香港了解"夷情"。道光二十八年（1848 年）的岭南之行，使他目睹了港澳"夷"的实际生活情况，在澳门听"夷女洋琴歌"，在香港看海市，颇有"如游海外"之感。④ 如果说林则徐已开始"开眼看世界"，那么魏源可谓是"亲眼看世界"了，而且其更进一步提倡向西方学习。魏源最早提出"师夷长技"，是在道光二十二年（1842 年）成书的《圣武记》中。有感于鸦片战争的惨败，他说："不师外洋之长技，使兵威远见轻岛夷，近见轻属国，不可也。"⑤关于"师夷长技"的具体思想，则在《海国图志》中有全面的论述。魏源写成《圣武记》，是与其早年在京师收集资料和后来在江浙亲历鸦片战争的经历分不开的。对此，他在该书自叙开头便有一段详细的说明，有谓："荆楚以南，有积感之民焉，距生于乾隆征楚苗之前一岁，中更嘉庆征教匪、征海寇之岁，迄十八载畿辅靖贼之岁始贡京师，又迄道光征回疆之岁，始筮仕京师。京师，掌故海也，得借观史馆秘阁官书及士大夫私家著述、故老传说，于是我生以

① 魏源：《皇朝经世文编五例》，见中华书局编辑部编：《魏源集》上册，158
页，北京，中华书局，1983。

② 李柏荣：《魏源师友记》，3 页，长沙，岳麓书社，1983。

③ 魏源：《筹海篇三》，见《魏源集》下册，865 页。

④ 魏源：《澳门花园听夷女洋琴歌》，见《魏源集》下册，739 页。

⑤ 魏源：《圣武记》，361 页，北京，中华书局，1984。

后数大事及我生以前上迄国初数十大事，磊落乎耳目，旁薄乎胸臆。因以溯洄于民力物力之盛衰，人材风俗进退消息之本末。晚侨江、淮，海警飚忽，军问沓至，忾然触其中之所积，乃尽发其椟藏，排比经纬，驰骋往复，先取其涉兵事及所论议若干篇，为十有四卷，统四十余万言，告成于海夷就款江宁之月。"①可见，他的确是"有感而著《圣武记》"②。魏源写《海国图志》也是如此，因为"英夷抚议，当事者为其骘远，不谙底蕴所致。遂于读《礼》之暇，搜览东西南北四洋海国诸纪述，辑《海国图志》及轮船机器各图说，成六十卷，以资控制"③。《海国图志》无异于给清政府及时地提供一部"筹夷"的《资治通鉴》，正如魏源自己所明确标榜其目的是："为以夷攻夷而作，为以夷款夷而作，为师夷长技以制夷而作。"④在那国人多不屑于谈"夷"的时代，魏源大胆揭橥"师夷长技以制夷"，并详细阐述其方法，成为近代中国向西方学习思潮的最杰出的代表人物之一。

关于生活经历对魏源思想形成和发展的影响，还应着重提出两点：

其一，是对其思想广度的影响。魏源的故乡湖南，乃"四塞之国"，自古以来，"风气锢塞，常不为中原人文所沾被"⑤。走出湖南，方能眼界大开。魏源"好游览"，"轮蹄几遍域中"⑥，真可谓"生于山乡，神游九域"⑦。在那交通工具极端落后，通讯技术非常不发达的时代，地域之隔成了视野的屏障，一个人对社会对世事的了解，非亲历见闻难为功，因此，四处游览之人与囿于家园之人相比，其眼界与心境是大不一样的。魏源足迹遍天下，开阔了视野，增长了见识。当时，魏源主要活动于江浙一带。鸦片战争前后的中国开始走向近代之时，江浙处于中西冲突的交汇点，无疑可得风气之先。且不论鸦片战争对当时

---

① 魏源：《圣武记叙》，见《魏源集》上册，166 页。

② 李柏荣：《魏源师友记》，3 页。

③ 李柏荣：《魏源师友记》，3~4 页。

④ 魏源：《海国图志叙》，见《魏源集》上册，207 页。

⑤ 钱基博、李肖聃：《近百年湖南学风·湘学略》，1 页，长沙，岳麓书社，1985。

⑥ 李柏荣：《魏源师友记》，6 页。

⑦ 钱基博、李肖聃：《近百年湖南学风·湘学略》，160 页。

的中国到底有多大的影响，但可以肯定的是南京"城下之盟"对江浙的震动是非常巨大的。魏源身处其地，亲临其境，多年"积感"，一触而发，由此造就其立足中国、放眼世界的宏阔视野。

其二，是对其思想深度的影响。魏源科场失意，仕途多舛，由个人的不幸而激发其思索国家与民族的前途命运。道光十五年（1835年），41 岁的魏源第五次会试不中，30 年的科场跋涉，终不得金榜题名，于是将一腔落第举子的羞愤迁怒于八股取士制度，曾一度决意科场。事实上，凭魏源之才而不能得一进士，足见科场的龌龊不堪。早在嘉庆十九年（1814 年），20 岁的魏源首次进京，便以"诗篇敦雅"而"名满京师"。① 道光六年（1826 年），魏源第一次应会试，著名的今文经学大师刘逢禄称其为"无双国士长沙子"，尽管其试卷"经策奥博"，但是却"荐而不售"。② 魏源屡次失意科场，过着落泊举子的生活。道光二十四年（1844 年），50 岁的魏源迫于生计"万分告匮"，在"同人皆劝其出山"的情况下，不得不重返科场，"中年老女，重作新妇，世事偪人至此，奈何！"③心境何其悲怆！传统士人的屈辱恐莫过于此了。这一次魏源勉强中了进士——因试卷潦草罚停殿试一年，次年补考方得"赐同进士出身"。然而日后的仕途也并不得意。东台受累，革职于高邮，虽怀抱经国济世之才，而保不住头上一顶小小的县令与知州的乌纱帽。科场与官场的黑暗，使魏源洞察到整个社会的黑暗腐朽，于是良知驱使他大声疾呼"变革"。历史就这样奇怪，往往是那一生不得意的士人，却偏偏独抱着"以天下为己任"的救世情怀！魏源主张"变古愈尽，便民愈甚"。从变革河、漕、盐诸政到力倡"师夷长技"，由经世而学西方，表明其思想不断升华，因此而使魏源成为近代中国改革—维新思想的先驱。

（二）师友关系的影响

魏源交游很广。李柏荣先生在《魏源师友记》中搜罗魏源师友凡233 人，从督抚大员到文人士子，甚至僧侣道人，有各色人物。就地

---

① 李柏荣：《魏源师友记》，2 页。

② 李柏荣：《魏源师友记》，19 页。

③ 魏源：《致邓显鹤信三》，见《魏源集》下册，923 页。

域而言，魏源师友遍及全国，而以湖南和江浙一带为多。按省籍统计，江苏 50 人，湖南 43 人，浙江 28 人，安徽 20 人，共 141 人，将及总数的三分之二。这当然与其经历相关。任何人都不能孤立于社会而存在，无不生存于一定的社会关系之中，师友关系是一个人的社会活动圈子，也是影响一个人思想形成与发展的社会人文环境。就魏源而言，对其思想影响较大的主要有三类人物：其一是学术导师。如袁名曜、李宗瀚、汤金钊、胡承珙、刘逢禄、李兆洛、董桂敷、姚学塽等，他们为魏源奠定了坚实的思想基础。其二是思想道同。如陈沆、龚自珍、徐松、欧阳辂、邓显鹤、何庆元、陈起诗、李克钿、汤鹏、包世臣、姚莹等，他们与魏源相互切磋学问，交流思想，促进了魏源思想的形成和发展。其三是经世派督抚大员，如贺长龄、陶澍、陈銮、林则徐、陆建瀛、周天爵等，他们为魏源经世致用思想提供了实践机会。

具体而言，师友的影响主要有两个方面：首先，促使魏源经世致用思想的形成和发展，并为之提供实践机会。魏源早年居家，因父亲在江苏任所，便由其"兼亲师之谊"的二叔魏辅邦代教，所受影响良深，"犹子默深，联捷南宫，官江苏，文章经济，有声名重华夷，多辅邦有以教之也"①。嘉庆十八年（1813 年），魏源求学岳麓书院，深受山长袁名曜经世之学的影响。如果说魏源经世思想早年居湘期间业已萌发，那么其正式形成的标志则是在江苏为贺长龄编辑《皇朝经世文编》，并且在为陶澍等督抚大员的幕僚时予以实践。"善化贺耦庚制军长龄为江苏布政使，延辑《皇朝经世文编》，遂留意经济之学。时巡抚为陶文毅公澍，亦以文章经济相莫逆。凡海运、水利诸大政，咸与筹议。"②例如，在盐政改革方面，魏源帮助陶澍在淮北试行票盐，获得成功。他还写有《筹鹾篇》，两江总督陆建瀛"见其文，力主行之。淮南改票，与有力焉"③。魏源的经世思想在两淮盐政改革中初试锋芒，即见成效，因此而显出其"实用"的特色。如果没有那些督抚大员的积极推行，则魏源的经世思想恐怕只能与龚自珍一样流于书生空谈。

---

① 李柏荣：《魏源师友记》，10 页。

② 李柏荣：《魏源师友记》，2 页。

③ 李柏荣：《魏源师友记》，34 页。

其次，是对其开眼看世界和向西方学习思想的影响。如所周知，魏源的开眼看世界与向西方学习思想的杰出代表作是《海国图志》，因此，可以通过考察其《海国图志》成书的有关情况窥见其师友在这方面的影响。一方面，是有助于收集材料。据魏源自叙，《海国图志》的材料来源主要有："一据前两广总督林尚书所译西夷之《四洲志》，再据历代史志及明以来岛志及近日夷图、夷语。"①林则徐在广州组织人翻译的英人慕瑞所著《世界地理大全》即《四洲志》，是《海国图志》的范本。魏源甚至说："时林公属撰《海国图志》。"②可见林则徐影响之直接。魏源在征集其他资料时，也得到了师友们的帮助。例如，张穆"从《永乐大典》画出《元经世大典》西北地图，以诒魏君默深，刻入所辑《海国图志》中"③。另一方面，是在修订中互相讨论。《海国图志》道光二十二年(1842年)成书时，只有50卷，后经两次修订，扩充到60卷、100卷。《海国图志》刊刻成书后魏源曾分寄给好友请求指正。道光二十八年(1848年)，魏源岭南之行到广州，还亲与著名学者陈澧讨论并吸收其修改意见。"魏默深著《海国图志》，初成，中有可议者，澧论辨之，后默深至粤，见而大悦，遂与定交并改其书。"④在与师友们互相讨论中，魏源完成了《海国图志》的修订。另外，魏源的不少师友在不同程度上具有开眼看世界和向西方学习思想，无疑对魏源是有影响的。魏源的挚友林则徐是"开眼看世界第一人"，姚莹、包世臣等人也是这种社会思潮中的重要代表人物。可以说，正是不少人具有这些先进思想，才在当时形成社会思潮而把魏源推上高峰：从开眼看世界迈出向西方学习的步伐。

(三)走出湖南的湖南人

魏源是一个"走出湖南的湖南人"，此说有三层意思。

其一，魏源是个湖南人。

首先，魏源生在湖南，并具有典型的湖南人的性格。台湾学者张

---

① 魏源：《海国图志叙》，见《魏源集》上册，207页。
② 《江口晤林少穆制府二首》，见《魏源集》下册，781页。
③ 李柏荣：《魏源师友记》，116页。
④ 李柏荣：《魏源师友记》，149页。

朋园先生认为："湖南人个性坚强，凡事认定一个目标，勇往直前，不计成败，不计利害，不屑更改，是一种'不信邪'的'骡子脾气'。"湖南人的"强悍性格所表现的内涵是积极的人生观，是强烈的权威感，是高度的成就需要"。① 从魏源的生活经历中可以看到他的这种"骡子脾气"。他跋涉科场几十年，屡次不中而屡试不已，到 51 岁终于中了进士，取得传统士人入仕的正途功名。尽管他一生大都是落泊潦倒，科场失意，官场也不得志，但其一介穷儒，却有满腔热血，其坚强的性格确实表现了"积极的人生观"。正是他首倡一个令近代中国无数志士仁人激动不已的"师夷长技以制夷"的口号，折射出他那"以天下为己任"的救世情怀。恰如著名学者钱基博先生论及包括魏源在内的近代湖南人时所说："有独立自由之思想，有坚强不磨之志节。"②这真是魏源性格的写照。

其次，魏源深受湖湘文化的影响。湖湘文化是一种独特的区域文化，其重要特征是充分发扬儒家"外王之学"，注重经世致用，以培养士人积极关心国家民族的前途命运的"敢为天下先"的气度。这对魏源影响至深。自宋代湖湘学派形成以来，岳麓书院一直是湖湘文化的摇篮。魏源自小居家即受曾经"肄业岳麓书院"的二叔魏辅邦的熏陶。嘉庆十八年(1813 年)，19 岁的魏源负笈岳麓书院，师从山长袁名曜，讲求经世之学。林增平先生论近代湖湘文化时，曾经指出："嘉道之际湖南经世派的崭露头角，是同他们从王夫之的著作中获得启示有很大关系。"③魏源经世思想的形成，或多或少地吸收了这位乡贤先哲的养分。另外，魏源经世思想的形成和发展，还是与同时代湘人贺长龄、陶澍等人分不开的。魏源的根是在湖南，他的思想有着深深的湖湘文化印记。

第三，魏源是近代湖湘文化第一代代表人物之一。近代湖湘文化的勃兴，令世人刮目。著名历史地理学家谭其骧先生称："清季以来，

---

① 张朋园：《近代湖南人性格试释》，载《"中央研究院"近代史研究所集刊》第 6 期，1977 年 6 月。

② 钱基博、李肖聃：《近百年湖南学风·湘学略》，4 页。

③ 林增平：《近代湖湘文化试探》，载《历史研究》1988 年第 4 期。

湖南人才辈出，功业之盛，举世无出其右。"①论近代湖湘文化者，几乎无不将嘉道之际湖南经世派作为第一代代表人物，陶澍、贺长龄是著名的封疆大吏，魏源则是杰出的学者和思想家，二者相得益彰，他们开启了近代湖南人的务实经世风尚，近代湖湘文化由是而勃然兴起。

其二，在文化意义上，魏源又是个江浙人。

首先，魏源走出了湖南，而且在 20 岁以后大半生主要活动在江浙一带，自嘉庆二十五年(1820 年)举家迁江苏，道光十五年(1835 年)在扬州定居，直到咸丰七年(1857 年)逝世于杭州，魏源客居江浙达 37 年之久。到过魏源故居的人都会想到：假如魏源不曾走出那个距离地处湘西南偏远山区的小小的隆回县城尚有 60 公里崎岖山路的称作金潭的小山村，尽管他有过人的天生资质，恐怕他至多只能做一个优秀的乡村塾师，要想成为一个值得后人隆重纪念的杰出思想家是不可思议的。可以说，正是他走出湖南之后几十年的江浙社会生活，造就了他成为近代中国的思想文化名人。

其次，魏源的学术渊源于江浙文化。魏源早年在京时，曾经"问宋儒之学于姚敬塘学壕，学《公羊》于刘申受逢禄，古文辞则与董小槎太史桂敷、龚定庵礼部自珍诸公切磋焉"②。姚、刘、董、龚皆江浙皖人。在学术上，魏源是著名的今文经学大师。清代乾嘉时期今文经学的复兴，庄存与首张其帜，刘逢禄、宋翔凤发扬光大，形成"常州学派"。魏源服膺庄存与，"奉之为宗主"，对庄氏心仪至极，"近人叶德辉撰《经学通诰》，以默深附于常州学派庄存与之后，盖渊源固有所自也"。③ 对刘逢禄，魏源是亲受其教，"默深在都，曾从问《公羊大义》，故后谈经，一本今文家法，轶而不决"④。宋翔凤则是魏源好友。因此，魏源被治经学史者列为常州学派巨子是不足为怪的。

再次，魏源深受江浙社会文化环境的影响。江浙历来是人文荟萃

① 谭其骧：《近代湖南人中之蛮族血统》，见 谭其骧：《长水集》上册，392页，北京，人民出版社，1987。

② 李柏荣：《魏源师友记》，2 页。

③ 李柏荣：《魏源师友记》，14～15 页。

④ 李柏荣：《魏源师友记》，19 页。

之地，近代以来又处中西冲突的交汇点上，江浙独特的社会文化环境对魏源思想的影响至关重要。魏源经世思想的形成深受江浙先贤明末清初著名经世致用学者顾炎武、黄宗羲的思想影响，他在编辑《皇朝经世文编》时，即将顾、黄二人列在第一二位，并收集了他们大量著作。魏源多年客居江浙，亲身感受到西方文化强烈的冲击波，较早地从"天朝上国"的迷梦中惊醒过来，勇敢地面对一个陌生的然而却是先进的世界。魏源之所以为魏源，正是因为他有湖南人的"独立自由之思想"和"坚强不磨之志节"，并处在近代以来"得风气之先"的江浙社会文化环境之中，魏源的那种湖南人的"骡子脾气"在江浙文化环境影响下表现为追求思想的卓越，并开启了向西方学习的新风尚。从这个意义上可以说，魏源的思想是湖湘文化与江浙文化交互作用下的产物。

其三，魏源已经是个近代中国人，这正是他的先进与杰出之处。

首先，魏源所处的时代是中国近代开端的时代。鸦片战争后的中国，在外力的冲击下，开始了艰难的近代化历程。在这个社会转型的大变动时期，传统的中国开始向近代中国转化，传统的中国人面临着自身人格的转换，变成为"近代中国人"，传统的中国文化也开始向"近代中国文化"转型。能否完成这些转换是中国社会面临的一个长期的近代化问题。无论如何，在鸦片战争前后业已开始缓慢进行了。

其次，魏源已具有一个近代中国人的根本特质：不受狭隘的地域限制，立足中国，放眼世界，走向世界。魏源生在湖南，又走出了湖南，在文化意义上他是一个江浙人。江浙是中西冲突的交汇点，是传统中国与近代世界的接轨处，是当时先进的中国人面向世界的一扇窗户。魏源正是凭着其湖南人的一股闯劲，而从江浙首先放眼世界，并从思想上走向世界，追赶世界潮流。与同时代人相比，魏源是杰出的。龚自珍是经世致用思潮的杰出代表，但他未能开眼看世界，更不可能学西方，其经世之策无非仍是"药方只贩古时丹"，不是从西方而是从中国传统中寻找出路；林则徐开眼看世界了，但其在向西方学习方面则远不及魏源；魏源则是学习西方的杰出代表人物。魏源由经世而学西方的心路历程，表明其已具立足中国、放眼世界并走向世界的宏阔视野。当时的中国，尚在中古的黑夜中徘徊，但魏源已率先迈进了近代的门槛，完成了由传统到近代的人格转换，成为一个真正的近代中国人。这在当时是罕见的。

最后，魏源的思想是以正在形成中的近代中国文化为背景的。近代中国文化的形成，既受西方文化的影响，又受中国传统文化的影响，同时还是当时中国各种区域文化整合的结果。可以说，近代中国文化是在中西冲突、古今嬗变、国内各种区域文化整合的多种合力作用下的产物。当然，要完成这种文化转型，需要一个相当长的历史时期，鸦片战争前后只是开始了这种转型。也即说，近代中国文化已开始形成或是正在形成的过程中。魏源之所以先进与杰出，是因为他的思想的形成和发展是以这一正在形成中的近代中国文化为背景的，他既是站在近代中国文化的高度审视世界，又能从近代世界的范围来关注中国，因而成了时代潮流的"前驱先路"。

二、"边缘人"的角色尴尬
——容闳在晚清中国的人生境遇

在晚清中国历史上，容闳是与"西学东渐"分不开的。他的那本英文的生平自传被中译成《西学东渐记》即是明证。容闳在晚清中国西学东渐史上的地位与影响毋庸置疑，然而，他在晚清中国的人生境遇却颇为耐人寻味。虽然他的脑子可谓是"全盘西化"（实为"美化"），但他仍然有着一颗赤诚的中国心。因此，他与现实中的中国总在若即若离之间：他一心想着将平生所学报效自己的祖国，可是他的祖国并不能真的接纳他。事实上，他在晚清中国社会以一个"边缘人"的角色，处境颇为尴尬，而这种尴尬的人生境遇，又严重制约了他的事业的发展。

（一）全盘"美化"

容闳于道光八年（1828 年）出生于澳门附近的南屏镇（今属珠海市）。当时的澳门，是葡萄牙的殖民地，为中西交流的要冲。道光十五年（1835 年），7 岁的容闳由父亲送到澳门，进入古特拉富夫人所设的"西塾"读书。这一举动，使 70 年后的老容闳写作回忆录时仍感大惑不解："惟是时中国为纯粹之旧世界，仕进显达，赖八股为敲门砖，予兄方在旧塾读书，而父母独命予入西塾，此则百思不得其故。"①然而，无论如何，这使容闳能够在得风气之先的澳门一开始便接受了西学教育，奠定了此后全盘"西化"的基础。

容闳所受的教育基本上是西方的，而且主要是美国的。他在古特拉富夫人的"西塾"发蒙，已"粗通西文"。道光二十一年（1841年），进入澳门的马礼逊学校（该校于1842年迁香港），深受校长美国人勃朗先生的影响。二十七年（1847年），容闳随勃朗到美国，先入孟松学校读中学，再入耶鲁大学，咸丰四年（1854年）毕业获学士学位。从小学到大学的全面西学教育，使得容闳作为一个东方人的言谈举止与"内在的气质"都有了根本的变化。当他回到中国时，"觉得自己倒像来自另一个世界似的"，"中国反倒像异乡"。②

容闳的"美化"程度，可以从以下三个方面略作分析。

首先，语言方面，"于本国语言，几尽忘之"。容闳18岁出国，在美国居住8年，而几乎将本国语言忘光，这确实有点令人费解。然而，据他自己的回忆，这是事实。当他第一次回国时，在香港海域的船上，竟不能用"中国语"翻译"暗礁与沙滩"，自己也颇觉尴尬："自念以中国人而不能作中国语，亦无语以自解也。"后来，他不得不花了近半年的时间向一个美国传教士初习粤语。③至于汉文，虽然他自称在留美之前学过四年，④但终因根基甚浅，终生不能运用自如，日后所写条陈之类文稿，只能请人捉刀代笔，而其生平自传也只能用英文写成。

其次，生活习惯的改变。容闳拖着辫子与穿着长袍到美国，直到进入耶鲁大学后才将其"割弃"，而改穿西装，并留短发。⑤在美国，容闳学会了西方人的"文明"生活。当他回国初期在上海作洋行职员的

①　容闳：《西学东渐记》，42页，长沙，岳麓书社，1985。

②　《自序》《附录：吐依曲尔氏之演讲》，见《西学东渐记》，39、165页。

③　容闳：《西学东渐记》，66、68页。

④　容闳：《西学东渐记》，68页。容闳道光十五年（1835年）进古特拉富夫人的"西塾"，但该"西塾"不久即"因故停办"，容闳"既还家，从事汉文"（《西学东渐记》第44页），直到道光二十一年（1841年）进马礼逊学校，其间有几年时间。容闳所称学过四年汉文，是否在这一段时期进过旧有的私塾呢？待考。

⑤　参见今本《西学东渐记》前附插图《在耶鲁大学毕业时的容闳》照片。

时候，他的恩师勃朗先生访问了他，"发现他的生活方式同公司的其他中国雇员不同，而感到惊奇与愉快"。据说"这生活方式的不同是由居室看出来，因为其他中国雇员的居室的特征仍然是肮脏和臭味，而容闳的屋子是整洁的典范，桌子放了一些最美好的英文书，书架上排的书更多了，又有经典的著作还放在桌子上"。① 排除西方人对中国人的偏见，这个事例表明了容闳的生活方式在西方人眼中的标准西化。

再次，自由精神的培养。自由是西方近代理性精神的特质。容闳的自由精神是由全面的西学教育所培养的。在容闳的回忆录中记载了两个典型的事例。一个是他在古特拉富夫人"西塾"的逃学。当时容闳在学生中年龄最小，古特拉富夫人为照顾他而让他与女生住在一起。"本为优遇，予不知其用意。男生等皆居楼下层，能作户外运动。而予与诸女生，则禁锢于三层楼上，惟以露台为游戏场。以为有所厚薄，心不能甘。常课余潜至楼下，与男生嬉。观彼等皆许自由出门，散步街市，而予等犹无此权利，心益不平。乃时时潜出至埠头，见小舟舣集，忽发异想，思假此逃出藩笼，以复我自由之旧。"② 此类"逃学"事件，本是小孩之顽皮与天真，而老容闳却以追求自由平等权利思想来诠释，则是颇有意味的。另一个典型事例是关于容闳在耶鲁大学的学费来源问题。道光三十年(1850 年)夏，当容闳考入耶鲁大学时，原来的留学资助已经到期而断绝，他需要得到新的资助，本来他所毕业的孟松学校可以提供这种资助，但必须答应一个条件，就是立下"志愿书"，毕业后充当传教士。容闳拒绝了这项资助。他认为："予虽贫，自由所固有。他日竟学，无论何业，将择其最有益于中国者为之。纵政府不录用，不必遂大有为，要亦不难造一新时势，以竟吾素志。若限于一业，则范围甚狭，有用之身，必致无用。……况志愿书一经签字，即动受拘束，将来虽有良好机会，可为中国谋福利者，亦必形格势禁，坐视失之乎？……盖人类有应尽之天职，决不能以食贫故，遽变宗旨也。"③ 这是一种"很突

① 寿尔：《田凫号航行记》，见中国史学会主编：《洋务运动》第 8 册，420页，上海，上海人民出版社，1962。

② 容闳：《西学东渐记》，42～43 页。

③ 容闳：《西学东渐记》，58～59 页。

出的独立自主精神"①。在容闳看来，自由是人类的天性。可见，天赋人权的观念已在容闳的思想意识中根深蒂固。

(二)难以介入

19世纪50年代，封闭的中国刚刚被西方列强的大炮打开一个缺口，满脑子自由民主的观念、操者一口流利的英语、西装革履的容闳，满怀着爱国与报国的热心，回到中国，等待他的是怎样的命运呢？

当时的容闳是一个有理想、有抱负的热血青年。他在大学毕业之际，已在心中立下一个宏愿："予之一身既受此文明之教育，则当使后予之人，亦享此同等之利益，以西方之学术，灌输于中国，使中国日趋于文明富强之境。"②这是容闳此后毕生为之奋斗的理想。当容闳回国时，首先面临的便是生存问题。容闳在谋生的时候时刻不忘自己的理想。他说："予时颇思于社会中得一职守，此非仅为家人衣食，欲有所藉手，达于维新中国之目的：谋食亦谋道也。"③事实上，谋生对于容闳来说并不困难，他可以凭藉精通英文的"一技之长"，在港澳与沿海通商口岸作买办与译员的工作；但要实现他的理想就不那么容易了，必须挤进中国上流社会，至少应该得到某些上流人士的理解、接受与援助，这对没有传统科举功名而又来历不甚明朗的容闳来说可就难了。尽管容闳总在努力争取时机，但都不尽如人意。

下面拟简略描述他为此奋斗的过程。

首先，力图接近达官贵人而不能。容闳初回国时，首先到广州任美国派克公使(领事?)的书记，"欲藉派克力识中国达官，庶几得行予志"④。但很快便发现此路不通，仅三个月便辞职到香港学律师。当时香港已是英国殖民地，容闳受到英国律师的排挤而不得不离开香港。对此，容闳后来的解释颇为有趣，认为"学律未成，为予生幸事"，因为"久居英国殖民地，身体为所拘束，不能至中国的内地，与上流社会

① 《附录：吐依曲尔氏之演讲》，见《西学东渐记》，163页。
② 容闳：《西学东渐记》，62页。
③ 容闳：《西学东渐记》，70页。
④ 容闳：《西学东渐记》，71页。

交游"。① 咸丰六年(1856 年)夏秋之交,容闳离开香港到了上海,大概希图能"与上流社会交游"。他先后在海关与某英商公司任职,但都无出头之日。在第四次失业后,他想"译书自食",其目的也是"大可藉此以认识商学界上流人物,推广交游,以遂予之第一目的"。② 通过译书,容闳成了上海闻名的中国留美毕业生。但是,直到同治二年(1863年)见到曾国藩,容闳回国 8 年中并未真正地接近中国的达官贵人。

其次,访问太平天国的失望。容闳在上海的时期,太平天国正与清政府对峙。容闳一时无法接近清朝上流人物,转而投向了解太平天国。咸丰十年(1860 年),容闳带着一大堆疑问开始访问太平天国。"太平军中人物若何?其举动志趣若何?果胜任创造新政府以代满洲乎?此余所亟欲知也。"③他在南京见到了干王洪仁玕,并向他提出七点建国建议,但并未得到真正的重视。容闳颇感失望,"予每见太平军领袖人物,其行为品格与所筹划,实未敢信其必成"④。本来,他的南京之行抱有一线希望,结果却事与愿违。"南京之行,本希望遂予夙志,素所主张之教育计划,与夫改良政治之赞助,二者有所藉手,可以为中国福也。不图此行结果,毫无所得。曩之对于太平军颇抱积极希望,庶几此新政府者能除旧布新,至是顿悟其全不足恃。以予观察所及,太平军之行为,殆无有造新中国之能力,可断言也。"⑤此后,容闳绝了以太平天国"维新中国"的念头。

再次,得到曾国藩等人的赏识,但并未被重任。同治二年(1863年)某日,容闳得见曾国藩,自称是"初登政治舞台之第一日"。曾国藩对容闳的洋务才能颇为赏识,称其"熟于外洋事",并委托他出洋"购买制器之器",⑥ 即采购机器设备。两年后,容闳不辱使命,为新兴的江南制造局购得一批重要的机器设备。曾国藩专折保荐容闳为江苏候补

---

① 容闳:《西学东渐记》,72 页。
② 容闳:《西学东渐记》,78 页。
③ 容闳:《西学东渐记》,88 页。
④ 容闳:《西学东渐记》,95 页。
⑤ 容闳:《西学东渐记》,99～100 页。
⑥ 《曾国藩全集·日记》(二),944 页,长沙,岳麓书社,1988。

同知，为五品。容闳以此资格在江苏省行政署作译员，可以说从此正式进入了中国官场。不久，容闳结识时任上海道随即升任江苏巡抚的丁日昌，两人"交颇投契"。正是由于丁日昌的多次推荐和曾国藩的最终首肯，才使容闳视为毕生最大事业的派遣留美幼童的"教育计划"得以实现。但是，在组织留学事务所的班底时，容闳只任副监督，首任正监督为翰林出身的陈兰彬。丁日昌对容闳的解释是："欲利用陈之翰林资格，得旧学派人共事，可以稍杀阻力也。"①此后接任陈为正监督的区谔良、容增祥、吴子登，不是翰林出身，就是所谓"中国饱学之文士"，而精通西学的容闳始终只是副职。据容闳的记载，正是几位正监督的破坏，而使留学计划半途而废。因此，以翰林与旧学之士为正监督，与其说是为了减少守旧派的阻力，倒不如说是对容闳的某种限制，至少是一定程度上的不信任表现。否则，之后陈兰彬为驻美公使而容闳仍是副职，又作何解释呢？

最后，对清朝政府的绝望。留美幼童被撤回国，对容闳的打击是异常沉重的。"毕生志愿，既横被摧残"，这是与其"同命之人"的爱妻去世相提并论的一生中"最不幸"的一件事情。光绪九年（1883 年）他返回美国时，自以为"此身与中国政府，已永远脱离关系"。不料 10 年以后，中日甲午战争爆发，强烈的"爱国心"驱使容闳再度关注危难中的祖国。通过旧友蔡锡勇，容闳向湖广总督张之洞连上两策。不久，张之洞上奏朝廷，召容闳回国。年近七旬的容闳，去国 13 年后，再次得到朝廷的召唤，心中感慨不已，准备回国再干一番事业。光绪二十一年（1895 年）夏，容闳回到上海，"购中国官场礼服，耗费不赀"。当时张之洞由湖广总督调署两江，容闳便直接到南京拜谒。可是，张之洞并不似当年的曾国藩那样真正"赏识"容闳，只是给了他一个江南交涉委员的"挂名差使"，即不再理会。稍后实授两江总督刘坤一也是如此。容闳无奈，随即辞职，并声称从此"与江南政界断绝关系"。容闳既已回国，而得不到地方实力派的支持，索性再进一步，"拟游说中央政府"。他相继提出了一个国家银行计划和修筑津镇铁路计划，在原来的

---

① 容闳：《西学东渐记》，126 页。

留学计划——教育救国失败后，试图进行实业救国，然而随即都化为泡影。容闳大失所望："予以种种政策，既皆无效，于是予救助中国之心，遂亦至此而止矣。"①此后，容闳积极参与了维新变法运动，不过，戊戌政变很快便使容闳逃亡上海租界。后来，他做了庚子中国国会的第一任会长，并最终走上了同情与支持反清革命的道路。

(三)尴尬与限制

容闳之所以难以真正介入中国社会——不能进入清朝政府的权力位置，甚至难以得到某些权势人物的真正接纳与支持，这主要是因为他的"洋学生"出身，与晚清中国社会仍然是以科举入仕的权力结构不相适应。尽管当时的中国急需容闳这样的西学人才，但是，在他的"一技之长"被利用的同时，却又遭到了普遍的猜忌甚至敌视。早在光绪四年(1878年)，容闳的美国友人吐依曲尔氏在耶鲁大学演讲时，对容闳回国的境遇作了精当的描述："那里(中国)除了卑微的亲属外，他没有朋友，不会给他任何地位和照顾，可以说，没有他立足之地。不仅如此，而且考虑他在哪里(美国)呆过，成了什么人，想要干什么，他在本国人当中不可能不受到歧视、猜疑和敌对。摆在他面前的是一派阴郁险恶的前景。"②容闳的这种"前景"已如前所述。以下还可以从容闳经理的"留美幼童"的境遇提出佐证。

派遣留美幼童，是容闳"维新中国"的教育计划的核心。容闳深感到自己所受西方大学教育大有裨益，便希望有一批中国留学生长期在美国生活，系统地接受西方教育，以培养近代新型的西学人才。但是，这个计划"在保守的中国是太激进了"③。曾国藩、李鸿章等洋务派虽然支持容闳，但是他们的做法已与容闳的想法有了一段相当大的距离。他们严格规定了留美幼童必须"兼讲中学"和遵守中国礼仪，"将来出洋后，肄习西学仍兼讲中学，课以孝经、小学、五经及国朝律例等书，随资高下，循序渐进。每遇房、虚、昴、星等日，正副二委员传集各

---

① 容闳:《西学东渐记》，147～154 页。

② 《附录:吐依曲尔氏之演讲》，见《西学东渐记》，165 页。

③ 温秉忠:《一个留美幼童的回忆》，见祁兆熙:《游美洲日记》，267 页，附录，祁书为与《西学东渐记》合刊本，长沙，岳麓书社，1985。

童宣讲圣谕广训，示以尊君亲上之义，庶不至囿于异学。……恭逢三大节以及朔望等日，由驻洋之员率同在事各员以及诸幼童，望阙行礼，俾娴仪节而昭诚敬"。① 可见，幼童出洋一开始便暗藏了以后所谓中学与西学之争的危机。

清政府派幼童留美，主要目的是培养洋务人才，但又过分担心他们的"洋化"，因此，对他们监督管教极严，不仅派有翰林出身的正监督，而且还有翻译与中文教习，并且要求他们对幼童"随时课以中国文义，俾识立身大节，可冀成有用之材"②。即严格要求幼童的行为必须符合中国传统伦理道德规范。但是，幼童在美，呼吸了自由独立的新鲜空气，很快就"美化"了。守旧派对此攻击不遗余力。他们认为幼童"抛荒中学"③，"腹少儒书，德性未坚"④，"适异忘本，目无师长，固无论其学难期成材，即成亦不能为中国用"⑤。幼童的"美化"，在他们看来，便"不复卑恭之大清顺民"，有成为"洋鬼"的危险。⑥ 不但守旧派如此，即使开明如曾纪泽当时也认为："幼童未读中国圣贤书，遽令远赴异域，专事西学，上之不过为美邦增添士民，下之为各埠洋行增添通事、买办之属耳，于国家无大益也。"⑦幼童回国后，李鸿章的考语是："洋气既深，华文太浅。"⑧因此，他们不但"受到中国士大夫的杯葛和歧视"，被视为"洋鬼子和无益于国家的人"，⑨ 甚至还"被视如

---

① 《同治十一年正月十九日曾国藩等折》，见中国史学会主编：《洋务运动》第 2 册，158～159 页。

② 《拟选子弟出洋学艺折》，见《曾文正公全集·奏稿》卷三十，40 页，传忠书局，光绪二年(1876 年)刻本。

③ 《复陈荔秋星使》，见《李文忠公全书·朋僚函稿》卷十九，21 页，上海，商务印书馆，1921 年影印光绪三十四年(1908 年)金陵刻本。

④ 《光绪七年二月初六日出使美日秘国大臣陈兰彬折》，见中国史学会主编：《洋务运动》第 2 册，165 页。

⑤ 《留美中国学生会小史》，载《东方杂志》第 14 卷第 12 号(1917 年)。

⑥ 温秉忠：《一个留美幼童的回忆》，见《游美洲日记》，272 页，附录。

⑦ 《曾纪泽遗集·日记》卷一，347 页，长沙，岳麓书社，1983。

⑧ 《复黎召民京卿》，见《李文忠公全书·朋僚函稿》卷二十，24 页。

⑨ 温秉忠：《一个留美幼童的回忆》，见《游美洲日记》，274 页，附录。

重犯，北京当局屏之不用"①。

对于幼童回国的境遇，容闳在回忆录中写道："学生既被召回国，以中国官场之待遇，代在美时学校生活，脑中骤感变迁，不堪回首可知。"②这无疑是容闳对"中国官场之待遇"深有感触的夫子自道。与"幼童"一样，容闳难以介入中国社会，主要是因为他的"洋学生"身份，这在传统士大夫的眼中便是中学修养的缺乏。如李鸿章认为容闳"汉文未深，又不甚知大体，亦是一病"③。他甚至认为"容闳为人诚不如荔秋（陈兰彬）之颠扑不破"④。因此，当年分别以陈兰彬、容闳为留美学生正、副监督就不足为怪了。李鸿章的解释是："莼甫熟谙西事，才干较优；荔秋老成端谨，中学较深，欲使相济为功也。"⑤好一个"相济为功"！这显然是要以陈兰彬之流作为中国传统伦理道德的表率，限制留美幼童的"洋化"。

中国社会向来看重身份与地位。在晚清中国，科举入仕的"功名"仍是传统士人的进身之阶。虽然容闳回国以后也极力想寻找机会接近达官贵人，以谋求进身之途。但是，他终生引以为豪的"耶鲁大学中国第一毕业生"的洋学生身份，以及他的信奉基督教、归化美国籍、甚至娶美妇为妻的行为，恰恰妨碍了他的各种努力的效果。比如他的剪辫易服，即"引起了许多同胞极强烈的责难和规劝"⑥，何况其他！在这具有深厚悠久历史文化传统的国度里，"夷夏之辨"的观念根深蒂固，"非我族类，其心必异"，过于"西化"的容闳终归是中国社会的一个"边缘人"，处境自然是尴尬的。

容闳在晚清中国这种尴尬的人生境遇，对他的事业有着严重的限制。容闳虽然从小接受西学教育，但是他终生都有一颗炽热的爱国心，

---

① 《华人留学美洲之今昔》，载《东方杂志》第 14 卷第 12 号（1917 年）。

② 容闳：《西学东渐记》，88 页。

③ 《复郭筠仙星使》，见《李文忠公全书·译署函稿》卷二，34 页。

④ 《论派员查办秘鲁华工》，见《李文忠公全书·译署函稿》卷二，34 页。

⑤ 《论出洋肄业学生分别撤留》，见《李文忠公全书·译署函稿》卷十二，7 页。

⑥ 寿尔：《田凫号航行记》，见中国史学会主编：《洋务运动》第 8 册，422 页。

"他从头到脚、身上每一根神经纤维都是爱国的"①。容闳的"教育计划"，是欲"藉西方文明之学术以改良东方之文化，必可使此老大帝国，一变而为少年新中国"②。这是容闳毕生视如生命的事业。但是，在洋务派大员李鸿章等看来，幼童出洋，"仅筹办洋务之一端"③。只不过是让他们学习西方长技，"为洋务海防储备人才"④。显然，洋务派的目的与容闳有很大的差距。容闳不但得不到重任，只能出任副职，而且还受到多方面的猜忌和制约。如李鸿章就曾致函陈兰彬，对容闳"能和衷协力否"心存疑虑。⑤ 而从陈兰彬到吴子登的历任正监督，都对容闳的事业攻击破坏不遗余力，容闳的事业自然难逃失败的结局。从容闳后来的国家银行计划与修筑津镇铁路计划的失败中，同样可以看到，容闳不能进入清朝政府的权力结构，且不能得到实力派人物的真正支持，因此，也并没有人能真正理解他的爱国与报国的良苦用心，其"维新中国"的理想只如一场春梦。

如果说容闳难以介入晚清中国社会的尴尬境遇对他的事业是一种严重限制，那么，是否可以说假如他能够介入就会使他的事业顺利发展呢？这个假设已无法在容闳身上得到证明。不过，另有一个典型的例子似可为之反证。在近代中国著名的历史人物中，就"西化"程度而言，能够与容闳相提并论的当首推辜鸿铭，然而，他们的思想与行为取向却大异其趣。如果说容闳平生致力于"西学东渐"，辜鸿铭则是刻意要反其道而行之。他从欧洲回国后，便长期为张之洞作幕，混迹中国官场，折向儒家文化，甚至不惜身份而为辫子、八股、小脚、纳妾等"国渣"进行辩护。且在科举制度废除后五年的宣统二年(1910 年)，接受清朝皇帝钦赐的第二名文科进士(第一名为严复)的头衔，堂而皇之地成为中国士大夫中的一员。并终生为宣扬与捍卫中国传统文化，

---

① 《附录：吐依曲尔氏之演讲》，见《西学东渐记》，173 页。

② 容闳：《西学东渐记》，124 页。

③ 《复曾相》，见《李文忠公全书·朋僚函稿》卷十，32 页。

④ 《光绪三年九月十三日直隶总督李鸿章等奏》，见中国史学会主编：《洋务运动》第 2 册，163 页。

⑤ 《复陈荔秋宗丞》，见《李文忠公全书·朋僚函稿》卷十八，20 页。

而成为文化保守主义的典型代表人物。为此，辜鸿铭付出了被人视为"怪物"或"怪杰"的代价。这个"怪"字颇有意味，也许正因此而使辜鸿铭能够在当时的中国社会有一立足之地。容闳则不能。但是，容闳所开创的事业则预示了近代中国新的发展方向，以后一代代仁人志士致力于斯，前仆后继，以至于今天仍然要来隆重纪念他以及他的光辉业绩。历史的评判颇可耐人寻味。

三、谭嗣同戊戌进京前后的思想变动及其原因

谭嗣同向来被称作维新派中的左翼激烈派或急进派。的确，在那篇著名的《仁学》中，他借追求民主的法国人之口说："誓杀尽天下君主，使流血满地球，以泄万民之恨。"并夫子自道式地表白："志士仁人求为陈涉、杨玄感，以供圣人之驱除，死无憾焉。"①且终以虚岁 34（1865—1898 年）而韶华早逝，成为"中国为国流血第一烈士"②。就此而言，似乎说其为革命者也不为过。然而，如果进一步追问：他是在什么情况下说出如此激烈的话语？他的死除了为变法献身以外是否还有别的意义？那么，也许还会看到另外一个谭嗣同。谭嗣同以其短暂的一生而成为晚清思想界的一颗"彗星"（梁启超语），但是，不能因其生命之短暂而将其思想浓缩于某一点。事实上，这颗"彗星"所划过思想天空的轨迹，与其他明星、巨星并没有两样——他们都以起点为归宿：首先从传统走向近代，而不管疏离传统有多远，终究又回归于传统之中。只是谭嗣同生命与思想的行程更为迅捷而已。这种徘徊于传统与近代之间的思想轨迹，是近代中国思想史上的一种普遍现象。本文拟以谭嗣同戊戌进京为界，探讨其此前此后的思想变动，以期观察谭嗣同思想的另一个侧面，并进而揭示其思想上的那种鲜明的矛盾性格。

---

① 谭嗣同：《仁学三十四》，见蔡尚思、方行编：《谭嗣同全集》（增订本）下册，342～344 页，北京，中华书局，1981。以下简称《全集》。

② 梁启超：《仁学序》，附见《全集》下册，372 页。

(一)"冲决网罗"的近代精神

光绪二十年(1894年)，而立之年的谭嗣同对过去30年的学术与思想作了一次结账式的清算，将30以前所著书称为"旧学"，并欲悔弃之而从此"壮飞"。他以对"旧学"的清算作为趋新的起点，并逐渐由一个传统士大夫转变成一个维新志士。这一次以甲午战争为中心的思想转变，是学术界早已注意到的。下面拟以此为起点略述谭嗣同从甲午到戊戌渐趋激进的思想历程。笔者认为，这个思想历程的终结不是谭嗣同的流血献身，而是在其戊戌进京前夕已达顶峰，因而当以其戊戌进京为界。

甲午战争的刺激，使谭嗣同深切地感到民族危机的严重，从而走上主张变法的道路。这个过程大致可以分为两个阶段：第一阶段，舍弃旧学，追求新知，究心洋务。这个阶段谭嗣同的思想可以《兴算学议——上欧阳中鹄书》与《思纬□□台短书——报贝元征》为代表。他说："三十之年，适在甲午，地球全势忽变，嗣同学术更大变。""三十以后，新学洒然一变，前后判若两人。"①谭嗣同所谓的"新学"即西学。关于西学的内容，谭嗣同在代龙湛霖所拟变通科举考试的奏稿中说："西学以算学、重学、天文、测量为一门，外国史事及舆地为一门，万国公法及各国法律、政事、税则等为一门，海、陆兵学为一门，化学为一门，电学为一门，船学为一门，汽机学为一门，农学为一门，矿学为一门，工、商学为一门，医学为一门，水、气、声、光等学为一门，各国语言文字为一门。"②在此，谭嗣同列举了一个几乎包括所有自然科学与人文社会科学在内的非常庞杂的西学体系。谭嗣同没有系统地研究西学。他所接受西学的途径，主要是通过阅读广学会等机构中译的西书，以及与傅兰雅等西方传教士的交往。因此，不仅他关于西学的分类难免错乱芜杂，而且其所接受的西学知识也具有极大的随意性，似乎无所谓主次之分。比如说，他在上述那张"西学表"中首列"算学"，便使人莫名其妙。然而，他的确特重"算学"。光绪二十一年

---

① 《与唐绂丞书》，见《全集》上册，259页。
② 《乙未代龙芝生侍郎奏请变通科举先从岁科试起折》，见《全集》上册，238页。

（1895 年）夏，时在湖北的谭嗣同与肄业两湖书院的唐才常、刘善涵商议在故乡浏阳筹设算学馆。他们认为："浏阳俗贵谨厚，以湘军之盛时犹不得分其末光，则终亦无由渐其恶习。……因日与往复图议所以导之者，佥谓自算学始。"①随即，谭嗣同写了一封长达数万字的信，给他的老师欧阳中鹄，恳切地希望他"小试于一县，邀集绅士，讲明今日之时势与救败之道，设立算学格致馆，招集聪颖子弟肄业其中"②。谭嗣同在浏阳"兴算学"的主张，得到以欧阳中鹄为首的浏阳士绅的大力支持。谭嗣同又拟定算学馆《开创章程》和《经常章程》，并上书湖南学政江标，认为："为今日湖南计，非开矿无以裕商源，非制器无以伤军政，而开矿、制器等事，随在与算学相资，故兴算学一节，非但当世之远模，抑亦湘省之亟务。"恳请将浏阳县城的南台书院改为算学馆，得到江标的批准。③ 湖南向以守旧著称，谭嗣同等人欲在浏阳开算学馆的消息传出，"众论大哗，至诋浏阳为妖异，相戒毋染浏阳之遘毒"④。加上甲午战争失败的影响，不少士大夫痛诋洋务，谭嗣同的朋友贝元征就是其中一个。其时，谭嗣同在给贝元征的一封长长的回信中，针对其"数十年来士大夫争讲洋务，绝无成效，反驱天下人才，尽入于顽钝贪诈"的观点，作了辩驳。他说："嗣同以为足下非惟不识洋务之谓，兼不识何者为讲矣。中国数十年来，何尝有洋务哉？抑岂有一士大夫能讲者？"他认为贝元征所谓的"洋务"如轮船枪炮之类，其实只是"洋务之枝叶，非其根本"，而对于作为洋务之"根本"的"法度政令"，则是"曾未梦见"。他也承认，30 余年的所谓"洋务运动"，其实对于制炮造船的洋务"枝叶"都未做好，因而有甲午之惨败。但是，他认为，决不能"傲末流之失，遂谓创始之非"，反对"因噎而废食"。同时，他还进一步提出"变法"图强以挽救危亡的主张。⑤ 当时，谭嗣同还有与唐才常等人在浏阳开矿的活动。这一阶段，谭嗣同的思想与活

---

① 《浏阳兴算记》，见《全集》上册，174 页。
② 《上欧阳中鹄》，见《全集》上册，165 页。
③ 《上江标学院》，见《全集》上册，182～183 页。
④ 《浏阳兴算记》，见《全集》上册，184 页。
⑤ 《报贝元征》，见《全集》上册，202～204 页。

动基本上没有超出"办洋务"的范畴，但是已开始孕育了变法维新的思想。

第二阶段，由洋务而维新，并趋向革命。这个阶段谭嗣同的思想可以《仁学》为代表。谭嗣同于光绪二十二年（1896 年）底至二十三年（1897 年）初完成的《仁学》，欲"别开一种冲决网罗之学"①。冲决什么"网罗"？谭嗣同在《自叙》中说："初当冲决利禄之网罗，次冲决俗学若考据、若词章之网罗，次冲决全球群学之网罗，次冲决君主之网罗，次冲决伦常之网罗，次冲决天之网罗，次冲决全球群教之网罗，终将冲决佛法之网罗。"②仁学的根本精神在于，以近代西方资产阶级的民权与平等学说，冲决传统中国封建的纲常名教之"网罗"。这一点与康梁维新派大体一致。正如梁启超所说："《仁学》为何而作也？将以光大南海之宗旨，会通世界圣哲之心法，以救全世界之众生也。"③但是《仁学》视君主为"独夫民贼"，大谈"君主之祸"，以爱新觉罗为"贱类异种"，甚至借法国人之口，讲出"誓杀尽天下君主，使流血满地球"的话，并要效法陈涉、杨玄感，其激烈程度显然非康梁所能及。正因此谭嗣同被称为维新派的激进派，甚至有人认为他的思想已具有"革命倾向"④。《仁学》完成以后，谭嗣同间接和直接地参与到湖南维新运动之中。光绪二十四年（1898 年）夏初，湖南新政受到保守人士的激烈攻击，新旧党争势成水火，谭嗣同在给乃师欧阳中鹄的信中愤然表示："今日中国能闹到新旧两党流血遍地，方有复兴之望。不然，则真亡种矣。"⑤颇有鱼死网破的意味。以至于当朝廷下诏召谭嗣同进京之时，他正在湖南与唐才常等人筹划联络"旨在反清"的哥老会，以等待时机利用哥老会起事。⑥

可见，自甲午以来，谭嗣同弃旧学而求新知，由洋务而维新并趋

① 《报唐才常》，见《全集》上册，251 页。
② 《仁学自叙》，见《全集》下册，290 页。
③ 梁启超：《仁学序》，附见《全集》下册，373 页。
④ 参见王栻：《维新运动》，215～229 页，上海，上海人民出版社，1986。
⑤ 《上欧阳中鹄》，见《全集》下册，474 页。
⑥ 参见邓潭洲：《谭嗣同传论》，68～69 页，上海，上海人民出版社，1981。

向革命，他已开始走出传统，走向近代，其思想历程渐趋激进，至戊戌进京前夕达于极点。

（二）以死"酬圣主"的传统意识

光绪二十四年四月二十六日（1898 年 6 月 14 日），由于翰林院侍读学士徐致靖的保荐，光绪皇帝下诏谕令江苏候补知府谭嗣同"著该督抚送部引见"。① 这是谭嗣同生命与思想历程中的又一转折点。当他接到谕旨准备起程北上时写信给妻子李闰说："我此行真出人意外，绝处逢生，皆平日虔修之力，故得我佛慈悲也。"②谭嗣同的潜意识由此流露出来：传统士人追求的皇恩荣宠，也是谭嗣同孜孜以求而期盼已久的；此前谭嗣同历经坎坷，处处失意，如今柳暗花明，颇为"意外"地出现生命的转机。故于谭嗣同而言，真有"绝处逢生"之感。面对如此浩荡皇恩，此后的谭嗣同将如何"报效"呢？

自光绪皇帝下诏"引见"至戊戌变法的"百日维新"时期，谭嗣同留下的直接文字材料不多，只能从他的行为活动中考察他的思想意识。笔者发现，谭嗣同应诏"参预新政"的活动，既有为"变法"理想献身的精神，也有报效光绪皇帝"知遇之恩"的意义。以下着重阐明的是后一点。

第一，两次应诏，深感"圣恩高厚"。如上所述，谭嗣同第一次接到"入京引见"的谕旨时，便有"绝处逢生"之感。他的第一反应便是迅速进京，"只好暂将诸事搁起，一意收拾行李，日内起程，过鄂小住数日，便往江南领取咨文，随即北上"。③ 由于行程急迫匆忙，竟然忘记了要带"功名保札、部照及一切公文"，以及一些衣物之类的生活用品。④ 不料谭嗣同到了湖北以后大病一场。恰在此时，光绪皇帝又电旨催促"迅速来京，毋稍延迟"。谭嗣同更是感激涕零："虽不值钱之候

---

① 朱寿朋辑：《光绪朝东华录》第 4 册，4096～4097 页，北京，中华书局，1984。

② 《致李闰一》，见《全集》下册，530 页。

③ 《致邹岳生二》，见《全集》下册，490 页。

④ 《致李闰一》，见《全集》下册，530 页。

补官，亦珍贵如此！圣恩高厚，盖可见矣。"拟即抱病动身，"赶速入都"。① 谭嗣同于六月十六日（8 月 3 日）从湖北出发，到南京领取咨文北上，于七月初五日（8 月 21 日）到达北京，"事之忙迫，殆不胜述"②。此后，谭嗣同的行为活动都深受一种感恩戴德意识的支配。

第二，政变前后，"以救上事自任"。谭嗣同进京以后，七月二十日（9 月 5 日），光绪皇帝谕令他与杨锐、刘光第、林旭"均著赏加四品卿衔，在军机章京上行走，参预新政事宜"③。至八月初六日（9 月 21 日）政变发生，真正"参预新政"仅半个月时间。然而，在这短短的十余天中，谭嗣同等"军机四卿"在时人的眼光中，乃"新贵近臣"④，"实为皇上之亲臣"⑤，"时谓之四贵，枢辅咸侧目"⑥。四个"不值钱之候补官"，一朝成为天子近臣，这种殊荣当是传统士人仰望之极。于"四卿"而言，更是肝脑涂地而难报万一。林旭在狱中写给谭嗣同的诗句有云："慷慨难酬国士恩"⑦即为明证。是故，在政变前后危难之际，谭嗣同始终"以救上事自任"⑧。可以说，当时谭嗣同为谋救光绪皇帝而尽了自己最大的努力。八月初三日（9 月 18 日），谭嗣同夜访袁世凯，以死相胁，要袁世凯"诛荣某（禄），围颐和园"，除"老朽"慈禧太后，救"圣主"光绪皇帝，以"报君恩，救君难"。⑨ 与此同时，谭嗣同电召尚在湖南的唐才常联络哥老会，"速偕同志，来京相助"，但唐才常"才抵汉

---

① 《致李闰二并附录电旨》，见《全集》下册，531 页。

② 《致李闰三》，见《全集》下册，531 页。

③ 《光绪朝东华录》第 4 册，4178 页。

④ 袁世凯：《戊戌日记》，见中国史学会主编：《戊戌变法》第 1 册，550 页，上海，神州国光社，1953。

⑤ 康有为：《与张之洞书》，见中国史学会主编：《戊戌变法》第 2 册，523 页。

⑥ 恽毓鼎：《崇陵传信录》，见章伯锋、顾亚主编：《近代稗海》第 13 册，491 页，成都，四川人民出版社，1989。

⑦ 林旭：《晚翠轩集·狱中绝句（示复生）》，见中国史学会主编：《戊戌变法》第 4 册，350 页。

⑧ 《康南海先生墨迹》，见中国史学会主编：《戊戌变法》第 1 册，407 页。

⑨ 袁世凯：《戊戌日记》，见中国史学会主编：《戊戌变法》第 1 册，550～553 页；梁启超：《谭嗣同传》，《戊戌政变记》，108 页，北京，中华书局，1954。

口，忽闻政变发生"。① 政变发生后，谭嗣同又与幽燕大侠王五合谋到瀛台救光绪皇帝，因防守严密，"事卒不成"。最后，谭嗣同与梁启超同访李提摩太，企图通过外交途径请求英、美、日公使保护光绪皇帝，但因英、美公使外出休假，计划落空。全部营救活动失败。

第三，以死"酬圣主"。政变发生以后，谭嗣同本来可以像康有为、梁启超一样逃离北京，大侠王五愿意充当保镖，日本志士也力劝他"东游"。但是，谭嗣同终于没有逃走，而是坐以"待捕"。有多种史料记载而经常被人引用的一段谭嗣同的话是："各国变法，无不从流血而成，今日中国未闻有因变法而流血者，此国之所以不昌也。有之，请自嗣同始！"无疑谭嗣同的死是为变法而献身。但是，毋庸讳言，其实也有报答光绪皇帝"圣恩"的意义。据梁启超记载，谭嗣同与他临别赠言是："不有行者，无以图将来；不有死者，无以酬圣主。"②如上所述，是光绪皇帝的一纸诏书给谭嗣同带来了希望。当时谭嗣同的一切都是光绪皇帝所赐予，其包括变法理想和个人仕途的全部希望都寄托在光绪皇帝身上，而光绪皇帝囚禁于瀛台，生死难定。因而，谭嗣同在营救光绪皇帝的各种努力失败以后，便陷入绝望境地。他自感"已无事可办，惟待死期耳！"③绝望之余，他只有向心目中的"圣主"献上一片忠心。

---

① 唐才质：《唐才常与时务学堂》，载《湖南历史资料》1958 年第 3 期，107页。

② 梁启超：《谭嗣同传》，见《戊戌政变记》，109 页。按：黄鸿寿《清史纪史本末》将最后一句改为"无以召后起"。邓潭洲先生为此走访唐才质先生，认为梁启超当时已是保皇党骨干，其以死"酬圣主"说是曲笔，且与《仁学》中反对君主"死节"之说相抵触。故以黄说可信（《谭嗣同传论》，80 页，注二）。笔者认为，梁启超与谭嗣同"为兄弟交"（《饮冰室诗话》，14 页，北京，人民文学出版社，1962），是"讲学最契之友"（朱维铮编校：《梁启超论清学史二种》，68 页，上海，复旦大学出版社，1985），应该说是了解谭嗣同思想的。且梁启超《谭嗣同传》写于戊戌政变之后不久流亡日本期间，似无用"曲笔"之必要，因为当时梁启超正与孙中山等革命党人频频接触，并不顾乃师康有为的反对而首次在《清议报》上刊发谭嗣同的《仁学》，他的思想正趋向激进，毋宁说梁启超的记载较为客观地反映了谭嗣同思想的矛盾性格。

③ 梁启超：《谭嗣同传》，见《戊戌政变记》，108～109 页。

"泪尽继之以血"①，谭嗣同最终选择了以死报答光绪皇帝的"圣恩"。以死"酬圣主"是一种绝望行为，当一切都无法挽回之时，谭嗣同唯有慨叹"无力回天"，可见其生命的悲壮历程。对此，人们只赞叹其壮烈气概，然而其间更有无尽的悲哀。如所周知，谭嗣同曾经在与人论"死节"的问题时，认为"止有死事的道理，断无死君的道理"②。他又何以要以死"酬圣主"呢？其实这并不矛盾。于谭嗣同而言，光绪皇帝既是其维新变法事业的保障，又是他个人仕途的希望。事实上，谭嗣同作为一个新式知识分子的政治理想，与作为一个传统士人的人生追求，都寄托在光绪皇帝这个"圣主"身上。因此，谭嗣同以死"酬圣恩"之举，可以说是"死事"与"死君"的统一。当时的《字林西报周刊》把谭嗣同等六君子称作"忠君爱国的典型人物"③。"忠君爱国"四字说出了谭嗣同之死的双重意义：既有为维新变法理想献身的近代爱国精神，也有报答光绪皇帝知遇之恩的传统忠君意识。

(三)过渡性：近代人格的传统限制

人们习惯上将辛亥时期出身新式学堂和留学生的革命志士作为中国新式知识分子的第一代，那么，以康有为、梁启超为代表的维新派（包括谭嗣同）便是由传统士人向新式知识分子转化的过渡的一代。他们一般出身于传统士绅阶层，但又倾向于近代新学新知。这一代人既有现代知识分子的理想追求，也有传统士人的人生关怀，因而，在陶铸新型理想人格——近代人格之时，便深受传统思想的限制。这是介于传统与现代之间的近代中国过渡性社会形态特征所导致的必然现象。谭嗣同便是一个典型。

谭嗣同反对封建君主专制与冲决伦常名教之"网罗"的近代民主精神，为辛亥革命与五四新文化运动提供了一份宝贵的遗产。这一点已为学界之共识。然而，这只是谭嗣同思想的一面；谭嗣同思想的另一面便是他的传统意识。正是这两方面合成了谭嗣同甲午与戊戌两次思想变动的根本原因。下面拟略述谭嗣同思想传统的一面。

---

① 黄濬：《花随人圣庵摭忆补篇》，116 页，上海，上海古籍书店，1983。

② 《上欧阳中鹄十》，见《全集》下册，463 页。

③ 《政变对维新》，见中国史学会主编：《戊戌变法》第 3 册，492 页。

谭嗣同一生为传统功名所累。有人称之为"急于功名之士"①，其实并非全是诬蔑之辞。科举进学与入仕的功名，是传统士人的终极追求。谭嗣同也莫能例外。人所共知谭嗣同为伦常所困，他自称"吾自少至壮，遍遭纲伦之厄，涵泳其苦，殆非生人所能接受"②。谭嗣同也为"功名"所困，这一点却较少为人所道及。其实，恰恰可以从此窥见谭嗣同思想变动的内在基因。

谭嗣同出身官宦之家。父亲谭继洵，进士出身，历官至湖北巡抚，为镇守一方的封疆大吏。如此高贵门庭，使谭嗣同成为清末著名的"四公子"之一。虽然谭嗣同并没有过着糜烂的纨绔公子哥儿生活，③ 但这样的家庭出身，无疑为他提供了充分优裕的物质生活条件。④ 谭嗣同从小受到良好的传统教育，他"五岁受书……十五学诗，二十学文"，尤其是得到著名学者欧阳中鹄、涂启先、刘人熙"浏阳三先生"的悉心指点，⑤ 打下了扎实的学业基础。谭嗣同自幼勤奋好学，加上天资高迈，才华横溢，因而自视甚高。⑥ 真不愧为是一位"才明挺峻特，涉猎得精闳。于学无不窥，海涵而源渟"的"奇男子"和"栋梁材"。⑦ 本来，谭嗣同可以凭其出众的才华走传统士人"学而优则仕"的科举"正途"。这既是他父亲的殷切期望，也是他自己最初的人生理想。特别是他自

---

① 吴樵：《戊戌纪略序》，载《近代史资料》总 81 号，242～243 页，北京，中国社会科学出版社，1992。

② 《仁学自叙》，见《全集》下册，289 页。

③ 皮锡瑞说他"曾无纨绔习"（《师伏堂未刊日记》1898 年 11 月 3 日，载《湖南历史资料》1959 年第 2 期，158 页），欧阳予倩说："他绝无嗜好，我没有见他吸过烟，打过牌。"（《上欧阳瓣薑师书序》，附见于《全集》下册，536 页）

④ 光绪二十二年（1896）谭嗣同"北游访学"途中，"见难民作种种状，悚然忆及去年家乡之灾……又自念幸生丰厚，不被此苦"。（《上欧阳中鹄十》，见《全集》下册，459 页）

⑤ 《三十自纪》，见《全集》上册，55～56 页。

⑥ 梁启超说他"资性绝特，于学无所不窥"（《谭嗣同传》，见《戊戌政变记》，109 页）。欧阳予倩说："他是无处不表露才气纵横、不可一世之慨。"（《上欧阳瓣薑师书序》，附见于《全集》下册，536 页）

⑦ 楼宇烈整理：《康南海自编年谱（外二种）》，100 页，北京，中华书局，1992；皮名振：《皮鹿门年谱》，64 页，上海，商务印书馆，1939。

幼丧母，"为父妾所虐，备极孤孽苦"①，因而急于出人头地。有人说，他之所以"急急于功名者"，是因为"为父妾所轻，又重妻子之嫉，欲一朝致身通显，以炫赫家庭间"②。应该说是有一定道理的。但是，科举的道路并不平坦。30岁之前的谭嗣同屡试不中而屡试不已，"十年中至六赴南北省试"③，都不幸名落孙山。光绪十五年（1889年），25岁的谭嗣同再次在北京参加"乡试"落第，正彷徨苦闷之际，接到远在台湾的二哥谭嗣襄"一病不起"的诀别书，④ 结合自己的身世与二哥的命运，谭嗣同感慨万端地赋诗二首：⑤

> 少儿思年长，年增但益悲。我年今廿五，四顾竟安之？
> 无命愁相慰，非才愧所知。犹疑沧海客，栖息已高枝。
>
> 连遇荆年刖，仍空冀北群。十年赓塞曲，今日逐燕云。
> 飘荡嗟如我，蜚腾时望君。谁知万里外，踪迹困尘氛！

这两首诗的基调是一个"悲"字。其"悲"来自两个方面：其一，对二哥谭嗣襄不幸命运的悲叹。据谭嗣同《先仲兄行述》，谭嗣襄"三就乡试不第"，于光绪十四年（1888年）"发愤出游"，后到台湾，由于"戚属"台湾道唐景崧的关系，谭嗣襄得到巡抚刘铭传的赏识，被委任凤山县盐税官。该地"民贫赋重"，积弊深重，谭嗣襄上任后，"严约章，杜侵蚀，亲会计，勤考核，不数月而弊绝"，"当道深赏其才"，改委台南府盐务官。殊不料公函一到，谭嗣襄即病逝。他写信给谭嗣同时已是"一病不起"，并委托了后事。"犹疑沧海客，栖息已高枝。""谁知万里外，踪迹困尘氛！"这四句是写给谭嗣襄的。本来，谭嗣同满心希望他二哥能"蜚腾"发达，不料到头来一场空。其二，由二哥的不幸联想到

---

① 梁启超：《谭嗣同传》，见《戊戌政变记》，106页。
② 吴椿：《戊戌纪略序》，见《近代史资料》总81号，243页。
③ 《三十自纪》，见《全集》上册，57页。
④ 《先仲兄行述》，见《全集》上册，93页。
⑤ 《得仲兄台湾书感赋五律》，见《全集》上册，86～87页。有人认为，诗中"四顾竟安之"句表明谭嗣同"在青少年时期有某种安于现状的思想"。（徐义君：《谭嗣同思想研究》，54页，长沙，湖南人民出版社，1982）这是误解。

自己坎坷身世的悲哀。小时候备受伦常之苦，希望能早日长大；长大之后一心致力科举功名，结果是"连遇荆年刖，仍空冀北群。十年废塞曲，今日逐燕云。"曾经于"十年中至六赴南北省试"和当年（光绪十五年）到北京参加"乡试"而无着落。联想到二哥的命运，不禁"悲"从中来，只好以"愁相慰"。因此，25岁的谭嗣同"四顾竟安之"的心境，即是茫然四顾，竟不知何去何从，表明一种前途渺茫的极端悲观与愤懑的情绪。谭嗣同正是在多年怀才不遇、科举进学失败之后，由于甲午战争的刺激，开始了一次思想转变。当30岁的谭嗣同一旦宣布与"旧学"告别，随即便开始了对科举制度的攻击。他痛诋八股时文，认为"必变科举而后可造就人才，而后可变一切之法"①。

科举进学的失败，堵住了谭嗣同"正途"入仕的道路，于是他便寻求"异途"。光绪二十二年（1896年），谭继洵为谭嗣同捐赀为候补知府，先发分浙江，后改江苏，"死心越国难图霸，抉目吴门去看潮"②。谭嗣同进入官场既是"父命"，也有自己的政治追求。他在临行前写了八首诗寄与湘中师友告别，梁启超说其"篇中语语有寄托，而其词瑰玮连犿，断非寻常所能索解"，并有"独恨无人作郑笺"之叹。③ 从诗中"海国惟倾毕士马"句，可见谭嗣同非常仰慕德国"铁血宰相"俾士麦的功业。而"莫嫌南宋小京都，勾践钱镠有霸图""大好湖山供宦学，妄凭愚鲁到公卿。生为小草柴桑愿，谁寄当归魏物情"等句，也无不"寄托"了一种弘远的政治情怀：古代帝王将相"射虎""辟蛟"以建立霸业的政治抱负。④ 难怪梁启超当时第一次见到谭嗣同时，即有"伯里玺之选也"的感叹。⑤ 可见其

① 《上欧阳中鹄书》，见《全集》上册，159～160页。
② 《改官江苏诗》，见《全集》上册，243页。
③ 梁启超：《饮冰室诗话》，48～49页。
④ 《丙申之春缘事以知府引见候补浙江寄别瓣薑师兼简同志诸子诗》，见《全集》上册，240～241页。
⑤ 梁启超：《与康有为书》，见中国史学会主编：《戊戌变法》第2册，543页。丁文江、赵丰田编《梁启超年谱长编》据梁启超《三十自述》将此事编在光绪二十一年（1895年）（47页，上海，上海人民出版社，1983）。据考证，应是光绪二十二年（1896年）谭嗣同"北游访学"进京之时，（张德钧：《梁启超纪谭嗣同事失实辨》，载《文史》第1辑，北京，中华书局，1962）当时正是谭嗣同进入候补官场之际。

得意之形已溢于言表而锋芒毕露。谭嗣同希望从"候补"的途径进入上层官僚阶层，以实现其政治理想与抱负，因而这一段时期很自然地迷恋于那"于世间、出世间两无所处"的候补官，"日日参谒"，宛然官场中人。① 说谭嗣同"迷恋"候补官有以下几点理由：其一，本来湖南巡抚陈宝箴多次招谭嗣同到湖南协助新政，而谭嗣同不计"候补场中之污秽"，"亡命向江海"，以致"连辱见招竟不自拔"。② 其二，谭嗣同在南京候补官场忙于"衙事"，竟无暇到浙江参加至交好友吴铁樵的葬礼。他在给汪康年与梁启超的信中解释说："乃本局总办病故，新旧交代之时，局中公事万分纷杂，竟不能不爽约。负负而已！"③其三，尽管谭嗣同在南京所任筹防局提调"无味甚"和"极无赖"④，但是他仍然不肯舍弃。其实，谭嗣同在南京官场的生活百无聊赖，"如仙人降谪，困辱泥涂"。⑤ 不但政治上难有升迁，而且经济上也生计艰难，"用度一切全恃彦槻接济"，因而大发感慨："然非大有本钱，官场万难驻足。"⑥尤其是精神极度空虚。"远羁金陵，孤寂无俚，每摒挡繁剧，辄取梵夹而泛观之。"⑦谭嗣同开始究心佛学，其间也有无奈之处。他说："士生今日，除却念佛持咒，又何由遣此黑暗之岁月乎?"当时他在南京与佛学大师杨文会"时相往还，差足自慰"⑧。虽然晚清佛学有其入世转向，但是谭嗣同在南京学佛，则主要是寻求一种精神寄托。不幸的是，谭

---

① 《上欧阳中鹄十》，见《全集》下册，468 页。
② 《上欧阳中鹄九》《江上闻笛诗奉怀陈义宁公也连辱见招竟不自拔》，见《全集》下册，456～457 页、上册，241 页。
③ 《致汪康年梁启超四》，见《全集》下册，517 页。
④ 《上欧阳中鹄十三》《致汪康年梁启超一》，见《全集》下册，470、514 页。
⑤ 《致汪康年九》，见《全集》下册，502 页。
⑥ 《上欧阳中鹄十三》，见《全集》下册，470 页。
⑦ 《致唐才常二》，见《全集》下册，529 页。
⑧ 《上欧阳中鹄十》，见《全集》下册，466、468 页。孙宝瑄的日记记载了谭嗣同这段时期经常往来南京、上海与友人谈佛说禅的史实，如云："谭甫生至，纵言佛理。"孙宝瑄还在其与吴嘉瑞、谭嗣同、宋恕、梁启超、汪康年、胡惟志七位讲佛学的朋友合影上题偈："幻影本非真，顾镜莫狂走。他年法界人，当日竹林友。"（《忘山庐日记》上册，86、94 页，上海，上海古籍出版社，1983）

嗣同终于在南京候补官场无所作为，"作吏一年，无异入山"。① 中国官场的黑暗使谭嗣同感到绝望，"嗣同求去湖北，如鸟兽之求出槛絷；求去中国，如败舟之求出风涛；但有一隙可乘，无所不至"。他已成为风涛汹涌的宦海中一叶"败舟"！当他听说有英、俄领事在上海开捐"贡""监"时，也想捐个洋官，曾特地写信给汪康年询问有关事宜，表示"甚愿自捐，兼为劝捐"。② 可见"入仕"情结终未解去。后来此事不了了之。回想过去，进学不成，为官不能，谭嗣同感慨万端："嗣同一生未作过一件快意事。"③ 从谭嗣同的书斋名称，如廖天一阁、莽苍苍斋、远遗堂、秋雨年华之馆等，便可见其茫然迷惘的心境。谭嗣同就是在身陷于官场这张"网罗"既不能自拔而前途无望的境地，以苦闷彷徨的心情，用愤怒不平的笔调，撰写了"冲决网罗"的《仁学》一书。光绪二十四年（1898 年）初，谭嗣同应陈宝箴之邀，弃官回湘参与新政事业。尽管湖南新旧党争势如水火，这时的谭嗣同已经置生死于度外，思想激烈达于极点。他在给欧阳中鹄的信中说："嗣同纵人也，志在超出此地球，视地球如掌上，果视此躯曾蚑虱千万之一不若。一死生，齐修短，嗤伦常，笑圣哲，方欲弃此躯而游于鸿蒙之外，复何不敢勇不敢说之有！"④谭嗣同在戊戌进京前的思想有一个渐趋激进的过程，正好与其进学与入仕的理想破灭的过程相一致，其间的内在关联性是毋庸置疑的。将个人境遇的不幸与社会的不公正联在一起，从而产生变革社会的思想，对于敏感的谭嗣同而言是很自然的。

既然戊戌进京前夕的谭嗣同作为一个传统士人的人生追求已经陷入绝境，那么，他接到光绪皇帝"入京引见"的诏旨便有"绝处逢生"之感是不足为怪的。只要明白皇帝的荣宠对于一个传统士人的意义，便不难理解谭嗣同此后感恩戴德的心情。黄遵宪与谭嗣同一并应诏"引

① 梁启超：《谭嗣同传》，见《戊戌政变记》，106 页。
② 《致汪康年二》，见《全集》下册，492～493 页。
③ 《致张蕙云》，见《全集》下册，489 页。
④ 《上欧阳中鹄二十六》，见《全集》下册，478 页。

见"，当时皮锡瑞写信祝贺黄遵宪，称为"受非常殊遇，东山重望"①。与谭嗣同一见则"大相契"的刘光第，为小京官多年，本想买山归田，得此"异遇"，感到"圣恩高厚，急切不忍去耳"②。江标被光绪皇帝"特命以四品京堂候补，在总署章京上行走"，唐才常认为是"异数隆恩，世罕伦比"，江标更是"感激涕零，以身许国，急摒挡诸事为入都计"。③ 梁启超被光绪皇帝召见一次，也是感慨异常："国政成例，四品以上乃能召见。召见小臣，自咸丰后四十余年未有之异数也。启超以布衣召见，尤为本朝数百年所未见。皇上求才若渴，不拘成格如此。"④谭嗣同以一失意的候补官而骤登朝堂，"名为章京，实为宰相"⑤。这是此前的谭嗣同所未曾梦见，无疑影响到此后谭嗣同的思想与心态。例如，以前谭嗣同曾断言："中国全局断无可为。"⑥之后谭嗣同则说："朝廷毅然变法，国事大有可为。我因此益加奋勉，不欲自暇自逸。"⑦其心境何其相异乃尔！可以说，谭嗣同此后以死"酬圣主"的行为便是这种心境合乎逻辑的必然结果。

总之，谭嗣同作为一个维新志士的近代人格有着严重的传统限制，这是一种传统士人的人生关怀对现代知识分子的理想追求的内在限制。在此特别强调谭嗣同思想的传统限制，并不是有意贬低其民主思想的光辉意义，只是试图揭示近代中国思想史上某种具有普遍性的历史现象：近代人格的塑造以疏离传统为起点，而又以回向传统为归宿，传统的限制决定了近代人格的过渡性特质。谭嗣同不过是一个较为典型的例证。其实，从谭嗣同的以死"酬圣主"，到此后唐才常的"勤王"，

① 皮锡瑞：《师伏堂未刊日记》1898 年 6 月 21 日，载《湖南历史资料》1959 年第 2 期，119 页。

② 梁启超：《刘光第传》、刘光第：《京师与厚弟书》，见《刘光第集》，436、287 页，北京，中华书局，1986。

③ 唐才常：《前四品京堂湖南学政江君传》，见《唐才常集》，196 页，北京，中华书局，1982。

④ 梁启超：《戊戌政变记》，23 页。

⑤ 梁启超：《戊戌政变记》，47 页。康有为认为："上以无权用人为大臣，故名章京，特加'参预新政'四字，实宰相也。"（《康南海自编年谱》，55 页）

⑥ 《上欧阳中鹄十四》，见《全集》下册，471 页。

⑦ 《致李闰三》，见《全集》下册，531 页。

康有为的"保皇"和参与"复辟"，严复的列名"筹安会"，乃至于梁启超对东方文化的最终归依，其思想取向可谓一脉相承，后先呼应，其间透露出的信息是颇可耐人寻味的。可以说，谭嗣同一生的悲剧，就是那一代介于传统与现代之间的过渡型知识分子的人生悲剧，而这一幕幕悲剧上演的大舞台便是具有鲜明过渡性的近代中国社会。

　　该文由三篇论文组成：第一篇《略论魏源思想的文化背景》，原载刘泱泱、郭汉民等编：《魏源与近代中国改革开放——纪念魏源 200 周年诞辰国际学术研讨会论文集》，356～365 页，长沙，湖南师范大学出版社，1995。第二篇《"边缘人"的角色尴尬——容闳在晚清中国的人生境遇》，原载吴文棻主编：《容闳与中国近代化》，177～189 页，珠海出版社，1999；又载《学术论坛》2000 年第 3 期，116～120 页。第三篇《谭嗣同戊戌进京前后的思想变动及其原因》，原载田伏隆、朱汉民主编：《谭嗣同与戊戌维新》，268～283 页，长沙，岳麓书社，1999；又载方志钦等主编：《康有为与戊戌变法学术研讨会论文集》，385～402 页，广州，学术研究杂志社，1999。

曾国藩与倭仁关系论略

曾国藩(1811—1872 年)，字伯涵，号涤生，湖南湘乡(今双峰)人，翰林出身，官至两江总督、武英殿大学士。倭仁(1804—1871年)，字艮斋，号艮峰，乌齐格里氏，蒙古正红旗人，河南开封驻防，翰林出身，官至文华殿大学士。曾国藩与倭仁同历嘉道咸同四朝，完全是同时代的人。道光年间，他们同从唐鉴问学，相交为师友，是倡导理学的中坚；同治时期，又同居高位，一主于外，一立于朝，成为"中兴"贤辅名臣。然而，他们又是两种不同类型的代表人物，一为洋务新政的首领，一为顽固保守的象征。因此，从曾国藩与倭仁比较考察，可以看到晚清学术与政治互动关系的诸多面相。

一、早年相交于师友之间

曾国藩与倭仁都是晚清著名的理学家，他们的交往与晚清理学大师唐鉴直接相关。道光二十年(1840 年)，唐鉴"再官京师，倡导正学"，在他周围聚集了倭仁、曾国藩、吴廷栋、何桂珍、吕贤基、窦垿等一批理学名士，皆从其问学。①就在此时，由于唐鉴的介绍，曾国藩得识倭仁，他在日记中写道："(唐鉴)言近时河南倭艮峰仁前辈用功最笃实，每日自朝至寝，一言一动，坐作饮食，皆有札记。或心有私欲不克，外有不及检者皆记出。"②此后曾国藩与倭仁订交，终生交谊介

---

① 《唐鉴传》，见王钟翰点校：《清史列传》卷六十七，5400 页，北京，中华书局，1987。

② 《曾国藩全集·日记》(一)，92 页，长沙，岳麓书社，1987。

于师友之间。

道光末年，曾国藩与倭仁同官京师，过从甚密。此时，他们的交往主要是相互切磋理学。他们共同崇信程朱理学。倭仁根据自己多年来的修身经验，教曾国藩写日课，"当即写，不宜再因循"①。曾国藩当天即开始写日课，"亦照艮峰样，每日一念一事，皆写之于册，以便触目克治"②。曾国藩还把自己的日课册送给倭仁批阅指教，倭仁毫不客气地教曾国藩"扫除一切，须另换一个人"，曾国藩"读之悚然汗下"，以此为"药石之言"。曾国藩对倭仁的日课册则敬畏有加，"不敢加批，但就其极感予心处著圈而已"③。曾国藩在与弟书中称："余之益友，如倭艮峰之瑟僴，令人对之肃然。"④他们互相批阅日课册，共同切磋学问，均成为继唐鉴之后晚清理学复兴的重要人物。

二、晚清理学两个路向

有人作了这样的假设："假如曾国藩不曾出京办团练，一直留在朝中，他能扮演的角色和表现的心态，大概和倭仁不会相差很多。"⑤揆诸史实可知，这个假设缺乏充分的事实根据。试问：为什么曾国藩能办团练而倭仁不能？这绝不仅仅是因为曾国藩出京而倭仁在朝的缘故。这一点不得不叹服咸丰皇帝的知人之明。道光三十年(1850年)，咸丰皇帝即位之初，曾就"用人行政"问题下诏求言，倭仁与曾国藩各上《应诏陈言疏》。倭仁大谈"君子小人之辨"，并引程颢之言："择天下贤俊，使得陪侍法从"，咸丰皇帝认为"名虽甚善，而实有难行"。⑥ 曾国藩则

---

① 《曾国藩全集·日记》(一)，113页。

② 《致澄弟温弟沅弟季弟》，见《曾国藩全集·家书》(一)，40页。

③ 《曾国藩全集·日记》(一)，143页。

④ 《致澄弟温弟沅弟季弟》，见《曾国藩全集·家书》(一)，40页。

⑤ 韦政通：《中国十九世纪思想史》上册，403页，台北，东大图书公司，1992。

⑥ 倭仁：《应诏陈言疏》，见《倭文端公遗书》卷二，1～3页，光绪二十年(1894年)山东书局重刻本；《清文宗实录》(一)，104页，卷四，道光三十年(1850年)二月下，北京，中华书局，1986年影印本。

就"用人一端"详加阐述，认为"大抵有转移之道，有培养之方，有考察之法，三者不可废一"，咸丰皇帝以为"剀切明辩，切中情事"。① 两相对照，在咸丰皇帝心目中留下的印象肯定是不同的。咸丰二年(1852年)，咸丰皇帝在召见吴廷栋时，又特地询问了他的看法。吴廷栋认为曾国藩"虽进言近激而心实无他"，倭仁"守道似近迂而能知大体"。② 吴廷栋真不愧是曾国藩和倭仁的知交，一个"激"字，一个"迂"字，刻画得如此传神，这不能不加深咸丰皇帝心中的初始印象。同年，何桂珍以性命担保举荐重用倭仁，"投以艰巨之任"，咸丰皇帝不为所动，"未从其请"。③ 咸丰四年(1854年)，京师办团练，户部侍郎王茂荫奏请让倭仁"会同办理"，咸丰皇帝谕旨明白地宣称："倭仁断无干济之才，况此事非伊所长"，终不得其请。④ 不久即命倭仁入值上书房，"授惇郡王读"。后来，曾国藩也在私下里评论倭仁有"特立之操"，然"才薄识短"。⑤ 显然，倭仁只是有学养道德的"君子"，曾国藩才有真正的"干济之才"。倭仁与曾国藩是两种不同类型的人，他们虽然都信守程朱理学，但是，从儒家传统的"内圣外王"标准来衡量，倭仁偏于"内圣"修身，曾国藩重于"外王"经世，他们正代表了晚清理学发展的两个路向：理学修身派，强调个体道德修养；理学经世派，注重建功立业。⑥

讲晚清理学当自唐鉴始。有人说："鉴之学虽无足称，然亦为开风

---

① 曾国藩：《应诏陈言疏》，见《曾国藩全集·奏稿》(一)，6~10页；《清文宗实录》(一)，116~117页，卷五，道光三十年(1850年)三月上。

② 吴廷栋：《召见恭纪》，见《拙修集》卷一，同治十年(1871年)六安求我斋刊本。

③ 何桂珍：《请特用诸臣疏》，见《何文贞公遗书》卷一，1~4页；《倭仁传》，《清史列传》卷四十六，3635页。

④ 《清文宗实录》(三)，33页，卷一一八，咸丰四年(1854年)正月中。

⑤ 《能静居日记摘抄》，见汪世荣编注：《曾国藩未刊信稿》，393页，附录二，北京，中华书局，1959。

⑥ 参见史革新：《晚清理学研究》，27页，台北，文津出版社，1994。史先生用"主敬派"指称前者，笔者以为，"主敬"仅是程朱理学的一种修养方法，为了与"经世派"相对而言，似不如用"修身派"为宜。

气者，能于理学衰微不振之时，独树一帜也。"①对"鉴之学"如何评价，似还得作具体研究。可以肯定的一点是，唐鉴开启了晚清理学复兴的新风，在新的历史条件下，他提倡理学的复兴是要"守道救时"。关于"守道"，唐鉴著《国朝学案小识》，编制出一个严密的程朱理学道统传承体系，要"守"的就是这个承接孔孟的程朱理学道统。所谓"救时"，即经世，唐鉴说："今夫礼乐兵农，典章名物，政事文章，法制度数，何莫非儒者之事哉！"②然而，唐鉴本人"守道"有余而"救时"不足。或许可令唐鉴欣慰的是，他的门徒倭仁与曾国藩此后一为"守道"的主将，一为"救时"的重镇；是他们共同高举了理学大旗，使程朱理学一度在咸同时期兴盛起来，蔚然形成一股潮流。

倭仁是理学修身派的代表，有人把他与唐鉴列为"纯粹理学家"③，即理学的正统派。所谓正统的程朱理学，主要是一种道德实践哲学，倭仁正是如此。倭仁不仅自己注重道德心性修养，踏实做圣贤工夫，努力完善自己的道德理想人格，而且在社会上大力提倡，希望将社会上的人个个造就成儒家"君子"。他所编著的《为学大指》主要是介绍为学做人的方法，正是为了这个目的。以倭仁为首的修身派，他们尊崇唐鉴提倡的"守道"宗旨，以程朱理学为唯一的"正学"，排斥其他一切学术流派，学术上的门户之见较深；同时，他们以维护程朱理学道统为己任，以为孔孟之道皆经程朱阐发无遗，只按程朱所说的去做，而不求理论上的创新，思想方法较为保守。正如倭仁所说："孔门大路，经程朱辨明后，惟有敛心逊志，亦趋亦步去，知一字行一字，知一理行一理，是要务。"④这样，在中西文化冲突过程中，理学修身派会很自然地成为保守派的代表。

曾国藩是理学经世派的代表。曾国藩治学较杂，不持门户之见，主张汉宋兼采，但就理学而言，主要的还是宗程朱，对王学稍有排斥。曾国藩未入理学之门前，曾与邵懿辰"谈及理学，邵言刘蕺山先生书，

---

① 萧一山：《清代通史》(四)卷下，1961页，北京，中华书局，1986。
② 唐鉴：《学案小识序》，见《唐确慎集》卷一，16页，四部备要本。
③ 萧一山：《清代通史》(四)卷下，1963页。
④ 《倭文端公遗书》卷四，21页。

多看恐不免有流弊，不如看薛文清公、陆清献公、李文贞公、张文端公诸集，最为醇正"。邵懿辰要曾国藩不要看王学殿军刘宗周的书，而郑重地推荐正统的程朱理学家薛瑄、陆陇其、李光地、张伯行，这对曾国藩理学宗向的取舍应该是有一定影响的。不久之后，曾国藩正式向唐鉴问学，唐鉴明确地告诉他"当以《朱子全集》为宗"①。从此便打下他的程朱理学的基础。日后他不时地对王学有所异议，从他的日记中可以看出来：道光二十四年六月十四日(1844 年 7 月 28 日)，"竹如来，与谈吴子序及弟王学之蔽"。同治三年十月廿九日(1864 年 11 月27 日)，"夜阅罗罗山《人极衍义》《姚江学辨》等书，服其见理甚真，所志甚大，信为吾乡豪杰之士"。同治十年五月十七日(1871 年 7 月 4日)，阅孙奇逢《理学宗传》，认为其"偏于陆王之途，去洛闽甚远也"。② 程朱理学主要是一种道德实践哲学，但也不排斥"经济"。曾国藩作为程朱理学家，大大地发扬了唐鉴提倡的"救时"之旨，他很重视"经济"之学。当曾国藩向唐鉴问学时，唐鉴说："为学只有三门：曰义理，曰考核，曰文章。考核之学，多求粗而遗精，管窥而蠡测。文章之学，非精于义理者不能至。经济之学，即在义理内。"曾国藩特别问了"经济之学"："经济宜何如审端致力？"唐鉴说："经济不外看史，古人已然之迹，法戒昭然；历代典章，不外乎此。"③如唐鉴所言，在此之前，儒学内部一般只分为义理、考据、词章三门，④ "经济"被包含在义理之内而没有独立的地位。只有到曾国藩，才把"经济"之学独立出来，将儒学"三门"发展为"孔门四科"。他说："为学之术有四：曰义理、曰考据、曰辞章、曰经济。义理者，在孔门为德行之科，今世目为宋学者也；考据者，在孔门为文学之科，今世目为汉学者也；辞章者，在孔门为言语之科，从古艺文及今世制义诗赋皆是也；经济者，

---

① 《曾国藩全集·日记》(一)，50、92 页。

② 《曾国藩全集·日记》(一)、(二)、(三)，204、1072、1861 页。

③ 《曾国藩全集·日记》(一)，92 页。

④ 据考证，这种三分法本于北宋理学家程颐，清代学者最先正式提出者为戴震，同时姚鼐与章学诚各有发挥。参见余英时：《清代学术思想史重要观念通释》，见余英时：《中国思想传统的现代诠释》，270～281 页，南京，江苏人民出版社，1995。

在孔门为政事之科，前代典礼、政书，及当世掌故皆是也。"①所谓"经济"，即是经世之学。关于经世的内容，曾国藩说："天下之大事宜考究者凡十四宗：曰官制、曰财用、曰盐政、曰漕务、曰钱法、曰冠礼、曰昏礼、曰丧礼、曰祭礼、曰兵制、曰兵法、曰刑律、曰地舆、曰河渠。"②显然，曾国藩所关注的已不仅仅是个体心性道德修养，恐怕更重要的是这些国家政事。关于经世的方法，曾国藩认为主要是"学礼"，他说："古之学者，无所谓经世之术也，学礼焉而已。"③"古之君子之所以尽其心、养其性者，不可得而见；其修身、齐家、治国、平天下，则一秉乎礼。自内焉者言之，舍礼无所谓道德；自外焉者言之，舍礼无所谓政事。"④有人说，曾国藩这种"以礼经世"的思想是"经世理学之新方向"⑤。无论如何，以曾国藩为首的理学经世派，更多地关注了现实社会，提倡了一种务实的精神，能对具体的社会政治问题作出较为积极的回应。他说："前世所袭误者，可以自我更之；前世所未及者，可以自我创之。"⑥因此，在中西文化接触后，他们能部分地或有限度地吸收接纳西学，进而举办向西方学习的洋务运动，这是理学修身派的倭仁们所不及的。

理学修身派的根本目的是"守道"，其实，理学经世派的最终目的同样是"守道"。只是前者是为"守道"而"守道"，方法与目的合而为一，因而趋向保守；后者则方法较为灵活，能因时制宜，知权达变，所以显得相对开明。以下将要分析的"同治中兴"为此提供了一个鲜明的例证。

---

① 曾国藩：《劝学篇示直隶士子》，见《曾国藩全集·诗文》，442 页。

② 曾国藩：《求阙斋日记类钞》卷上，50 页，见《曾文正公全集》，光绪二年（1876 年）传忠书局刻本。

③ 曾国藩：《孙芝房侍讲刍论序》，见《曾国藩全集·诗文》，256 页。

④ 曾国藩：《笔记二十七则·礼》，见《曾国藩全集·诗文》，358 页。

⑤ 陆宝千：《清代思想史》，419 页，台北，广文书局，1978。陆先生在该书第八章"晚清理学"第 4 节详细阐述了曾国藩的"以礼经世"思想。

⑥ 《曾文正公全集·求阙斋日记类钞》卷上，50 页。

三、朝内朝外共辅"同治中兴"

"同治中兴"是一个非常复杂的课题，本文无意在此作具体的专题研究，只是试图考察曾国藩与倭仁所充当的角色，并以此来观察理学如何回应晚清社会所面临的内忧外患的挑战，从而为理解中国的早期近代化问题提供一点帮助。

据现在所见史料，"同治中兴"一词的最早出现，当是光绪元年(1875年)陈弢所编《同治中兴京外奏议约编》一书的书名。在该书的《叙》中，陈弢阐述"同治中兴"的含义是指清王朝在同治时期的复兴。他说："穆宗毅皇帝冲龄嗣服，躬遭殷忧，上赖七庙眷佑之灵，入禀两宫思齐之教，卒能削平僭伪，绥靖边陲，伟烈丰功，为书契以来所罕觏。"但是，书中具体的内容则较为庞杂，不仅有军事方面的，还有吏治、刑典、亩捐、商税、漕运、盐务、水利、文教多方面。尤其值得注意的是，卷五还编进了恭亲王奕訢奏请增开天文算学馆的奏折《酌议同文馆章程疏》和御史张盛藻的《请同文馆无庸招集正途疏》，表明编者已将"自强新政"的某些内容纳入到"同治中兴"之中，这自然标明了"同治中兴"与历史上的"中兴"的极大不同之处。

"中兴"的本义只是王朝从内乱中复兴，但是，"同治中兴"的背景不仅有内乱，而且有外患。因此，有人把它与唐代的中兴相类比，但是也发现两者其实是不同的："唐肃宗曾从中亚的回鹘人那里取得援助，同治初期的清朝也同样得益于西方'夷人'直接和间接的援助。唐朝虽然能指望用中国的优越文化去威慑甚至同化异族援助者，可是十九世纪中国面临越海而来的外国人，他们不但不能被同化，而且拥有比中国自己的文明还要高明的物质文明。"①的确，同治时期，中国早已失却文化上的优势，反而深受先进的西方文化的"威慑"甚至攻击。在这种全新的历史文化背景下，"同治中兴"既有"王朝复兴"的本义，又有"自强新政"的新义，从而具有双重含义。

---

① 费正清编：《剑桥中国晚清史》上卷，459～460页，北京，中国社会科学出版社，1985。

就"王朝复兴"来说，在同治时期的"王朝复兴"过程中，理学修身派与经世派都有积极的作用。首先，以倭仁为代表的理学修身派倡明正学，以维系人心风俗，这是一种无形的力量。同治初年，理学修身派的代表人物倭仁、李棠阶、吴廷栋等人立朝辅政，时人寄予厚望。方宗诚在给"蒙特旨召起"出任都察院左都御史的罗惇衍上书，希望他与倭仁、李棠阶"共讲明孔孟程朱之学，凡属吏门生进见，皆谆谆劝以读四书五经及宋五子之书以为根本"。①曾国藩致函吴廷栋称："阁下与诸君子穆穆在朝，经纶密勿，挽回气运，仍当自京师始。"②倭仁等人"晚遭降遇"，感恩戴德，竭尽衷诚，不负所望。李棠阶入朝不久，即与倭仁"商酌"，"拟陈时政之要四条：一端出治之本，一振纪纲之实，一安民之要，一平贼之要"，"以期致治戡乱"。③ 吴廷栋在同治三年（1864 年）平定太平天国运动时仍然大谈"君心敬慎"问题。他说："万方之治乱在朝政，百工之敬肆视君心。"其疏受到"优诏嘉纳"，并被陈于弘德殿，"以资省览"。④ 倭仁称赞其疏为"陆宣公以来有数文字也"⑤。倭仁为同治帝师，更是努力以"正学"辅导圣德。他将自己所辑《帝王盛轨》与《辅弼嘉谟》进呈，被钦赐名《启心金鉴》，并陈于弘德殿作为同治帝读书的教材。同时，倭仁又为翰林院掌院学士，他亲立《翰林院条规》，要求翰林们"崇尚正学"。对倭仁在朝的意义，时人以为："但得先生一日在朝，必有一日之益。"⑥后人评论说："倭仁晚为两宫所敬礼，际会中兴，辅导冲主，兢兢于君心敬肆之间，当时举朝严惮，

① 方宗诚：《上罗椒生先生》，见《柏堂集外编》卷六，8 页，《柏堂遗书》第 48 册，光绪年间志学堂家藏版。

② 曾国藩：《复吴廷栋》，见《曾国藩全集·书信》（六），4141 页。

③ 李棠阶：《李文清公日记》第 16 册，同治六年（1867 年）五月十五、十六、十七日，1915 年石印本；《条陈时政之要疏》，见《李文清公遗书》卷一，光绪八年（1882 年）刻本。

④ 《吴廷栋传》，见《清史稿》卷三九一，11741～11742 页。

⑤ 方濬师：《吴侍郎奏疏》，见《蕉轩随录续录》，77 页，北京，中华书局，1995。

⑥ 此为倭仁同年朱兰（久香）语，见吴廷栋《寄倭艮峰中堂书》，《拙修集》卷九，36～37 页。

风气赖以维持。"①诚然，以倭仁为代表的理学修身派对"王朝复兴"的主要作用恐怕就是"维持风气"或维系人心。至于以曾国藩为代表的理学经世派的作用是很明显的，是他们武力镇压了太平天国运动、捻军及回民起义，挽救了垂死的清王朝。因此，从"王朝复兴"的角度看，理学修身派与经世派的目标是一致的，前者主要作用于文化思想与意识形态层面，后者主要作用于政治军事的实践与操作层面，同治时期的"王朝复兴"正是这种内外作用的结果。关于理学的这种作用，后人有论说："其在道光时，唐鉴倡学京师，而倭仁、曾国藩、何桂珍之徒相从讲学，历有年数。罗泽南与其弟子王鑫、李续宜亦讲学穷庐，孜孜不倦。其后内之赞机务，外之握兵柄，遂以转移天下，至今称之，则不可谓非正学之效也。"②更有人说："海内人士论中兴功，金外首曾（国藩）胡（林翼），内推倭（仁）李（棠阶）。"③这些论说较为全面地反映了同治时期"王朝复兴"中理学的重要意义。

就"自强新政"而言，"自强新政"即通常所说的洋务运动，这是在"王朝复兴"过程中兴起的"师夷长技"的具体实践活动，其最终目的无非是恢复和维护传统社会秩序与政治秩序。理学修身派与经世派致力于"王朝复兴"的目标是一致的，但他们在"自强新政"的态度上则互有歧异。其实，也正是这种歧异显示出理学与近代化关系的复杂性。

曾国藩等理学经世派所倡导的"自强新政"，使儒家传统的经世思想在新形势下增添了新内容，具体表现为部分地吸收或有限度地接纳西方文化，主要是学习西方近代科学技术。他们之所以有如此较为开放的心态，是由主客观两方面的因素决定的。就客观环境而言，自鸦片战争以来，随着西力东侵而来的西学东渐，西方文化（主要是科学技术）较大规模地输入中国，使中国社会发生了深刻的变化。尤其是太平天国运动的兴起，对中国传统文化是一巨大的冲击。面对如此急剧变化的新形势，理学经世派再也不能固守儒家传统的经世方略，不得不

① 《清史稿》卷三九一，《论》，11743 页。

② 曾廉：《应诏上封事》，见中国史学会主编：《戊戌变法》第 2 册，493 页，上海，神州国光社，1953。

③ 《李时灿序》，见李棠阶：《李文清公日记》第 1 册。

因时制宜地增加西学的新内容。就主观条件来说，理学经世派人物在具体的实际工作中，通过直接或间接地与外国接触，逐渐体验到西方科学技术的先进优越之处，由于他们大都担负着实际的工作，负有具体的责任，因而他们都很务实，能够重视西学的实用价值，并用实用主义的态度加以吸收与接纳，以为自强事业服务。可以说，"自强新政"就是儒家传统的经世致用思想与西方近代科学的实用理性精神初步结合的产物。这一点在曾国藩身上已经有了较为明确的体现。关于曾国藩认识与吸纳西学的开放心态，这里仅简单地提示两点：首先，曾国藩不仅继承了林则徐、魏源以来"师夷长技"的经世思想，明确地提出"师夷智以造炮制船，尤可期永远之利"①，而且将这种思想化为具体的实践活动。如曾国藩设立安庆内军械所，开始"仿造火轮船"，②在这里诞生了中国自制的第一艘木壳轮船"黄鹄号"。其次，曾国藩注重培养西学人才，不仅主张立足国内"开馆教习"，而且主张派遣留学生出洋"远适肄业"。这一方面主要表现为对容闳"教育计划"的支持。有人说："曾国藩用容闳，为其新事业最有关系之事，不特在当时与江南制造局，其于西学东来，实辟一途径。"③诚然，曾国藩对容闳的支持，对于中国人了解西方文化并进一步向西方学习，确实具有开新纪元的意义。可见，从曾国藩有关"自强新政"的主张与实践来看，理学经世派对西方文化持有较为开放的心态。

理学修身派则不一样，他们虽然也主张"自强"，但是他们所谓"自强"的方法完全没有超出儒家道德论的范畴。倭仁主张改革风俗，他说："人性皆善，皆可适道，只为无人提倡，汩没了天下多少人才，实为可惜。倘朝廷倡明于上，师儒讲求于下，道德仁义，树之风声，不数年间，人心风俗，必有翕然丕变者。道岂远乎哉？术岂迂乎哉？"④显然，倭仁等理学修身派仍然坚信儒学的现世价值。理学修身派向来

---

① 曾国藩：《遵旨复奏借俄兵助剿发逆并代运南漕折》，见《曾国藩全集·奏稿》（二），1272 页。

② 朱孔彰：《中兴将帅别传》，13 页，长沙，岳麓书社，1989。

③ 李鼎芳：《曾国藩及其幕府人物》，61 页，长沙，岳麓书社，1985。

④ 倭仁：《倭文端公遗书》卷六，13 页。

以理学正统自居，而理学经世派倡导"自强新政"，有限度地吸纳西学，这自然是对理学正统的有力挑战，因而受到倭仁为首的理学修身派的反对。在这方面，倭仁对同文馆增开天文算学馆的反对是一个典型的例证。笔者没有发现倭仁反对设厂造炮制船的材料，只有一条倭仁反对开矿的材料，他在《答心农弟》中说："开矿有害无利，何以当道必欲行之？吾弟拼著一官，不为地方留害，所见极是。然具利害是非委婉以陈，亦未必不见听也。"①另外，有记载说倭仁反对派留学生出洋，"曾国藩送学生留美，倭仁复阻之，然不送诸生举贡，亦卒如其议"②。倭仁是否反对派遣留学生，没有更充分的材料证明。但是，倭仁曾经反对同文馆增开天文算学馆，主要是反对"奉夷为师"，担心"变夏于夷"，而留学生出洋，将在国外生活十几年，这不更是"变夏于夷"吗？倭仁的反对自在情理之中。可见，倭仁出于对儒家传统价值体系的维护，再加上对外部世界的隔膜无知，他对西学东渐持有抗拒的保守心态。正如《清史稿》作者的评论："惟未达世变，于自强要政，鄙夷不屑言，后转为异论者所藉口。"③戊戌时期梁启超鼓吹变法维新时，就曾竭力抨击倭仁"误人家国，岂有涯耶！"④

总之，就理学与近代化的关系而言，理学经世派所倡导的"自强新政"，对中国的近代化运动的拓展，是起到促进作用的，然而却遭到了理学修身派的反对。这表明在中国近代化进程中，来自理学自身的内在限制是多么严重。

---

① 倭仁：《答心农弟》，见《倭文端公遗书》卷八，21 页。

② 李时灿：《倭仁传》，见《中州先哲传》卷七，23 页。另有一则野史笔记材料类似："初派学生出洋及入同文馆学习，曾文正谓应多派举贡生监，倭文端谓举贡生监岂可使学习此等事，卒如倭议"（《清人逸事·倭文端守旧》，《清朝野史大观》（三），卷七，108 页）。这其中有明显的史实错误。关于选派留美学生，根据容闳的"教育计划"，只是十二岁至十四岁的幼童（容闳：《西学东渐记》，122 页）。曾国藩等人的奏称"幼童年十三四岁至二十岁为止，曾经读中国书数年，……稍通中国文理者"（《拟选子弟出洋学艺折》，见《曾文正公全集·奏稿》卷三○，42 页）。两者都没有提到"举贡生监"名目。

③ 《清史稿》卷三九一，《论》，11743 页。

④ 梁启超：《变法通议·论科举》，见《饮冰室合集》文集之一，30 页，北京，中华书局，1989。

四、晚年"绝交"说史实辨误

同治九年(1870 年),曾国藩办理天津教案,颇遭物议。有人以为倭仁因此而"贻书绝交,中有'执事媚献,朋辈之羞,即士林之耻'"①。倭仁是否与曾国藩"绝交"呢?这里有必要略作辨析。在办理天津教案的过程中,曾国藩秉承清廷与总理衙门的旨意,依从崇厚,将天津守令张光藻、刘杰送交刑部治罪,此举颇为朝中"清议"所非难。倭仁很熟悉曾国藩办理津案的内情,他也曾上疏抗议,"相国倭文端屡接曾公手书,深知津务崖末,以天津守令解交刑部,恐二臣入于冤狱,抗疏论之"②。然而,人们忽视了倭仁奏疏中关键的一段话:"曾国藩为我朝重臣,始参守令系误听崇厚之言,后蒙举世清议,中心自疚不可为人,屡次函商总署,深自引咎,竟不推过于人,惟乞恩免解。我皇上之待大臣有礼,岂有因其一时误听人言而忍其终身之大耻,而使天下称冤,令曾国藩不可为人,即国家亦将耻不可为国也。"③倭仁此疏说出了曾国藩不得已的苦衷,这与其说是为"矜全良吏",更不如说是为曾国藩求情。在倭仁看来,朝廷"矜全良吏"正是为曾国藩求得天下人的理解。时人论曰:"文正公之调停津事,孤诣苦心,初尚不理人口,而文端昭雪之于前,津民感戴之于后。"④可见,是倭仁为曾国藩"昭雪"鸣不平,而不是与曾国藩"绝交"。

事实上,他们此后也并未"绝交"。曾国藩办完天津教案后进京晋

---

① 费行简:《倭仁传》,见《近代名人小传》,91 页,北京,中国书店,1990。

② 芍唐居士:《津事述略》,见《防海纪略》卷下,31 页,上海,上海书店出版社,1987。

③ 倭仁:《叩恩矜全良吏疏》,见《倭文端公遗书补》,12 页,上海,复旦大学图书馆藏刻本;《倭文端公仁奏疏》,见芍唐居士:《防海纪略》卷下,35~36页。按:王之春(芍唐居士)在《国朝柔远记》一书中节录此疏,却恰恰删掉这段话,很容易引起对此疏的误解。见王之春:《清朝柔远记》,314 页,北京,中华书局,1989。

④ 芍唐居士:《防海纪略》卷下,《跋》,39 页。

见时还专门拜访过倭仁。① 次年，倭仁去世后，曾国藩在唁函中给予了极高的评价："惟念太保中堂名德硕望，讲求正学四十余年，存养省察未尝一息少懈。即历载日记，已为海内士大夫所同钦守之正轨，戒宗旨之稍偏。凡有志学道者，皆仰为山斗而奉为依归。至夫黼座论思，讲筵启沃，皆本致君尧舜之心，以成中兴缉熙之业，洵属功在社稷，泽及方来。"②曾国藩在致友人私函中也称倭仁"不愧第一流人。其身后遗疏，辅翼本根，亦粹然儒者之言"③。曾国藩还与老友吴廷栋谈及倭仁遗疏，"交口称之，谓倘非自撰，不能抒写其心中所欲言"，并为"昔年故交零落殆尽"而"黯然"神伤。④ 此种暮年怀旧真情之流露，足征曾国藩与倭仁终生交谊至深。

> 原载《曾国藩研究》第 1 辑，79～89 页，长沙，湖南人民出版社，2007；又载王继平、李大剑主编：《曾国藩与近代中国》，385～392 页，长沙，岳麓书社，2007。

---

① 《曾国藩全集·日记》(三)，1788 页。

② 曾国藩：《唁福纶福裕》，见《曾国藩全集·书信》(十)，7474 页。按：原编者题为《唁倭福纶倭福裕》，误。倭非姓也，倭仁，乃名，其姓为乌齐格里，故其子不得如是称，但称福纶福裕可也。

③ 曾国藩：《复刘坤一》，见《曾国藩全集·书信》(十)，7476 页。

④ 黎庶昌：《曾国藩年谱》，251～252 页，长沙，岳麓书社，1986。

李鸿章对日本的认识及其外交策略

——以 19 世纪 70 年代为中心

李鸿章（1823—1901 年），字少荃，安徽合肥人，道光二十七年（1847 年）进士，改翰林院庶吉士，官至直隶总督兼北洋大臣、文华殿大学士。在晚清，李鸿章"入朝为宰相，在军为元帅，临民为总督，交邻为通商大臣"，有"东方俾斯麦"之称。① 李鸿章是洋务派最著名的代表人物，号称中国"外交第一人"，一生荣辱多系于此，或毁之为"大卖国贼"，或誉之为"弱国外交的大师"。19 世纪 70 年代，是东亚国际关系的转折时期。在中朝日三国关系从传统向近代转型的过程中，李鸿章是一个非常关键的角色。这期间，他对日本的认识颇为复杂，其对日外交策略也有多面性。作为一个务实的外交家，他的对外思想与外交策略直接影响了清朝政府的对外政策，并在很大程度上影响了 19 世纪 80 年代乃至甲午战争之前的中朝日三国关系。研究李鸿章对日本的认识及其外交策略，对于了解东亚国际关系从传统向近代转型有着重要的意义。

一、前言：问题的提出

李鸿章向来是中国近代史研究的重要对象，学界研究论著颇多，需要系统总结。早在李鸿章去世的当年，梁启超就写出了第一部李鸿章传②，认为李鸿章是"中国近四十年第一流紧要人物"，从晚清四十

---

① 蔡尔康等：《李鸿章历聘欧美记》，67～68 页，长沙，岳麓书社，1986。
② 梁启超：《中国四十年来大事记》（一名《李鸿章》），东京，新民丛报社，光绪二十七年（1901 年）刻本，又见《饮冰室合集》专集之三，1～90 页，北京，中华书局，1989。

年国势变迁的角度系统地叙述了李鸿章的生平。大陆学者有关李鸿章
传记的代表性著作有苑书义的《李鸿章传》①和谢世诚的《李鸿章评
传》。② 最近，雷颐著《李鸿章与晚清四十年》③，专门分析了李鸿章的
一些重要奏折与函电，讲述了李鸿章一生中的一些关键性事件，也很
有意思。台湾学者有关李鸿章传记的代表性著作是李守孔的《李鸿章
传》。④ 另外，美籍华人学者刘广京、朱昌峻编的《李鸿章评传——中
国近代化的起始》⑤，收集了美国、韩国及中国港台学者 13 篇有关李
鸿章生平诸问题的论文，值得关注。

　　关于李鸿章研究的专题性著作很多，这里仅就与本文主题相关者
略作介绍。大陆学者董丛林的《李鸿章的外交生涯》⑥与台湾学者蔡东
杰的《李鸿章与清季中国外交》⑦，是系统论述李鸿章外交活动的著作，
比较全面但缺乏研究深度。台湾学者王玺的《李鸿章与中日订约》，⑧
是研究李鸿章与《中日修好条规》的专题著作。大陆学者王瑛的《李鸿章
与晚清中外条约研究》⑨，则是研究李鸿章与晚清中外条约关系的专题
著作。还有一些专题研究近代中日关系与朝鲜问题、琉球问题的著作，
也与本文主题相关。王芸生的《六十年来中国与日本》⑩，保存了大量
中日关系史资料，至今仍是重要的参考著作。日本学者安岗昭男的《明

---

　　① 苑书义：《李鸿章传》，北京，人民出版社 1994 年第 1 版，2004 年修订
再版。

　　② 谢世诚：《李鸿章评传》，南京，南京大学出版社，2006。

　　③ 雷颐：《李鸿章与晚清四十年》，太原，山西人民出版社，2008。

　　④ 李守孔：《李鸿章传》，台北，学生书局，1985。

　　⑤ [美]刘广京、朱昌峻编：《李鸿章评传——中国近代化的起始》，1994 年
英文版，上海古籍出版社 1995 年中文版。

　　⑥ 董丛林：《李鸿章的外交生涯》，北京，团结出版社，2008。

　　⑦ 蔡东杰：《李鸿章与清季中国外交》，台北，文津出版社，2001。

　　⑧ 王玺：《李鸿章与中日订约》，台北，"中央研究院"近代史研究所专刊，
1981。

　　⑨ 王瑛：《李鸿章与晚清中外条约研究》，长沙，湖南人民出版社，2011。

　　⑩ 王芸生：《六十年来中国与日本》，天津，大公报社出版部 1932 年初版；
北京，生活·读书·新知三联书店 1979 年修订再版，2005 年新版。

治前期日中关系史研究》①，系统论述了明治政府内部各种政治势力关
于台湾与琉球问题的言论与策略。日本学者西里喜行的《清末中琉日关
系史研究》②，则从中琉日三者关系的角度详细论述了琉球问题的来龙
去脉。日籍华人学者伊原泽周的中文著作《近代朝鲜的开港：以中美日
三国关系为中心》③，具体考察了《朝日修好条规》与《朝美修好通商条
约》签订前后的东亚国际关系史。台湾学者林明德的《袁世凯与朝
鲜》④，系统考察了壬午兵变至甲午战争之前清朝对朝鲜的干涉政策。
这些都是开展本项研究的重要的学术史基础。

对于李鸿章办外交的评价，历来众说纷纭。海外学者多强调其务
实精神，并给予积极的评价。韩国学者金基赫认为李鸿章在处理1874
年台湾危机时坚持和解的立场，正是因为他相信当时中国的陆海军尚
不足以与日本抗衡的"务实精神"，"反映了成为李鸿章对日外交政策特
征的现实主义、中庸调和与克制精神"。⑤ 美籍华人学者朱昌峻并不认
为李鸿章是一个出卖国家利益的卖国者，而是认为："李毕生对外国的
意图始终怀疑。他同外国人的所有打交道中，都坚持维护中国的利
益。""李鸿章是一个弱国外交的大师，在可能采取坚定立场的少数情况
下，他采取了坚定的立场，在不可能的时候，便作出最小的让步。"他
认为，李鸿章应该得到更加积极的评价。⑥ 台湾学者蔡东杰也具体探
讨了李鸿章"务实性的外交策略"，他认为："即使李鸿章缺乏具远见的
外交理念，其务实而较具理性的思考模式，以及'能得一分，便是一

---

① ［日］安岗昭男著，胡连成译：《明治前期日中关系史研究》，福州，福建
人民出版社，2007。
② ［日］西里喜行著，胡连成等译：《清末中琉日关系史研究》，北京，社会
科学文献出版社，2010。
③ ［日］伊原泽周：《近代朝鲜的开港：以中美日三国关系为中心》，北京，
社会科学文献出版社，2008。
④ 林明德：《袁世凯与朝鲜》，台北，"中央研究院"近代史研究所专刊，
1970。
⑤ ［韩］金基赫：《李鸿章对日本和朝鲜政策的目的，1870—1882年》，上引
刘广京等编：《李鸿章评传》，183页。
⑥ ［美］朱昌峻：《李鸿章：一个评价》，见刘广京等编：《李鸿章评传》，
341页。

分'的谈判概念，仍是延续清廷命脉的最主要原因所在。"①中国大陆学者过去大都把李鸿章看成是大卖国贼，其外交路线是投降主义。如王芸生认为"李鸿章式外交"实际上就是"投降主义"外交。② 现在，随着学界对洋务运动的评价改观以及受时代变迁因素的影响，虽然仍有少数学者坚持原来的观点，如王承仁、刘铁君认为李鸿章"外须和戎"的外交方针明显"具有投降主义的色彩"。③ 胡代聪则把李鸿章看作"晚清屈辱外交的主要代表"，他概述李鸿章的主导外交思想是："对资本主义列强抱有幻想又震慑于其力量的强大，对抗争做了悲观和失败主义的估计，站在维持清王朝的统治和保全自身地位的立场上，面对列强的侵略压迫，不顾牺牲国家主权和民族利益，力主妥协屈服，以求苟安于一时，具有严重的投降主义倾向。"④但是，学界主流已把李鸿章看成中国近代化的领导者，因而对其外交思想与策略也给予相对客观理性的评价。如章育良认为，李鸿章"外须和戎"的外交方针的提出，"是他总结历史和面对现实的产物。联系他的'内须变法'来看，和只是手段，意在为变法自强创造一个安定的环境。……其长远目标是希望中国将来立于世界强国之林"⑤。谢世诚主张应实事求是深入研究李鸿章的外交思想与活动，他认为李鸿章是"实力外交论者"，李鸿章认识到在敌强我弱、中外实力相差悬殊的情况下，中国外交只能采取与外国和好的方针，其"和戎外交的实质是承认半殖民地半封建的统治秩序，力图维持现状，进而争取有所作为"。⑥

在检讨学界以往相关研究的基础上，本文拟对下列问题进一步研究：19 世纪 70 年代李鸿章对日本认识的基本内容及其变化情况如何？建立在对日认识基础上的李鸿章的外交策略又如何？李鸿章的这些外

---

① 上引蔡东杰：《李鸿章与清季中国外交》，197 页。

② 上引王芸生：《六十年来中国与日本》，148、329 页。

③ 王承仁、刘铁君：《李鸿章思想体系研究》，166 页，武汉，武汉大学出版社，1998。

④ 胡代聪：《李鸿章外交思想综论》，载《外交学院学报》2002 年第 3 期。

⑤ 章育良：《李鸿章与中国近代外交述评》，载《湘潭师范学院学报》2000 年第 2 期。

⑥ 上引谢世诚《李鸿章评传》，377～379 页。

交策略又如何影响清朝政府的对外政策？如何看待李鸿章在维持传统东亚秩序与进入近代国际秩序之间的矛盾？深入探讨这些问题，将有助于对李鸿章与近代中国外交史以及传统东亚秩序向近代转型诸问题的研究。

二、中日"修好"与联日制西

同治十年（1871 年），一衣带水的近邻中日两国订立"修好条规"，是近代中日关系的开端。当时中日之"修好"，尽管两国对此所抱有的目的与态度并不尽相同，但在一定程度上大致可以说，这是中日两国在被迫进入近代世界之际，因共同面临西方列强侵略的压力而激发的共同需求。在此过程中，李鸿章扮演了什么角色呢？

李鸿章究竟何时与日本人发生接触，现在还难以确认。但可以肯定的是，至少在同治初年，日本人便开始关注李鸿章，李鸿章也注意到了日本。一个显著的事例是，同治元年（1862 年），李鸿章率淮军在上海与太平军作战，因战功升任江苏巡抚而在政坛崭露头角的时候，日本官船"千岁丸"首次访问了上海。"千岁丸"上的日本官员与藩士自然很关注李鸿章这颗冉冉升起的政治明星，并频繁观摩了淮军阵营。[①]尽管当时日本人非常关注李鸿章及其淮军，但李鸿章可能与这些日本人并没有直接接触。[②] 不过，值得注意的是，至少在此前后李鸿章已

① 参见冯天瑜：《"千岁丸"上海行——日本人 1862 年的中国观察》，139～154 页，北京，商务印书馆，2001。

② 据"千岁丸"随员浜松藩士名仓予何人所著《官船千岁丸海外日录》称："此行得益处唯有李抚军之军营，李氏营中常如与敌军相对峙，其营式阵样实乃决非于本朝承平所能梦见也，施之实战正宜如此云云。"（转引自冯天瑜《"千岁丸"上海行》附录，435 页）正是这个名仓予何人（即名仓信敦），也是 1870 年柳原前光来华要求订约通商的使团随员。其时李鸿章向总理衙门报告称："此来五人中有名仓信敦者，具道前数年屡至上海、金陵敌营察看军容，言之历历如绘。"［李鸿章：《至总署·论天津教案》（同治九年［1870 年］九月初九日），参见顾廷龙、戴逸主编：《李鸿章全集》第 30 册，99 页，合肥，安徽教育出版社，2008］据此可知，"千岁丸"上的日本人确实非常关注李鸿章及其淮军，但当时李鸿章似与他们并未有直接接触。

开始关注日本。同治二年（1863 年），李鸿章致信乃师曾国藩有谓："俄罗斯、日本从前不知炮法，国日以弱。自其国之君臣卑礼下人，求得英、法秘巧，枪炮轮船渐能制用，遂与英、法相为雄长。中土若于此加意，百年之后，长可自立，仍祈师门一倡率之。"①这是李鸿章对日本的初步认识。

当时，正在带兵作战的李鸿章非常看重西洋武器的先进性，尤其是轮船和开花大炮的威力。他一再举例说明，日本以一区区小国，能够学习西方的船坚炮利，故能与英、法等列强相抗衡。有谓：

> 夷务最难着手，终无办法，惟望速平贼氛，讲求洋器，中国但有开花大炮、轮船两样，西人即可夺魄。日本小国，现与英人构衅，提督纠伯临之以兵，日本君臣欲与开仗，纠酋遂一再缓期，此明证也。②

> 前者英、法各国，以日本为外府，肆意诛求，日本君臣发愤为雄，选宗室及大臣子弟之聪秀者，往西国制器厂师习各艺；又购制器之器，在本国制习，现在已能驾驶轮船、造放炸炮。去年英人虚声恫喝，以兵临之，然英人所恃为攻战之利者，彼已分擅其长，用是凝然不动，而英人固无如之何也。夫今之日本，即明之倭寇也，距西国远而距中国近，我有以自立，则将附丽于我，窥伺西人之短长；我无以自强，则将效尤于彼，分西人之利薮。日本以海外区区小国，尚能及时改辙，知所取法，然则我中国深维穷极而通之故，夫亦可以皇然变计矣。③

这里有些认识未必准确，比如当时的日本实难与英、法等列强相抗衡。尽管李鸿章的着眼点也许主要在于中国的自立、自强，但他认识到日

① 李鸿章：《上曾中堂》（同治二年［1863 年］三月十七日未刻），见顾廷龙、戴逸主编：《李鸿章全集》第 29 册，218 页，合肥，安徽教育出版社，2008。

② 《上曾中堂》（同治二年［1863 年］四月初四日夜），见《李鸿章全集》第 29 册，220～221 页。

③ 《致总理衙门》（同治三年［1864 年］），见《李鸿章全集》第 29 册，313 页。

本通过学习西方的枪炮、轮船等近代科技已逐步迈上转弱为强的道路，这便预示了一个近代化的新趋势。李鸿章敏感地捕捉到这个信息，确实难能可贵。尤其是他还能从地缘政治的角度，深刻剖析近代中西日三方面的国际关系大势。他曾敏锐地指出，日本在地理上远西近中，在中西两极竞争的格局中，中国能否自立、自强，将直接决定日本"附丽于我"还是"效尤于彼"的向背。显然，在近代西力东侵和西学东渐的背景下，李鸿章业已预感到中国正面临着千古变局，他不得不思考内政与外交的变革，以求自立、自强。同时，在中国海禁大开之际，他深知既难以阻拒日本来华通商，似不如从容接纳以对抗西方。他说："日本来中国通商，乃意中事。中国已开关纳客，无论远近强弱之客，均要接待，无例可以拒阻，然未始不为西洋多树一敌。"①就这样，东邻日本走入李鸿章的视野，一开始便成为他构建近代东亚与世界国际关系框架的关键环节。

同治九年（1870 年），日本使臣柳原前光到达天津，要求与清政府订约通商。其所携外务卿致总理衙门信函称："方今文明之化大开，交际之道日盛，宇宙之间，无有远迩矣。我邦近岁与泰西诸国互订盟约，共通有无，况邻近如中国，宜最先通情好，结和亲。而唯有商舶往来，未尝修交际之礼，不亦一大阙典也乎？"对于柳原企图订约通商的要求，总理衙门大臣不以为然，婉拒以可照常通商，但不必立约。其回复照会称："中国与贵国久通和好，交际往来，已非一日。缘贵国系邻近之邦，自必愈加亲厚。贵国既常来上海通商，嗣后仍即照前办理，彼此相信，似不必更立条约，古所谓大信不约也。"②总理衙门的态度，使柳原一行颇感失望。

其时，李鸿章刚升任直隶总督不久，正在天津处理教案。柳原拜见李鸿章，"礼貌词气均极恭谨。谈次以英、法、美诸国强逼该国通商，伊国君民受其欺负，心怀不服而力难独抗，虽于可允者应之，其

① 《致应观察》（同治四年［1865 年］八月二十二日），见《李鸿章全集》第 29 册，423～424 页。

② 宝鋆等：《筹办夷务始末（同治朝）》卷七七，36、37 页，见沈云龙主编：《近代中国史料丛刊》第 62 辑，7134、7136 页，台北，文海出版社，1966。

不可允者拒之。惟思该国与中国最为邻近，宜先通好以冀同心协力"。柳原向李鸿章表示日本遭受欧美列强的侵略而"力难独抗"，想联络中国"同心协力"对抗外敌的意图，正与李鸿章从中国处境而引发的同病相怜与同气相求的感受相合，也暗合其"以夷制夷"的外交思维。本来，李鸿章就认为日本不可轻视，"勿谓小国无人"。因此，他便向总理衙门表示可以与日本订约通商。"日本距苏、浙仅三日程，精通中华文字，其兵甲较东岛各国差强，正可联为外援，勿使西人倚为外府。将来若蒙奏准通商，应派官前往驻扎，管束我国商民，以备联络牵制。"不过，他特别强调与日本订约应与西方列强有别。"其条约尤须妥议另定，不可比照英、法、俄一例办理，庶于大局有裨。"①可见，李鸿章联日制西的外交策略已呼之欲出。

有鉴于李鸿章的意见，总理衙门改变了态度，遂奏请清廷允许与日本订约。与此同时，清廷调整外交体制，裁撤三口通商大臣，将其原有职权改归直隶总督兼管。这样，直隶总督李鸿章便有了主管对外交涉的实际权力。但是，尽管清廷已同意与日本订约，不料安徽巡抚英翰却上奏提出反对意见。清廷鉴于已允与日本订约，"自无再事拒绝之理"，因而谕令曾国藩、李鸿章就如何订约问题妥议详奏。②

李鸿章一面致函总理衙门，说明与日本订约，以便联日制西。有谓："所最要者，在立约后中国或派大员长驻该国京师，或委员近驻长崎兼充各港领事，平素窥其底蕴，与之联络；将来情谊日密，耦俱无猜，设一旦西国有变，不致为彼族勾结，且可备联东方形势。"③一面上奏清廷，详叙日本与中国的利害关系以及与日本订约的必要性。有谓：

> 日本古倭奴国，在东洋诸岛中，夙称强大，距苏、浙、闽界

---

① 《至总署·论天津教案》（同治九年［1870年］九月初九日），见《李鸿章全集》第30册，99页。

② 《筹办夷务始末（同治朝）》卷七九，14页，见沈云龙主编：《近代中国史料丛刊》第62辑，7265页。

③ 《致总署·议日本换约》（同治九年［1870年］十一月二十八日），见《李鸿章全集》第30册，148页。

均不过数日程。元世祖以后与中国不通朝贡，终明之世倭患甚长，东南各省屡遭蹂躏，史称倭性桀黠。初由中土禁绝互市，明世宗时尽撤浙中市舶提举司，又不置巡抚者四年，滨海奸人得操其利，勾结导引，倭寇遂剧。自国初朝鲜内附，声威震詟，倭人固不敢越朝鲜而窥犯北边，亦从未勾内奸而侵掠东南，实缘制驭得宜，畏怀已久。顺治迄嘉、道年间，常与通市，江、浙设官商额船，每岁赴日本办铜数百万斤。咸丰以后粤匪踞扰，此事遂废。然苏、浙、闽商民往日本长崎岛贸迁寄居者络绎不绝，日本商人游历中土亦多。庚申、辛酉后，苏、浙糜烂，西人胁迫，日本不于此时乘机内寇，又未乘危要求立约，亦可见其安心向化矣。今彼见泰西各国业与中国立约通商，该国亦已与泰西各国立约通商，援例而来，似系情理所有之事。该国向非中土属国，本与朝鲜、琉球、越南臣服者不同，若拒之太甚，势必因泰西各国介绍固请，彼时再准立约，使彼永结党援，在我更为失计。似不如就其求好之时，推诚相待，俯允立约，以示羁縻。……日本近在肘腋，永为中土之患。闻该国自与西国定约，广购机器、兵船，仿制枪炮、铁路，又派人往西方学习各色技业，其志固欲自强以御侮，究之距中国近而西国远，笼络之或为我用，拒绝之则必为我仇。①

在此，李鸿章之所以强调要与日本订约，与其说是为了笼络日本，更不如说是为了防止日本倒向西方，其联日制西的意图是非常明显的。当然，李鸿章对日本的潜在的威胁也有清醒的认识，其联日之策既有制西的目的，也有防止日本侵略的意图。

李鸿章上奏之后，还特意致函与曾国藩沟通，以总理衙门因受英翰奏折的影响，"似欲翻悔"，担心中日立约之事有变，恳请曾国藩出面"主持"。② 曾国藩上奏与李鸿章引为同调，主张可仿泰西之例与日

---

① 《遵议日本通商事宜片》（同治九年［1870年］十二月初一日），见《李鸿章全集》第4册，216～217页。

② 《致曾中堂》（同治九年［1870年］十二月初二日），见《李鸿章全集》第30册，152页。

本订立条约，只是不给其"利益均沾"待遇。有谓："日本自诩为强大之邦，同文之国，若不以泰西诸国之例待之，彼将谓厚腾薄薛，积疑生衅。臣愚以为，悉仿泰西之例亦无不可。但条约中，不可载明比照泰西各国总例办理等语，尤不可载后有恩渥利益施于各国者一体均沾等语。"①在得到李鸿章、曾国藩的复奏后，清廷谕令李鸿章准备对日议约事宜。

同治十年(1871年)，日本议约使臣大藏卿伊达宗城来华，清廷谕令李鸿章与日使在天津谈判。当时日本与中国一样，均深受西方列强不平等条约之害。但是，通过明治维新而开始近代化起步的日本，在中日订约中却想仿效西方列强从中国获取不平等的特权，所谓"必欲准照西约成例"，其最为关键之处就是企图获取"一体均沾"的片面最惠国待遇。李鸿章洞烛其奸，据理力争，"乘其措语罅漏，偶厉声色以折之，谓若存牢不可破之见，此事只可罢议，该使始俯首允遵。……其均沾一层决不许用"。② 在谈判过程中，李鸿章甚至不惜"罢议"，可见其艰难程度。李鸿章之所以能如此强硬，是基于他对日本仍持居高临下的心态，以及日本与西方列强尚不在同一量级的认识。他致信曾国藩说："日人诡谲好谋，然不及西人之悍鸷，似其内有不足也。"③当时的日本确实羽翼未丰，所以不得不有所屈服。七月二十九日(9月13日)，李鸿章与伊达宗城签订中日《修好条规》和《通商章程》。

中日《修好条规》订立后，因其第二条云："两国既经通好，自必互相关切。若他国偶有不公及轻藐之事，一经知照，必须彼此相助，或从中善为调处，以敦友谊。"竟然引起美、法等西方列强的疑惑，以为中日缔结了攻守同盟。美国驻日本代理公使谢巴德就此照会质询日本外务卿副岛种臣，副岛复照解释该条汉文与中美《天津条约》所载相同，

① 曾国藩：《预筹日本修约片》(同治十年[1871年]正月十二日)，见《曾国藩全集》第12册，7205页，长沙，岳麓书社，1994。

② 《日本议约情形折》(同治十年[1871年]七月初六日)、《日本约章缮呈底稿折》(同治十年[1871年]七月十五日)，见《李鸿章全集》第4册，365、368页。

③ 《复曾中堂》(同治十年[1871年]七月初四日)，见《李鸿章全集》第30册，276页。

决无攻守同盟之意，并拟派员与中国谈判删除此条。① 随后，日本果然派员来华修约，重点就在裁撤此条。李鸿章一针见血地指出日本此举实因"诚恐失欢于西人"，可见日本与中国订约"修好"，所谓"同心协力"对抗西方之说不过是一个诱饵。但是，李鸿章当初把该条写入约稿时，在某种程度上确实有联日制西的意图。他上奏清廷坦陈："上年臣督同江苏臬司应宝时、津海关道陈钦议创约稿时，实虑日本距我太近，凡西国来华通商多取道金山、太平洋及日本之横滨而至上海，该国尤为中国门户，将来设有事变，该国虽未必遽为我用，而有此约章牵制，不至增一劲敌，且不失兵家用间之意。"②对于日本出尔反尔的修约要求，李鸿章予以严词拒绝。同治十二年（1873 年）三月，李鸿章与日使副岛种臣在天津交换了中日《修好条规》和《通商章程》的批准书，使中日关系正式纳入近代条约体系。

可见，在中日"修好"订约的过程中，李鸿章是一个非常关键的角色。这期间，他对日本的认识是复杂的，因而其联日制西的外交策略也有多面性。一方面，如上所述，李鸿章从地缘政治的角度看待中日关系，认为日本是调节中西关系的关键因素，对中国而言，"联日"也许难以"制西"，但至少可以少一强敌。另一方面，李鸿章看到了日本通过明治维新向西方学习而逐步强盛的事实，清醒地认识到日本终究为中国之患，中国只有变法自强。他说："日本议约甫定，忽又派人来津商改，狡黠可恶。……惟该国上下一心，皈依西土，机器、枪炮、战舰、铁路事事取法英、美，百年后必为中国肘腋之患。积弱至此，而强邻日逼，我将何术以处之。"③"所以矫强之由，不过该国近来拾人牙慧，能用后门枪炮，能开铁路煤矿，能学洋语洋书，能借国债，能制洋银数事耳。我中土非无聪明才力，士大夫皆耽于章句帖括，弗求富强实济，被彼一眼觑破，遂肆意轻侮，口无择言。……中国以后若

---

① 参见王芸生：《六十年来中国与日本》第 1 卷，50～52 页。

② 《辨驳日使改约折》（同治十一年[1872 年]五月二十八日），见《李鸿章全集》第 5 册，127 页。

③ 《复黄子寿太史》（同治十一年[1872 年]四月初八日），见《李鸿章全集》第 30 册，439～440 页。

不稍变成法，徒恃笔舌以与人争，正恐长受欺侮。"①因此，尽管李鸿章也曾对联日制西心存些许幻想，但他并不迷信联日制西，认为所谓"以东制西"之说其实并不可靠。他说："以东制西之说，本不足恃，惟彼已与各国通商，援例请求，碍难坚拒。……中土不能自强，处处皆我敌国，又何东西之分。"②诚然，李鸿章对日本的认识是客观的，其外交策略也是务实的。

三、从台、琉事件看日本的野心

同治十三年（1874 年），中日《修好条规》换约不到一年，日本便借口琉球漂流民在台被杀事件，悍然出兵进攻台湾。在此前后，日本已着手吞并琉球，先改琉球为藩，再强行阻止琉球向中国朝贡，最后于光绪五年（1879 年）"废藩置县"，改琉球王国为冲绳县，完全把琉球划归日本版图。台、琉事件充分反映了日本对外侵略扩张的野心。在此过程中，李鸿章对日本的认识如何？其外交策略又有何变化？

李鸿章对日本的认识是复杂的。在日本侵台前，李鸿章已看到了日本对中国业已构成潜在的威胁。其时，日本外务卿副岛种臣来华换约，并进京谋求觐见，表现颇为张扬跋扈，尤其副使柳原前光竟就琉球漂流民事件质询总理衙门大臣，甚至表示要对台湾"生番"兴师问罪。李鸿章对于日本的潜在威胁非常警觉。他说："台湾生番一案，尤觉离奇，日人力小谋大，可为切近之患。中土不亟谋富强，俶扰正无已时耳。"③"副岛口出怨言，谓即告辞回国，并牵及朝鲜兴戎、台湾生番等事。……倭用西法，为欧洲所共推，乃肆行无状若此。兹事谅无中辍，

---

① 《复孙竹堂观察》（同治十二年［1873 年］五月二十日），见《李鸿章全集》第 30 册，531 页。

② 《复王补帆中丞》（同治十年［1871 年］五月初五日），见《李鸿章全集》第 30 册，229 页。

③ 《复两江李雨亭制军》（同治十二年［1873 年］五月十四日夜），见《李鸿章全集》第 30 册，526 页。

边患何日能休耶。"①但是，另一方面，李鸿章仍存"天朝上国"的虚骄心态，认为日本只是区区小国，即便与中国开战亦并不可怕。他说："即使兴兵，又何畏此小国。日本在唐宋以前贡献不绝，至元世祖往征大败后，乃夜郎自大，今彼虽与西洋合好，尚无如朝鲜何，岂遽能强压我国耶。"②因此，李鸿章对于日本侵台形势估计不足。他致信总理衙门称，琉球是中国属国，琉球问题只是中国内政事务，与日本无关。通过福建人吴世忠，他更了解到台湾"生番"异常强悍，"番地"山径深险，英、美曾屡发兵船往剿失利，无可如何，日本力更不逮，断无能为。"外国遇此等事只论强弱，生番不服王化，岂肯遽服外人，倭即生心亦无他虑，此节似可无庸置议。"③就在日本出兵前几天，李鸿章虽然接到各处警报，但仍然不敢置信。他说："日本甫经换约，请觐和好如常，台湾生番一节并未先行商办，岂得遽尔称兵，即冒然兴兵，岂可无一语知照，此以理揆之而疑其未确也。日本内乱甫平，其力似尚不足以图远，即欲用武，莫先高丽。江藤新平请伐高丽尚因不许而作乱，岂竟舍积仇弱小之高丽而先谋强梁梗化之生番。即欲借生番以图台湾，若中国以全力争之，未必遂操全胜，徒自悖义失和，此以势度之而疑其未确也。"尽管如此，他还是建议总理衙门要求福建早做防备。"勿恃其不来，恃吾有以备之。各国垂涎台湾已久，日本兵政寖强，尤濒海切近之患，早迟正恐不免耳。"④李鸿章一方面心存幻想，怀疑日本出兵台湾消息的真确性；另一方面又不得不正视残酷的现实，从险恶的国际形势预感到台湾危机在所难免。

由于资讯不发达，李鸿章在相当长一段时间内并不能确信日本侵台的事实。他采取宁可信其有而不可信其无的态度，建议各方面进行

① 《复两江李雨亭制军》（同治十二年［1873 年］六月初一日夜），见《李鸿章全集》第 30 册，536 页。

② 《复孙竹堂观察》（同治十二年［1873 年］五月二十日），见《李鸿章全集》第 30 册，531 页。按：引文中"何"字前面的逗号改移至"何"字之后。

③ 《致总署·论日本与台湾朝鲜秘鲁交涉》（同治十二年［1873 年］六月十五日），见《李鸿章全集》第 30 册，542 页。

④ 《致总署·论日本派兵赴台湾》（同治十三年［1874 年］三月十三日），见《李鸿章全集》第 31 册，23 页。

积极防备。李鸿章致信总理衙门，提出两条防御措施：一是请总理衙门敦促美国驻华公使按照万国公法撤回援日人员和运兵商船；二是请总理衙门知照福州船政大臣沈葆桢会商福州将军、闽浙总督筹办台湾水陆防御事宜。"日本既有此议，早迟必将举行，若不慎谋于始，坐待兴师，将来无论彼此胜败，恐兵连祸结竟无已时，于沿海大局关系非浅。"①当得知清廷密谕沈葆桢筹办台湾海防并拟开发"番地"时，李鸿章盛赞此举为"实操长治久安之胜算，不作敷衍苟且之近图"。他认为，台湾"番地"物产殷富，"各国通商以来，觊觎已久。日本相距尤近，欲为洋人先导，早迟必图侵占。若不趁此时抚绥招徕，俾为我用，后患曷可胜言"。②他对日本的野心时有警惕。

在确信日本出兵台湾后，李鸿章对于日本背信弃义的行径非常愤恨。他致信钦差大臣沈葆桢称："日本自九年遣使来津求约，厥后岁辄一至，弟与周旋最久。其人外貌响响恭谨，性情狙诈深险，变幻百端，与西洋人迥异。……换约甫一年，乃先自乱其例，无信无义，狗彘不食其余矣。"③当得知日本新任驻华公使柳原前光竟要进京面递国书的消息时，李鸿章禁不住破口大骂："夫谋我疆土，败我盟约，而仍觍然驻京请觐，无耻已极，良可浩叹。"④李鸿章接见柳原前光时，"深知若辈伎俩，又恨其行径诡变，不得不嘻笑怒骂，厉声诘责"。他明确宣称台湾是中国的领土，琉球是中国属国，"生番所杀是琉球人，不是日本人，何须日本多事"。并严厉谴责日本反复无信，"你去年才换和约，今年就起兵来，如此反复，当初何必立约"。"今甫立和约而兵临我境，你对不起我中国，且令我对不起我皇上百姓。若有约各国皆如是，天下岂不大乱了。"因怕翻译传话不清，李鸿章遂取案上纸笔大书曰："此

---

① 《致总署·论日本图攻台湾》（同治十三年[1874年]三月二十五日），见《李鸿章全集》第31册，28页。

② 《致总署·论布置台湾》（同治十三年[1874年]四月初二日），见《李鸿章全集》第31册，31～32页。

③ 《复沈幼丹节帅》（同治十三年[1874年]四月十八日），见《李鸿章全集》第31册，41页。

④ 《致总署·论台湾》（同治十三年[1874年]四月二十一日），见《李鸿章全集》第31册，43页。

事如《春秋》所谓侵之袭之者是也，非和好换约之国所应为，及早挽回尚可全交。"①尽管李鸿章振振有辞，但并不能劝阻柳原进京找总理衙门谈判。

究竟如何了结台事？总理衙门与柳原前光反复辩论而没有结果。英国公使威妥玛(Thomas F. Wade)等人提出开放台湾通商，"诚使台湾通商，不特日本不能垂涎，即他国讵能希冀"。总理衙门也有此意。李鸿章也很赞成，"目前彼此均不得下台，能就通商一层议结，洵是上乘文字。好在台湾系海外偏隅，与其听一国久踞，莫若令各国均沾"。但是，李鸿章敏锐地观察到，这并非日本所愿。"是其注意实在占地、贴费二端，落到通商必非所愿。"于是，李鸿章提出以抚恤代兵费之策，"或就彼因为人命起见，酌议如何抚恤琉球被难之人，并念该国兵士远道艰苦，乞恩犒赏饩牵若干，不拘多寡，不作兵费，俾得踊跃回国，且出自我意，不由彼讨价还价，或稍得体而非城下之盟可比。内不失圣朝包荒之度，外以示羁縻勿绝之心。"②实际上，李鸿章是想以赔款解决台湾问题，所谓"抚恤"云云，不过顾及中国作为"天朝上国"的体面而已。

其实，当时侵台日军因遭到高山族人顽强抵抗及热带病的侵袭，而陷入进退两难的困境，日本政府也想尽快从台湾脱身，便又派大久保利通为全权大臣来华谈判。大久保抱着议和的目的而来，无非是要攫取一笔赔款，"其注意或在兵费，而难于发端"。总理衙门大臣看破他的心思，便抛出李鸿章以抚恤代兵费的方案，"总署已说破，不能允给兵费，若能以抚恤下场便是幸事"。③ 不料大久保开口索要二百万两，后经英国公使威妥玛居间调停，总理衙门答应给五十万两，包括

---

① 《致总署·述柳原辨难》《附与日本公使东使柳原前光郑永宁问答节略》(同治十三年[1874年]六月十一日)，见《李鸿章全集》第31册，67～69页。按：对照《李文忠公全集·译署函稿》卷二，附件标题中"日本公使"为编者所加，与"东使"重复，应删去。

② 《致总署·论台事归宿》(同治十三年[1874年]七月十六日)，见《李鸿章全集》第31册，84页。

③ 《复李雨亭制军》(同治十三年[1874年]九月初十日)，见《李鸿章全集》第31册，106页。

抚恤被害难民银十万两和收回日军修道、造房等银四十万两。① 同治十三年（1874 年）九月，中日签订《北京专条》，中国如数付银，日本从台湾退兵。

台湾事件给清政府以巨大冲击，引起一场关于海防问题的大讨论。李鸿章从东南海疆危机中深感中国遭遇到"数千年来未有之变局"与"数千年来未有之强敌"，必须变法自强。"居今日而欲整顿海防，舍变法与用人别无下手之方。……使天下有志之士无不明于洋务，庶练兵、制器、造船各事可期逐渐精强，积诚致行，尤需岁月迟久乃能有济。"②总理衙门大臣文祥奏陈台事虽结，后患堪虞，"目前惟防日本为尤急"。李鸿章深表赞同，认为日本通过改旧制效西法而自强以后，"其势日张，其志不小，故敢称雄东土，藐视中国，有窥犯台湾之举。泰西虽强，尚在七万里以外，日本则近在户闼，伺我虚实，诚为中国永远大患。今虽勉强就范，而其深心积虑，觊觎我物产人民之丰盛，冀幸我兵船利器之未齐，将来稍予间隙，恐仍狡焉思逞"。③ 显然，李鸿章联日制西的幻想开始破灭，而对于日本潜在的侵略性有了更加深一层的认识。

在出兵侵台的同时，日本阴谋处置琉球。琉球在明、清两代都是中国的朝贡国，后来也向日本萨摩藩朝贡，形成两属状态。同治十一年（1872 年），日本擅自改琉球为藩。光绪元年（1875 年），日本又强行阻止琉球向中国朝贡。琉球向中国求救，中日开始了琉球问题的交涉。

光绪四年（1878 年），中国首任驻日公使何如璋就"阻贡"事件致函李鸿章，主张以积极的态度应对此事。他认为，当时日本不可能因琉球问题与中国开战。"日本国小而贫，自防不暇，何暇谋人。……其不敢开边衅者必矣。"但是，日本侵略扩张的野心很明显。"中、东和好终

① 《筹办夷务始末（同治朝）》卷九八，13～15 页，沈云龙主编：《近代中国史料丛刊》第 62 辑，9018～9022 页。

② 《筹议海防折》（同治十三年[1874 年]十一月初二日），见《李鸿章全集》第 6 册，159、160 页。

③ 《筹办铁甲兼请遣使片》（同治十三年[1874 年]十一月初二日），见《李鸿章全集》第 6 册，170 页。

不可恃。阻贡不已，必灭琉球。琉球既灭，行及朝鲜。"因此，中国必须力争琉球，甚至不惜与日本开战，否则边患难免。"琉球迫近台湾，我苟弃之，日人改为郡县，练民兵；球人因我拒绝，甘心从敌，彼皆习劳苦耐风涛之人，他时日本一强，资以炮船，扰我边陲，台、澎之间将求一夕之安不可得。是为台湾计，今日争之患犹纾，今日弃之患更深也。则虽谓因此生衅尚不得不争，况揆之时势决未必然乎。"①李鸿章虽然对琉球的命运非常同情，对日本的侵略行径很愤慨，认为从情理上中国不得不争，但实际上并无多大利益，因而态度比较消极。他说：

> 中国若隐忍缄默，彼且疑我怯弱，或将由琉球而及朝鲜，不如早遏其萌，使无觊觎。是今日日本阻贡之举，中国之不能不与力争者，理也，情也。然迩年以来曾未认真议及者，盖亦有故。琉球以黑子弹丸之地孤悬海外，远于中国而迩于日本，……盖虽欲恤邻救患而地势足以阻之。中国受琉球朝贡本无大利，若受其贡而不能保其国，固为诸国所轻；若专恃笔舌与之理论，而近今日本举动，诚如来书所谓无赖之横，瘈狗之狂，恐未必就我范围；若再以威力相角，争小国区区之贡，务虚名而勤远略，非惟不暇，亦且无谓。鄙意以为中国与之淡漠相遭，殆即古人不服药为中医之说。②

稍后，在给总理衙门的信中，李鸿章否定了何如璋"遣兵舶责问及约球人以必救"的强硬对策，而主张援用万国公法，采取外交手段解决。有谓："日本事事宗法泰西，欧美各邦遇有此等事件，断无不举公法以相纠责之理，即言之无成，不以兵戎而以玉帛，何至遽开兵衅，亦不至遽坏和局。……惟言之不听时复言之，日人自知理绌，或不敢遽废藩制改郡县，俾球人得保其土，亦不借寇以兵，此虽似下策，实为今日

---

① 《附何子峨来函》（光绪四年［1878年］四月二十八日），见《李鸿章全集》第32册，308页。

② 《复何子峨》（光绪四年［1878年］四月二十九日），见《李鸿章全集》第32册，312页。

一定办法。"①李鸿章的态度影响了清廷的决策，在琉球问题上并没有采取积极主动的措施。这样消极的应对，显然助长了日本侵吞琉球的野心。结果，与李鸿章的意愿相反，日本很快就在琉球实行了废藩置县。

光绪五年(1879年)，日本悍然改琉球藩为冲绳县。中国驻日公使何如璋要求立即撤馆归国，总理衙门不以为然，以"现在中国局势未能长驾远驭"为由，要求他留在日本"极力与争"，仍然坚持与即将来华的新任日本公使宍户玑通过谈判解决琉球问题。② 恰逢此时，美国前任总统格兰特(Ulysses S. Grant)来华访问，并拟游历日本。李鸿章顺势邀请格兰特从中调停，"其于球事甚相关切，尚无推诿，日本能否听从，固未可知。想伊到东，必可从旁关说"。③ 通过格兰特的斡旋，日本提出所谓"分岛改约"方案，就是将琉球群岛南部的宫古、八重山二岛划归中国，修改中日《通商章程》，允许日本人进入中国内地贸易，并享有"一体均沾"的片面最惠国待遇。对于日本使者竹添进一的劝说，李鸿章非常不满，有谓："中国之争琉球，原为兴灭继绝，护持弱小起见，毫无利人土地之心，乃贵国居之不疑，并分南岛与中国，中国必不敢受。至谓割南岛有伤贵国体面，无论肯割与否，中国体面早为贵国伤尽，是岂真欲保全和好者耶。"④但是，因当时中俄伊犁事急，李鸿章建议勉强接受。他致函总理衙门称："此事中国原非因以为利，如准所请，似应由中国仍将南部交还球王驻守，借存宗祀，庶两国体面稍得保全。至酌加条约，允俟来年修改时再议。倘能就此定论作小结

---

① 《复总署·密议日本争琉球事》(光绪四年[1878年]五月初九日)，见《李鸿章全集》第32册，320～321页。

② 《总署奏日阻琉球入贡请饬使臣何如璋暂勿归国折》(光绪五年[1879年]闰三月初五日)，见王彦威、王亮编：《清季外交史料》第1册，286页，北京，书目文献出版社，1987。

③ 《复总署·议请美国前总统调处琉球事》(光绪五年[1879年]四月二十四日)，见《李鸿章全集》第32册，435页。

④ 《附与日本委员竹添进一笔谈节略》(光绪六年[1880年]二月二十五日)，见《李鸿章全集》第32册，529页。

束，或不于俄人外再树一敌。"①其时，清廷内外也多有担心日俄联结，而主张速结琉球案。总理衙门也表示赞同，其上奏称："揆诸现在事势，中国若拒日本太甚，日本必结俄益深。此举既已存琉，并已防俄，未始非计。"②于是，总理衙门与日本公使宍户玑议定了关于琉球问题的分岛改约草案。

总理衙门议结琉球案上奏后，又引起了廷臣的一片反对，尤其是清流党人陈宝琛、张之洞均疏请缓结。其实，李鸿章在此之前便改变了主意。其中的关键是，通过琉球使臣向德宏的求援哭诉，他得知琉球南部宫古、八重山二岛极端贫瘠，根本无法自立，因而主张缓结琉球案。他致信总理衙门称：

> 尊处如尚未与宍户定议此事，似以宕缓为宜。言者虽请速结球案，究未深悉其中曲折。即使俄人开衅，似无须借助日本。而日本畏忌俄人最深，其隐衷亦难与合从。中国之力实不敌俄，宁可屈志于俄，亦何必计及日本之有无扎帮耶？若照现议，球王不复，无论另立某某，南岛枯瘠，不足自存，不数年必仍归日本耳。若由中国另行设官置防，徒增后累，而以内地通商均沾之实惠，易一瓯脱无用之荒岛，于义奚取。③

显然，李鸿章考虑的是非常务实的外交策略。总理衙门上奏后，清廷以李鸿章为原议条约之人，要求其统筹全局，筹议善全之策。李鸿章从当时中国外交全局考虑，认为俄重于日，应先了俄事，以借俄慑日。有谓："是俄事之能了与否，实关全局。俄事了，则日本与各国皆戢其戎心；俄事未了，则日本与各国将萌其诡计。与其多让于倭，而倭不能助我以拒俄，则我既失之于倭，而又将失之于俄，何如稍让于俄，

---

① 《复总署·论商改俄约兼论球案》(光绪六年[1880 年]七月二十三日)，见《李鸿章全集》第 32 册，586 页。

② 《总署奏日本废琉球一案已商议办结折》(光绪六年[1880 年]九月二十五日)，见《清季外交史料》第 1 册，428 页。

③ 《复总署·请球案缓结》(光绪六年[1880 年]九月十六日)，见《李鸿章全集》第 32 册，620 页。

而我因得借俄以慑倭。"至于琉球案，可以用拖延的办法，待俄事了结之后再说。"今则俄事方殷，中国之力暂难兼顾，且日人多所要求，允之则大受其损，拒之则多树一敌，惟有用延宕之一法最为相宜。盖此系彼曲我直之事，彼断不能以中国暂不诘问而转来寻衅。俟俄事既结，再理球案，则力专而势张。"如果俄事三个月内未结，日来换约，可再议展期；俄事三个月内已结，就不批准日约。① 清廷将琉球案搁置不结，日本公使宍户玑悻悻归国。在法理上，虽说琉球案悬而未决，但日本却事实上永久侵占了琉球。

琉球事件与台湾事件一样，都是日本对外侵略扩张的具体表征。这些事件与中国安危密切相关，引发了中国有识之士关于自强与海防等问题的思考。事实上，李鸿章就一直在思考这些问题。历经台、琉事件，李鸿章越来越认识了日本的侵略性。他看到日本正在效法西方，向中国侵略扩张，中国必须建立强大的海军。"日本虽蕞而弹丸，近亦思学步西人，凌侮中国。夫以中国风气较迟，地广民众，为各国所环伺。即使俄与日本暂弭衅端，而滨海万余里，必宜练得力水师为建威销萌之策。"在他看来，从战略上考虑，日本对中国的威胁实际上更甚于西方列强，因此日本是中国海军建设最重要的假想敌。"日本国小民贫，虚骄喜事。长崎距中国口岸不过三四日程，揆诸远交近攻之义，日狡焉思逞，更甚于西洋诸国。今之所以谋创水师不遗余力者，大半为制驭日本起见。"②可见，李鸿章对日本的认识，已经从单纯的外交策略层面，上升到国防战略的高度。

四、开放朝鲜与以西制日防俄

从19世纪70年代中期开始，朝鲜问题逐渐成为东亚国际关系的重心。直到甲午战争结束，中日关系始终以朝鲜问题为中心环节。这

---

① 《妥筹球案折》（光绪六年[1880年]十月初九日），见《李鸿章全集》第9册，199、200页。

② 《议复梅启照条陈折》（光绪六年[1880年]十二月十一日），见《李鸿章全集》第9册，259、261页。

期间，俄国与欧美列强也不同程度地卷进来，使朝鲜问题突破东亚地域性而彰显鲜明的国际性色彩。光绪二年（1876 年），《朝日修好条规》签订，标志着朝鲜开港。在朝鲜从中国的一个传统的朝贡国走向近代世界的历程中，日本所起的作用，无论是正面还是负面，都是非常关键的。李鸿章对这个时期中朝日三方关系认识如何？以及在朝鲜进一步开放的问题上充当了什么角色？

朝鲜半岛地处中日两国之间，是日本向大陆扩张的战略要地，在地理上可谓中国东北地区的天然屏障。李鸿章对于日本觊觎朝鲜、侵略中国的阴谋早有洞悉，因而在中日签订《修好条规》第一条规定"以所属邦土不可侵越"，其战略防御目的显而易见。他说："日本觊觎朝鲜历有年所，朝鲜为我东土屏蔽。……倭寇江、浙尚是沿海肢体之患，倭侵高丽则为辽京根本之忧。前订规条以所属邦土不可侵越等语，实欲预杜此意。"①但是，残酷的现实远远超出了李鸿章的预期，一纸和约根本不可能阻止日本对外侵略扩张的步伐。日本很快就出兵台湾，侵蚀琉球，同时又把侵略的矛头指向朝鲜。

光绪元年（1875 年），日本借口云扬号事件，派遣使臣黑田清隆入朝交涉，要求与朝鲜通商；同时，因中国与朝鲜有传统的宗藩关系，日本又派使臣森有礼来华交涉，试探清朝政府的态度。李鸿章认为，日强朝弱，朝日关系微妙，中国不能置身事外。"即仍永远两不过问，而使朝鲜失望，日本生心，似已薄待属国邻交，显示天下以不广，更恐朝鲜为日本凌逼或加以侵占，东三省根本重地遂失藩蔽，有唇亡齿寒之忧，后患尤不胜言。"他主张和平了结，既然日本遣使求和，中国应抓住机会，将计就计，劝朝鲜政府"忍耐小忿，以礼接待"，以为"息事宁人之计"。实际上，他既不愿因此与日本开战，也不想干涉朝鲜的内政。"至该国愿与日本通商往来与否，听其自主，本非中国所能干预。"②其实，这也是清朝政府的态度。当森有礼到保定会见李鸿章时，

---

① 《致总署·论日本与台湾朝鲜秘鲁交涉》（同治十二年[1873 年]六月十五日），见《李鸿章全集》第 30 册，542 页。

② 《致总署·论倭派使入朝鲜》（光绪元年[1875 年]十二月二十三日），见《李鸿章全集》第 31 册，336～337 页。

双方就朝鲜问题反复辩论。面对森有礼的软硬兼施，李鸿章针锋相对，但仍坚持"息事宁人"的基本立场。森有礼问及"日本就得了高丽有何益处"，李鸿章认为"徒伤和气，毫无利益"，如果日本要打朝鲜，"不但俄国要进兵，中国也难保不进兵，那时乱起来真无益处"。森有礼表示日本暂不开战，请李鸿章转商总理衙门，"设一妥法劝说高丽"。① 事后，李鸿章致信总理衙门，建议"将奏请礼部转行朝鲜一节作为收场，以示格外和好，借答来意而略缓其逞强黩武之心，更于大局有益"。② 总理衙门遂奏请由朝鲜自行处理，中国不予干预。这正合日本企图排除中国的干涉而直接与朝鲜交涉的意图。光绪二年（1876年）初，日本迫使朝鲜签订《修好条规》，即《江华条约》。这是日本效法西方列强对外殖民扩张过程中签订的第一个不平等条约，闭关自守多年的朝鲜被迫开港。

朝鲜被迫向日本开放，对中国是一个不祥的信号。光绪五年（1879年），日本悍然吞没琉球。前福建巡抚丁日昌预感到中国海疆将面临着更加严重的危机。他认为：日本"即使目前能受羁縻，而二三年内，不南犯台湾，必将北图高丽。我若不急谋自强，将一波未平而一波又起，殊属应接不暇"。在条陈海防建设事宜中，丁日昌特别关注朝鲜问题，有谓：

> 高丽已不得已而与日本立约，则不如统与泰西各国立约。何则？日本有吞噬高丽之心，而泰西无灭绝人国之例。将来倘倭高启衅，凡有约之国皆得起而议其非，庶几日本不致悍然无所忌惮。……若泰西仍求与高丽通商，似可由使臣密劝勉从所请，并劝高丽派员分往有约之国，苟能聘问不绝，自可休戚相关。一切得力军火，我亦可密为挹注，俾足图存。倘遇倭俄二国意图蚕食，我固当以全力卫之，并可邀齐与高丽有约之国鸣鼓而攻，庶几高丽

---

① 《附日本使臣森有礼署使郑永宁来直隶督署内晤谈节略》（光绪元年[1875年]十二月二十八日），见《李鸿章全集》第31册，341～342页。

② 《致总署·述森有礼议朝鲜事》（光绪二年[1876年]正月初一日），见《李鸿章全集》第31册，349页。

不致蹈琉球覆辙。否则，高丽亡，则倭俄与我东三省实逼处此。
此固心腹之疾，非仅肘腋之患，不同琉球弃取无关得失也。①

丁日昌所论，是说朝鲜既已向日本开放，不如再向西方列强开放，在朝鲜形成东西列强之间的"均势"，以防止日本和俄国对朝鲜的侵略，从而维护中国东三省地区的安全。对此，李鸿章深表赞同，他致信丁日昌说："高丽与各国立约通商，亦是正办，窃料总署无此驾驭。威使詈总理衙门为总不理衙门，尖刻可恨。"②李鸿章只担心总理衙门不会采纳，但这一次他多虑了。总理衙门也赞同丁日昌的意见，并奏请清廷饬令李鸿章直接与朝鲜联络。

李鸿章审时度势，觉得朝鲜形势危急，中国不能不管朝鲜事务。他说："朝鲜近与日本交涉，屡有违言。其于西洋各国深闭固拒，不稍变通，观其屡次拘禁教士，则成见未融已可概见。日本恃其诈力，嚣然不靖，琉球既为所废，朝鲜有厝火积薪之势，西洋各国又将环视而起，自不能不为借箸代筹。"③在他看来，朝鲜面临日、俄及欧美列强的压力，局势危急，将直接威胁到中国的国防安全。"日本知其孤立无援，倘一旦伺隙思逞，俄人亦将隐启雄图，英、德、法、美诸国，复群起而议其后，非惟朝鲜之大患，抑亦中国之隐忧。"他认为丁日昌条陈各节，"为朝鲜计，实为中国计"④。因此，李鸿章接受总理衙门的建议与清廷的谕令，立即与朝鲜原任领议政李裕元联络。他致信李裕元，将朝鲜半岛险恶的国际局势剖析精详，建议朝鲜与欧美各国立约通商，以牵制日本，抵御俄国。有谓：

---

① 《前福建巡抚丁日昌呈拟海防应办事宜十六条清单》（光绪五年［1879年］），见中国第一历史档案馆：录副奏折，档号 03-9383-013，缩微号 671-2561。据国家清史编委会网上工程：中华文史网（http：//www.qinghistory.cn）。

② 《复丁雨生中丞》（光绪五年［1879年］五月二十日），见《李鸿章全集》第 32 册，447 页。

③ 《致总署·论劝导朝鲜通商》（光绪五年［1879年］七月十二日），见《李鸿章全集》第 32 册，472 页。

④ 《密劝朝鲜通商西国折》（光绪五年［1879年］七月十四日），见《李鸿章全集》第 8 册，434 页。

贵国既不得已而与日本立约，通商之事已开其端，各国必将从而生心，日本转若视为奇货。为今之计，似宜用以毒攻毒、以敌制敌之策，乘机次第亦与泰西各国立约，借以牵制日本。彼日本恃其诈力，以鲸吞蚕食为谋，废灭琉球一事显露端倪，贵国固不可无以备之。然日本之所畏服者泰西也，以朝鲜之力制日本或虞其不足，以统与泰西通商制日本则绰乎有余。泰西通例，向不得无故夺灭人国，盖各国互相通商而公法行乎其间。……至俄国所踞之库叶岛、绥芬河、图们江一带，皆与贵国接壤，形势相逼。若贵国先与英、德、法、美交通，不但牵制日本，并可杜俄人之窥伺，而俄亦必随即讲和通好矣。……更随时派员分往有约各国，通聘问，联情谊，平时既休戚相关，倘遇一国有侵占无礼之事，尽可邀集有约各国，公议其非，鸣鼓而攻，庶日本不致悍然无忌，贵国亦宜于交接远人之道，逐事讲求，务使柔刚得中，操纵悉协。则所以钤制日本之术，莫善于此；即所以备御俄人之策，亦莫先于此矣。①

李鸿章的苦心劝导并没有得到李裕元的积极回应。李裕元对于李鸿章所谓"以毒攻毒、以敌制敌之策"颇不以为然，有谓："今要制敌，而我先受敌，要攻毒而我先中毒。窃恐一遇毒而不复起也，奚暇以制敌乎？"②面对李裕元的保守，李鸿章也无可奈何，认为："朝鲜既坚不欲与西人通商，中国自难强劝。"③

其时，西方列尤其是美国很想与朝鲜立约通商。光绪六年（1880年），美国海军将领薛斐尔（Robert W. Shufeldt）来到朝鲜釜山，要求与朝鲜谈判开港通商，遭到拒绝。薛斐尔转而向日本政府寻求帮助，

---

① 《附钞函（二件）·（二）光绪五年[1879年]七月初九日复函》，见《李鸿章全集》第8册，436～437页。

② 《照录朝鲜原任太师李裕元来函》（光绪五年[1879年]十一月十二日发，六年二月初五日到），见"中央研究院"近代史研究所编：《清季中日韩关系史料》第2卷，399页，台北，"中央研究院"近代史研究所，1972。

③ 《致总署·筹朝鲜》（光绪五年[1879年]十一月十三日），见《李鸿章全集》第32册，502、503页。

也没有成功。通过中国驻日本长崎领事的报告，李鸿章得知薛斐尔正在谋求美国与朝鲜立约通商，便邀请薛斐尔到天津晤谈。李鸿章在上奏清廷时简单地汇报了与薛斐尔谈话的内容："据称美国尚无用兵逼勒之意，但俄人已费巨饷遣将调兵，势必不肯中止，若不图中华，恐遂吞并朝鲜。"①薛斐尔谋求美国与朝鲜通商，李鸿章也正在筹划朝鲜与西洋各国通商，两者不谋而合。尤其薛斐尔提到俄国对朝鲜和中国的威胁，正说中李鸿章的痛处，更加促使他坚信必须劝说朝鲜与西洋各国立约通商，以牵制日本、抵御俄国的信念。通过晤谈，李鸿章对薛斐尔印象极佳，有谓："观其识议正大，意气笃诚，洵无西人器陵之习，鄙人深相倾佩。"②事实上，就在这次晤谈中，李鸿章表示愿意协助美朝两国立约，以期借美国之力来牵制日俄两国。③

李鸿章在与朝鲜前领议政李裕元沟通未见成效后，又通过中国驻日使馆与朝鲜赴日修信使联络。其时，朝鲜修信使金宏集到日本，与中国驻日使馆人员多有接触。经中国驻日公使何如璋授意，参赞黄遵宪向金宏集提交一份《朝鲜策略》，劝告朝鲜要联络外交，以防备强大而极具侵略性的俄国。有谓："朝鲜今日之急务，莫急于防俄。防俄之策如之何？曰亲中国，结日本，联美国，以图自强而已。"④金宏集把《朝鲜策略》带回国，一时在朝鲜引起轩然大波，遭到保守势力的极力攻击，但国王李熙与领议政李最应赞成与美国立约修好，事情出现转机。与此同时，李鸿章在接见朝鲜使臣卞元圭时，也在不失时机地耐心劝导，认为："兹欲杜俄、日之隐谋，惟有与泰西各国一律通商，尚

① 《妥筹朝鲜武备折》（光绪六年［1880年］九月初四日），见《李鸿章全集》第9册，171页。

② 《复驻扎长崎正理事官员外郎衔内阁拟补中书余》（光绪六年［1880年］七月二十三日），见《李鸿章全集》第32册，585页。

③ 参见［日］伊原泽周：《近代朝鲜的开港：以中美日三国关系为中心》，35页，北京，社会科学文献出版社，2008。

④ 黄遵宪：《朝鲜策略》（光绪六年［1880年］八月），见陈铮编：《黄遵宪全集》上册，251页，北京，中华书局，2005。

可互相牵制，孑然常存。"①当何如璋来电告知朝鲜国内已"朝议一变"而"欲璋劝美来结约"时，李鸿章颇感欣慰，回电表示："事有转机甚好。"②对此，清政府也采取积极的态度，改变属藩"公牍往来职属礼部"的定制，嗣后有关洋务紧要事件，"由北洋大臣及出使日本大臣，与该国通递文函，相机开导"。③ 这实际上是赋予李鸿章直接处理朝鲜与西洋各国交涉的权力。

光绪七年（1881年）初，朝鲜使臣李容肃到天津拜见李鸿章，请教与各国修好立约有关事宜。李鸿章相机开诚晓谕，破其成见，并命道员马建忠、郑藻如等，"参酌目今时势及东西洋通例，代拟朝鲜与各国通商章程底稿，预为取益防损之计，交李容肃赉回，俾该国遇事有所据依，不致多受蒙蔽"。④ 7月，又有朝鲜使臣李应浚到天津，李鸿章复命郑藻如，力劝朝鲜派员赴津，与美国薛斐尔商议立约事宜，并在此基础上奏派大员订立条约。是年底，朝鲜派领选使金允植以带领留学生赴津的名义，准备与美国商办立约事宜。清廷谕令李鸿章"随时相机开导，妥为筹办"⑤。

光绪八年（1882年）初，李鸿章在保定直隶总督署接见金允植，双方就议约事宜交换意见。其时，美国已派薛斐尔为议约全权大臣。因朝鲜长期闭关锁国，与欧美国家较少接触，领选使金允植未有议约"全权"证书，李鸿章感到其未便与美使议约。不久，金允植再次到保定见李鸿章，"谓续奉该国王密谕，求敝处代为主持速与美使商议，并寄呈

---

① 《朝鲜通商西国片》（光绪六年［1880年］九月二十七日），见《李鸿章全集》第9册，191页。

② 《复何使》《附驻日本何使由长崎来电》（光绪六年［1880年］十一月初二日），见《李鸿章全集》第21册，9页。

③ 《总署奏朝鲜宜联络外交变通旧制折》（光绪七年［1881年］正月二十五日），见《清季外交史料》第1册，455～456页。

④ 《答复朝鲜所问事宜折》（光绪七年［1881年］二月初二日），见《李鸿章全集》第9册，303页。

⑤ 《密议朝鲜外交折》（光绪七年［1881年］十二月初二日）、《附光绪七年十二月上奉上谕》，见《李鸿章全集》第9册，539、544页。

该国机务大臣拟具约稿，属为鉴定"。① 李鸿章与金允植详细商议了朝美通商条约草案。随后，李鸿章与薛斐尔在天津就朝美通商问题进行具体谈判，双方争议的关键之处是：李鸿章要求在条约第一款声明"朝鲜为中国属邦"，薛斐尔"坚不允从"。李鸿章做出让步，与薛斐尔议定：约内不载明"中国属邦"，由朝鲜另外照会美国外交部，声明"朝鲜久为中国藩属，内政外交向来归其自主"。他还特别要求在约后写明"光绪八年"字样，以显示朝鲜"奉中朝正朔"。② 李、薛草议约稿后，朝美谈判移到朝鲜。李鸿章还派马建忠到朝鲜，协助朝美议约。是年四月，《朝美通商条约》签订。紧接着，英、德、意、俄、法等国也相继与朝鲜签订类似条约，朝鲜的大门遂向欧美列强开放。

值得注意的是，李鸿章积极推动朝鲜与美国立约通商，乃至向西方列强开放，以实现其以西制日防俄的外交策略，希望借助美国以及西方列强抵制日本、俄国对朝鲜的侵略，其根本目的还是维护中国的国防安全。他在筹议朝美立约通商时，曾向清廷表白："朝鲜久隶外藩，实为东三省屏蔽，与琉球孤悬海外者形势迥殊。今日本既侵灭琉球，法国又割据越南，沿海六省中国已有鞭长莫及之势。我藩属之最亲切者莫如朝鲜。日本胁令通商，复不允订税则，抑勒把持，计甚阴狡，非先与美国订一妥善之约，则朝鲜势难孤立，各国要求终无已时。东方安危，大局所系，中朝即不必显为主张，而休戚相关，亦不可不随时维持，多方调护，保兹属土，即以固我藩篱。"③日本在明治维新以后效法西方列强，逐渐走向对外侵略扩张的道路，朝鲜成为日本侵略中国的最后一道屏障。李鸿章对此有非常清醒的认识，因而想方设法力保朝鲜不被日、俄侵占，以保证中国东北边疆的安全。

---

① 《致总署·筹议朝鲜与美定约》（光绪八年［1882 年］二月初九日），见《李鸿章全集》第 33 册，124 页。

② 《致总署·论美使议朝约不认中国属邦》（光绪八年［1882 年］二月二十四日）、《致总署·论美使筹议朝约》（光绪八年［1882 年］三月初三日），见《李鸿章全集》第 33 册，136、144 页。

③ 《密议朝鲜外交折》（光绪七年［1881 年］十二月初二日），见《李鸿章全集》第 9 册，540 页。

五、余论：相关问题的讨论

探讨 19 世纪 70 年代李鸿章对日本的认识及其外交策略，其实牵涉很多相关问题。就李鸿章个人的思想而言，他是如何看待传统宗藩关系？又是如何看待近代国际法秩序？以及这两者之间又是什么关系？就李鸿章所处的时代及中国的国际环境来说，李鸿章又是如何看待中国、朝鲜、日本及西方列强之间的各种双边与多边关系？等等。诸如此类的问题，都是值得深入研究的。这里仅着重考察两方面的问题。

（一）关于 19 世纪 70 年代李鸿章对外思想的认识问题。李鸿章在维持传统东亚国际秩序与进入近代国际秩序之间有着深刻的矛盾：一方面是维持传统的宗藩体制，另一方面是适应国际法进入近代国际秩序。对此，李鸿章如何因应，是首先值得深入探讨的问题。

在上述关于台、琉事件与朝鲜开放等问题上，李鸿章表现了强烈的宗藩意识。琉球与朝鲜都是中国的藩属国，对李鸿章而言，这是毫无疑问的。作为一个务实的外交家，李鸿章的外交策略具有鲜明的实用主义特征。在他看来，琉球对中国利益不大，可有可无；朝鲜与中国利益攸关，决不能放弃。这些均可见上文讨论之中，此不赘述。

在对外交涉中，李鸿章对万国公法的运用，也是随处可见。同治十二年（1873 年），李鸿章在与秘鲁谈判华工问题时，就曾利用万国公法，要求对于拐卖华工"查照海盗例治罪"。"欲借用《万国公法》、西洋通例，处以海盗之法成案以示炯戒，姑自秘鲁发端，庶以后西班牙、葡萄牙等国专在澳门狼狈为奸者或稍敛戢，而中国亦易照章惩办。"① 同治十三年（1874 年），日本侵台时，李鸿章认为美国人帮助日本带兵、运兵，违背"万国公法"，要求美国遵照"万国公法"，撤回援日人员，严禁商船帮日运兵。② 光绪四年（1878 年），中国驻日公使何如璋

---

① 《致总署·论威使劝解并拟章四条》（同治十二年［1873 年］十月初五日），见《李鸿章全集》第 30 册，600 页。

② 《致总署·论日本图攻台湾》（同治十三年［1874 年］三月二十五日），见《李鸿章全集》第 31 册，27～28 页。

向清廷报告日本"阻贡"事件，李鸿章极力主张援用"公法"，企图用外交途径解决琉球问题。① 从李鸿章积极运用万国公法的事例可见，他并不抵拒进入近代国际秩序。

其实，在传统宗藩关系与近代国际秩序之间有着不可调和的矛盾，这在李鸿章的对外思想与外交实践过程中也自然会体现出来。光绪元年(1875 年)，李鸿章与日本使臣森有礼讨论朝鲜问题时，森有礼竟说出和约不可用的话，李鸿章当即据万国公法痛斥之。

> 森使云据我看来，和约没甚用处。答云两国和好全凭条约，如何说没用。森使云和约不过为通商事可以照办，至国家举事只看谁强，不必尽依著条约。答云此是谬论，恃强违约，万国公法所不许。森使云万国公法亦可不用。答云叛约背公法，将为万国所不容。

关于朝鲜是否中国属国的辩论，双方有如下对话：

> 森使云高丽与印度同在亚细亚，不算中国属国。答云高丽奉正朔，如何不是属国。森使云各国都说高丽不过朝贡受册封，中国不收其钱粮，不管他政事，所以不算属国。答云高丽属中国几千年，何人不知。和约上所说所属邦土，土字指中国各直省，此是内地为内属，征钱粮管政事；邦字指高丽诸国，此是外藩为外属，钱粮政事向归本国经理，历来如此，不始自本朝，如何说不算属国。

李鸿章竟然引用中日《修好条规》，解释属邦的含义。当森有礼的随行人员郑永宁提及江华岛事件时，李鸿章再次引用万国公法辩驳，却被森有礼将了一军。

> 郑署使云从前不过拒使，近来日本兵船至高丽海边取淡水，他便开炮伤坏我船只。答云你兵船是去高丽海口量水。查《万国公

---

① 《致总署·密议日本争琉球事》(光绪四年[1878 年]五月初九日)，见《李鸿章全集》第 32 册，321 页。

法》，近岸十里之地即属本国境地，日本既未与通商，本不应前往
测量，高丽开炮有因。森使云中国、日本与西国可引用《万国公
法》，高丽未立约，不能引用公法。答云虽是如此，但日本总不应
前往测量。是日本错在先，高丽遽然开炮，也不能无小错；日本
又上岸毁他的炮台，杀伤他的人，又是日本的错。高丽不出来滋
扰，日本只管去扰他做什么。①

可见，李鸿章确实在维护传统宗藩关系与进入近代国际秩序的矛盾冲
突中挣扎不已。在运用万国公法方面，李鸿章显然不如那位自称"自幼
出外国周流，在英国学堂三年，地球走过两周，又在华盛顿当钦差三
年"的森有礼来得高明。

　　应当指出的是，李鸿章在与外国交涉时尽量利用万国公法，但他
决不迷信。当朝鲜使臣卞元圭说："琉国为日本侵夺，即公法所不许
也。"李鸿章答："公法乃泰西所订，东土未必照行。"②长期办洋务而与
洋人打交道的经验使他明白，真正的国际外交是靠实力说话的。"向来
办理洋务，皆为和战两议举棋不定所误。鄙见则谓，明是和局而必阴
为战备，庶和可速成而经久。洋人论势不论理，彼以兵势相压，而我
第欲以笔舌胜之，此必不得之数也。"③因此，李鸿章在办外交时，一
方面利用"以夷制夷"与"均势"策略，另一方面又能认识到这种策略其
实是有限度的，列强终究难以利用。在与日本交涉时，他曾说："各国
虽未明帮日人，未始不望日人之收功获利，断无实心帮我者。"④在一
再历经挫折与屈辱之后，他深刻地认识到，中国要振兴，关键在自强。
有谓："中国修内攘外，练兵防海，日图自强，不独朝鲜弱小未敢觊

---

　　①　《附日本使臣森有礼署使郑永宁来直隶督署内晤谈节略》（光绪元年［1875
年］十二月二十八日），见《李鸿章全集》第31册，第340页。
　　②　《附问答节略》（光绪六年［1880年］九月二十九日），见《李鸿章全集》第9
册，193页。
　　③　《致总署·论台湾兵事》（同治十三年［1874年］五月十一日），见《李鸿章
全集》第31册，57～58页。
　　④　《致总署·论柳原入京》（同治十三年［1874年］六月十四日），见《李鸿章
全集》第31册，72页。

视，即欧西大国亦未尝不敬而畏之。若不图自强之策，终恐不能自立。"①中国儒家经典《易经》所谓"天行健，君子以自强不息"，想必李鸿章对"自强"二字有着非常痛楚而切身的感受。

（二）关于 19 世纪 80 年代清朝对朝鲜政策性质的评价问题。究竟是继续维持和加强传统宗藩关系，还是仿效西方列强进行近代殖民侵略？从李鸿章的对外认识与外交策略及其对清政府对外政策的影响的角度，进行深入的检讨，也是很有必要的。

这个问题的潜台词是：清朝在维持与朝鲜的传统宗藩关系的同时，也在仿照西方列强的方式，对朝鲜进行殖民侵略。这是部分日本与韩国学者的观点。笔者不同意这样的说法。有些历史事实值得注意，就是在这个时期，随着朝鲜问题危机益重，中国朝野官绅确实曾经提出过一些激烈的处置朝鲜的方案。对此，李鸿章的态度如何？清廷的态度如何？需要具体分析。

光绪六年（1880 年），在李鸿章等人着手劝导朝鲜主动开国的同时，中国驻日公使何如璋主张采取更加积极强硬的措施。他提出上、下两策：上策是仿蒙古、西藏之例，在朝鲜设立驻扎办事大臣，"凡内国之政治，及外国之条约，皆由中国为之主持"。因时事多艰，此策不能遽行。下策是与其让俄国独占，不如让朝鲜与美、德、英、法各国立约通商。因朝鲜是中国属国，应请朝廷派员前往朝鲜"代为主持结约"，或请朝廷谕旨"饬令朝鲜国王与他国结约，并饬其于条约开端声明，兹朝鲜国奉中国政府命愿与某某国结约"。② 总理衙门与李鸿章均不以为然。李鸿章致信总理衙门说："该国前与日本立约，中国不过从旁婉劝，并未派员往彼主持，其条约内亦无奉中国政府命字样。今与西国结约，谓必奉我政府之命，即朝鲜肯遵，西国未必肯受。"③

---

① 《致总署·论维持朝鲜》（光绪六年［1880 年］十一月二十一日），见《李鸿章全集》第 32 册，639 页。

② 何如璋：《主持朝鲜外交议》（光绪六年［1880 年］十月十六日），见《清季中日韩关系史料》第 2 卷，440～441 页。

③ 《复总署·论维持朝鲜》（光绪六年［1880 年］十一月二十一日），见《李鸿章全集》第 32 册，639 页。

光绪八年(1882 年)，朝鲜发生"壬午兵变"，中国出兵朝鲜，企图阻止日本对朝鲜的侵略，强化对朝鲜的宗主权，以巩固东北屏藩。其时，有清流党人邓承修、张佩纶等人，主张对朝鲜采取更强有力的政策。工科给事中邓承修奏请对日本示以兵威，以维护朝鲜等藩属。有谓："特派知兵之大臣驻扎烟台，相机调度，不必明与言战，但厚集南北洋战舰，示将东渡，分拨出洋梭巡，外以保护商民为名，更番出入，藉以熟探沙线，饱阅风涛，流览形势，为扼吭拊背之谋。其驻扎高丽之吴长庆水陆各军，乞暂缓撤回，以为犄角。布置既定，然后责以擅灭琉球、肆行要挟之罪。臣料日人必有所惮而不敢发。"奏上，奉旨留中。① 清廷密谕李鸿章、张树声议奏。李、张奏称："欲图自强之实事，当以添备战舰为要，不以移驻烟台为亟。中国战舰足用，统驭得人，则日本自服。"②

翰林院侍读张佩纶甚至奏请清廷密谋东征日本之策，饬令南北洋大臣简练水师，广造战船，于台湾、山东两处治兵蓄舰，与沿海各督抚迅练水陆各军，"以备进规日本"。随后，升任右庶子的张佩纶又奏陈朝鲜善后六事：理商政，简派大员为朝鲜通商大臣，理其外交之政；预兵权，由中国选派教习，代购洋枪，为朝鲜练兵；救倭约，日朝《济物浦条约》规定，朝鲜给日本赔款及允许日本在汉城驻军，饬令北洋不给朝鲜筹措借款，并命吴长庆等密谋钳制日军之法；购师船，饬部拨巨款造快船两三艘驻守仁川海口；防奉天，饬盛京将军抽练旗丁归提督宋庆统之，加强奉天防备；争永兴，密计妥筹防守朝鲜之永兴湾，以防备俄国侵略。两折奏上，清廷均交李鸿章议奏。③ 李鸿章复奏以为，东征日本实非上策，"日本步趋西法，虽仅得形似，而所有船炮，略足与我相敌。若必跨海数千里与交胜负，制其死命，臣未敢谓确有

---

① 邓承修：《请维藩属疏》(光绪八年[1882 年]八月初二日)，见《语冰阁奏议》卷三，2 页，见沈云龙主编：《近代中国史料丛刊》第 12 辑，139～140 页。

② 《议复邓承修驻军烟台折》(光绪八年[1882 年]八月十六日)，见《李鸿章全集》第 10 册，83 页。

③ 张佩纶：《请密定东征之策折》(光绪八年[1882 年]八月十六日)、《条陈朝鲜善后六事折》(光绪八年[1882 年]九月十六日)，见《涧于集·奏议》卷二，59～61、63～66 页，见沈云龙主编：《近代中国史料丛刊》第 10 辑，297～301、305～312 页。

把握。第东征之事不必有，东征之志不可无，中国添练水师，实不容一日稍缓"。至所陈六事，"有已经办定者，有欲筹而未及办者"。理商政，遣难决策；预兵权，吴长庆已办；救日约，借款不能推诿，庆军可制日军；购师船，为至当不易之论；防奉天，以添练兵船为要；争永兴，可从缓筹议。①

时任清军驻朝统帅吴长庆幕僚的张謇，出于保护东三省和控制朝鲜的目的，曾主张采取废朝鲜为郡县的更极端的举措。他向吴长庆提出朝鲜善后六策，其中建议："于朝鲜，则有援汉元菟、乐浪郡例，废为郡县；援周例置监国；或置重兵守其海口，而改革其内政；或令自改而为练新军，联我东三省为一气。于日本，则三道出师，规复流虬。"吴长庆言于北洋，"北洋则悍然斥之"。张謇直接上书李鸿章，李"嗤为多事，搁置不议"。张謇又辗转上达慈禧太后，慈禧太后咨询军机处，军机处又请教李鸿章，李鸿章"亦斥之"，终于不了了之。以至于宣统三年（1911年）朝鲜被日本吞并后东三省危急时，张謇与人谈及此事，仍是愤懑不已，痛斥李鸿章昏庸，认为"亡东三省者罪在李鸿章"。②

光绪十年（1884年），朝鲜"甲申兵变"后，袁世凯向李鸿章建议，中国应乘势在朝鲜设立监国，代理其内政外交。有谓："此时为朝鲜计，或战或和，在中国不难即了。然泰西方盛，不数年必又有异谋，则中国尤难防御。莫如趁此民心尚知感服中朝，即特派大员，设立监国，统率重兵，内治外交，均代为理，则此机不可失也。"③时中法战事方酣，李鸿章不愿与日本失和，另起兵端，故并未采纳袁世凯的建

---

① 《议复张佩纶靖藩服折》（光绪八年[1882年]八月二十二日）、《议复张佩纶条陈六事折》（光绪八年[1882年]十月初五日），见《李鸿章全集》第10册，89、110～113页。

② 张謇：《为韩乱事致驻防吴提督孝亭函》（光绪十年[1884年]）、《为东三省事复韩国钧函》（宣统三年[1911年]），见《张謇全集》第1卷，13、204～205页，南京，江苏古籍出版社，1994。

③ 《照录委办亲庆等营会办朝鲜防务袁丞世凯来禀》（光绪十年[1884年]十月二十八日发，十一月初九日到），见故宫博物院编：《清光绪朝中日交涉史料》卷六，19页，北平，故宫博物院，1932。

议。次年，袁世凯出任"驻扎朝鲜总理交涉通商事宜"，其名分不是"总领事"，也不是"监国"。毋庸讳言，袁世凯驻朝，确实严重地干涉了朝鲜的内政外交，但这只是在一定程度上加强了中国的宗主权，而并没有突破传统的宗藩关系框架。

光绪十二年(1886年)，中国驻英俄公使刘瑞芬甚至建议把朝鲜改为中国的行省。他致信李鸿章称："中国能收其全国，改为行省，最为上策；其次则邀同英美俄诸国共相保护，不准他人侵占寸土，则朝鲜已可幸存。不然，恐衅生仓猝，为他人所攘夺，后患更不可言。"李鸿章反对改朝鲜为中国行省的上策，而赞成联络英、俄共同保护朝鲜。他将此意向总理衙门请示，总理衙门予以否决，有谓："朝鲜为我藩属，求邻国保护，不合体例。"①

值得注意的是，以上诸种方策确有不少激烈之处，甚至可能突破宗藩关系，但并没有被清政府采纳，因而也没有在事实上成为清政府的对朝政策。

另外，清政府还与朝鲜在光绪八年(1882年)签订《商民水陆贸易章程》。这个贸易章程与西方列强强迫朝鲜政府签订的条约是不一样的，因为清朝与朝鲜具有传统的宗藩关系，这是西方列强不具备的。这个章程特别强调了宗藩关系以及两国商民到彼此口岸互相贸易的原则。开首有云："朝鲜久列藩封，典礼所关，一切均有定制，毋庸更议。惟现在各国既由水路通商，自宜亟开海禁，令两国商民一体互相贸易，共沾利益，其边界互市之例，亦因时量为变通。惟此次所订水陆贸易章程系中国优待属邦之意，不在各与国一体均沾之列。"②李鸿章致信总理衙门说明订约情形："中国与朝鲜通商一事，前奉旨饬议章程。先属马道建忠往朝鲜时体察情形，详细妥议，嗣又督同周、马二道参稽会典、掌故，详考《万国公法》，凡属邦往来贸易之限，有非各

---

① 姚锡光著，李吉奎整理：《东方兵事纪略》，15页，北京，中华书局，2010。

② 中朝《商民水陆贸易章程》(1882年10月1日，光绪八年[1882年]八月二十日)，见王铁崖编：《中外旧约章汇编》第1册，404～405页，北京，生活·读书·新知三联书店，1982。

与国所可比拟者，因酌定水陆贸易章程八条，内有变通旧制、斟酌时宜之处，务期彼此两有利益，而仍不悖属国交涉之体统。"①李鸿章又上奏清廷说："章程之首声明，此次所订系中国优待属邦之意，不在各与国一体均沾之列，借此正名定分，明与两国互订之约章不同，俾他国不得援以为例。"②可见，这个章程恰恰是清朝强化中朝宗藩关系的一个具体例证。

总之，正式废除中朝宗藩关系的法律依据，是甲午战争之后于光绪二十一年(1895年)签订的中日《马关条约》。事实上，19世纪80年代乃至甲午战争以前，清朝与朝鲜的关系基本上还是在传统的宗藩关系框架范围内，尽管清政府通过袁世凯驻朝有意识地加强了中国的宗主权，但这个时期的中朝关系并没有突破传统的宗藩关系框架，清朝无力也没有意图对朝鲜进行西方式的殖民侵略。

韩文原载《동북아역사논총》32호，13～61쪽，2011.6(《东北亚历史论丛》第32号，13～61页，2011年6月)；中文载《社会科学辑刊》2013年第1期，145～159页；又载《近代思想史研究》第10辑，171～199页，北京，社会科学文献出版社，2013。

---

① 《致总署·议朝鲜通商章程》(光绪八年[1882年]八月二十九日)，见《李鸿章全集》第33册，168页。
② 《妥议朝鲜通商章程折》(光绪八年[1882年]八月二十九日)，见《李鸿章全集》第10册，95页。

略论刘铭传的台海防御观

近代以来，在西方列强与日本的武力侵略之下，中国海疆遭遇严重危机，台湾地处海防战略前线，更是首当其冲。刘铭传是首任台湾巡抚，后半生事业主要在台湾，是推动台湾近代化的关键人物。关于刘铭传对台湾近代化的贡献，学界多有研究，其中刘铭传的海防思想与实践，是论者关注的重点。既往学界研究论著颇多①，虽然涉及相关问题的方方面面，但在研究方法上，总体关照不够，大都就台湾论台湾，其关键性概念主要是"台湾防务"或"台湾海防"。本文在检讨既有相关研究论著的基础上，提出"台海防御观"的概念，立足台湾，又不局限于台湾，力图关照整个中国东南海疆，从台湾海防与中国东南海防、台湾海防与福建海防，以及台湾防务内部结构中的海防与陆防等三方面关系，系统论述刘铭传海防思想多个层面的复杂内涵，以期

---

① 较重要的论文有：李友林：《刘铭传与台湾防务》，载《台湾研究》1996 年第 1 期；张燕清：《试论首任台湾巡抚刘铭传的海防建设》，载《福建师范大学学报》(哲学社会科学版)1998 年第 2 期；陈婷、杨春雨：《刘铭传与台湾防务》，载《军事历史研究》2001 年第 2 期；王生怀：《刘铭传对沈葆桢筹划台湾海防的继承与发展》，载《安庆师范学院学报》(社会科学版)2003 年第 5 期；苏小东：《刘铭传的海防思想与实践——兼论台湾在中国海防中的战略地位》，载《安徽史学》2007年第 1 期。另外，程必定主编的《刘铭传与台湾建省——海峡两岸纪念刘铭传首任台湾巡抚 120 周年学术研讨会论文集》(合肥，黄山书社，2007)，也收录了多篇相关研究论文，如王家俭的《从海防观点看刘铭传建设台湾的战略价值》、罗海贤的《由"筹防"与"练兵"析论刘铭传主台及启迪》、陈德辉的《试论刘铭传的海防思想》、苏小东的《刘铭传的海防思想与实践——兼论台湾在中国海防中的战略地位》、彭学涛与华强的《试论刘铭传的台湾防务思想及防务建设》、黄振南与黎瑛的《岑毓英与刘铭传办理台防之比较》、戚俊杰与刘玉明的《从刘铭传治台看其战略防御思想》、方堃的《刘铭传国防思想研究中的几个问题》等。

将相关问题研究引向深入。

一、台防与东南海防

刘铭传是实干家，不是思想家，较少专门系统的海防思想论述，只是在向朝廷建言献策或处理具体事务的奏折等文字中，零星地散发出思想的火花。后人考察刘铭传的海防思想，只能把他有关海防思想的零星火花，加以概括提炼，进行系统化的整理。如果扩展视野，整体关照刘铭传的海防思想，就会发现他主张的并不是孤立的台湾海防或台湾防务，而是立足台湾又超越台湾、涉及台海地区的整体防御，甚至涉及以台海防御为中心的东南海疆防务乃至整个中国海防，其中台海防御是核心，姑名之曰台海防御观。这是一个内部结构复杂而包含多个层面内涵的海防思想体系。

刘铭传台海防御观的第一个层面涉及台湾海防与中国东南海防的关系。

光绪十年(1884年)闰五月，因中法战事甚急，刘铭传奉旨进京陛见时密奏海防事，在充分认识中国海疆危机的基础上，提出了整体防御的中国海防观。他描述近代以来的海疆危机是："自泰西各国争开商埠以来，或占海疆，或吞藩属，无端欺藐，遇事生风，一波未平，一波又起。每当外患纷来，言战言和，纷纷不一。言战者，当审兵将是否可战，器械是否可战，炮台是否可战，兵船是否可战，空谈无补，后祸焉穷。言和者，当思伊犁和而兵费倍偿，天津和而义民受戮，台湾和而琉球坐失，越南和而藩服无存。剜肉补疮，欺陵胡底？"这个认识是非常到位的。有鉴于海疆危机，刘铭传提出了整顿海防、讲求武备的十条建议：一是在沿海通商各口设防；二是改建各海口炮台；三是筹办海洋水师兵船，设立海部衙门，在南北洋、闽广要区筹建海军学堂；四是长江、太湖水师改制，由防内寇改为御外侮；五是整顿福建船政局、上海机器局；六是向西洋各厂订购大批枪炮；七是在天津或金陵、上海特设军器局，收储新购枪炮；八是酌裁募勇，参用练军，以节饷需；九是严定赏罚，以求将材；十是设局译刻西书，培养西学人才。① 这是刘铭传在籍赋闲养疴十余年之后深思熟虑的建言献策，虽然没有单独强调台湾，但台湾显然是其中重要环节。两天后，刘铭传奉命以巡抚衔督办台湾防务。

台湾在中国海防战略中的重要地位，为历来关注海疆安危者所重视。早在清初康熙统一台湾时，关于台湾弃留问题，征台主帅施琅坚决主张不能放弃台湾。他说："台湾地方，北连吴会，南接粤峤，延袤数千里，山川峻峭，港道纡回，乃江、浙、闽、粤四省之左护。……盖筹天下之形势，必求万全。台湾一地，虽属外岛，实关四省之要害。勿谓彼中耕种，尤能少资兵食，固当议留；即为不毛荒壤，必藉内地挽运，亦断断乎其不可弃。……弃之必酿成大祸，留之诚永固边围。"②康熙末年，有"筹台宗匠"之称的蓝鼎元认为："台湾海外天险，治乱安危，关系国家东南甚巨。其地高山百重，平原万顷，舟楫往来，四通八达。外则日本、琉球、吕宋、噶啰吧、暹罗、安南、西洋、荷兰诸番，一苇可航；内则福建、广东、浙江、江南、山东、辽阳，不啻同室而居，比邻而处，门户相通，曾无藩篱之限，非若寻常岛屿郡邑介在可有可无间。"③晚清时期，面对西方列强与日本武力侵台的新形势，福建巡抚丁日昌更是敏锐地指出："台湾洋面居闽、粤、浙三界之中，为泰西兵船所必经之地，与日本、小吕宋鼎足而立。彼族之所以耽耽虎视者，亦以为据此要害，北可以扼津沽之咽喉，南可以拊闽粤之脊膂。……台湾若不认真整顿，速筹备御之方，不出数年，日本必出全力以图规取，其时恐不止如前辙尚能以言语退敌也。……惟台湾有备，沿海可以无忧；台湾不安，则全局将为震动。"④前人与同时代人的认识，为刘铭传提供了宝贵的思想资源。

---

① 《遵筹整顿海防讲求武备折》（光绪十年[1884年]闰五月初二日在京发），见马昌华、翁飞点校：《刘铭传文集》，52～60页，合肥，黄山书社，1997。

② 施琅：《恭陈台湾弃留疏》（康熙二十二年[1683年]十二月二十二日），见王铎全校注：《靖海纪事》，120～123页，福州，福建人民出版社，1983。

③ 蓝鼎元：《复制军台疆经理书》，见《东征集》卷三，蒋炳钊、王钿点校：《鹿洲全集》下册，551页，厦门，厦门大学出版社，1995。

④ 丁日昌：《台事宜统筹全局疏》（光绪二年[1876年]），见赵春晨编：《丁日昌集》上册，149～150页，上海，上海古籍出版社，2010。

刘铭传受命督办台湾防务后，关注点自然转到台湾，也曾从中国海防尤其是东南海疆防务的角度思考台湾问题。初到台湾，正是中法战争时期法军侵犯台湾之时，刘铭传即清楚地意识到："台湾孤悬海外，为南北洋关键，矿产实多，外族因而儓伺。"①经过一年抗法保台战火的洗礼，刘铭传从近代海疆危机中，更加深刻体认了台湾的战略地位：中国东南海防的门户，外敌侵华必争之地。他多次在奏折中说明："台湾为东南七省门户，各国无不垂涎，一有衅端，辄欲攘为根据。"②"台湾为南洋门户，七省藩篱，奉旨改设巡抚，外资控制，内杜觊觎，实为保固海疆至计。"③"台湾孤悬海外，屏障东南，久为外人所窥视。"④显然，在他看来，台湾海防是东南海防乃至整个中国海疆防务的关键，所谓"台若不存，万里海疆岂能安枕?"⑤

光绪十六年（1890 年）三月，刘铭传以台湾巡抚受命帮办海军事务。在谢恩折中，他纵论中国海疆地理形势及历史变局，有谓："臣尝综览环球，独居深念，谓中国负山俯海，雄绝六州，自鸭绿划朝鲜，北行至旅顺，极山海关；南下径太沽、烟台，走胶、墨，略赣、榆，遂达崇明，趋定海，匝琼、台，抵钦、濂，延绕万三千里，虎视环球，实有秦人开关延敌之势。故汉、唐之盛，海外万国，奔走来王。自欧美崛兴，利炮坚船，横轹海表，中国数千年一统之势，廓焉尽变。其初，臣尝发愤太息，谬思得雄才大略，总括海疆，内厉耕商，外兴制造，船台雷炮，战守相资，循此十年，且将纵横万国。"⑥这里既表达

---

① 《恭报到台日期并筹办台北防务折》（光绪十年［1884 年］六月初四日台北府发），见《刘铭传文集》，90 页。

② 《法兵已退请开缺专办台防折》（光绪十一年［1885 年］六月初五日），见《刘铭传文集》，27 页。

③ 《遵议台湾建省事宜折》（光绪十二年［1886 年］六月十三日），见《刘铭传文集》，215 页。

④ 《复陈台湾出入款项恳饬速筹的款以便分省设防折》（光绪十二年［1886 年］十月二十日），见《刘铭传文集》，181 页。

⑤ 《遵筹澎防请饬部拨款折》（光绪十二年［1886 年］三月），见《刘铭传文集》，178 页。

⑥ 《帮办海军谢折》（光绪十六年［1890 年］四月十六日），见《刘铭传文集》，33～34 页。

了振兴中国海防的豪情壮志，也流露出面对强敌入侵变局的隐忧。刘铭传曾经筹议海防时，建议设立"海部衙门"，清廷后来创设海军衙门，并以刘铭传为帮办，但遗憾的是，一年之后，刘铭传即因病被开去台湾巡抚实缺及帮办海军事务差使，其振兴中国海防的思想并没有落到实处。

二、台防与闽防

刘铭传台海防御观的第二个层面涉及台湾海防与福建海防的关系。

自康熙统一台湾以后，台湾即为福建的一个府，直接受闽浙总督（或福建总督）和福建巡抚管辖。为加强对台湾的行政管理，清政府还实行渡海巡台制度，大致分三个阶段：康熙六十一年（1722年）至乾隆四十六年（1781年），清政府特派御史巡台；乾隆五十三年（1788年）至同治十三年（1784年），福建大员（总督、巡抚、将军、提督）轮值巡台；光绪元年（1875年）至十一年（1885年），福建巡抚冬春驻台，夏秋驻省。① 这期间，台湾府隶属于福建省，是福建的下级政区。由于特殊的地理条件，台湾与福建大部分地区以海峡相隔，地处台湾海峡中的澎湖群岛便自然成为沟通两岸的桥梁。时人论台湾海防多以澎湖为枢纽，刘铭传也不例外。在刘铭传看来，澎湖设防不仅关系到台湾防务，而且在澎湖与厦门设防还直接关系到中国海防整体防御，有谓："纵观全局，澎湖一岛，非独全台门户，实亦南北洋关键要区。守台必先守澎，保南北洋亦须以澎、厦为笐钥。澎、厦驻泊兵轮，设防严密，敌船无能停泊，万不敢悬军深入，自蹈危机。此澎、厦设防，实关全局，非仅为台湾计也。"②正因为澎湖是闽台枢纽，所以台防与闽防有不可分割的密切关联。刘铭传在与闽浙总督杨昌濬商议闽台协防后，向清廷报告称："澎湖当南北洋关键、闽台要枢，凡有心时事者，无不以该处设防至重至急。若不及时办防，一有兵争，仓皇束手，前车覆

① 参见尹全海：《清代渡海巡台制度研究》，北京，九州出版社，2007。
② 《条陈台澎善后事宜折》（光绪十一年[1885年]六月十八日台北府发），见《刘铭传文集》，71页。

辙，能不寒心！……现当海上多事之秋，今昔情形迥异，澎处闽台枢
纽，似非特设重镇，不足以保危疆。督臣杨昌濬久历戎行，与臣不谋
而合。据云拟将澎湖副将与海坛镇对调，各就现时兵弁略为变通，不
增额兵，尚不至多所劳费。将来海上有事，声援隔绝之际，稍可自持。
防务虽归臣筹办，仍归督臣管辖，所需粮饷军火，有事必须闽台共济，
不分畛域，方足以保孤危。"①提升澎湖守军将领的级别，由副将改为
总兵，有加强澎湖防御之意，更重要的是"闽台共济"，台湾防务离不
开福建的协济。

光绪十一年(1885 年)九月，清廷谕令改福建巡抚为台湾巡抚，把
台湾从福建分离出来，单独建立行省。刘铭传以"台番"尚未归化、经
费奇缺等条件尚不成熟，台湾还离不开福建，主张暂缓改设行省。有
谓："台湾一岛孤悬海外，为南洋门户要枢，……台湾所出财赋，较之
贵州、新疆则有余。惟沿海八县之地，番居其六，民居其四，重洋远
隔，依傍一空。猝有难端，全恃闽疆为根本，声气联络，痛痒相关，
以助孤危之境。……似可仿照江宁、江苏规制，添设藩司一员，巡抚
以台湾为行台，一切规模，无须更动，全台兵政、吏治由巡抚主持，
内地由总督兼管。如此分而不分，不合而合，一俟全番归化，再行改
省，以重严疆。"②清廷对于刘铭传暂缓改设行省的建议并不赞成，谕
令"刘铭传所称从缓改设，著毋庸议"，但也赞同刘铭传台闽相联的主
张，认为"台湾虽设行省，必须与福建联成一气，如甘肃、新疆之制，
庶可内外相维"，并要求刘铭传与杨昌濬详细会商办法。③ 刘铭传与杨
昌濬会商后上奏称："台湾为南洋门户，七省藩篱，奉旨改设巡抚，外
资控制，内杜觊觎，实为保固海疆至计。惟沿海仅数县之地，其余番
地尚归化外，气局未成，海外孤悬，与新疆情势迥异。闽台本为一省，

① 《遵筹澎防请饬部拨款折》(光绪十二年[1886 年]三月)，见《刘铭传文集》，177～179 页。

② 《台湾暂难改省折》(光绪十一年[1885 年]十月二十七日)，见《刘铭传文集》，80～81 页。

③ 《德宗实录》卷 221，光绪十一年[1885 年]十二月上，见《清实录》第 54册，1097 页，北京，中华书局，1987。

今虽分疆划界，仍须唇齿相依，方可以资臂助，诚应遵旨，内外相维，不分畛域，乃能相与有成。"① 他们强调，台湾与新疆的情形完全不同，作为海防要地，必须与福建相与联络，才能力保东南海疆安全。

三、海防与陆防

刘铭传台海防御观的第三个层面涉及台湾防务内部结构中海防与陆防的关系。

在抗法保台一年后，刘铭传筹划善后事宜，首重设防。他具体分析台湾海防形势说："查全台各海口，大甲以南至凤山，沙线远阔，兵轮不能拢岸，远则四五十里，近则二三十里，较易设防。大甲以北新竹一带，海口纷歧，直至宜兰，兵船皆能近泊，至远不过三五里。基隆、沪尾两口，虽能停泊兵轮，尚多山险，如有水雷大炮设防，尚可为功。至新竹一带，沿海平沙、后陇、中港，三号兵船皆能出入，地势平衍，全恃兵营，殊难着手。"② 在台年余，刘铭传认识到台湾为"海疆紧要之区"，"御侮首在自强"。③ 作为晚清洋务派的重要代表性人物，刘铭传筹办台湾防务的指导思想就是自强御侮。他对筹办台防充满信心。在回顾自己对台认识过程时，有谓："臣平居私议，常谓台湾孤悬海外，土沃产饶，宜使台地之财，足供台地之用，不须取给内地，而后处常处变，均可自全。此次莅台经年，访求利弊，深见台事实可有为，深叹前此因循之误。"④

正是在自强御侮的洋务思想指导下，刘铭传构建了海防与陆防兼备的台海防御观。因为刘铭传不是理论家，他并没有台海防御思想的

---

① 《遵议台湾建省事宜折》（光绪十二年[1886年]六月十三日），见《刘铭传文集》，215页。

② 《条陈台澎善后事宜折》（光绪十一年[1885年]六月十八日台北府发），见《刘铭传文集》，70～71页。

③ 《目疾未愈续假两月折》（光绪十二年[1886年]正月二十四日），见《刘铭传文集》，32页。

④ 《法兵已退请开缺专办台防折》（光绪十一年[1885年]六月初五日），见《刘铭传文集》，27页。

系统阐述，其此类思想火花非常零散，通过勾稽史料，大概包括如下三个方面：

一是建海军，购兵船。早在刘铭传受命赴台前夕密奏整顿海防时，其所论筹办洋面水师兵轮以固海疆之策有谓："海防以船为命，无师船即无海防，各国皆然，中国岂能独缓。综计沿海七省，须备兵船百只，方可以敷战守。惟急于购办，微特经费无出，亦虑管驾无人。海军为各国专门，将领尤为难得。自海防议起，环顾海内，惟李鸿章一人，留心讲求，选将造器，稍为可观。管驾多闽厂学生，未经战阵，或陆营将弁，未解测量。朝廷廑念海防，似宜另设海部衙门，于南北洋、闽广要区，各设海军学堂，慎求教习，先教管驾之才，次练水手，必使技艺娴熟，习业专精，再令出洋游历。泰西皇子，无不先入海军充当水手，以次而升。故人才勃兴，战无不克。应请令八旗贵介，多入海军，以固国本。一俟妥筹船费，按岁递加，岁必造船数只。大铁舰价值过昂，现既购有数舰，余可稍从缓议。以铁船财力先购钢快各船，计一铁船之价，可购钢快船五六只，费非过巨，岁易增加。且可暂就现有之兵船，先为整顿，程功既速，缓急可资，似较铁船之旷日筹资，尚足以收急效。一切海军制度学校章程，均应责成海部，以免纷歧。"①其所谓设立海部衙门以总管海军事务、创办海军学堂以培养海军人才、筹集经费以购买兵船，都是为了建立一支强大的海军，以加强海防。这是就中国海防整体战略而言。

具体到台湾海防，刘铭传非常重视兵船的作用。在初到台湾筹办台北防务时，刘铭传当即指出："综计全台防务，台南以澎湖为锁钥，台北以基隆为咽喉，澎湖一岛，独峙孤悬，皆非兵船不能守。"②当时，有福建所派四艘轮船在台湾，其中"永保""琛航"在台北，专装煤货；"万年青""伏波"在台南，"年久行迟，断难应敌"。有鉴于此，刘铭传奏请把福州船政局四艘兵轮"澄庆""登瀛洲""靖远""开济"从两江调回

①　《遵筹整顿海防讲求武备折》（光绪十年[1884 年]闰五月初二日在京发），见《刘铭传文集》，54～55 页。

②　《恭报到台日期并筹办台北防务折》（光绪十年[1884 年]六月初四日台北府发），见《刘铭传文集》，90 页。

台湾，随时督练，"非只有裨防务，且于师船一道，切实讲求，尤为扩张海军之地。……以后饷需经费，当由闽台筹给，闽防既固，南洋亦可稍减海防经费之资。"时中法在福建战事正酣，清廷予以否决，上谕称："此时拨船赴闽，适以饵敌，且江南防务亦殊吃紧。已准其暂缓调拨矣。"①中法战后，在筹议台湾善后事宜和加强台海防御过程中，刘铭传又一再奏请调拨或购买兵船。光绪十一年（1885 年）五月，刘铭传奏请饬令南北洋分拨快船三只，福建船政局速拨货船两只，到台备用。② 十三年（1887 年）五月，刘铭传奏报以"万年青""伏波"损坏待修，而购买"威利""威定"两艘轮船为货船，在台湾各海口运载军装工料。③ 十五年（1889 年）十一月，刘铭传又奏请把台湾商务局两艘商轮"驾时""斯美"改为官轮，从海防经费拨付购船款项，以加强台湾海防。④

二是练陆兵，筑炮台，购枪炮。海防不是孤立的水面防御，必须要有陆上的炮台等设施相配合，尤其是要有协同作战的地面部队。刘铭传在台一年余后体认到："台疆危险，全赖练勇办防，早办一防，早得一防之效，多练一勇，多得一勇之功。"⑤他对于台湾军务废弛的现象非常痛心，力求进行整顿。初到台湾时，他便感觉到这个问题的严重，有谓："臣渡台时，军务废弛已极，军装器械全不能用，炮台营垒毫无布置，接战于仓猝之间，所部多疲病之卒。"⑥在筹备善后时，他认为："台湾军务，久号废弛，湘、淮各军，已成弩末。欲挽积习、杜

---

① 《请饬南洋遣回四轮片》[光绪十年[1884 年]六月初四日]，见《刘铭传文集》，92～93 页。

② 《请拨兵商各轮船片》（光绪十一年[1885 年]五月），见《刘铭传文集》，184 页。

③ 《购买轮船片》《添购轮船片》（光绪十三年[1887 年]五月），见《刘铭传文集》，184～185 页。

④ 《交售旧轮船以资新购折》（光绪十五年[1889 年]十一月二十六日），见《刘铭传文集》，187～188 页。

⑤ 《再请开巡抚缺并销督办差回籍养疴折》（光绪十一年[1885 年]九月二十五日发），见《刘铭传文集》，30 页。

⑥ 《复陈台北情形请旨查办李彤恩一案以明是非折》[光绪十一年[1885 年]正月初六日]，见《刘铭传文集》，68 页。

虚糜，非讲求操练不可。"他特别强调"演习洋操"和熟练使用"后门枪炮"等器械的重要性。他建议台湾防军裁留数营，除镇标练兵不计外，保留三十五营，"台南合澎湖十五营，台北合宜兰十五营，中路新竹、嘉、彰拟派五营，稍资镇摄"。① 在此，刘铭传对台湾防军做了整体布局。

筑台购炮，是刘铭传在台湾办理海防的重要内容。刘铭传在台湾各重要海口共造炮台十座，其中澎湖四座，基隆、沪尾各两座，旗后新添一座，安平修葺一座。② 在亲往台南、澎湖等地视察海口形势后，刘铭传坚定了购买西洋精利大炮的决心。他说："细阅澎湖地方，必须实力办防，方能保固南洋门户。惟一岛孤悬，四方受敌，必须多购后膛精利大炮，方能设防，否则虽筑炮台亦不能守。……设防即须先购大炮，否则虽有名将，亦将徒唤奈何。"③他通过英国怡和洋行购买了阿马士庄新式后膛钢炮三十一尊，安置于基隆、沪尾、旗后、澎湖等海口。④ 刘铭传在台湾还购买了后膛洋枪万余杆，并在台北设立大、小机器局厂，制造炮弹和枪弹；又建造军械所，以备储存军械。⑤ 另外，刘铭传还计划购买水雷二百，分布各海口。他认为："海防利器，水雷与炮台相资为用。台湾各口分建炮台，渐次就绪，非先储备沉雷、碰雷各种，预筹分布，以护炮台，倘有事端，必至缓难济急。"⑥

三是购办电报线，修造铁路。电报是近代新式通讯工具。刘铭传在台时已能敏锐地认识到电报的价值，有谓："台湾一岛孤悬海外，往来文报屡阻风涛，每至匝月兼旬不通音信，水陆电线实为目前不可缓

---

① 《条陈台澎善后事宜折》(光绪十一年[1885年]六月十八日台北府发)，见《刘铭传文集》，71～72页。

② 《修造炮台并枪炮厂急需外购机器物料片》(光绪十四年[1888年]六月)，见《刘铭传文集》，201页。

③ 《请拨援台洋款百万赶速办防片》[日期不详]，见《刘铭传文集》，193～194页。

④ 《买炮到防立案片》(光绪十五年[1889年]五月)，见《刘铭传文集》，198页。

⑤ 《奏报造成机器局军械所并未成大机器厂折》(光绪十四年[1888年]六月)，见《刘铭传文集》，200页。

⑥ 《采购机器模片等件银钱数目附奏片》(光绪十三年[1887年]十二月)，见《刘铭传文集》，197页。

之急图。"①经过近两年的施工，台湾建成水陆电报线一千四百余里，设立川石（在福州）、沪尾、澎湖、安平水线房四所，台南、安平、旗后、澎湖、彰化、台北、沪尾、基隆报局八处，基本上建成沟通闽台及台湾岛内电报网络。当然，这是非常有助于台海防御的，如刘铭传所谓："电报关系海防交涉重务，……今海外孤悬之地，一旦与内地息息相通，所裨于海疆甚巨。"②至于铁路，刘铭传更是非常看重，自称"深知其利赖无疆"，而且大有裨于海防。他奏称铁路大利有三，第一利便是海防，有谓："台湾四面皆海，除后山无须办防外，其余防不胜防。基、沪、安、旗四口，现已购炮筑台，可资守御，其余新竹、彰化一带，海口分歧，万难遍布军队，概行设守。……如遇海疆有事，敌船以旱队猝登，隔绝南北声气，内外夹击，危迫将不忍言。若修铁路既成，调兵极便。何处有警，瞬息长驱，不虑敌兵断我中路，此有裨于海防者一。"③尽管经费拮据，刘铭传仍想方设法修筑铁路，也主要是考虑到海防问题。他向清廷奏报说："台湾铁路办成，不独利商便民，且关海防大局，故臣费尽经营，创议兴办。"④本来，台湾铁路拟招商承办，后因商股观望不前，改归官办，并修建了基隆至新竹路段。通过电报线与铁路的建设，有助于台海地区及台湾岛内信息交流与军队调遣，与海防近代化关系匪浅。

四、结语

以上简要论述了刘铭传台海防御观的三个层面：一是台湾海防与中国东南海防的关系，从台湾在东南海疆的位置，考察台湾对东南海

---

① 《购办水陆电线折》（光绪十二年［1886年］八月二十八日），见《刘铭传文集》，189页。

② 《台湾水陆电线告成援案请奖折》（光绪十四年［1888年］五月初五日），见《刘铭传文集》，192～193页。

③ 《拟修铁路创办商务折》（光绪十三年［1887年］三月二十日），见《刘铭传文集》，203～204页。

④ 《台路改归官办折》（光绪十四年［1888年］十月十六日），见《刘铭传文集》，210页。

防的战略意义；二是台湾海防与福建海防的关系，从闽台行政与地缘关系，考察闽台战略防御的相关性；三是海防与陆防的关系，从台湾防务的布局与内部结构，考察台海防御的整体性效用。这些表明刘铭传的台海防御观并不是孤立的台湾海防，而是一个内部结构复杂的海防思想体系。

需要进一步讨论的问题有二：

其一，关于刘铭传台海防御观的战略目标。刘铭传在台湾办海防的历史背景，是近代中国边疆危机之下严重的海疆危机。他在中法战争之后筹办台海防御善后时，便敏锐地意识到"办防一事，尤为台湾最重最急之需"，而所谓"办防以御外侮"则充分体现其台海防御观的战略目标。他向清廷奏称："方今法事粗安，臣何为汲汲至此，诚虑疆场之事，瞬息万端，必有备乃可言战，必能战乃可言和。泰西各国慎固邦交，不轻言战，而精图战备，旦夕不遑，无不俨临大敌，故能保持欧局边围无惊。若外患稍定，忘战讳兵，猝有难端，何以自保？"①刘铭传对当时的国际形势有着非常清醒的认识，尤其对近邻日本的崛起及其侵略性有着高度的警惕。据其乡人陈澹然记载："公尝登基隆山，张远镜东望，慨然曰：'彼葱郁者，非日本三岛耶？失今不图，吾且为彼虏乎！'及闻海军罢，则顿足叹曰：'人方盗我，我乃自抉其藩，亡无日矣！'故卒归不出。"②可以说，刘铭传的台海防御观，是在日本和西方列强武力侵略的刺激下，立足台湾及台海地区，关照中国东南海疆，应对外敌入侵的积极防御观。

其二，关于刘铭传台海防御观具体实施的困境。刘铭传在台湾办防有一整套的想法和做法，但因种种原因，最终并没有完全落实。比如，筹办海军是刘铭传台海防御观的核心内容，却无力购买兵船，只能是一个无法实现的梦想。因台湾原有水师七营"船舰久废无存"，刘铭传甚至不得不奏请把水师改为陆营，有谓："台、澎孤悬海外，今昔

① 《遵筹澎防请饬部拨款折》（光绪十二年［1886 年］三月），见《刘铭传文集》，176～177 页。

② 陈澹然：《清太子太保兵部尚书台湾巡抚合肥刘壮肃公神道碑》，见《刘铭传文集》附录，539 页。

悬殊，非兵轮无能战守。此项经制水师械船即存，亦岂能当巨炮？况所存兵力均经选入练兵，徒有虚名，茫无实籍，与陆师营汛皆等具文。兵丁积习惰弛，安能应敌？将领或老年疲病，嗜好太深，或久入官场，习气过重，……若不变通整顿，何以肃戎政而保岩疆。臣等因时制宜，详加商酌，除澎湖水师两营兵丁暂照原章，俟总兵吴宏洛接任后再议整顿外，其余安平、沪尾、噶玛兰水师五营，久无船械，未便任其废弛，拟请改为陆营，仍隶原营。并请将安平协副将移驻后山水尾，该处已经臣等奏请改为台东直隶州，安平副将拟请改为台东协；请将北路副将移驻埔里社，均作为陆路题补之缺。"①不但无法筹建海军，原有水师还得改为陆营，这对于刘铭传来说实在是很无奈的。又如，筹办铁路也是刘铭传最上心的事，这不仅仅是洋务事业，而且与其台海防御观密切相关。但是，也因经费拮据而进展缓慢，直到刘铭传离开台湾后，继任巡抚邵友濂便以经费困难而奏请停修，以至于当时台湾铁路仅建成基隆至新竹一小段。值得指出的是，经费问题是刘铭传在台湾筹办海防及其他一切建设的最大难题。在台湾建省之际，刘铭传特意向清廷奏报经费困难问题：当时台湾防军三十五营，练军三营，每年需各项军饷银一百五十余万两。全台岁入约一百万两，福建海关、厘金共协银四十四万两，这两项勉强供给台湾军饷杂支。刘铭传又奏请粤海、江海、浙海、九江、江汉五关每年共协银三十六万两，"在督臣固已心疲力竭，无可再筹"。虽然台湾军饷勉强可有保障，但"其余办防、抚番、开垦、分治、建造省城衙署、坛庙，在在均需巨款。纵蒙五关岁协银三十六万，仍系杯水车薪"。② 既无法突破经费竭蹶的瓶颈，刘铭传的台海防御观许多方面便只能是一纸蓝图，而难收图强御侮的实效。今人读史，唯有扼腕叹息。

总之，刘铭传的台海防御观已初具体系，但限于当时的国际环境及清朝的国力，并没有完全具体实施，也没有真正地实现保住台湾和

① 《台湾水师员缺并武职补署章程折》（光绪十三年［1887年］十月十三日），见《刘铭传文集》，223～224页。

② 《陈请销假到闽会商分省协款情形折》（光绪十二年［1886年］五月初七日），见《刘铭传文集》，212～213页。

维护中国东南海疆安全的战略目标。台湾在甲午战争后被迫割让与日本，刘铭传忧愤而逝。这是刘铭传的悲哀，更是那个时代的悲哀。尽管如此，刘铭传的台海防御观是留给后世非常宝贵的精神财富，其功业"足与台湾不朽"①，值得后人认真总结和反思。

原载《安徽史学》2016 年第 2 期

---

① 连横：《台湾通史》下册，694 页，北京，商务印书馆，2010。

张之洞庚子年何曾有过帝王梦

——与孔祥吉先生商榷兼论清末文献中的"政府"概念

曾见《文汇读书周报》(2005 年 9 月 16 日)刊载《宇都宫太郎的日记印证范文澜推理：张之洞在庚子年的帝王梦》一文，颇吸引眼球。原来该文是在推介时任美国哈佛大学费正清东亚研究中心研究员孔祥吉先生的新作《张之洞在庚子年的帝王梦——以宇都宫太郎的日记为线索》(《学术月刊》2005 年第 8 期，以下简称《孔文》)。《孔文》提出庚子年张之洞在内心深处存在独立称王的思想，此确为石破天惊之论。然而，仔细拜读孔先生原文后，对于其立论的核心依据——所谓"日本史学界近年来关于中国近代史资料最重要的发现"的宇都宫太郎《明治三十三年(1900 年)当用日记》，以及孔先生围绕其中心论题所做的各项论证，尤其是对所征引史料中关键词"政府"含义的理解，均颇有疑惑。故不揣谫陋，提出一些商榷意见，以就教于孔先生及学界同仁。

一、几点商榷

(一)对《孔文》所引宇都宫太郎日记译文及相关史实的质疑与正误

《孔文》得出"张之洞内心深处确实存在着独立称王的思想"论断的核心资料，是宇都宫太郎《当用日记》明治三十三年(1900 年)6 月 28 日的记载，现转录如下：

> 此日夜半时分，与钱恂会面，谈及时事，平岩代为通译。其间，钱恂言道：张某曾有言，天子蒙尘既久，清国处无政府之际，不得已，欲联合南部二三总督于南京成立一政府。

此处有一非常明显的破绽，即所谓"天子蒙尘既久"。日本明治纪年是公历。此时(1900 年 6 月 28 日)八国联军尚未攻下天津，更没有攻占北京，何有"天子蒙尘既久"之说？不可理解的是：《孔文》一再强调张之洞"独立称王"思想是在八国联军攻占北京之前，所谓"直到八国联军攻占北京，慈禧政权尚存，张之洞才放弃组织新政府的念头"。这与"天子蒙尘既久"说的矛盾是无法解决的。《孔文》又据日记"张某曾有言"称："这里的'有言'二字颇重要，很有可能是张之洞在其子张权离开武汉前所言。"查张权一行是庚子四月初六日(1900 年 5 月 4 日)离开武汉的。诚如是，则更匪夷所思。从具体时间上来看，这则日记所述史实应当在八国联军攻下北京，及慈禧太后与光绪皇帝西逃之后。由此，笔者认为，这则日记的真实性有严重问题，或者是翻译有误。

查宇都宫太郎明治三十三年(1900 年)6 月 28 日日记原文如下：

> 此夜仲ノ町にて銭恂と会し、平岩の通訳にて時事談を為したる一節に、張等は天子蒙塵(多分長安に)することもあらば清国は無政府と為るべく、其際には南部二、三の総督は連合して南京に一政府を立つるの止を得ざるに至らん云云の語あり。①

今翻译成中文如下：

> 是夜于仲之町会晤钱恂，由平岩翻译，谈论时事。其间有谓：张等曾言，倘若天子蒙尘(大概至长安)，清国将陷入无政府状态，届时南部二三总督互相联合，于南京建立一政府，实乃不得已之事云云。②

①　宇都宫太郎关系资料研究会编：《日本陆军とアジア政策——陆军大将宇都宫太郎日记》(1)，88 页，东京，岩波书店，2007。按：此引宇都宫太郎日记原文是整理文本，有标点。孔祥吉先生所用宇都宫太郎日记是尚未整理的原稿，但据孔先生在日本发表该文的日译文本，其所引此段文字基本一致，只是没有标点，并全用片假名。参见孔祥吉著，冯青译：《义和团时期的张之洞的帝王志向——宇都宫太郎日记を手がかりとして》，《中国研究月报》卷 61 第 6 期(总 712 期)，2007 年 6 月号。

②　这段资料的翻译，得到两位曾长期留学日本并获得博士学位的朋友热心帮助，他们是中国社会科学院近代史研究所郑匡民研究员和复旦大学中国历史地理研究所朱海滨教授，特此深表感谢。

以此对比《孔文》的翻译，可见其有三处明显错误（以上三处划线部分）：其一是把地名"仲之町"误作"夜半时分"，增添了会谈的神秘色彩；其二是把主人公由复数"张等"误作单数"张某"，以圆所谓"独立称王"之说；其三是把时态由假设性的将来时"倘若天子蒙尘"误作肯定的过去时"天子蒙尘既久"，以致与实际史实不合，殊不可解，因而露出破绽，使笔者怀疑这则日记的真实性。

可见，日记中"张等"并不专指张之洞，其实应是"南部二三总督"。所谓"张等曾言"云云，当然不可能是指张之洞"独立称王"了。《孔文》从"欲联合南部二三总督于南京成立一政府"而引申出张之洞"独立称王"的结论，在逻辑上也说不通。且不说"政府"与"成立一政府"当作何解？本文拟在下节专论。撇开具体历史语境不论，单就所引文句的字面意思来说，最多只能说是：希望联合南部几个总督共同成立一个新政府。而地点又在南京，根本不是在张之洞辖区之内。不知从何处可见张之洞欲"独立称王"之意？而且，按照正确的译文，"南部二三总督"于南京成立"新政府"，尚有一个假设性的前提条件，即"倘若天子蒙尘（大概至长安），清国将陷入无政府状态"。揆诸史实，"天子蒙尘"之后，南部总督实际上也没有成立"新政府"，只是在此前就搞起了"东南互保"，这与成立"新政府"云云不可同日而语。

其实，从上引整段日记的语气来看，钱恂会晤宇都宫太郎不过闲谈而已，实在看不出有密谋大计的迹象。仅仅凭借这样一段错译资料，而断然认定其"为我们探索张之洞庚子年独立称王的内心世界，提供了相当有力的证据"。实无异于沙上筑楼，非成危房不可。

还有一个不能回避的疑问。《孔文》旨在探索"张之洞庚子年独立称王的内心世界"，认为"想成立新政府的意见是张之洞亲口对他的亲信所说，而不是通过电报或书信表达的"。又说："钱恂向宇都宫太郎提出张之洞要成立新政府的建议时，张权已经来到东京一个多月。这样重大的问题，钱恂显然是在与张权等仔细商议之后，才正式向日方提出的。"这些文字无非强调张之洞与钱恂行事的隐秘与慎重。但是，张之洞为什么不让自己的儿子张权亲自向日方提出，而要让一个外人钱恂（尽管是亲信）做中介呢？此亦不可解。

顺便还指出两个史实问题：其一，《孔文》所谓"钱恂是秉张之洞之旨意来同宇都宫太郎为首的日本军方秘密来联系的"，其"为首"说言重了。据《孔文》介绍："宇都宫太郎是日本参谋本部派往中国长江流域的军事情报人员。……庚子期间，宇都宫太郎回到东京的参谋本部工作，身处要地，耳目灵通。其职位虽不甚高，却能预闻机要，甚至列席参谋本部的元帅会议，根据参谋总长、次长意图制定日本在华作战方略。"无论如何强调宇都宫太郎多有能耐，恐怕都难以说日本军方是以其"为首"。其二，《孔文》所引的几条宇都宫太郎《当用日记》，时间在明治三十三年（1900年）6月28日至7月12日。当时八国联军正在进攻天津。天津在7月14日沦陷。但《孔文》却说："久保田先生提供给笔者的日记虽然仅有几天，但内容却至关重要。当时，中国的义和团运动正如火如荼，八国联军已攻克大沽炮台，占领了天津，向北京进发。"所述史实显然有误。

（二）张权一行赴日考察之史实考辨

《孔文》第二节论述张权一行赴日考察的有关史实，标题为"日本档案中的重要记载"。其实只用了两件日本档案：一为日本驻上海总领事代理小田切万寿之助关于张权一行赴日行程及名单的报告；二为长崎县知事服部一三关于张权等人归国行程的报告。这两件均为例行报告，看不出有什么惊人之处。事实上，关于张权庚子年日本之行，中国社会科学院近代史研究所图书馆所藏未刊张之洞档案，甚至已刊《张之洞全集》，均有更多详细的记载。孔先生似未曾多加注意。① 下面主要就所见未刊与已刊张之洞史料，对《孔文》有关说法予以考辨。

1. 张权赴日原委

张权，字君立，张之洞长子，进士出身。《孔文》所谓"举人出身"，大概是就强学会时期的张权而言。其实，张权后于戊戌年（1898年）中式三甲第六十三名进士，分发户部主事。指出这个小纰漏很重要，因为这直接关系到张权的出处进退问题。如果张权尚是举人，那么他的前途主要是应考会试。事实上，张权已是进士，故其当务之急是考虑

---

① 《孔文》本节引用了近代史所藏庚子年（1900年）五月十九日至二十三日张之洞致钱恂六则电文，仅九牛一毛而已。

仕途问题。对此，久历宦海的张之洞深知，如果按部就班，张权很难有出头之日。于是，他便为之亟谋新的出路。张之洞不愧官场老手，很快便从多年办洋务的经历中敏感地悟到：出洋已成宦途捷径。次年初，张之洞听说自己的门生、时任总理衙门大臣的袁昶将为出使俄国大臣，便致电请派张权为参赞。电称：

> 闻奉命使俄，欣贺。小儿权，有志游历外洋，增长学识，极恳奉带，可否派充三等参赞？常承函丈教诲，曷胜感祷。即望示复。何日出京？并示。①

同时，他还托同在总署的另一门生许景澄从中说项。有电称："闻爽秋（袁昶字——引者）使俄，拟恳奏带小儿权出洋，可否派充三等参赞？祈转达，示复。"②又听说出使英国大臣将更换，便嘱许、袁二人转托新任使臣。电许景澄称："文电悉。游历英尤胜俄。如英使派出时，望转托。否则，俄亦可。感祷。"③电袁昶称："蒸电感悉。闻英使亦将更换，如派定时，祈转托。英国可学事多，去德、法近，尤胜。如不能行，俄亦可。望与竹筠（许景澄字——引者）共言之。至感。"④后因袁昶并未使俄，英使也并未更换，所议便作罢论。

但是，张之洞并没有放弃。随后，他又致函自己的姐夫、时以江苏巡抚署两江总督的鹿传霖，并命张权前往晋谒，请其出具公牒，派张权自费出洋游历，考察军事、教育及农工商务等事。此函将张之洞内心想法和盘托出，现全文引录如下：

> 儿子权签分户部，即日日驱车入署，伏案点稿，亦须十五六年方能补缺。时势日艰，年力已过，即使吏事娴熟，亦于时局无补。况骛行纸尾，并无吏事之可学乎。且每年须赔贴资费千余金，

---

① 《己亥三月初八日致京总署大臣太常寺正堂袁》，见《张之洞电稿》，中国社会科学院近代史研究所图书馆藏档案（以下简称"所藏档"），甲182—456。

② 《己亥三月初十日致京嘉许》，见《张之洞电稿》，所藏档甲182—456。

③ 《己亥三月十二日致京嘉许》，见《张之洞电稿》，所藏档甲182—456。

④ 《己亥三月十二日致京总署大臣太常寺正堂袁》，见《张之洞电稿》，所藏档甲182—456。

此数十年之费，拙力岂能供之？是以令其在外历练世事，或可稍裨实学。惟在鄂深居署内，不便令其出外交游，又不便令其讲习公事，则仍是一无所见闻，无从阅历。方今洋务最为当务之急，故拟令其至海外一游，或可开扩胸襟，增益不能。然自行出洋，诸多未便。执事现领南洋，欲恳赐给一公牍，派其致东洋、西洋各国游历，考究武备、水师、陆师各事宜，学校章程及农工商务等事。声明该员自备资斧，不领薪水，但须咨明总署及东洋、西洋、俄、美各国出使大臣备案，庶到彼得以博览考求，不致为人所拒耳。此举于公事毫无干涉，于他人毫无妨碍，想可行也。兹令其叩谒，敢祈进而教诲之。如尚可造，即望栽成，感曷有极。①

此函值得注意之处有三：一是张权出洋旨在仕宦前程。二是并没有指明到日本，是东、西洋各国均可。三是张之洞明确表示根本不想让张权"自行出洋"，而是要求须咨明总署及相关各国出使大臣备案，只是在自己不便出面的情况下，希望鹿传霖为其谋求公派的名义，可见绝无秘密可言。

事实上，张权赴日游历考察，确实是奉鹿传霖公牍咨派的结果。有张之洞致驻日公使李盛铎电为证。该电称："续派武员学生，仍祈费心，统由钱守面禀。儿子权，奉鹿滋帅牍游历外洋，祈推爱指教，除函恳外，先电陈。"②

2. 张之洞所派赴日考察团名单及其行程与在日活动实况

孔先生从日本档案中发现张之洞所派赴日考察团名单，确实是一份重要文献。其实，已刊《张之洞全集》中也有一份类似的名单，且有更详细的说明，并可补《孔文》名单之错漏。张之洞咨札称：

案照前经两次选派学生并各营官弁及工兵工目，前往日本分别游历及肄习兵农工商各务，业经分别咨行在案。兹经续派总兵

① 《致鹿滋轩》，见苑书义等主编：《张之洞全集》第12册，10229页，石家庄，河北人民出版社，1998。

② 《庚子四月初二日致日本李钦差》，见《张之洞电稿丙编》第17函，所藏档甲182—96。

吴元恺等六员，并现派充哨官之武备学生艾忠琦等三名，两湖书
院学生陈问咸等六名，均往日本游历。又两湖书院学生马肇橿等
二名、工艺局学生刘修鉴一名，派往日本游学，均随原派监督游
学各生之奏调差委知府钱恂一同东渡。除两湖书院各生，应需游
费、学费、川资等项，已由该书院发给外，此次游历大率以四个
月计，所有游历将官六员，每员应给游费四百元，来往川资一百
二十元，又游历哨官三员，每名游费二百五十元，来往川资一百
二十元，应由善后局发给。又游学工艺局学生一名，应先给半年
学费一百五十元，川资六十元，应由工艺局发给。该学堂、该局
应给银元，先由善后局按照日本币价值，统行垫发，移知照数还
款归垫。游历各费，统交吴镇；游学各费，统交钱守。

名单如下：

计开派往日本游历游学各员生：总兵吴元恺、游击张彪、本
任督标右营游击纪堪荣、游击刘水金、都司王恩平、护军工程营
帮带县丞白寿铭、武恺营哨官武备学生严寿民、武恺营哨官武备
学生戴任、武恺营哨官武备学生艾忠琦，两湖书院学生陈问咸、
李熙、卢弼、左全孝、尹集馨、黄㸌，以上俱赴日本游历；两湖
书院学生马肇橿、卢定远，工艺局学生刘修鉴，以上俱赴日本
游学。①

这是张之洞第三次选派赴日游历游学的正式名单。《孔文》提供的名单
当是从上海出发时的名单。两相对照，其别有三：其一，张权并不是
此次张之洞所派赴日考察团的正式成员。如上所述，张权是由鹿传霖
咨请以公派名义自费赴日游历。其二，《孔文》名单多出监督委员钱恂、
徐元瀛，留学生姚恭寅、董鸿祎、沈翔云。钱恂是湖北留学生监督，
张之洞咨札中提到，但并没有列于正式名单。其实钱恂早在光绪二十

---

① 《札北善后局垫发选派各员生赴日本游历游学费用附单》，见《张之洞全
集》第 5 册，4004~4006 页。按：原单各起一行排列，为省篇幅，今特意接排一
整段并适当标点。

五年二月十一日(1899 年 3 月 22 日)即已被委任为湖北留日学生监督,
此次乃特意从日本回国迎接这个新的赴日考察团。沈翔云则是自费留
学生①,非正式成员。徐元瀛与姚恭寅、董鸿祎情况不明,待考。其
三,《孔文》名单将两湖书院赴日游历学生(所谓短期留学生)6 人中的
陈问咸错记为陈向威,并漏掉左全孝之名。其实,根据《孔文》所引小
田切的报告,说明有留学生 15 名,但实际上名单中只有 14 人,显然
漏掉 1 人无疑。

关于此次考察团赴日行程及其活动情况,《孔文》只是根据几条零
散的史料,关注其请日本教官与购买枪械等所谓"与军事极有关系"的
现象,并极力强化其与张之洞"独立称王"论的关系。至于这两者究竟
有多大关系,拟将在下文详论。这里先看该考察团的赴日行程及其在
日本的一般活动情况。

近代史所藏张之洞档案中有一份该考察团成员刘水金禀呈张之洞
的考察报告,现据以整理如下:

四月初六日(5 月 4 日)晚上,乘太古公司鄱阳商轮东下。

初九日(7 日)中午,抵达上海。因候船小住数日。

十四日(12 日)上午,经小田切知会,乘日本三棱公司博爱丸商轮
东渡。

十六日(14 日)半夜,抵达日本长崎。拜见中国驻长崎领事湖北候
补知府张桐华。"虽初至其境,已见该国振兴之大概矣。"

十七日(15 日)上午,至马关。

十八日(16 日),至神户。拜见中国领事内阁中书欧阳述。"该处
铁路直达日本东京。闻该处铁厂、船厂、制造厂无一不备,乃该国水
陆冲要之区。"

二十日(18 日)中午,抵横滨。换乘汽(火)车,一小时后抵东京,
租住麹町区。

①　据张之洞稍后致电钱恂称:"沈翔云系学堂最不安分之生,滋事荒谬,已
牌示革除。此次虽自备资斧游学,断不可与鄂生同学,防其染习败群,须另派一
堂为要。梁山长谆切言之,屡嘱鄙人阻止。速照办,并复鄂督署。"《庚子五月十一
日致东京钱念劬》,见《张之洞电稿乙编》第 12 函,所藏档甲 182—73。

二十三日(21 日)，谒参谋部与陆军大臣。"代答帅意，慰问殷勤，并叙游历各情。"

二十四日(22 日)，陆军大臣桂太郎、陆军少将福岛安正、陆军步兵大尉小山秋作前来回拜。"面云歇憩数日，派员陪看各学校、各联队等语。该国各官来时，并无侍从，足征平时涵养，故能上下一气，军民同心，无怪其维新之速。"

五月初八(6 月 4 日)，参谋部派翻译末吉保马、小山秋作，陪同往看成城学校。"吾华学生入此校学习者居多。校长面云：贵国学生均堪造就，进益良多。旋即引视各讲堂。细询之，始悉日本各学校无论大小皆分文、理、法、医、农、工六科。……然学校之名有陆军地方幼年学校、陆军中央幼年学校、陆军士官学校、下士学校即陆军之教导团、陆军户山学校、高等大学校、帝国大学校。校名繁多，无非由小入大，由浅入深。如不卒业者，决不令有躐等妄进之弊，亦不能有幸邀功名之心。"

九日(5 日)，看地方幼年学校。"为讲求武备之始，凡军队人材皆出于此。"

连日阅看士官学校、军医学校、赤十字疾院、户山学校。

十九日(15 日)，同往青山练兵场，看近卫第一旅团第一联队第二大队操演。看毕同赴联队宴会。"该国之练兵以野战为要务，善于埋伏变换。闲时对弈兵棋，偶有心得，绘图操演。此讲求练兵之精微也。"

另外，还曾参观东京制绒所、炮工厂。

最后总结说："日本维新之道有五：一曰广兴学校，二曰讲求练兵，三曰圜法流通，四曰大开制造，五曰消息便捷。"并与中国相关情形作了对比分析。①

这是刘水金回国后不久向张之洞提出的考察报告，其所报情况应该真实可靠，而不至于有所隐瞒或掺假。时在六月二十五日(7 月 21 日)。当时八国联军已经攻下天津，正在向北京进攻；而义和团势力在京津地区的发展也达高峰时期。但是，从刘水金的报告中，却丝毫看

---

① 《标下管带襄防步队营尽先补用游击刘水金禀呈游历日本阅看各学校联队情形由》，见《张之洞存提要清折》第 16 函，第 27 件，所藏档甲 182—298。

不出有张之洞秘密联日"独立称王"的迹象。相反，刘水金的报告却清楚地表明：此次赴日考察团无论是参观学校还是军队，都不过是走马观花，尽管其目的是希图学习日本的"维新之道"。

如前所述，此次考察本来计划 4 个月。但是，实际考察从五月初八至十九日，不过十余天时间。考察团匆匆撤回的原因是：当时因清政府允许义和团进京，不久日本使馆书记生杉山彬被甘军杀死，北方形势紧张，尤其中日关系更形棘手。张之洞即急电拟调吴元恺、张彪等回国。五月十七日（6 月 13 日），他致电钱恂，要求吴元恺等加快考察进程，并拟选带以前所派若干留日武弁回国。电称：

> 日本有何密谋？日派兵驻华之说确否？拟驻何处？来长江否？北省消息甚紧，该镇等不能久留日本。学校可不必看。务与参谋部商，赶紧看各营垒队伍。至多不过旬日，即当电调回鄂，并将学将成之弁酌带数员回。再，前派各弁，本在联队操演，该镇等已阅看否？①

五月二十日（6 月 16 日），钱恂回电称："福岛殷盼帅献策，令董军且退，则外兵但平匪，否则董洋哄，大局难问。至沿江若自能弭乱，外兵即不入江。"②同日，张之洞又致电钱恂，正式调吴元恺等速回。电称："剿拳阻董已屡次力陈。鄂拟添兵三千，吴镇、张游击等酌带员弁速回，衣囊购二千份，能借现成者更好。长江弹压需械甚多，如汉厂枪不敷时，拟购日本新枪并弹，能供应否？进口能无阻否？速商复。③"五月二十一日（6 月 17 日），钱恂、吴元恺、张彪回电称："恺、彪廿四行，带十一人。衣囊价请先汇万元，续汇一万三千。枪及弹与

---

① 《庚子五月十七日致东京钱念劬》（钱守、吴镇、张游击同阅），见《张之洞电稿乙编》第 12 函，所藏档甲 182—73。

② 《光绪二十六年（1900 年）五月二十日钱守来电》，见《张之洞全集》第 10 册，7980 页。

③ 《光绪二十六年（1900 年）五月二十日致东京钱念劬》，见《张之洞全集》第 10 册，7980 页。

商必允。①"五月二十二日（6月18日），张之洞再次致电钱恂，催促吴元恺、张彪速回。电称："吴镇、张游击速回鄂。即复。"②

吴元恺等人报告将在五月二十四日（6月20日）回国。刘水金报告最后的具体考察日期是五月十九日（6月15日），可见此后不久考察团的将官吴元恺、张彪等人就回国了。《孔文》所谓"张权所带领的军事团队在日本大约呆了四个多月"的说法不确切。

当然，吴元恺等人回国后，张权、钱恂还在日本。钱恂是湖北留日学生监督，张权乃单独赴日游历而另有目的——即为了积累仕途经验与资本。他们都不是考察团的正式成员，故仍逗留日本并不奇怪。

应该说明的是，张之洞急调吴元恺等回国目的确实是为了湖北练兵，但具体原因是因为北方形势紧张，需要维持长江局面，而不是"独立称王"，当时正在筹谋"东南互保"。此点下文还拟详论。

3. 所谓"张之洞背着朝廷所派出的一个由自己长子率领的军事考察团赴日活动"说

关于张权出洋游历事，张之洞曾特意致函鹿传霖，认为须咨明总理衙门及相关出使大臣备案，并无保密之意。事实上，张权去日本前夕，张之洞即致电驻日公使李盛铎，说明其"奉鹿滋帅牍游历外洋"之意，并请予以关照。张权到日本后，就住在清政府驻日公使馆，也有张之洞致李盛铎电为证。该电称："小儿荷蒙雅爱，留住尊馆，感谢，诸祈赐教。"③又据《孔文》所引宇都宫太郎日记，张权及其儿子张厚琨，还与钱恂及驻日公使李盛铎一起，出席了寺内中将举行的招待会。

关于吴元恺、张彪等军事考察团赴日事，在前引张之洞托付李盛铎关照张权的电文中也有说明："续派武员学生，仍祈费心，统由钱守面禀。"非常清楚地通报了李盛铎，并指示钱恂"面禀"有关事宜。吴元

---

① 《光绪二十六年（1900年）五月二十一日钱守、吴镇、张游击来电》，见《张之洞全集》第10册，7980页。

② 《庚子五月二十二日致东京钱念劬》，见《张之洞电稿丙编》第17函，所藏档甲182—96。

③ 《庚子四月二十四日致日本李钦差》，见《张之洞电稿丙编》第17函，所藏档甲182—96。

恺等到日本之初，张之洞还曾以李盛铎为传递信息的中间人，其中由李转交的一份重要电报称：

> 该镇将等知已安抵，为慰。……目前情形，速详电并函禀。直隶拳匪滋事，扰害芦保铁路。盛京堂请再添派一哨，内仍配马队二十名。哨官以何人为宜？至现有三哨，已成一营，须派营官。该游击速酌拟营官一员，哨官一员。哨官恐有不愿者，可多拟一员备用。①

上引刘水金的考察报告也称，考察团到日本时，先后拜见了清政府驻长崎和神户领事。

可见，张权及吴元恺等军事考察团赴日之事，张之洞对李盛铎等人丝毫没有隐瞒。驻日公使李盛铎是清廷所派钦差大臣，领事为其属员。应该说，对于张之洞派军事考察团赴日之事，他们只有向清廷报告的职责，而没有为张之洞保密的义务。那么，如何能说张之洞此举是"背着"朝廷呢？

另外，像沈翔云这样业已被两湖书院"牌示革除"的"最不安分"学生，尚可随团同行赴日。这样的考察团有何秘密可言呢？

4. 所谓请日本军事专家与购买枪支弹药加紧训练新式军队"是张之洞所要成立新政府的武力后盾"说

如果说《孔文》对所引宇都宫太郎日记的解释是望文生义，那么这个说法完全是格义附会。

张之洞派遣赴日军事考察团与聘请日本军事教官，确实是其编练新军的需要。但必须注意的一点是，这绝不是其庚子年心血来潮的特异行为，而是其自戊戌前后由师法德国转向师法日本之后，用西法练新军的一贯思想与活动。光绪二十四年（1898年）初，在日本武员神尾光臣等人劝说下，张之洞开始确立了聘请日本军事教员和派遣留日军事学生的方针。是年底，张之洞就派出了第一个参观日本陆军大操的10人考察团和20名赴日本学习武备的留学生。二十五年（1899年），

---

① 《庚子五月初五日致东京李钦差转交吴镇张游击等》，见《张之洞庚子年发电摘钞》第1函，所藏档甲182—32。

又一次派出留日学员 80 人，其中多与军事有关。二十六年（1900 年），总兵吴元恺等人受命赴日游历、考察军事学校与联队。类似活动此后并没有停止。二十七年（1901 年），派候补道朱滋泽、都司黎元洪等 11 人赴日本阅看陆军大操。二十九年（1903 年），指示湖北护军留学日本士官毕业学生应龙翔等 14 人再留学一年。三十三年（1907 年），又派第八镇统制官张彪赴日本观操。据统计，清末武昌各军事学堂共聘有外籍军事教习 52 人，其中日本教习达 43 人之多；而在光绪二十九年（1903 年）以前，湖北官派留日军事学生就有 100 人以上。①

至于张之洞向日本购买枪支弹药及衣囊等军备物资，此前即有如此行为。光绪二十五年十二月初一日（1900 年 1 月 1 日），张之洞致电上海道台余联沅称：

> 由日本购定行军雨衣二千件，背包二千个，马鞍三十六副，鞍囊一百三十六个，腊月初七八可到沪。请速放行，望给护照。已派县丞朱文瑞、千总张玉堂往运。②

此后张之洞也有向日本购买军备物资行为。庚子年十月二十二日（1900 年 12 月 13 日），他致电钱恂称：

> 订购步兵雨衣一千六百件，背囊一千六百个，尉官军刀一百六十把，现不开口，预备将来开口用，刀带要宽厚坚固，照骑兵所用式，仍旧安龙头；骑兵雨衣、马鞍、鞍囊、镫、鞴、嚼、草料袋，三十六全套。现在能购否？如保一个月到鄂，即速定购。价约二万一千余元，即在前汇存款内拨付。③

当时张之洞购买军火与添兵练兵目的主要有二：一为东南互保；

---

① 参见拙著《张之洞与清末新政研究》第五章，上海，上海书店出版社，2003。

② 《己亥十二月初一日致上海道余道台》，见《张之洞电稿丙编》第 17 函，所藏档甲 182—96。

③ 《庚子十月二十二日致东京钱念劬》，见《张之洞电稿丙编》第 18 函，所藏档甲 182—97。

二为北上勤王(主要是镇压义和团)。庚子五月三十日(1900 年 6 月 26 日),张之洞致电刘坤一称:

> 湖北、湖南两省共派兵五千入卫。湘无枪,向鄂索枪。鄂存枪不足,精枪无药弹,有弹须解济武卫左军张军门。余枪太杂,北援不宜。故昨艳电奉商借拨十响毛瑟,各营统带一律,以振兵气。除鄂旧存外,务请饬拨十响枪三千枝,药弹即用局造毛瑟弹,有一百万或七八十万即可。余陆续再解。价照前案付还,仍先半后半,枪价示知照缴。如允,派船运。此系入卫急用。①

张军门即湖北提督张春发,奉张之洞命率军北上勤王。张之洞向刘坤一商购枪弹,以备急用。六月十三日(7 月 9 日),张之洞致电钱恂,在向日本商购军火物资时,对湖北练兵购械之用途说得更清楚。电文称:

> 鄂省需兵需械专为弹压土匪、保卫地方。将来设或京城难支,董军系西兵,拳首系陕人李来中,董及各匪必然西溃,拥众横行。鄂若无重兵,凭何抵御?且直隶省南数府土匪廿余万,到处杀掠,荼毒良民。现派兵北上,系奉旨调赴京听用,未言何用,各省皆有。鄙意以扈卫圣驾为主。假如外省若不遵旨,则朝廷不令在鄂矣,何以保全东南乎?此理甚明。药事商办,在宣战以前,务望婉商仍照前议准运,总须二三万磅。大仓组内山亦允办药及钢铜等物,并望许之。枪事相同,并询确音。速复。②

至于《孔文》所谓"还有一个不可告人的目的,则是壮大他个人的武装实力,以便在实现个人独立称王时有坚强的武力做后盾"。则需要进一步考察的是,这个所谓的"武力后盾"到底有多厚?是否能够"坚强"到足以支撑张之洞"独立称王"呢?

---

① 《庚子五月三十日致江宁刘制台》,见《张之洞庚子年发电摘钞》第 1 函,所藏档甲 182—32。
② 《光绪二十六年(1900 年)六月十三日致东京钱念劬》,见《张之洞全集》第 10 册,8104 页。

据《孔文》所引宇都宫太郎明治三十三年(1900 年)七月六日的日记称："钱恂至公所来访，言及张之洞或会设立新政府，目前当务之急乃是厚置兵力。吴元恺部二千名，张彪部二千五百名，此外再募集三千名。"将吴、张二部与新募者相加，总计不过 7500 人而已。岂可谓是"坚强"？其实，张之洞虽然曾以编练江南自强军而开西法练新军的先河，但直至光绪三十三年(1907 年)，湖北新军仅练成第八镇和第二十一混成协，官兵总数不过 16104 人。① 张之洞能否凭借这支军队"独立称王"？试与当年镇压太平天国运动时的曾国藩略做比较，便可了然。

据近人研究，曾国藩攻下金陵时，湘军总数已达 30 万，其可以直接指挥的部队有 12 万，嫡系部队有乃弟曾国荃的 5 万之众。当时也有人劝曾国藩做皇帝，但曾国藩权衡利弊，最终还是选择了剪羽自保：让曾国荃解甲归田，遣散湘军精锐。据分析，事实上，当时曾国藩如果真想做皇帝，其实也不可能成功。正是由于各种客观条件的制约，"使他只能走剪翼自敛的道路，不敢存举兵称帝之念"。②

曾国藩的故事对于张之洞并不遥远。当时，张之洞正任职翰林院，对此不可能一无所知。③ 尽管如《孔文》所言：与李鸿章在两广的情形相比，"张之洞在湖广地区的地位则十分牢固"。但是，庚子年的张之洞手握不到一万人的军队，如果也有"独立称王"的念头，岂不是异想天开？至于其与自立军的关系，拟在下文辨析。

---

① 赵尔巽 等：《清史稿》卷 132，第 14 册，3946 页，北京，中华书局，1976。

② 参见朱东安：《曾国藩传》，233～245 页，天津，百花文艺出版社，2001。另有人称：曾国藩攻下金陵后，实际上指挥的湘军已有 30 多万人，还节制李鸿章的淮军和左宗棠的楚军，湘军水师控制了长江水面，湘军将领已有 10 人位至督抚，曾国藩势力直接或间接控制与影响了几乎整个南中国地区。但曾国藩并没有贸然称帝，而是选择了韬晦之策。参见易孟醇：《曾国藩传》，226 页，南宁，广西人民出版社，1995。

③ 据说张之洞还曾得到曾国藩的赞扬。张之洞出任湖北、四川学政，衡文教士，颇有声名。曾国藩"尝嗟异之"，以为洪亮吉、朱筠、阮元的督学业绩都"无以逾之"。参见袁昶：《(张之洞)六十寿言节略》，见《许同莘存广雅遗事及赵凤昌来函等件》，所藏档甲 622—4。

5. 张权回国原委

《孔文》关于张权回国原因的描述是：当大局已定，清廷大权仍然掌握在慈禧太后手中，张之洞决定放弃独立称王的念头之后，才把张权从日本召回。真实情况如何呢？其实主要是因为自立会的关系。

庚子六月，当日本驻华使馆书记生杉山彬被杀，中日关系紧张，传说清政府驻日公使李盛铎将撤回，张之洞即致电钱恂及张权，要求张权与李同回，但并不要求其孙张厚琨一定回来。电文称："李使如归，务嘱权儿同回。厚琨系游学生，想又不同，或归或留，届时请阁下酌办。"①"李钦差如回华时，汝可同回，川资欠款，向念劬取用。厚琨如东人愿留，可仍留学。"②

八月初，张之洞镇压自立军后，便急电钱恂、张权等，要求张权、厚琨父子一同速归，以免遭人暗害。电称：

> 康党勾结会匪，谋在汉口作乱，已败露，擒获二十余人。内有傅慈祥，系武备学生同谋。查出傅所带信，内有武备戴任、两湖刘赓云、某某，偶忘上两字。信内皆谋逆语，并云成城学校九人同志。汝等须格外小心防范，不可亲近，免为所害。切要。何日回华？速复。③

同时，张之洞也担心朝中顽固派（即所谓"拳党"）借机攻击。有电云：

> 权、琨所以必令暂归者，因七月内时事离奇。拳党凶暴专擅，种种之可骇；小人迎合拳党，疏诋东南疆臣。故不能不格外小心，以免藉口。此实情，望告外务近卫公、大隈伯及管学校诸君知

---

① 《庚子六月二十三日致东京钱念劬》，见《张之洞电稿丙编》第17函，所藏档甲182—96。

② 《庚子六月二十三日致东京钱念劬译交张权》，见《张之洞电稿丙编》第17函，所藏档甲182—96。

③ 《庚子八月初二日致东京钱念劬转交张权、厚琨》，见《张之洞电稿》，所藏档甲182—457。

为要。①

> 权、琨令归者，恐拳党之谮，不得已也。成城诸生，鄙意总愿留以联交谊，阁下尤不宜归。酌复。②

有意思的是，张之洞当时致日本驻上海总领事代理小田切的电报称：

> 初三电悉，感谢。儿孙辈回鄂，因此间学制革工数人回鄂，俱患脚肿，家人悬念盼归。七月即屡电促归，适小儿赴江岛，小孙随师避暑学游泳，近始回东京，故目前始行。大约事定天凉后，小孙拟仍东游。成城学校诸生，现仍令留东也。③

如果张之洞派张权赴日旨在联日以达其"独立称王"目的，召张权回国，为何还要找这样一个借口呢？

为了保证张权父子的安全，张之洞还特地派人、派船到上海、芜湖、南京迎接，并叮嘱张权父子在上海不要与中国国会相关的人相见，而要迅速赶回湖北。相关电文称：

> 权、琨想已于初四日行，望速示慰，以便派人往沪接。④
>
> 张制台钧鉴：君立兄乘"西京丸"行。铎。⑤
>
> 权、琨乘"西京丸"，本日可抵沪，望邀樊委员速至码头照料。

唐才常等在汉口谋逆，称为中国自立会、自立军，供称系上海国会分会，其伪印伪札皆如此写。唐在国会为干事第九名。国会者，

----

① 《庚子八月初三日致东京钱念劬并示权等》，见《张之洞电稿》，所藏档甲182—457。

② 《光绪二十六年（1900年）八月初四日致东京钱念劬》，见《张之洞全集》第10册，8251页。

③ 《庚子八月初四日致上海日本总领事小田切》，见《张之洞电稿丙编》第18函，所藏档甲182—97。

④ 《庚子八月初六日致东京钱念劬》，见《张之洞电稿》，所藏档甲182—457。

⑤ 《庚子八月初九日东京李钦差来电》，见《张之洞存各处来电》第39函，所藏档甲182—141。

容闳、严复、汪康年等所立，其党在沪数十人。又，文廷式别是
一党，与唐才常不同伙，曾到长沙勾串会匪，诈称奉密诏，被拿
而遁归沪。可告权、琨，在沪不必与此等人相见，切宜慎防，速
还鄂。已派胡凤藻、白文炳往接，明日到沪。即复。①

昨向两江借轮，顷岘帅复电，"钧和"现在沪，已派该轮伺应
等语。权、琨务即遣人告知"钧和"，同座该轮速行。愈速愈妙。
至芜湖、金陵一带，遇鄂派之"江清"，即过船回鄂。何日行，速
电复。②

张之洞召张权父子回国，时在庚子八月初，正是慈禧太后与光绪皇帝
西逃之际。其时张之洞尚未与流亡中的清廷取得联系，并不知道慈禧
太后与光绪皇帝的确切消息。此点拟在下文详论。

(三)对亲信幕僚密谋策划说的质疑

《孔文》第三节"亲信幕僚的密谋策划"，利用的关键史料是《陈三立
与梁鼎芬密札》。该密札由周康燮《陈三立的勤王运动及其与唐才常自
立会的关系——跋陈三立与梁鼎芬密札》一文，在香港《明报月刊》第9
卷第10期披露。《孔文》转引自吴天任的《梁节庵先生年谱》。

首先必须指出的是，《孔文》利用上述史料时有两个技术性错误：
其一，《孔文》征引的是陈三立密札原文，而不是周康燮的跋文；其二，
密札涉及的人物如龙泽厚、王秉恩、陶森甲等，乃周康燮跋文所考证，
而非吴天任所考。

当然，更重要的是密札内容。密札多隐语，其关键语句为："若不
投间抵隙，题外作文，度外举事，洞其症结，转其枢纽，但为按部就
班，敷衍搪塞之计，形见势绌，必归沦胥，悔无及矣。"《孔文》对此解
释是："这里的'题外作文，度外举事'，显然指的是建议张之洞采取非
常措施；而'洞其症结，转其枢纽'，则可能是指将慈禧为首的守旧派

① 《庚子八月十二日致上海读》，见《张之洞电稿》，所藏档甲182—457。
② 《庚子八月十四日致上海读转交权、琨》，见《张之洞电稿》，所藏档甲
182—457。

赶下台，以光绪皇帝取而代之，或由张之洞组织新政府。"语意游移。其实，周康燮的跋文说得非常清楚。现节引如下：

> 文中隐寓有别辟蹊径，乘势举事，廓除障碍，以为扭转枢机之图。欲谋拥帝复辟之情，盎然活跃于纸上。如此之艰巨任务，惟有寄望于炙手可热之刘坤一与张之洞，故有"方今国脉民命，实悬于刘张二督之举措"一语……综察此札，三立欲使鼎芬商筹秉恩，谋通款曲于之洞，由之洞劫持坤一，主持此勤王复辟大业。①

可见，陈三立致梁鼎芬密札的主旨在于促动张之洞、刘坤一"拥帝复辟"或"勤王复辟"。这是陈三立等组织的上海中国国会的首要政治目标。②

另外，密札有云："伏希商及雪澄，斟酌扩充，竭令赞助。"也是说陈三立希望梁鼎芬与王秉恩商量，竭力使张之洞赞助"拥帝复辟"或"勤王复辟"，而不是密谋张之洞"独立称王"。至于《孔文》所谓张之洞"还同他周围的幕僚磋商研讨"，或曰"张之洞和他的亲信幕僚曾在私下多方筹划"，至少从所引《陈三立与梁鼎芬密札》是看不出任何踪影。

《孔文》此节还有两处错误，是必须指出的。其一，《孔文》称："当时，在刘坤一周围也聚集了一批幕僚，他们曾想采取'迎銮南下'等非常手段，把慈禧政权架空，但为刘坤一所拒绝。"此处因未注明出处，不知所据为何？但下文引述刘厚生的《张謇传记》称："陈三立等欲以转换政局之重大责任希望张之洞，安得不失败？"则恰好提供了与《孔文》

---

① 参见吴天任：《梁节庵先生年谱》，140、141 页，台北，艺文印书馆，1979。

② 陈三立是庚子上海中国国会成员。"拥帝复辟"或"勤王复辟"，正是上海中国国会的首要政治目标。为此，汪康年还曾专程赴武汉、南京劝说张之洞、刘坤一，甚至还与郑观应等人联名上书李鸿章。但遭到了张、刘的拒绝，李也是一笑置之。对于汪康年的武昌之行，夏曾佑认为是白费工夫。他致书汪称："武昌之行本无谓，赤股本是烧料，刘表必不能听先主之言，而其左右之人无一可商者，不独大胡子也。此等事岂可与名士老爷商者？""公武昌之行无为之极，弟在申必阻之。今日可将此一章书除去，不必再说矣。"刘表指张之洞，大胡子指梁鼎芬。参见桑兵：《庚子勤王与晚清政局》，134 页，北京，北京大学出版社，2004。

论断相反的线索。据刘厚生的《张謇传记》可知，向刘坤一提出"迎銮南下"或"退敌迎銮"主张的是陈三立。其文曰：

> 迎銮之意，即拟将那拉氏与光绪迎到汉口或南京，作为行都，然后再设法强迫那拉氏交出政权也。张謇首先赞同此说，密向刘坤一陈说，坤一颇心动，而不能决，即商之于施炳燮，施亦怀疑。嗣施到上海会议时，何嗣焜、沈瑜庆更为炳燮力言，不去那拉氏，中国无望。炳燮亦大悟。允偕张謇至宁，以全力说服刘坤一，坤一竟为所动。遂设法派人先与张之洞商量，而之洞竟不赞成。嗣李鸿章到上海后，坤一又派人以迎两宫南来意，与鸿章密商，鸿章反对更力，他开口就说："太后决不会肯来的，一般旗人亦决不肯放他到南方来的。"盖鸿章已警觉到其中含有密谋也。

可见，对于陈三立的"迎銮南下"主张，是张謇、何嗣焜、沈瑜庆、施炳燮等人说服了刘坤一，但张之洞并不赞成，李鸿章则极力反对。而陈三立、张謇等人的"迎銮"密谋，其实就是"勤王复辟"。如刘厚生所谓："当初张謇与何嗣焜、陈三立、沈瑜庆、汤寿潜、施炳燮六人，决定拉拢刘坤一、张之洞两个总督，联合起来以东南互保为名，而以推倒那拉氏政权为最大目标。"正是因为张之洞不赞成，才有刘厚生下文所谓"陈三立等欲以转换政局之重大责任希望张之洞，安得不失败？"的感叹。①

　　其二，《孔文》引证皮明麻先生的著作《唐才常和自立军》，有云：留日学生傅慈祥与黎科组成请愿团回国后，"先后在南京武昌见到两江总督刘坤一和湖广总督张之洞，希望他们脱离清廷'自立'。张之洞未明确表态，刘坤一却严厉拒绝"。《孔文》称这是"据皮明麻先生分析"。查阅皮先生原著，可知这并不是皮先生的分析，而是其征引傅光培《庚子汉口起事中的傅慈祥》的内容。其实，皮先生并不轻信此说，前面用了"据说"一词。其下文更是清楚地说明："关于唐才常运动刘坤一、张之洞'独立'之事，目前尚未找到确切史料以资证明。"随后又进一步强

---

　　①　以上参见刘厚生：《张謇传记》，95、97、100～101 页，上海，上海书店出版社，1985。

调说："有的文著论定，'湖广总督张之洞本来知道自立军的活动，并曾表示接受唐才常等拥他在两湖独立的计划'。但因为没有提出任何言之凿凿的论据，所以很难成立。"①不知孔先生何故对此置之不顾？事实上，自皮明麻先生的《唐才常和自立军》出版至今 20 余年来，学术界还是"尚未找到确切史料以资证明"，也没有谁能"提出任何言之凿凿的论据"。当然，《孔文》也是如此。（详下文）

（四）张之洞对唐才常自立军的态度与斩杀时机问题考辨

《孔文》第四节称："对于张之洞在庚子期间欲独立称王的内心活动……还有一个证据，即是张之洞对唐才常所领导的自立军举事所采取的若即若离、模棱两可的态度。"为此征引了两条材料：其一是张篁溪的《自立会始末记》，引自杜迈之等辑《自立会史料集》。《孔文》说是"据冯说编写"，即据冯自由《中华民国开国前革命史》相关说法编写而成，不知所据为何？实际上，《自立会史料集》也辑录了冯自由《中华民国开国前革命史》的相关章节，而加"自立会起事始末"标题。不知何故不直接征引冯说？《孔文》又说冯自由的言论并不严密，"时间稍有错误，即把唐才常劝说张之洞的时间，叙述为'西太后与载湉西行'之后，这是很不正确的。事实上恰恰是在'西太后与载湉西行'之前，当时的政局混乱不清，任何事情都可能发生"。此处所谓"很不正确"的判语，并没有确切证据，而只是出于全文立论所需的逻辑推论而已。倘若果如《孔文》所谓"是在'西太后与载湉西行'之前"，其所引张篁溪文中所谓"以北方无政府为词"云云，则又当作何解呢？无论是冯自由还是张篁溪的说法，都只能是二三手的材料，且令人疑窦丛生，岂可作为切实的证据？

其二是梁鼎芬致张之洞函，引自黄濬《花随人圣庵摭忆补篇》。查核原书，黄濬对梁鼎芬此函本亦颇存疑虑，有谓："梁节庵上广雅一笺，藏戴亮吉处，凡四纸，笔意飞迅，予久疑为节庵力劝南皮杀唐佛尘者。但佛尘先生就义，为庚子七月廿九日，此书月日草书似作四月，故久未能决。以叩于竹君先生，亦莫能定；欲携以问石遗老人，师歘

---

① 皮明麻：《唐才常和自立军》，63、64 页，长沙，湖南人民出版社，1984。

又下世。"赵凤昌亦不能断案,又来不及问询陈衍。黄濬自疏云:"佛尘先生未被逮前,颇运动南皮合作,南皮亦颇为所动,冯自由革命史述之甚详,故节庵以危言怵南皮,惧其与佛尘合作,所谓请即定志明晰示我也。故此书虽未必为搜捕佛尘,而实即一事。"①黄濬疑虑在先,继而又以"冯自由革命史"为证,竟然以"未必"之疑似之辞,而作出"实即"之肯定断语,亦岂可作为切实之证据? 又查《孔文》所引梁鼎芬致张之洞函末署"四月三十",其实庚子年四月根本就没有三十日。② 也就是说,此函应该不是庚子年所写,因而也就不能作为梁鼎芬"对张之洞试图'与佛尘合作'利用自立军之事"予以"严词警告"的证据。那么,《孔文》所谓"梁鼎芬此函一针见血地指出,张之洞对唐才常领导的自立军若即若离、徘徊缠绵的立场是非常危险的"之说,也就游谈无根了。

　　显然,《孔文》所引两条材料均不足为凭。退一步说,即使张之洞对唐才常自立军态度若即若离,自立军又岂能为张之洞所用? 据唐才常供词,自立军起事的目的是"效日本覆幕举动,以保皇上复权"③。可见,唐才常自立军起事旨在勤王,即拥护光绪皇帝复辟。因此,无论是冯自由还是张篁溪所谓自立军拟拥张之洞"据两湖而宣布独立"的说法,无非是说自立军想利用张之洞实现其"勤王"的目标,而并不足以证明《孔文》所谓张之洞欲"独立称王"。

　　至于张之洞斩杀唐才常自立军的时机问题。《孔文》称:"直到八国联军攻克京师,慈禧政权安然无恙,张之洞才于8月21日向唐才常挥起屠刀。他杀害唐才常不迟不早,是在他刚刚获悉慈禧政权没有被摧毁的消息之后。"这里的关键问题是:8月21日(庚子七月二十七日),张之洞镇压唐才常自立军时,是否已经"获悉慈禧政权没有被摧毁的消息"? 对此,《孔文》持肯定态度,但没有提供确切的证据。

　　其实,当时张之洞并不知道慈禧政权安然与否。就在镇压自立军

---

　　①　黄濬:《花随人圣庵摭忆·补篇》,115 页,上海,上海书店出版社,1998。

　　②　此点承武汉大学历史学院左松涛博士指明,特此感谢。

　　③　参见冯自由《自立会起事始末》,见杜迈之等辑:《自立会史料集》,19页,长沙,岳麓书社,1983。

的前一天，即庚子七月二十六日(1900 年 8 月 20 日)，张之洞所派坐探委员巢凤冈从济南发来电报称：

> 两宫廿日离都，团匪护驾，向道口以达五台山。庆邸留京，余随行。各军一败涂地。陈泽霖、张春发军溃，董、宋伤亡甚多，夏辛酉退南苑，亦难久持。接十四静海函称，尚有团匪横行。冈明日赴德(州)。①

慈禧太后与光绪皇帝尚在逃亡，各路清军溃败不堪，慈禧政权如何"安然无恙"呢？

不仅如此，即使在镇压自立军之后，张之洞仍然不知慈禧太后的确切下落。七月二十八日(8 月 22 日)，张之洞致电刘坤一称：

> 顷接东勘电，焦急万状，是西巡与否，尚无确信。至探确后，或仅具折请安，或须派员前往。以何为宜，祈斟酌示复，以便仿照。②

七月二十九日(8 月 23 日)，张之洞又致电直隶布政使护理直隶总督廷雍，询问了一系列问题。电云：

> 径电读悉。两宫廿一西幸，想已见明文。现已抵何处？启銮后有寄谕与各省督抚否？尊处奉到否？有何要语？扈驾王大臣系何人？留京王大臣系何人？扈卫共有几军？想均有明文。洋兵入京后情形若何？近畿尚存几军？现扎何处？尊处必知其详。洋兵于京外扰及何处？保定尚无敌氛否？闻护理直督，已接篆否？均望飞速赐示，六百里加紧驰递德州转电，盼祷。艳。③

---

① 《庚子七月二十六日济南巢委员来电》，见《张之洞存各处来电》第 38 函，所藏档甲 182—140。

② 《光绪二十六年(1900 年)七月二十八日致江宁刘制台》，见《张之洞全集》第 10 册，8242 页。

③ 《光绪二十六年(1900 年)七月二十九日致保定廷藩台德州飞递》，见《张之洞全集》第 10 册，8244 页。

廷雍的回电是八月初六日(8 月 30 日)才到张之洞处，电文称：

> 艳电敬悉。荣相、崇公廿六日来保，始知两宫仓猝于廿一日
> 西狩，出居庸关赴宣化入晋。今晋抚达荣相函，有廿三日军机大
> 臣字寄："奉上谕：'朕暂奉慈舆巡幸山西，著通知'等因。"随扈系
> 庆、礼、端、庄四邸，刚相，王、赵二尚书，董、马两军门。留
> 守十二人，闻亦皆出京赴行在。崇公前宵自到，荣相即拟带队赴
> 行在。留直兵数本省不满廿营，客军溃遣无存。惟盼武功、劲字
> 到时拟留省防，余由荣相遣回防。洋兵入都焚戮不堪。雍廿四接
> 护督篆。省城虽无敌氛，而溃勇蹂我地方，拳、教借故四扰，糜
> 烂不堪矣。雍。江。①

事实上，当时不仅张之洞不知慈禧太后与光绪皇帝下落，两江总督刘
坤一、山东巡抚袁世凯也是一样迷茫。七月二十九日(8 月 23 日)，刘
坤一致电闽、浙、皖、赣、苏各省督抚，有云：

> 接慰帅电，两宫廿一西幸，仓猝可想。现虽未得行在确信，
> 或易州、或晋、或陕，各省必须派兵迎扈。福建程从周军门刻在
> 江宁，商定赶募两营，相机确探前进。鄙见闽浙、两江似可联成
> 一气，将前派援北各军，奏请统归程军门节制，兵力较厚，可当
> 一面，各省亦可不再另派。如公谓然，即请电覆，并将所派营数
> 及统带衔名示及。一俟得行在确信，即会列尊衔具折驰奏；一面
> 咨程军门并行各该统领知照。祈速妥筹为祷！②

八月初二日(8 月 26 日)，袁世凯以"千急"电致刘坤一、张之洞称：

> 接端午帅卅电，两宫西巡，尚未知驻跸何处？应否派员奔行

---

① 《光绪二十六年(1900 年)八月初六日廷藩台来电》，见《张之洞全集》第 10
册，8244～8245 页。

② 《光绪二十六年(1900 年)七月二十九日寄许制军刘中丞王中丞松中丞聂
中丞》，见中国科学院历史研究所第三所主编：《刘坤一遗集》第 6 册，2585～2586
页，北京，中华书局，1959。

在具折请安、拨饷接济？并尊处如何办法？统希详示。①

八月初三日（8月27日），袁世凯又以"万急"电致刘坤一、张之洞说：

> 京陷已十余日，如再无办法，恐东南亦难保。务请会商各省，从速设法，共图补救。迄今未奉行在片纸，而北道梗阻，消息隔绝，万分焦灼。昨有人自保定来，称荣相、崇公廿九日仍在保，方布置防守。②

八月初五日（8月29日），刘坤一给李鸿章、盛宣怀、张之洞、袁世凯的电报尚称：

> 慰帅支电悉。京陷半月，迄无办法。各国尽议谓中国无政府。德续调重兵，英调兵驻沪，日在厦寻衅，各占先著，伺隙而动。一国开端，分裂立见。秦、晋偏僻，何能久存？慰帅所言，实为笃论。目前计，惟有速结，尚可弱而不亡。若德兵到华，不可救药矣。可否由中堂领衔，电约各省会奏，联名愈多愈好。电由陕抚驰奏请旨。倘允转圜，尚有一线生机。香帅有何卓见？祈速示。③

八月初六日（8月30日），护理陕西巡抚端方才给各省将军督抚发来"万急"电报，通报两宫西幸晋、陕的确切消息。电云：

> 各省将军督抚钧鉴：顷接陕驻太原廿八探禀，今日怀来县发来准单：扈跸王公大臣系端、庄、庆、肃四王，泽、溥、定三公，伦、肃二贝子，刚相、赵尚书、英侍郎。晋护抚李廿九起节迎銮。又，陕顷接荣、崇咨：出省恭迎圣驾，随带米面，暨各种食物，

---

① 《庚子八月初二日济南袁抚台来电》，见《张之洞存各处来电》第39函，所藏档甲182—141。
② 《庚子八月初三日济南袁抚台来电》，见《张之洞存各处来电》第39函，所藏档甲182—141。
③ 《庚子八月初五日江宁刘制台来电》，见《张之洞存各处来电》第39函，所藏档甲182—141。

并雇办洁净肩舆、驼轿多乘，敬供从用。且恐内帑不敷，暂将陕解京饷等银十一万两尽解行在等语。谨先电闻。①

从以上征引的各种往来电报看，直到庚子八月初，张之洞、袁世凯等人尚未与流亡中的清廷取得联系，并不知慈禧太后和光绪皇帝安全与否，均有茫然无措之感。

《孔文》征引张篁溪的《自立会始末记》，认为其"把唐才常劝说张之洞的时间，叙述为'西太后与载漪西行'之后，这是很不正确的"。唐才常是否劝说过张之洞，从前引皮明麻先生的《唐才常和自立军》来看，还没有确凿证据。姑置不论。《孔文》接着说："事实上恰恰是在'西太后与载漪西行'之前，当时的政局混乱不清，任何事情都可能发生。"这就令人费解了。"西太后与载漪西行"之前，清朝政权不是尚在吗？只有八国联军攻下北京，"西太后与载漪西行"之后，清朝政局才混乱不清。张之洞、袁世凯等人是在将近半个月之后，才弄清慈禧太后与光绪皇帝的确切去向，并逐渐恢复联系。应该说，这期间，才是"任何事情都可能发生"的。但是，张之洞恰恰就是在这个"政局混乱不清"的关键时期镇压了唐才常自立军。

（五）张之洞对慈禧太后态度的两面性问题考辨

《孔文》称张之洞一面公开地"大张旗鼓地宣扬拥护慈禧，维持两宫"，一面又"容忍自立军明目张胆地反慈禧活动"，暗地里想"独立称王"。

说张之洞"容忍自立军明目张胆地反慈禧活动"，有点言重了。事实上，张之洞是在唐才常自立军未能举事的情况下，而先期破获，一举斩杀的。

说张之洞公开维护慈禧太后，当然没有问题。至于张之洞私下对慈禧太后态度如何，则是一个值得进一步探讨的问题。下面略举两例说明：

例一：庚子五月二十九日（1900 年 6 月 25 日），张之洞致电钱恂

---

① 《庚子八月初六日西安端护抚台来电》，见《张之洞存各处来电》第 39 函，所藏档甲 182—141。

称："大局难料，欲存中国，总须慈圣安稳为第一义，不然中国断不能久存矣。各国议论速复。"①可见，张之洞私下里也是维护慈禧太后的。

例二：八国联军进攻北京时，张之洞试图通过钱恂探询日本和西方列强对清廷的态度。七月二十二日（8月16日），张之洞尚不知北京沦陷，从钱恂的来函得知"如北京破后，两宫西幸，各国亦必追，不敢休息等语"，表示"实为可骇！"②按理说，如果张之洞有"独立称王"思想，当其听到这个消息时，应该感觉是天赐良机而"实为可喜"才对，何故要"实为可骇"呢？

《孔文》还说，张之洞"独立称王"的阴暗心理，"似乎不曾对外人吐露，但由于宇都宫太郎日记的面世，人们的怀疑终于得到了证实"。此说与《孔文》自身至少有两个矛盾：其一，既然张之洞"不曾对外人吐露"，那么，宇都宫太郎如何能记进日记？其二，《孔文》第三节分明又说："围绕清廷最高权力的转换，张之洞和他的亲信幕僚曾在私下多方筹划，不少人均知其事。"如何自圆其说，孔先生还得斟酌才是。

二、"政府"与"成立新政府"之真义

"政府"一词，是《孔文》所引宇都宫太郎日记中的关键词。"政府"在清末文献中确切含义如何，值得认真探讨。有人通过对光绪朝"政府"词义作详细考证认为，一直到光绪三十二年（1906年）为止，"政府"的词义，仍然限制在中央行政机关内阁或军机处的范围之内，既不是"朝廷"的同义词，也不包括地方政府。③ 就所见庚子时期有关张之洞的文献中若干"政府"词汇，细绎其义，可知其一般是指作为清朝国家行政机关的军机处。下面两则电文是典型例证：

---

① 《光绪二十六年（1900年）五月二十九日致东京钱念劬》，见《张之洞全集》第10册，8038页。

② 《庚子七月二十二日致东京钱念劬》，见《张之洞电稿乙编》第13函，所藏档甲182—74。

③ 参见王宏斌：《光绪朝"政府"词义之嬗变》，载《近代史研究》2007年第6期。

锡藩司自太原来江电，鹿滋帅入政府，毓贤开缺，锡良升晋抚云。①

近日各处电报，似非不戮一人所能了事。毓仅发遣，董不办，赵仍在政府，外人如何肯允？恐生枝节。②

电文一是说鹿传霖进军机处，电文二是说赵舒翘还在军机处。还有一个例证可作进一步说明：

拳匪势甚猖獗，各国纷纷征兵调舰，大局危急。政府意究主抚主剿？鄙见……请公径电北洋会奏，朝廷喜纳嘉谟。③

上例中不但"政府"与"朝廷"并列，而且从当时的公文书写格式上看，也有明显差异："朝廷"是另起一行抬头书写，这是"政府"没有的殊遇。张之洞档案中此类电稿，由其幕僚按照严格的清代文书格式抄写。只要略加翻阅，便可一目了然。由此可见，不能将"政府"与"朝廷"轻易地划等号。

既然"政府"不是"朝廷"，而是指军机处，那么所谓"成立新政府"，就只不过是改组军机处而已，焉能引申出"独立称王"来？

《孔文》称："对于张之洞庚子年的帝王思想，清廷大员知之者甚少。但是，日本政府却通过宇都宫太郎等军方人士的报告，已经了解到张氏欲组织新政府的愿望，故而在八国联军侵占北京、庚子议和逐渐提上日程后，曾有计划提出让中国成立一个由张之洞组成的新政府。"此说可议之处有三：第一，日本提出"组织新政府"最早是在八国联军攻占北京之前，而不是之后。庚子六月二十九日（1900 年 7 月 25日），驻日公使李盛铎致电刘坤一、张之洞称：

---

① 《庚子闰八月初八日致江宁刘制台、济南袁抚台、上海盛京堂》，见《张之洞庚子年发电摘钞》第 1 函，所藏档甲 182—32。
② 《庚子九月二十四日江宁刘制台来电》，见《张之洞存各处来电》第 41 函，所藏档甲 182—143。
③ 《庚子五月十八日江宁刘制台来电》，见《张之洞存各处来电》第 37 函，所藏档甲 182—139。

> 江宁刘制台、武昌张制台钧鉴：宥电面商外部，据称北方无
> 日本教士，惟京津附近之匪，华兵未剿者，联军不能不往剿，却
> 不能限定何处。又谓中国须将旧政府大臣更换，另选大臣，立一
> 新政府，各国方能议和等语。乞钧夺。铎。①

同一天，盛宣怀也收到李盛铎的电报，并及时向刘坤一、张之洞、袁
世凯转告了这个消息。其电文称：

> 江宁、武昌、济南督抚……顷保定电，奉旨端、庄入枢。而
> 木斋勘电，日廷要索更换政府大臣。奈何？宣，勘。②

第二，从以上两电来看，日本并不是要张之洞"组织新政府"，甚至这
个消息也并不是单独传递给张之洞的。事实上，通过驻日公使李盛铎，
不仅张之洞，刘坤一、袁世凯、盛宣怀等人都知道了这个消息。第三，
日本提出"组织新政府"的原因，也并不是因为"通过宇都宫太郎等军
方人士的报告，已经了解到张氏欲组织新政府的愿望"，而是要求中国
"将旧政府大臣更换"，即是要清除军机处中的顽固守旧大臣。对此，
后来日本的国书正式提出时有更清楚的说明。闰八月十九日（10 月 12
日），盛宣怀转发李盛铎电致刘坤一、张之洞、袁世凯称：

> 江宁、武昌督署，济南抚署：木使筱电，顷日本外部侍郎面
> 交日主恭答国书一道，其文曰……惟大皇帝如果切望平和，宜须
> 明降谕旨，断不举用守旧顽固之人，亟应简选中外重望有为者，
> 派为大臣，另立一新政府；并望大皇帝不幸陕西，即回北京，以
> 靖民心，而表自觉开罪友邦之过实据。则各友邦岂有不允议和
> 之理？③

---

① 《庚子六月二十九日东京李钦差来电》，见《张之洞存各处来电》第 37 函，
所藏档甲 182—139。

② 《庚子六月二十九日上海盛京堂来电》，见《张之洞存各处来电》第 37 函，
所藏档甲 182—139。

③ 《庚子闰八月十九日上海盛京堂来电》，见《张之洞存各处来电》第 40 函，
所藏档甲 182—142。

庚子年，清朝军机处王大臣为：世铎、荣禄、刚毅、王文韶、启秀、赵舒翘、载漪（闰八月初二日以后为鹿传霖），基本上被顽固守旧大臣把持，尤其刚毅、启秀、赵舒翘、载漪等人，更是列强点名要求"惩凶"的对象。显然，所谓"另立一新政府"，就是要将这些守旧大臣清除，而重组军机处。

至于张之洞此时不肯入政府，其实他给钱恂的两个电报说得非常清楚。电云：

> 李使忽欲荐仆入政府，骇极。顽固充塞，必受其害，务恳千万阻止。①

> 顷见日本国书言：如果切望平和，宜须明降谕旨，断不举用守旧顽固之人，亟应简选中外重望有为者，派为大臣，另立一新政府；并望不幸陕西，即回北京，而表自觉开罪友邦之过实据。则各友邦岂有不允议和之理等语。后两条即回京、表开罪，姑不论。第一条简重望、立新政府，显然意在鄙人。朝廷固未必照办。设或允之，遽行宣召，不惟长江必乱，大局立变，前功尽弃；且拳乱尚蕃。仆两次与合肥联衔攻首祸诸人，又与各疆臣联衔攻董。刻下申枨持柄，郿坞增营，焰均甚炽，积怨已深。若冒昧前往，必受其害。务望托青木诸君，设法迅速婉达伊藤，此时总以不离鄂为妥，中外有益，千万要紧。若北上议事，先抛荒鄂事，亦属万万不可，总以在鄂亦得与议为妥。盼复。②

以上电文清楚地显示：当时军机处顽固派充塞，而张之洞与他们的政治方针是对立的。当顽固派鼓动慈禧太后向各国宣战时，张之洞等东南督抚则在与列强搞互保活动。张之洞还与李鸿章等东南督抚多次联衔攻击顽固派，双方"积怨已深"，张之洞当然不会去自投罗网而受其

---

① 《庚子闰八月十六日致东京钱念劬》，见《张之洞庚子年发电摘钞》第1函，所藏档甲182—32。

② 《庚子闰八月二十日致东京钱念劬》，见《张之洞庚子年发电摘钞》第1函，所藏档甲182—32。

害。同时，张之洞还不愿意放弃苦心经营的东南互保局面。何况这只是日本人的提议，"朝廷固未必照办"。老练的张之洞当然不会轻易就中这个圈套。

必须指出一点，此处"组织新政府"云云，是在日本国书中公开提出来。国书直接给慈禧太后和光绪皇帝，当然不是公然要求张之洞取清廷而代之。这自然与所谓张之洞"独立称王"说更是风马牛不相及。

三、余话

与古代史研究往往可能因史料缺乏而无从稽考的窘迫情形相比，近代史研究或许要幸运得多。在某种意义上可以说，近代史研究的一个难处，就在于史料太多，可谓汗牛充栋、浩如烟海，任何试图竭泽而渔、一网打尽的想法，几乎都是不可能的。旧史料难以穷尽，新史料又层出不穷，是对近代史学者功力与智慧的双重考验。当然，这也正是近代史研究的魅力所在。发现了新史料，的确是令人振奋的事情。但是，一些基本的规则还是应该遵守的。对新出史料的解读，不能离开具体的历史语境，望文生义、断章取义和格义附会，而应与既有的史料互相参证，考而后信，以求融会贯通。无论是海内孤本，还是海外秘笈，都应该如此。本文对于《孔文》的质疑和考辨，主要在于史料的引证与解读，不当之处，敬请方家指正。

《孔文》在研究方法上，似亦有先入之见。据孔先生自叙，其写作《孔文》的缘起，是源于久保田文次教授："2002 年春，日本女子大学的久保田文次教授称，在庚子年张之洞似有当皇帝的思想。其依据是该校文学部新近得到宇都宫太郎明治三十三年（1900 年）的《当用日记》。"孔先生通过久保田文次、吉良惠芳教授借阅了这部分日记，认为："虽然篇幅不大，却白纸黑字，不能轻易加以否认。于是，我近年来便千方百计地搜寻张之洞庚子年之有关史料，以求探测这位清末大僚庚子年独立称王的内心世界。"久保田文次先生首先提出了假设；孔先生则努力去证实。当然，在历史研究中，本亦难免先入之见，但关键是在小心求证的过程，对于既有的假设，既可能证实，也可能证伪。

本文对于《孔文》的质疑和考辨，主要使用的资料是中国社会科学院近代史研究所藏的未刊张之洞档案，以及已刊的《张之洞全集》。孔先生自叙"阅读过大量张之洞之奏折、信函及为数众多的未刊史料"，笔者的见闻自在他的范围之内。不过，笔者有点不甚明白的是，对于久保田文次先生的假设，孔先生为何不能提出质疑，而一定要千方百计去证实呢？其实，在学术研究中，证伪与证实应该具有同样重要意义。这一点，想必孔先生比在下更加明白，故不再赘述。

请恕笔者孤陋寡闻，因不知久保田文次先生关于"张之洞庚子年想独立称王"的高见在何处发表，本文姑置不论。

至于所谓范文澜先生的说法，则似有略加辨析的必要。范著《中国近代史》有云：

> 唐才常失败的原因，由于康有为私吞军费，更重要的原因是在国际形势的变化。当时正是义和团极盛，北方混乱时期。英帝国主义阴谋瓜分中国，通过康有为指使自立会拥护两湖总督张之洞割据长江流域（两江总督刘坤一另有张謇等人拥护），通过何启指使兴中会拥护两广总督李鸿章割据两广。张之洞李鸿章都有自己的打算，他们观望形势，如果帝后同亡或帝存后亡，可以接受拥护，组织傀儡政府；如果帝亡后存或帝后同存，他们深信沙俄势大，满清统治决不崩溃，则拒绝拥护并屠杀拥护者。自立会、兴中会领导人简单地在帝后同亡或帝存后亡一方面着想，希望与洋务派首领合作，维新派的自立会固然宗旨混沌，又自立又保皇，革命派的兴中会同样也是态度暧昧，似民主又似君主立宪。一九〇〇年八月中（光绪二十六年七月下旬），八国联军入北京，西太后挟光绪帝同逃，国际形势不允许英国独占南中国，张之洞得英领事同意，屠杀唐才常及自立军。①

范文澜先生的《中国近代史》于 1943 年开始撰写，1945 年写完，1946 年在延安出版，后多次修订重版，到 1955 年 9 月出版第 9 版，是为

---

① 范文澜：《中国近代史》上册，326 页，北京，人民出版社，1962。

"范文澜生前最后的定本"。范著撰写于革命战争年代，是"一部革命性、政治性更强的马克思主义中国近代史研究论著"。"作者坚定的政治立场，强烈的政治动机和鲜明的政治观点，在这部著作中得到充分体现。"该书虽然是用马克思主义研究中国近代史的奠基之作，但其强烈的政治意识形态色彩与"借古说今"的比附与影射手法，不能不在一定程度上损害了实事求是的精神，冲淡了历史学学术研究的客观科学性。① 因此，离开范著产生的具体历史语境而谈论范著，就不能真正理解范文澜先生当年的苦心孤诣。从上引文字来看，范文澜先生对于洋务派、维新派甚至革命派，都是持批评的态度。其所谓张之洞可能在英帝国主义支持下"割据"长江流域以"组织傀儡政府"的说法，完全是范著产生时的那个革命战争年代特殊的政治话语。如《孔文》引申出所谓范文澜提出了张之洞想"独立称王"或"组织独立政府"的问题，若范老地下有知，不知做何感想？何况范著所揭露的是英帝国主义的阴谋，与《孔文》所谓张之洞主动寻求日本的支持也是毫不相干。

退一步说，即使范老与久保田文次先生中日两国历史学家真是英雄所见略同，"都先后提出了张之洞想组织独立政府的问题"，但这只是一个假设性命题，不仅范老与久保田文次先生没有充分论证，而《孔文》所作各层论证也根本不能成立。要证实这个命题，尚需真正确实可靠的证据与更加严肃周密的论证。

原载《近代史研究》2010 年第 3 期；又载冯天瑜、陈峰主编：《张之洞与中国近代化》，中国社会科学出版社，2010。

---

① 关于范文澜先生《中国近代史》的评论，参见刘大年：《范文澜与历史研究工作》，《刘大年集》，253～269 页，北京，中国社会科学出版社，2000；张海鹏、龚云：《中国近代史研究》，209～242 页，福州，福建人民出版社，2005。

在社会问题与经济问题之间

——从张之洞禁烟思想与实践的内在矛盾看晚清禁烟问题的两难困境

关于张之洞禁烟思想与实践问题，以往学术界关注得并不多。在少数几篇论文和一些张之洞传记中，一般只是简略地叙述张之洞在山西巡抚任内的禁烟举措。[①] 至于张之洞此后在两广总督尤其是湖广总督任内的表现，则较少有人论及。笔者检索有关资料发现，张之洞虽然在《〈戒缠足会章程〉叙》中曾提倡设立"戒烟会"，并在《劝学篇》中专列"去毒"篇，明确地表示仍然主张禁烟的态度；但是，除此而外，他都是在积极地征收鸦片税厘，这无异于默许甚至是纵容鸦片生产与贸易的合法化，可以说事实上已经基本上放弃了禁烟立场。[②] 鸦片问题在晚清颇为复杂，首先是一个外交问题，在那弱肉强食的时代，国人显得无能为力，只有任人宰割。咸丰八年(1858年)《中英通商章程善后条约》规定外国鸦片以"洋药"名义进口纳税，事实上承认了鸦片贸易合法化，从此洋烟便有恃无恐地涌向中国。在此背景下，国人所谓禁烟问题主要是针对土烟而言，一方面，从社会问题的角度来看，鸦片是毒品，流毒太大，是非禁不可；另一方面，从经济问题的角度来看，

---

① 王兰荫：《张之洞之富强政策》，载《师大月刊》，1934年12月，转见朱传誉主编：《张之洞传记资料》第6册，台北，天一出版社，1985；胡维革：《张之洞关于鸦片问题的思想及活动》，载《齐齐哈尔师范学院学报》1985年第2期；王金香：《张之洞山西禁烟述略》，载《山西师大学报》1988年第1期；冯天瑜、何晓明：《张之洞评传》，59～61页，南京，南京大学出版社，1991。

② 前引胡维革文虽然注意到张之洞整顿土药税厘问题，但只关注其防止偷税漏税及其与洋药争利权的方面，而没有看到与其禁烟思想的矛盾之处。

鸦片是商品，其税厘是重要财源，则是欲禁不能。既要禁又不能禁，这是张之洞禁烟思想与实践的内在矛盾，也是晚清禁烟问题的两难困境。

一、张之洞对鸦片烟毒的认识及其禁烟思想

中国是在一场以鸦片为名的战争推动下被迫进入近代世界的。然而，鸦片带给近代中国人的只有无穷的灾难与耻辱。在西方列强炮舰政策护持下的罪恶的鸦片贸易，不仅使中国财富大量外流，耗损了本就拮据不堪的财政经济，而且从肉体与精神上毒害了中国人民，严重地损害了中国人民的身心健康。有识之士在谋求国家富强与民族振兴时，无不高举禁烟的旗帜，正如张之洞所说："欲振中国之贫弱，必以此为大端。"[①]这是时代的强音。

在鸦片战争之后成长起来的张之洞，对于鸦片烟毒的危害有着深刻认识。他曾自称对之"深恶痛绝"，并表示要"力求拯治之方"。[②] 张之洞禁烟思想的萌发，正是基于其对鸦片烟毒有着切肤之痛。

光绪元年（1875 年），张之洞在四川学政任上所撰教士之书《輶轩语》，在论述鸦片烟毒危害时称："世间害人之物，无烈于此。此事乃古今奇变，不可以常情常理论者也。伤生耗财，废事损志，种种流弊，不忍尽言。……独至此事，一隕其中，沉溺不返，骨肉知交不能劝阻，良方上药不肯尝试，日有孳孳，毙而后已。"[③]当时，他已认识到吸食鸦片烟是"举世趋之"的社会风气。但是，作为一个学政，他所能做到的只是在规范士子行为时，主张"戒食洋烟"，可谓恪尽职责。后来，张之洞出任山西巡抚，无疑为他提供了一次实践禁烟的机会，大刀阔斧地开展禁烟运动，并取得了一定成效（详情见下节）。

光绪二十三年（1897 年），张之洞在所撰《〈戒缠足会章程〉叙》中认

---

① 张之洞：《陈明禁种莺粟情形折》，见苑书义等主编：《张之洞全集》第 1 册，202 页。
② 《札清源局设局戒烟》，见《张之洞全集》第 4 册，2368 页。
③ 《輶轩语·语行第一》，见《张之洞全集》第 12 册，9778 页。

为，中国二万万男子当中吸洋烟者"南北多寡相补，大率居半"，这是国贫民弱的一个重要原因。他主张"强民在戒烟"，提倡设立"戒烟会"。张之洞虽然对于自己在山西戒烟的成就可以津津乐道，但他谈及在两江与湖广的作为时则显然有点底气不足。他说："今江湖诸省，政令不如山西之易行，惟先于书院之士、挑练之兵、新募之勇行之，其余俟以渐变化之耳。"①事实上，无论是署理两江还是总督湖广时期，他都没有大的禁烟举措。

张之洞禁烟思想的集中表述，是戊戌时期《劝学篇》中的"去毒"篇。首先，他说明了鸦片烟毒的危害。他认为，鸦片烟毒之害，甚于洪水猛兽，"洪水之害，不过九载；猛兽之害，不出殷都；洋烟之害，流毒百余年，蔓延二十二省，受其害者数十万万人，以后浸淫，尚未有艾，废人才，弱兵气，耗财力，……中国不贫于通商，而贫于吸洋烟也"。他沉痛地指出，如果听任鸦片烟毒流播，其严重后果将是："更数十年，必至中国胥化而为四裔魑魅而后已。"其次，他分析了吸烟成为风气的原因。他说："中国吸烟之始，由于懒惰，懒惰由于无事，无事由于无所知，无所知由于无见闻。"他主要是从道德与知识方面寻找根源，认为吸烟是人民愚昧无知的缘故。再次，他提出了戒烟的方法。根据上述对吸烟原因的认知，张之洞主张用"兴学"启蒙人民的知识来达到禁烟目的。他说："兴学者，戒烟之药也。……惟在以学治智能少壮之人，愚贱者视吾力所能及者治之，衰老者听之。十年之后，此智能少壮之士，大率皆富贵成立，或有位，或有家，因以各治其所属之人，三十年而绝矣。"他建议各省多设学会，各学会都列有戒烟专条："四十岁以上，戒否听其便；四十岁以下者，不戒烟不得入会。"同时，他还提倡"家训训此，乡约约此，学规规此"，希望在全社会兴起一股戒烟的风气。最后，他阐明了戒烟的必要性。他说："夫以地球万国鄙恶不食之鸩毒，独我中华，乃举世寝馈湛溺于其中，以自求贫弱死亡，古今怪变，无过于此。使孔孟复生，以明耻教天下，其必自戒烟始矣。"②张之

---

① 《〈戒缠足会章程〉叙》，见《张之洞全集》第 12 册，10060～10062 页。

② 《去毒第九》，见《劝学篇》内篇，35～36 页，武昌，两湖书院，光绪戊戌（1898 年）三月刊本。

洞在此对鸦片烟毒的认识应该说大致不错，从社会问题的角度而言，他看到了鸦片烟毒的危害，并坚决主张禁烟，这也有着相当的积极意义；然而，这里提出的禁烟方法，虽然不失为有益的理论探讨，但其现实可行性却令人怀疑，事实上他在山西巡抚任内的禁烟也并不是这样做的。

二、张之洞在山西巡抚任上的禁烟举措与成效

光绪七年底(1882 年 1 月)，张之洞出任山西巡抚。这是张之洞政治生命历程中的一个转折点，从此开始了长达 20 余年封疆大吏的仕宦生涯。张之洞满怀治国平天下的抱负来到山西，在《到山西任谢恩折》中，禁不住表露了此种"经营八表"的志向，希望在此能大干一番事业。

然而，现实似乎并不那么令人乐观。山西是鸦片烟毒严重泛滥的省区，不仅罂粟种植普遍，而且鸦片吸食成风。"晋民好种莺粟，最盛者二十余厅州县，其余多少不等，几于无县无之。旷土伤农，以致亩无栖粮，家无储粟。"[1]"有嗜好者，四乡十人而六，城市十人而九，吏、役、兵三种，几乎十人而十矣。人人枯瘠，家家晏起。"张之洞初到山西，即强烈地感受到山西被烟毒祸害到无以复加的程度："堂堂晋阳，一派阴惨败落气象，有如鬼国。"他认为："晋患不在灾而在烟。"[2]广泛地种植罂粟，严重地破坏了农业生产；人民普遍吸食鸦片烟，使社会风俗败坏，民不聊生。这就是张之洞面对的山西省情。

尽管如此，张之洞仍然没有丧失治理山西的信心。他在给李鸿藻的信中表示："鄙人之志，惟欲在此稍久(至少亦须三年)，意中欲办之事，一一办成，已办之事一一见效。"[3]他在给张佩纶的信中也说："朝廷若假以三年，当为国家治之"，"则今日之晋，虽不能为强国，足可以为治国"。[4]经过半年多的调查研究，张之洞心中逐渐有了一个治晋

---

① 《禁种莺粟片》，见《张之洞全集》第 1 册，107 页。

② 《致张幼樵》，见《张之洞全集》第 12 册，10139 页。

③ 李宗侗、刘凤翰：《李鸿藻先生年谱》上册，382 页，台北，"中国"学术著作奖助委员会，1969。

④ 《致张幼樵》，见《张之洞全集》第 12 册，10142、10141 页。

方案。他在一个奏折中列举了要办的 20 件大事,"禁莺粟"自然是其中重要的一项。① 他认为:"罂粟,乃晋省切肤之病,不能禁除,则小民何有清明之气,地方何有富强之日,蠹政害民,莫此为甚。"②张之洞希望从禁烟入手,整顿社会风俗,发展农业生产,改变山西贫穷落后的面貌,以实现自己平生经国济世的远大抱负。因此,在任职山西巡抚短短的两年多时间里,张之洞掀起了一场轰轰烈烈的禁烟运动。

张之洞在山西禁烟主要是依靠行政手段实行强制政策。大致有如下两方面措施:第一,禁种植。光绪八年(1882 年)六月,张之洞上奏《禁种莺粟片》,指山鸦片烟毒祸害山西已到"不可不禁"的地步,其故有四:一是夺粮产,二是耗地力,三是害人民,四是为抵制洋药。他认为,过去山西烟毒之所以不能禁,主要有两方面原因:"一由于上官之禁弛不一,朝令夕更;一由于官吏之视为利源,私收亩税。"只要祛此二弊,必有成效可观。③ 此奏上后,得到清廷谕旨批准:"民间栽种罂粟,有妨嘉谷,屡经严谕申禁,仍著该抚随时查察,有犯必惩,以挽颓俗。"④朝廷一纸上谕,为张之洞禁烟举动提供了合法性依据。随后,张之洞一面发布禁种罂粟告示,要求各地人民"一律种植五谷、蔬菜、桑棉一切有用之物,不准再种罂粟一茎"⑤。为了落实此事,他要求各属尽快刊发张贴,对于按时执行者褒之为"实心为民",对于拖延违抗者斥之为"昏谬"。⑥ 另一方面,张之洞拟定 10 条禁种罂粟章程:得人、先难、通力、除弊、议罚、悬赏、抑强、速毁、用威、化俗。他将章程札发各级地方官,说明禁种的基本目标是"总以禁绝根株为度",并特别申明:"惟以能禁与否,定地方官之功过,……禁绝者优

---

① 《整饬治理折》,见《张之洞全集》第 1 册,102 页。
② 《批藩司详呈送刊发禁种罂粟告示》,见《张之洞全集》第 6 册,4421 页。
③ 《禁种莺粟片》,见《张之洞全集》第 1 册,第 107 页。
④ 朱寿朋编:《光绪朝东华录》第 2 册,1361 页,北京,中华书局,1984。
⑤ 《禁种罂粟示》,见《张之洞全集》第 6 册,4843 页。
⑥ 《批藩司详呈送刊发禁种罂粟告示》《批神池县禀查禁罂粟拟暂缓张贴告示》,见《张之洞全集》第 6 册,4421 页。

奖，不禁者严参。"①在发布禁种告示、章程后，张之洞严格地督促各属认真贯彻执行。例如，交城是山西著名产烟地，张之洞本想把它作为禁烟典型，"认真禁绝，以为通省之倡"，但知县贾成霖等禁烟不力，效果不佳，张之洞一面将干扰禁烟的千总张芝琴撤职，一面特派候补知府刘林新、参将施绍恒带兵前往督禁，要求"立刻拔除净尽，改种五谷，各具永不再种甘结"，同时，为防止刘林新等人"欺饰畏葸"，又派人密查，予以监督。② 可见其良苦用心。光绪九年（1883 年），各府、厅、州、县陆续将禁种情形上报，张之洞一一认真批示。河北版《张之洞全集》中保存此类批文 42 件③，这些批文提供了大量有关张之洞在山西禁烟情形的重要信息：其一，做过踏实调查工作，对山西各地种植罂粟情形了如指掌，不为下属所欺蒙；其二，惩恶扬善，对敷衍塞责者严词申斥，对雷厉风行者褒扬勉励；其三，能颇有针对性地指示禁烟方法，并及时解决各类疑难问题。可见，张之洞为山西禁烟做了大量扎实艰苦的工作，可谓费尽心血。是年底，张之洞再次发布严禁再种罂粟章程告示，向各级官员申明"至于明年禁拔，断不准再有遗漏，以期永绝根株"④。他希望保持在山西禁烟运动的连续性，以取得完全彻底的胜利。

第二，禁吸食。张之洞在山西禁烟工作重点无疑是禁种植，因为在他看来："晋民嗜好成风，吸食之便，总由于种植之多，是以本部院叠次禁种，不遗余力，无非为拔本塞源起见"⑤；但他并没有放纵吸食，而是将禁吸食与禁种植两者相辅而行。这方面措施主要有三：一是查禁烟馆。光绪八年（1882 年）十二月，张之洞札令保甲局查禁鸦片烟馆，札文称："各处烟馆之设，尤为诱民陷溺之端。凡属贫乏之士

---

① 《札各属禁种罂粟》《禁种罂粟章程十条》，见《张之洞全集》第 4 册，2308～2311 页。

② 《札刘林新等赴交城督禁罂粟》，见《张之洞全集》第 4 册，2342～2343 页。

③ 参见《张之洞全集》第 6 册，4436～4458 页。

④ 《札各属严禁再种罂粟并发章程告示》，见《张之洞全集》第 4 册，2388 页。

⑤ 《批汾州府禀筹议禁烟各条》，见《张之洞全集》第 6 册，4510 页。

民，皆可就便取携，积成痼疾。若不一律查禁，终为民生风俗之害。"要求保甲局"将省城所有烟馆，一律驱逐，不准容留一家"①。二是禁官员吸食。文武官员吸食鸦片，本在朝廷例禁之中。张之洞到山西后，也是"苦口劝谕，诰诫周详。藩司以嗜好而去任，州县以嗜好而参撤停委，示罚示戒，何止三令五申"。但收效甚微，"大小官员悔过湔除者，不过十之二三；苟安因循者，仍有十之七八"。因此，他札令布政使通饬全省大小文武官员，限期在三个月内一律戒断。② 三是设戒烟局。张之洞在山西禁烟初期本曾"延医设局"，后因医士病故而一度暂停。光绪九年(1883年)九月，张之洞向直隶总督李鸿章咨调都司杨佑青来晋，由杨主持在省城山桥街公所设戒烟局。③ 同年十一月，太原府拟在圆通观添设戒烟南局，张之洞当即批准照办，并指示由善后局拨给开办经费银200两。他认为："戒烟局关系民气士风，乃今日化民成俗之要政，自是多多益善，况近日观感日多，更宜因势扩充，广施利济。"④这些措施都依靠行政手段强制实行，有助于抑制山西颇为盛行的吸烟之风。

无论是禁种植，还是禁吸食，虽然都不是什么新方法，但是张之洞能够在山西切实推行，结果还是取得了相当可观的成效。就种植而言，"合通省计之，南交、北代，一律净绝，其余厅、州、县，南滨黄河，北抵边外，或什去八九，或什去六七，通省多少牵算，实已禁除十分之八"。就吸食而言，"省城戒烟局，就医购药，络绎不绝，则以吸食之少，可知禁除之多"。他乐观地认为，如果照此继续进行，"三年以后，可期此害永除"。⑤ 然而，遗憾的是，张之洞在光绪十年(1884年)春夏之交即被调署两广总督，并从此永远离开了山西。人去政废。此后，山西烟毒又重新泛滥起来。

---

① 《札保甲局查禁烟馆》，见《张之洞全集》第4册，2314页。
② 《札藩司通饬官员戒吸鸦片》，见《张之洞全集》第4册，2329～2330页。
③ 《札清源局设局戒烟》，见《张之洞全集》第4册，2368～2369页。
④ 《批太原府详添设戒烟局》，见《张之洞全集》第6册，4499页。
⑤ 《陈明禁种莺粟情形折》，见《张之洞全集》第1册，203页。

三、张之洞禁烟思想与实践的内在矛盾及其成因

张之洞离开山西后，相继出任两广总督与湖广总督，为时 20 余年（其中两度署理两江总督），这是其政治生涯中最重要的时期。在这段时期，张之洞致力于洋务与新政事业，为中国近代化运动作出了重要贡献。虽然两广与湖广地区烟毒泛滥程度比山西有过之而无不及，但是张之洞并没有像在山西那样开展禁烟运动。他只是在《〈戒缠足会章程〉叙》中提倡设立"戒烟会"，并在《劝学篇》中表明了"去毒"的态度，而更多的时候都是从财政税收上考虑征收鸦片税厘问题。于是，在张之洞的禁烟思想与实践中，禁与不禁的矛盾开始自然地突显出来。笔者认为，这个矛盾是在把鸦片问题看作社会问题还是经济问题的不同视角下产生的。这一方面与晚清禁烟问题的基本情势相关（详见下节），另一方面则由张之洞的个性品格所决定。这里拟着重说明后一点。

论者都承认张之洞是从清流派转变为洋务派。笔者想要进一步指出的是，这个转变的完成并不是绝对的。也就是说，张之洞在从清流派转变为洋务派之后仍然兼具两者的品格。因此，张之洞在禁烟思想与实践问题上的矛盾，在某种程度上就是其个性气质中所兼具的这种清流派与洋务派双重品格的矛盾。

如所周知，清流派是在同光之际兴起的一股与洋务派相对立的政治势力。清流派攻击洋务派，主要是攻击洋务派人物的个性品格和洋务运动对中国社会文化的负面影响。正如辜鸿铭所说：清流派对于洋务派在采用外国方式方法的同时带来了一些粗俗丑陋的东西颇感震惊。"这样，中国的牛津运动（指清流党运动——引者注）就变成了一场强烈排外的运动。它排外，并不是因为这些学者们憎恨外国人；它排外，完全是因为这些学者看到了映于眼前的李鸿章及其追随者所采用的外国方式方法骇人的粗鄙与伤风败俗。这便是真正的中国文人学士排外精神的道德基础。"①"清"相对于"浊"而言。除了一些门户之见和意气

---

① 辜鸿铭：《中国牛津运动故事》，见黄兴涛等编译：《辜鸿铭文集》上卷，311 页。

之争外，清流党人揭露与攻击的主要是社会政治的阴暗面和一些官僚腐败现象。对于鸦片烟毒问题，清流派自然会把它看作社会伦理道德问题，如上述张之洞主张禁烟时，主要是着眼于烟毒的社会危害。

与清流派多任虚衔、少参实务而可以放言高论的情形不同，洋务派尤其是封疆大吏们，大都做着具体工作，担负着实际责任，他们更加务实。晚清时期，财政问题一直是困扰国家与地方政府的难题。无论是繁重的军费开支与赔款，还是各种洋务与新政事业的举办，都需要大量资金。在政府屈从于西方列强外交压力之下使鸦片贸易合法化之后，鸦片税厘成为政府一个不可或缺的财源，洋务派把鸦片问题主要看作一个经济问题也就不足为怪。为了解决燃眉之急，他们不得不饮鸩止渴。这是任何个人力量都难以抗拒的时代的悲哀。

张之洞以清流名士出任山西巡抚，虽然在具体实践工作中，已开始向洋务派转化，但在那时，清流气质仍然制约着他的行为。他在上奏治晋方案时特别申明：“凡此皆儒术之规，绝不敢为功利操切之计。”①张氏治晋时期的作为，多为非功利的清流精神的体现，禁烟是其显著一例。在出任两广总督尤其是湖广总督以后，张之洞已基本上转化为洋务派。在举办洋务事业过程中，为了解决财政困难，张之洞非常关注鸦片税厘的征收。主要表现如下：第一，整顿土药偷税漏税。湖北不是土药主要生产地，但却是云、贵、陕、甘尤其是川土运销的必经之地，以前由于管理不善，偷税漏税情况非常严重，“以至销日多而税日少”。张之洞就任湖广总督后，即锐意整顿，“派员设卡，严为堵截”。光绪十六年(1890年)，朝廷发布整顿土药税厘上谕，张之洞表示要“大举整顿，以期一扫积弊”。他在南路的宜昌与北路的老河口分别设立土药专局，南、北两路分设隘卡20余处，并派大量缉私巡勇弹压截缉，湖北整顿土药之法，“实已不遗余力”。与此同时，他还希望邻近省份通力合作，互相稽查，“如此则奸商无从趋避，税项必可日增”。② 据说在此之前，湖北土药税收只有7万余两，经过整顿，一年

---

① 《整饬治理折》，见《张之洞全集》第1册，102页。
② 《整顿土药税项筹拟办法折》，见《张之洞全集》第2册，768~772页。

之后，即增至 31 万两。① 可见收效显著。第二，主张加征土药税。光绪二十五年十二月（1900 年 1 月），湖北因还洋债与练兵等项事宜，需款甚急，而当时"物力困敝，筹饷尤难"，张之洞"体察鄂省情形，咨访众论"，拟出"开源之法"三条，其中重要的一条是加征土药税厘，最后根据户部奏准筹款办法，"将土药税加征三成"。② 第三，提倡洋药加税。光绪二十七年（1901 年），张之洞与刘坤一在《江楚会奏变法三折》第三折中有"官收洋药"一条，建议在洋药进口各关由政府设局专买专卖，即由政府先将各关进口洋药全部收买，然后照时价加价二成转发散商分销内地，这样政府每年可得盈余 1000 万两。他们认为，土药已经加税三成，洋药加价不会有困难，并建议先与英国商订专约，每年包销 6 万担，"若英肯订约实办，则此举之有益巨饷确有把握矣"。③无论是加征土药税还是洋药税，张之洞考虑的都是筹饷问题。第四，反对裁撤土鸦片税卡。光绪二十八年（1902 年），在中英商约谈判中，关于"免厘加税"问题，英国代表马凯提出中国必须裁撤所有厘金税卡，包括鸦片税卡，张之洞认为鸦片的征税办法与厘金制度不一样，各土药卡只抽土药税而不抽一般货物的厘金，他反复申明"决不会让土药税卡随便查验船只，而只稽查鸦片是否贴有印花"。最后在张之洞的坚持下，马凯同意保留土鸦片税卡。④ 第五，统办八省土膏捐。光绪三十一年（1905 年），因张之洞在上年试办两湖与皖、赣四省统捐有成，有人向清廷建策上述四省以及两广、苏、闽八省统办土膏捐，清廷责成张之洞筹办。他虽颇感为难，"惟事在必行，势难推宕"，仍然勉力而

---

　　①　许同莘：《张文襄公年谱》卷 4，72 页，上海，商务印书馆，1947。

　　②　《整顿田房契税折》《加征土药税片》，见《张之洞全集》第 2 册，1357、1362 页。

　　③　《遵旨筹议变法谨拟采用西法十一条折》，见《张之洞全集》第 2 册，1447～1449 页。

　　④　裴式楷记：《1902 年 7 月 8 日马凯在武昌与张之洞等会谈简记》，见中华人民共和国海关总署研究室编译：《辛丑和约订立以后的商约谈判》，90～92 页，北京，中华书局，1994。

行。① 从以上事例可知，作为洋务派的张之洞是完全把鸦片问题看作一个经济问题，为解决财政困难问题而想方设法征收鸦片税厘。

从经济问题的角度考虑鸦片问题，征收鸦片税厘确实可以为解决财政困难问题开辟一个税源；但这是一个饮鸩止渴的办法。正如洋药征税的规定促使了外国鸦片输入的合法化一样，对土药征收税厘的行为无疑承认了国内鸦片生产与贸易的合法化，其结果便是鸦片烟毒在社会上泛滥成灾。

诚然，张之洞虽然在《劝学篇》中专列"去毒"篇，表明其禁毒立场，但这一点并没有写进《江楚会奏变法三折》(以下简称《三折》)中。如上所述，《三折》中有"官收洋药"一条，提倡洋药加税。更有趣的是，"去毒"篇在《劝学篇》中属于"务本"的内篇，"官收洋药"在《三折》中则被安排在"采用西法"折中。两相对照可见，张之洞在《劝学篇》与《三折》中对于鸦片问题采取了不同的处理方式，可以说这正是在他身上具有的清流派与洋务派双重品格的体现。当然，并不能绝对地说，凡是清流派就主张禁烟，凡是洋务派就不主张禁烟。笔者想要强调的是，只是由于清流派与洋务派个性品格的差异，可能导致观察鸦片问题的角度有所不同，从而可能有不同的应变策略而已。张之洞主张禁烟，就是因为他身上的清流派品格使他把鸦片问题看作社会问题，视鸦片为毒品；张之洞不禁烟，又是因为其身上的洋务派品格使他把鸦片问题看作经济问题，视鸦片为商品。这样看似相互对立的两面集中体现在一个人身上显然是矛盾的，这个矛盾又是晚清禁烟问题两难困境的体现。

四、晚清禁烟问题的两难困境及其失败症结

鸦片烟毒是晚清社会一个巨型毒瘤。铲除这个毒瘤，始终是一切有识之士的正义呼声。然而，这本是时代的最强音，却在西方列强炮舰政策的蹂躏之下显得非常微弱。自咸丰八年(1858年)鸦片贸易合法化以后，腐败的清政府一方面对于洋药的疯狂输入已是无能为力，另

---

① 《致江宁周制台、苏州效护院、广州岑制台张抚台》《致福州崇署制台》《致安庆诚抚台》，见《张之洞全集》第11册，9288、9295~9296页。

一方面对于土药的态度则又颇为暧昧，结果自然是烟毒泛滥成灾。

在清政府内部关于鸦片问题的解决方法一直有两种声音：一种声音是从社会问题的角度考虑，主张禁烟，反对在本土种植罂粟，但无法遏制外国鸦片的输入，事实上也就难以真正地肃清鸦片流毒，这种出自道德理想的声音很弱小；另一种声音是从经济问题的角度考虑，主张加重征收鸦片税厘，美其名曰"以征为禁"，甚至认为鼓励土药生产可以抵制洋药进口而收回利权，结果势必使洋药与土药同时泛滥，这种为缓解严重的财政困难之现实问题的声音很强大。这两种声音不成比例。清政府虽然也曾在理想与现实之间犹豫彷徨，但最终迫于现实压力还是选择了后者。清廷上谕称："内地栽种土药，为中国出产大宗，果能设法稽征，认真办理，既可裨益饷需，且亦收回利权之一助，并可以征为禁，隐寓崇本抑末之意。"①所谓"以征为禁"，表面上看似意在"禁"，其实却是旨在"征"。首先，所谓鼓励土药生产可以抵制洋药进口而收回利权的想法，其实只不过是一厢情愿的空想。有人甚至认为此举的爱国心可以称道，笔者不以为然。诚然，洋药与土药有国籍之分，但其毒性并无国籍之别。且不说土药能否抵制洋药进口还是一个问题，而土药泛滥与洋药具有同样危害性，则是毋庸置疑。这怎么能够达到"禁"的目的呢？其次，征税与禁烟的内在矛盾无法解决。正如时人总结所说："自以征为禁之说起，征税虽多，而吸烟如故，于是烟税遂为入款大宗，值库款支绌之时，遂有难遽行禁绝之势。"②显然，加重征收鸦片税厘并不能达到禁烟目的；不过，却可以增加清政府的财政收入。可见，清政府实行"以征为禁"根本目的在于"裨益饷需"。的确，鸦片税收是晚清政府财政收入一个重要税源。据统计，在19世纪末20世纪初，清政府每年获得洋药利税少则近200万两，多则700余万两；土药税厘平均每年近600万两，最高达900余万两。③每年上千万的鸦片税厘，对于财政拮据的清政府来说，无疑是维持其

---

① 朱寿朋编：《光绪朝东华录》第3册，2735页。

② 朱寿朋编：《光绪朝东华录》第5册，5616页。

③ 参见王宏斌：《禁毒史鉴——中国禁毒问题的理论探索和历史借鉴》，223～224、267页，长沙，岳麓书社，1997。

日趋腐朽肌体的强心剂，是绝对不可能轻易放弃的。因此，征税与禁烟之间不可调和的内在矛盾，使清政府陷于了颇为尴尬的两难困境。

当然，并不能说清政府从根本上就不想禁烟。事实上，即使在鸦片贸易合法化之后，清政府也曾颁布一些禁种罂粟的法令与章程。与此同时，有些地方政府（如张之洞在山西）也在开展地方性的禁烟活动。尤其在光绪三十二年（1906 年）后，在新政形势下，清政府更是发动了全国性规模的禁烟运动，并取得了可观成效。但是，晚清时期并没有在中国土地上有效地禁绝鸦片烟毒，也是毋庸置疑的客观事实。这固然与西方列强的侵略政策直接相关，但清政府在禁烟问题上的内在困境也是一个不容忽视的重要制约因素。

原载王宏斌主编《毒品问题与近代中国》，北京，当代中国出版社，2001。

张人骏与江苏谘议局

在清末宪政实践中，各省谘议局的设立是重要举措。按照《谘议局章程》，谘议局本是地方督抚行政的辅助机构。但实际上，谘议局自设立以后，便与地方督抚立于对待地位。时人有谓："自预备立宪后，各省设谘议局。自局长以下，由各省票选。其与地方长官及政府俨成一对待之势。每有举动，函电争持，几成敌国。"①谘议局是立宪派聚集之地，也是立宪派重要的参政议政场所，其中，尤以著名状元资本家张謇为首的江苏立宪派与江苏谘议局最为引人注目。与此同时，两江总督张人骏与立宪派在江苏谘议局中的矛盾冲突，也最具代表性。或许正因如此，学界论及地方督抚与立宪派的政争，便多以江苏谘议局的事例为证。② 关于江苏谘议局的一般研究，已有较多的论著③，但学界对张人骏尚缺乏专题研究④，多简单地斥之为顽固鄙陋。本文拟

---

① 苏舆：《辛亥溅泪集》卷 2，见胡如虹编：《苏舆集》，248 页，长沙，湖南人民出版社，2008。

② 如李新主编：《中华民国史》第一编（全一卷）下册，87～93 页，北京，中华书局，1982。

③ 较有代表性的论著有：王树槐：《中国现代化的区域研究·江苏省（1860—1916）》，174—188 页，台北，"中央研究院"近代史研究所专刊（48），1984；耿云志：《张謇与江苏谘议局》，载《近代史研究》2001 年第 1 期；刁振娇：《清末地方议会制度研究——以江苏谘议局为视角的考察》，上海，上海人民出版社，2008。

④ 胡绳武先生为《张人骏家书日记》所写长篇序言，实际上是难得的一篇重要的专题论文。胡先生描述了一个以保守为底色而又多面的张人骏形象。胡先生发现，张人骏虽然反对办学校、派留学、练新军等新政，但当科举制废除后，他也送儿子进新学堂，甚至学外语。张人骏在内心并不赞成立宪，但当朝廷宣布预备立宪时，他还是按照清廷布置而加紧筹备活动，其奏报宪政时所说的一套，与

在既有相关研究的基础上，具体探讨张人骏其人及其对新政的态度，进而深入剖析张人骏与江苏谘议局冲突的复杂面相，通过此一典型个案，为进一步观察清末宪政改革的艰难历程提供一个新的视角。

一、张人骏其人及其对新政的态度

张人骏，字千里，号安圃、健庵，别号湛存居士，生于道光二十六年（1846 年），直隶丰润人。同治七年（1868 年）进士，任翰林院编修、都察院御史等京官近 20 年。随后外放，历任广西桂平梧盐法道、广东按察使、广东布政使、山东布政使、漕运总督、山东巡抚、河南巡抚、广东巡抚、山西巡抚、两广总督、两江总督兼南洋大臣。辛亥革命后去职，以遗老避居青岛、天津。民国十六年（1927 年）卒，享年82 岁。这是一张显赫而平凡的履历。

在晚清，直隶丰润张氏声名显著者当首推清流健将张佩纶，而名位最高者则是其堂侄张人骏。光绪前期，叔侄俩同官京朝，虽年若相仿，而性格迥异，遭际自不相同。张佩纶头角峥嵘，入党清流，讥评时政，参劾朝臣，得名既远，招忌亦深，终因中法战争而身败名裂。张人骏则谨言慎行，沉潜蓄势，虽名不甚彰，而按部就班，扶摇直上，在那不平年代，稳做太平之官。正是这种沉稳性格，直接影响了张人骏一生趋向保守的心态。

从现存《张人骏家书日记》来看，与张人骏关系密切的清末重臣有两位：一是亲家袁世凯。光绪二十九年（1903 年），由徐世昌作媒，张

（续上注） 家书所反映的实际思想完全是两回事。由此，胡先生指出："研究历史问题，档案固为第一手的材料，值得重视，但亦不可过于相信档案。在使用档案材料的同时，应尽可能弄清楚某一档案文件产生的背景，形成的过程，以及有关人物各方面的具体情况，以便准确地使用有关档案。"（胡绳武：《序言》，见张守中编：《张人骏家书日记》，11 页，北京，中国文史出版社，1993）这样现身说法，颇有方法论指导意义。

人骏第五子允亮与袁世凯长女俪宣缔姻，①张袁便成儿女亲家。袁世凯因丙午官制改革失意，张人骏非常同情，其家书有谓："慰帅因改官制一事，颇犯众怒。兵权一撤，将来如何办事？且恐谗忌者多，难保无意外之事，深可虑。现在情形如何？有所闻随事[时]告我。礼乐征伐乃天子之事，非臣下所宜强预。慰帅正坐读书太少耳。"②二是乡贤鹿传霖。张人骏某次吩咐儿子允言给有关人员送年敬，一般为五十、一百金，但对于鹿传霖，则说："滋翁处年下仍送四百金。"因开销太多，款项不足，又郑重叮嘱："滋翁处年敬务必留出。"③可见张鹿关系确实非同一般。光绪三十年(1904年)，鹿传霖由户部尚书调署工部，张人骏认为："定兴戆直，不为同值所喜，故排而去之，未必定有事迹。否则岂止调部而已耶！"又感慨道："鹿已他调，无可为倚恃之人。"④光绪三十三年(1907年)，鹿传霖重入军机处，张人骏大赞："滋翁重入政府，足见朝廷用人之公。此时中外大僚中，其稍能持正者止此一人。"因与河南布政使袁大化相处甚难，张人骏试图利用鹿传霖的关系解围，其家书嘱咐儿子云："不知滋公能设法调令他往否？便中可微探其意。"⑤张人骏在督抚任期内，多次迁移，每每关键时候，均靠鹿传霖、袁世凯等人帮忙。光绪三十四年(1908年)，张人骏在粤督任上遇到困难，便拟抽身而退。其家书有云："故我之意，不如早日离粤为妙。前信所言，汝已与鹿、袁诸公提过否？我颇思秋间打叠作归计也。"又云："久处于此，实为危险，身败犹可，名裂则万不能甘。拟百日国服满后，乞假北旋，以避贤路。可于见定兴时一商，能邀俞允方好。"⑥后来，张人骏调任两江总督兼南洋大臣。另外，军机大臣那桐、荣庆、

① 《致张允言》(1903年2月23日)，见《张人骏家书日记》，39页；《徐世昌日记》光绪二十九年(1903年)三月初二日，天津社会科学院图书馆藏。

② 《致张允言等》(1907年1月5日)，见《张人骏家书日记》，66~67页。

③ 《致张允言等》(1902年12月16日、1903年1月1日)，见《张人骏家书日记》，33、34页。按：此处滋翁及以下所谓滋公、定兴均指鹿传霖。

④ 《致张允言等》(1904年9月17日)，见《张人骏家书日记》，50、51页。

⑤ 《致张允言等》(1907年6月26日)，见《张人骏家书日记》，98、99页。

⑥ 《致张允言等》(1908年6月16日、12月29日)，见《张人骏家书日记》，120、135页。

徐世昌等人，也值得注意。从张人骏主要交往的人际网络来看，既有保守的鹿传霖、荣庆，也有开明的袁世凯等人，情形颇为复杂。

清末新政时期，张人骏一直出任地方督抚大臣。光绪二十七年（1901年）初，为议复清廷新政上谕，各省督抚商议联衔复奏，时任漕运总督的张人骏也积极参与。当湖广总督张之洞提出九条新政建议以广泛征求各省督抚意见时，张人骏复电详细阐述了自己的意见，有谓：

> 谨就鄙见所及，略抒一得，以备采择。一、亲贵游历，最为切要，惟宜抑损体制，庶东南各省不困于供亿。二、游学各国，宜选中学已成者充之，识见已定，不至见异思迁，如从前出洋学生之性情俱变。三、科举改章，国家设科取士，止取识字明理，本未以八股治天下。咸同以来，各途竞进，科甲止是一途，而世运至此，人心未散者，则以尊孔孟之故。人知尊孔孟者，则由朝廷以四书试士之故。今议改章，四书决不可废，五经亦同。至于西国书籍，辗转翻译，未尽可凭，寒士购求不易。重、光、气、化等学，非空言可试，亦非一人能兼。若以之试士，则报馆主笔，皆膺上选，必至满纸"起点"，连篇"压力"，其弊殆甚于饾饤剿袭。主试凭何去取？此亟宜熟筹者也。四、多设学校，虽近支亲贵，亦令向学，不读书明理者，不得任以职事，则端、庄之类可少。五、西法练兵，此诚当务之急。六、将官久任，可救今日用人之失。鄙意总署堂官，宜设专缺，可减六部侍郎缺移置，厚其禄糈，勿兼他事。出使大臣宜久任，有劳则增禄秩，参赞、随员亦然，可备异年使臣之选，尤应严禁钻营。七、仿设巡捕，若令通国设立，恐无此饷办。若止设于繁盛之区，则督抚可便宜为之，似不必归于新政。八、推广邮政，西国邮政，与轮船、铁路相辅而行，中国行之数年而无大效者，则内地铁路未通，邮局反不如民局之速。济南且然，西北、闽省可知。此须筹有办法。九、专用银元，诚属利国便民之政。惟各省仅数局，不足供鼓铸，则外洋银元浸灌愈甚，且恐私铸遍地，外人藉为口实，将阻我之行使，占其利权。不如兼用，而杂以钞票。此须借重洋人。再，中国办事，不如西人简捷，由于例案太繁，吏胥得以把持。行在无例案，并无

废事。现在各部档案全失，正可请删汰之机，事定后一切复旧，不可动矣。西国无冗兵故强，京师旗绿各营，豢养二百年，不能效一□之用，此时未复伍，宜请裁改，迟则归复旧制，言将无及。以上皆刍见所及，不敢自信，祈公裁定示复。①

从以上变法主张来看，张人骏确实比较保守。前三条表明，他实际上并不太赞成亲贵游历与派留学生，甚至反对科举改章与翻译西书；后三条对于仿设巡捕、推广邮政和专用银元，基本上也是持反对态度。尽管如此，但张人骏也不是极端顽固派。中间三条颇有新意，不但充分肯定西法练兵与总署专官、使臣久任，尤其可贵的是，第四条主张多设学校让亲贵向学，以免尽可能地减少如端郡王载漪、庄亲王载勋之类的顽固派。张之洞回电表示"筹虑精详，甚佩"，似为客套话，随即便提出商榷意见，认为游历、游学经费不能省，科举必改章，邮政要畅行，银元宜自铸，但也赞同巡捕可缓设，经书不宜废，尤其盛赞第四、六条，有谓："四、亲贵须入学校，方准任事，好极。六、总署专缺，使员久任，极是。"②实际上，张人骏大致可谓张之洞"中体西用"稳健变法论的同路人。从其自己也能感觉到与顽固派端、庄之流的区别来看，说张人骏保守持重尚可，但确实还不至于到鄙陋顽固。

新政启动以后，张人骏作为地方督抚，负有推行新政的实际责任。从现存部分家书日记来看，张人骏确实对新政不乏非议。但实际上，张人骏在各省督抚任内也按部就班地推行各项新政。这两方面都是事实。对于新式学堂，张人骏在日记中记载："寿守来，言大学堂诸生聚众滋事者。言新政者，动谓人才出于学堂，非西学不能自强。朝廷信之，广设学堂，利未可卜，而弊已如此。康梁'群党'二字实欲祸我大清。而衮衮诸公适堕其术中，十年之后其祸不知所极也，言之可叹。"③在家书中也说："近日各处办理学堂，因筹学费而激成聚众者不

---

① 《辛丑（1901 年）二月十八日清江浦张漕台来电》，见《张之洞存各处来电》第 45 函，中国社会科学院近代史研究所图书馆藏档案甲 182—147。

② 《致清江张漕台》（光绪二十七年［1901 年］三月十三日），见《张之洞全集》第 10 册，8560 页。

③ 《张人骏家书日记》，162 页，光绪二十九年（1903 年）四月初五日。

知凡几。然仅恃寻常书院所入，岂能供学堂之靡费。而朝廷督促甚严，将来不知如何结局也。"①在这里，他担忧的是学潮与经费问题。事实上，在此期间，张人骏对学务也并未懈怠。在山西巡抚任上，张人骏与学政宝熙筹办山西大学堂中学专斋。②在两广总督任上，仅光绪三十三年（1907年）就增设学堂747所，增收学生30 582人。③在两江总督任上，以办学成绩昭著，为两江师范学堂教员管理员请奖。④对于留学生，张人骏在日记中记载："蔡和甫京卿自日本回，来晤。询悉东洋国势，并知留学生之为患，虽已设法整顿，然他日必有流弊也。"⑤又在家书中说："日本之于中国，无事不包藏祸心。中国贫弱，自甲午始。而中外达官，迷信崇奉，沉沦不返，一年数千万流入东洋。所谓学成而返，好者不过'目的'、'影响'数百新名词，全无实际，否则'革命'、'排满'、'自由'而已。而不惜以数千年圣贤授受之学，三百年祖宗创垂之典，尽弃所学而学焉。此固开辟至今未有之奇祸也。"⑥张人骏对留学生排满革命不满，但并不全然反对留学。宣统元年（1909年）五月，广东绅士呈请资助留学欧美学生，张人骏亦深表赞同，有谓："留学欧美各生，自费资斧，远道求学，自属有志之士，徒以学费不继，功废半途，不能精进深造，良为可惜，自应设法筹助，俾遂其向学之苦心。"⑦对于练兵，

---

① 《致张允言等》（1904年9月17日），见《张人骏家书日记》，51页。

② 《山西巡抚张人骏山西学政宝熙奏为筹办山西大学堂中学专斋情形并拟改定学生毕业出身事》（光绪三十二年[1906年]二月初八日），见中国第一历史档案馆藏（以下简称"一档藏"）：硃批奏折，档号04-01-38-0193-011，缩微号04-01-38-009-0038。据国家清史编委会网上工程：中华文史网（http://qinghistory.cn）。

③ 《两广总督张人骏奏为广东省现有学堂情形并修改部颁统计表册酌定表式以归划一事》（宣统元年[1909年]正月十二日），见一档藏：硃批奏折附片，档号04-01-38-0199-001，缩微号04-01-38-009-0785。

④ 《两江总督张人骏奏为两江师范学堂学生陆续毕业拟将在堂管理员教员照章请奖事》（宣统二年[1910年]十二月十三日），见一档藏：硃批奏折，档号04—01-38-0202-048，缩微号04-01-38-009-1319。

⑤ 《张人骏家书日记》，187页，光绪二十九年（1903年）九月十八日。

⑥ 《致张允言等》（1908年4月2日），见《张人骏家书日记》，114页。

⑦ 《两广总督张人骏奏为粤省绅士易学清等联名条陈资助留学欧美学生等要政据情具奏事》（宣统元年[1909年]五月二十日），一档藏：硃批奏折，档号04-01-38-0204-055，缩微号04-01-38-009-1642。

张人骏不满新军与匪乱相关。其家书有谓："近来所获匪徒，几无一案非军队出身之人。曹州之匪，多是袁军旧部。练兵之效如此，可叹也。而陆军部尚操更番挑练之说，以为如此，则可以通国皆兵。我恐数年之后，将成通国皆贼。一旦揭竿而起，其祸恐不可收拾矣。"①然而，在督抚任上，张人骏照样注重练兵。在任两广总督时，"莅粤行将两载，于新军随时考察"②。广东新军经前任粤督岑春煊编成一混成协，随后裁并仅有三营。张人骏于光绪三十三年（1907年）秋到任，于次年春即练成一协，在宣统元年（1909年）五月离任之际，即将练成一镇规模。③

预备立宪时期，保守的张人骏逐渐步入时人所谓"持重老臣"之列。④对于宪政，张人骏时有非议的言论和反对的举措。预备立宪从官制改革入手，当厘定官制大臣征询各省督抚意见时，时任河南巡抚的张人骏提出三难：一是州县地方添官佐理筹费之难，添官必先增费，"多一官多一需索，其弊更甚于书差，于地方不惟无益而有损矣。此项新增之费为数甚巨，取之于公，则空虚之余无此财力；取之于民，则宪法未备，民智未开，苛敛适以召乱"。二是司法与行政分离之弊，"词讼与地方庶政无一不相关涉，合之则脉络贯通，分之则权限易紊。州县不司裁判，则与民日疏；疆吏不管刑名，则政权不一"。三是督抚与司道合署办公之不可行，督抚精力有限，事无巨细，难以综核，"才愚者必致丛挫贻讥，刚愎者难免师心自用，一有贻误，互相推诿，各

① 《致张允言等》（1907年6月2日），见《张人骏家书日记》，94页。

② 《两广总督张人骏奏为粤省新军筹办为难情形事》（宣统元年［1909年］五月十九日），一档藏：硃批奏折附片，档号04-01-18-0057-043，缩微号04-01-18-010-0198。

③ 《两广总督张人骏奏为办理粤省新练陆军情形事》（宣统元年［1909年］五月十九日），见一档藏：硃批奏折，档号04-01-01-1096-077，缩微号04-01-01-168-0478。

④ 《御史胡思敬奏立宪之弊折》（宣统二年［1910年］九月二十五日），见故宫博物院明清档案部编：《清末筹备立宪档案史料》上册，346页，北京，中华书局，1979。

思回护。欲专责成而转无责成，欲不废弛而转多废弛"。①显然，张人骏是在反对者之列。在家书中，张人骏对于当时政治改革的非议更表露无遗，有谓："近日改革政治，日新月异，不察民情，不体国势，不计财力之盈绌，不论人才之短长，发言盈庭，要皆道听途说，而朝廷视为奇谋秘略。一事未成，一事又出，大臣藉以固宠，小臣藉以希荣，而□此不中不外，不古不今之世界。初尚中国人不以然，近则各外国亦多非笑。民力已竭而不知，人心已去而不知，袭康梁之谬论，堕东洋之狡谋，而欲期以此为治安之计，恐无是理也。"②张人骏尤其对开国会之说不满，其在家书中有言："自改变新法以来，民气嚣然不靖。立宪之说一行，其势更剧。近则又有要求国会之说，起于上海，各省风靡。刺无可刺，非无可非。禁之不可，止之不能。祸恐不远。"③因此，当云贵总督李经羲等督抚商议奏请开国会与设内阁时，张人骏即通电各省督抚表示反对。他以古今中外之民情风俗不同为由，对于李经羲等人开设国会与内阁的主张提出质疑，认为既不能开国会，也不能设责任内阁，"操切急进，仆蹶堪虞"。在他看来，筹备宪政应当避缓就急，当前急务就是"饬吏治，兴实业"，所谓"吏治修，则民志安；实业兴，则民生厚。内讧不起，外患可弭。及时修明刑政，整饬戎务，未尝不可为善国"④。显然，张人骏的思想仍然还是在传统政治思想范围内打转。有时论批评说："倘人人如江督所云，则宪政终无成立之期；即成矣，亦将变为非李非奈、不驴不马之宪政。是今所谓酌量缓急之言，实不啻推翻宪政之言也。"⑤其实，张人骏非议宪政，固然因为思想保守，但也有现实问题的考量，其所担心的主要就是财力不济。

---

① 《河南巡抚来电》(十月初八日)，见侯宜杰整理：《清末督抚答复厘定地方官制电稿》，《近代史资料》总 76 号，61～63 页。

② 《致张允言等》(1908 年 6 月 16 日)，见《张人骏家书日记》，121 页。按：本段引文标点多处改动，□亦为笔者所加，疑此处漏字。

③ 《致张允言等》(1908 年 5 月 21 日)，见《张人骏家书日记》，119 页。

④ 《南京督帅张来电》(八月二十六日)，载钱永贤等整理：《庞鸿书讨论立宪电义》，《近代史资料》总 59 号，46～47 页。

⑤ 《评江督反对国会与责任内阁之政见》，载《时报》宣统二年(1910 年)九月十二日，第 1 版。

他在与各省督抚商议时表示："立宪图强，私愿所喜。预备事宜提前促短，不难于推行，而难于无款。"①又说："宪政提前赶办，莫难于财力不继。""筹备缩短，事迫见多，虽加删节，终虞不给，财政难支，尤属最要问题。"②这是实情，因财政困难是当时普遍面临的困境。另外，清廷以立宪加强中央集权，削弱地方督抚权力，也激起张人骏的反对。宣统三年（1911年）七月，张人骏在议复外省官制时，仍坚持旧有督抚制度为至善之法，虽实行立宪，不能墨守成规，"而只宜量加损益，不可大事更张"。针对中央集权之说，他特别强调督抚既有的奏事之权、军政之权、外交之权及理财、用人诸种权力不可剥夺。③这显然有从地方督抚既得权益角度说法的意味。

张人骏对宪政的非议固不为无因，而这并不妨碍他在各省督抚任上推行宪政。光绪三十四年（1908年）八月，清廷颁布九年筹备宪政事宜清单，要求内外臣工包括各省督抚照单施行，每半年将筹办成绩奏报一次，并咨宪政编查馆核查。宣统元年（1909年）二月，两广总督张人骏奏报广东举办第一年筹办事宜，如设立谘议局筹备处，议定选举细则，并布置议员选举等相关事项，最后表示："窃维举行宪法，所以宣德达情，尊朝纲而保兹臣庶，盱衡时局，实难视为缓图。现在行政机关骤未完全，人民程度尚有弗及，自当将逐年应办事宜切实筹备，以冀届期成立。臣才识浅陋，无补高深，惟有殚竭愚诚，策励僚属，实力兴举，固不敢迁延贻误，亦不敢操切扰民，期于逐渐办齐，仰副朝廷励精图治之至意。"对这段话摄政王多有圈点，并御批："甚是！切戒迁延，妥速筹备为要。"④同年八月，业已调任两江总督的张人骏，会同署两广总督袁

---

① 《南京督帅张来电》（十一月十四日），见《庞鸿书讨论立宪电文》，载《近代史资料》总59号，61页。

② 《两江总督张人骏致周树模电》（宣统二年[1910年]十一月十三、十七日），见中国第一历史档案馆：《清末筹备立宪档案史料补遗》，《历史档案》1993年第3期，51、55~56页。

③ 《两江总督张人骏奏厘定外省官制宜以旧制为本量加损益折》（宣统三年[1911年]七月二十五日），见《清末筹备立宪档案史料》上册，592~593页。

④ 《两广总督兼管广东巡抚事张人骏奏为遵旨举办第一年筹备事宜事》（宣统元年二月[1909年]二十九日），见一档藏：硃批奏折，档号03-9295-014，缩微号667-2290。

树勋奏报广东第二届办理宪政情形，如举行谘议局选举，筹办城镇乡地方自治与设立自治研究所，调查人户总数，调查岁出入总数，筹办省城商埠各级审判厅，筹办厅州县巡警等，"虽措置未能完备，而计画已有端倪"。①随后，张人骏在两江总督任上，相继奏报筹办第三、四、五届宪政情形，如举行谘议局选举，谘议局互选资政院议员，筹办城镇乡与厅州县地方自治，调查与汇报人户总数，调查与复查岁出入总数，筹办与成立省城商埠各级审判厅，创设与推广简易识字学塾，筹办厅州县巡警并至完备，厘订地方税章程，试办预算决算，等等。其时，因预备立宪缩短年限，宪政编查馆修正筹备清单，张人骏表示："惟有督属切实奉行，其原单内逐年应办事件，仍不令稍涉废弛，以期勉副朝廷郑重宪政克期责效之至意。"②这种表态看似官样俗套，但其宪政筹备还是实在的。

论者或谓像张人骏这样的地方督抚，对于新政的态度可能表里不一，甚至言行相背，尽管内心并不赞成，但因职责所在实际上又不得不推行。从上述张人骏的事例来看，这种现象确实不可否认。值得进一步分析的是，为什么会有这么看似近乎人格分裂的现象呢？其实，张人骏之所以非议新政，主要有这样两方面的原因：一方面，张人骏确实保守。作为儒家学说孕育出来的传统士大夫，其对新学的隔膜与抗拒可谓与生俱来。比如，他在日记中谈到赵尔巽讲新学，表示深感忧虑，有谓："赵次山中丞来拜，其言主新学甚力而无条理，未敢附和，稍予驳正，似并未醒悟。封疆如此，恐神州将陆沉矣。"③另一方

①　《前任两广总督张人骏署理两广总督兼管广东巡抚事袁树勋奏为遵旨会奏筹办粤省宪政情形事》（宣统元年[1909年]八月二十六日），见一档藏：硃批奏折，档号03-9296-021，缩微号667-2484。

②　《两广总督张人骏奏为江苏筹备宪政遵将第三届成绩详晰胪陈事》（宣统二年[1910年]三月初二日），见一档藏：硃批奏折，档号03-9297-008，缩微号667-2603；《两广总督张人骏奏为江苏筹备宪政遵将第四届成绩详晰胪陈事》（宣统二年[1910年]九月初一日），见一档藏：硃批奏折，档号03-9298-001，缩微号667-2703；《两广总督张人骏奏为依限奏报第五届筹备宪政情形事》（宣统三年[1911年]三月初八日），见一档藏：硃批奏折，档号04-01-30-0111-018，缩微号04-01-30-009-0450。

③　《张人骏家书日记》，157页，光绪二十九年（1903年）二月二十八日。

面，或许是更重要的，张人骏看到了新政的实际问题。如果单纯抱着理想主义，固然可以无限美化新政，但张人骏作为负有实际责任的地方督抚，在推行新政过程中遇到的实际困难，如捉襟见肘的财政经费困境，是其实在难以逾越的现实障碍，从而使他不得不趋于务实。与此同时，张人骏还对新政过程中暴露出来的弊端表示担忧。新式学生与留学生发动的学潮，新军的排满革命宣传与叛乱，均使他对新政的意义感到莫名其妙。应该说，这方面的现实问题，是张人骏之所以非议新政更为关键的因素。

尽管如此，张人骏在各处所办新政也并不纯属表面文章。他在河南巡抚任内保举官员时，也曾以新政政绩为依据，如称："署新野县事南阳县知县陶炯照，学裕才优，尽心民事，新政办理得法，缉捕尤为擅长。辉县知县李如棠，开渠建闸，水利大兴，新政均能认真讲求，舆情亦极为爱戴。"①可见其内心在一定程度上对新政还是认同的。事实上，无论是办学堂，派留学，练新军，还是筹办宪政，张人骏在各省督抚任上均按部就班进行。山东、河南、山西、广东与江苏宁属地区的新政，实际上并未因张人骏担任督抚而受阻。至于张人骏与江苏谘议局的矛盾冲突，则另有更深刻复杂的原因，正是下文需要进一步深入探讨的问题。

二、江苏谘议局的开办与张人骏

清末预备立宪时期谘议局的设立，与地方督抚密切相关。光绪三十三年(1907 年)四月，两广总督岑春煊奏陈预备立宪进程，首次提出各省设谘议局，为"各省之总议院"。岑春煊最初设想的谘议局是一个由督抚领导下的官绅合议机构，与后来实际设立的谘议局性质大不相同，有谓："宜于各省城设谘议局，选各府州县绅商明达治理者入之，候补各官及虽非本省官绅，而实优于政治熟于本省情形者亦入之，皆

---

① 《河南巡抚张人骏奏为保举开封府知府石庚等员认真讲求新政请量加录用事》(光绪三十三年[1907 年]七月十一日)，见一档藏：硃批奏折附片，档号 04-01-12-0656-109，缩微号 04-01-12-125-2252。

由督抚会集官绅选定，以总督充议长，次官以下充副议长，凡省会实缺各官皆入谘议局。"①对此，清廷谕令："其外省设谘议局各节，著各省督抚妥议具奏。"②张人骏时任河南巡抚，如何议奏，颇费踌躇。其家书有谓："不知都下议论如何？汝可留意探询。无论有何消息，即速禀闻。至要。原折之意，大约仍本康梁而参以近日上海各报议论，议覆不易。闻此公在沪往来之人，颇多不类，其志不可测度也。"又谓："惟瞿亦小人，岑则无赖。汪康年系革命党魁（观《中外日报》所载即可见），而二人与之交接，其心术亦可知矣。近日西林所陈立宪折，其注意为革命党道地，疑即汪之手笔，盖与《中外日报》一孔出气也。"③对于议复岑春煊奏设谘议局一折，张人骏颇为谨慎。从上述议论来看，张人骏并不是岑春煊的同路人。尤其是丁未政潮发生后，张人骏更是痛诋岑春煊，甚至不惜做诛心之论，把他与"革命党"扯在一起。遗憾的是，限于所见史料，张人骏是否议复及如何议复，均不得而知。

同年九月，清廷谕令各省督抚在省会速设谘议局。④光绪三十四年（1908年）六月，宪政编查馆与资政院会奏拟订各省谘议局及议员选举章程，清廷谕令"各督抚迅速举办，实力奉行，自奉到章程之日起，限一年内一律办齐"⑤。八月，清廷颁布预备立宪逐年筹备事宜清单，其第一年第一条就是"筹办谘议局"，第二年第一条是"举行谘议局选举，各省一律办齐"，这两项事宜均明确指定"各省督抚办"。⑥其时张人骏

---

① 《两广总督岑春煊奏请速设资政院代上院以都察院代下院并设省谘议局暨府州县议事会折》（光绪三十三年[1907年]四月三十日），见《清末筹备立宪档案史料》上册，501页。

② 中国第一历史档案馆编：《光绪宣统两朝上谕档》第33册，68页，桂林，广西师范大学出版社，1996。

③ 《致张允言等》（1907年6月18、26日），见《张人骏家书日记》，96～97、98页。

④ 《光绪宣统两朝上谕档》第33册，219页。

⑤ 《光绪宣统两朝上谕档》第34册，148页。

⑥ 《宪政编查馆资政院会奏宪法大纲暨议院法选举法要领及逐年筹备事宜折附清单二》（光绪三十四年[1908年]八月初一日），见《清末筹备立宪档案史料》上册，61、62页。

已调任两广总督。

是年十二月，张人骏奏报设立广东谘议局筹办处，委派布政使胡湘林、署提学使沈曾桐、按察使魏景桐、署盐运使丁乃扬为总办，前钦廉道王秉恩为会办，广州府知府高觐昌为提调，补用知府谢师元为驻处坐办，并选延在籍正绅、前贵州巡抚邓华熙等十六人为议绅。张人骏亲自手订简明章程，并郑重表示："所有一切事宜，自应依限赶办，以期速底于成。"①宣统元年（1909 年）五月，张人骏奏报广东筹办谘议局情形，所办之事有三：一是开办调查选举，设立选举事务所，酌派员绅认真举办，并遴委法政毕业员绅充司选员，分赴各属宣讲选举办法，还在民间刊布告示，晓谕选举大义。二是造成选举人名册，分配议员定额。经调查统计，广东全省选举人共 141 558 名，议员定额 91 名，广州驻防选举人共 369 名，照章酌定议员专额 3 名。三是筹建谘议局会议厅，据番禺绅士金溥崇等报效建局基址，派员勘测绘图，并召匠兴工建造。其时，尽管张人骏已奉旨调任两江总督，但他仍殷切期望广东谘议局"务期依限成立，议员悉皆得人"②。

张人骏就任两江总督后，便与江苏谘议局结下不解之缘，此后毁誉多与此相关。江苏因有两个行政中心，总督驻江宁，巡抚驻苏州，因此在筹办谘议局之初，曾分设宁属、苏属两个谘议局筹办处，并各自分头开展筹办工作。后来，在酝酿正式建立谘议局时，究竟是宁、苏两属各建一局，还是双方合建一局，发生重大分歧和激烈争论。这个所谓谘议局分合问题，经张謇、王同愈等宁、苏两属议绅反复商议，基本上达成合设一局意向，再由两江总督端方、江苏巡抚陈启泰电请宪政编查馆解决，得到宪政编查馆赞同，最终决定合设江苏谘议局于

---

① 《两广总督兼管巡抚事张人骏奏为遵设谘议局筹办处选派官绅剋期赶办以重要政事》（光绪三十四年[1908 年]十二月十八日），见一档藏：硃批奏折，档号 03-9294-032，缩微号 667-2225。

② 《两广总督张人骏奏为粤省筹办谘议局情形事》（宣统元年[1909 年]五月十七日），见一档藏：硃批奏折，档号 04-01-01-1095-085，缩微号 04-01-01-167-2412。

江宁省城。①张人骏于宣统元年（1909 年）六月二十六日正式接替端方，就任两江总督。其时，江苏谘议局的选举业已完成，谘议局会场也已开工建造，其他各项宪政筹备工作均在顺利进行。在与前任总督端方会奏江苏筹办宪政情形时，张人骏表示："惟有急起直追，期臻完备，固不敢稍涉因循，致观成之无日，亦不求过事操切，致形式之徒存。"②这种奏折用语虽属官样俗套，但张人骏在宪政改革的急先锋端方之后出任两江总督，显然有一定的压力，这个表态说明他所坚持的还是稳健路线。

张人骏履任之后，在宪政筹备方面最紧迫的后续工作，就是督促第一届谘议局会议顺利召开。关于驻防议案如何议决问题。有驻防议员崇朴等提出，按谘议局章所谓应办本省事件，本省是否包括驻防在内？有关驻防议案，是否由驻防专额议员自行议决，还是照章由多数议员共同议决？议决后之执行，是照章专归督抚，还是仍归将军、副都统，如军、统概不执行，又应如何办理？这些问题经宁属谘议局筹办处转呈张人骏，张以其"关系抚民职任权限"，随即致电宪政编查馆核办。宪政编查馆回电表示，驻防自在本省范围之内，有关驻防议案当由本省议员共同议决，议决后之执行应查照局章办理。③关于谘议局议长选举问题。八月初一日，张人骏以总督名义召集江苏谘议局议员于宁属筹办处会议，以预备正副议长选举事宜。张人骏委派江宁布政使樊增祥到场监督。是日到会议员 70 余人，公推张謇为临时会长，孟森、雷奋为书记员。苏属议员以为到会人数已过半数，可以照章开议，

---

① 《各省筹办谘议局·官长设立·江苏苏属》《宁苏谘议局分合问题》（王同愈、蒋炳章稿），载《申报》光绪三十四年（1908 年）十二月初四至初六日，第 3 张第 2 版、第 1 张第 3—4 版；《电请解决江苏谘议局分合问题》《电请解决江苏谘议局分合问题续志》《各省筹办谘议局·官长设立·江苏》，载《申报》宣统元年（1909 年）三月十三日、十七日、二十四日，第 1 张第 4 版、第 1 张第 4—5 版、第 3 张第 2 版。

② 《北洋大臣直隶总督端方南洋大臣两江总督张人骏奏为会奏江省筹备宪政办理情形事》（宣统元年[1909 年]七月二十二日），见一档藏：硃批奏折，档号 03—9296—007，缩微号 667—2401。

③ 《共同议决驻防议案电文》，载《申报》宣统元年（1909 年）八月初五日，第 2 张第 2 版。

请于明日提前选定正副议长；宁属议员则以徐、海等地交通不便，议员到者寥寥，建议稍微展期。双方辩论不休，樊增祥提议展缓三天，宁属赞成，苏属不允，遂由张謇酌定初三日开会，众皆赞成，并议定选举规则三条：（一）用记名投票法，（二）副议长两人一苏一宁分别选定，（三）议长、副议长分三次选举，票数不足用决选法。初三日重开会议，张人骏仍派樊增祥临场监督，到会议员95人，正式选举张謇为正议长，苏属蒋炳章、宁属仇继恒为副议长。①随后，张人骏又交札江苏谘议局，委派孟森为书记长。②经过近一年的筹备，虽然并未完全妥当，比如谘议局会场建设尚未完工，但江苏谘议局仍如期成立。

江苏谘议局自成立以后，在两年里开了四届会议：两届常年会和两届临时会。

第一届第一年度常年会。宣统元年（1909年）九月初一日上午，江苏谘议局借八旗会馆行开会式。两江总督张人骏、江苏巡抚瑞澂及各级行政官莅会，各国在宁领事亦来观礼，综计与会人数约千人，盛况空前。先由书记长孟森宣读开会颂词，接着江督、苏抚委员宣读颂词，然后孟森代议长议员宣读答词，礼毕，江苏谘议局正式成立。③张人骏在开会颂词中有谓：

> 黟夫韬铎之设，轺轩之使，好恶从民之义，自古已然，于今为烈。迺者为江苏谘议局开会之始，上系朝廷立宪图强之期望，下对国民合群思治之恳诚，外为五洲万国所具瞻，其典至隆，其关系至重也。本省位置居直隶之次，财赋为东南之冠，人才萃吴会之英，鄙人何幸承乏是邦，适逢斯盛，而又惧夫盛名之下欲副其实。凡官于斯，绅于斯，士农工商于斯者，其担荷成就，必有之足餍上下四方之观听之甚难乎求慊也。夫议政行政各有界限，

---

① 《江苏谘议局举定正副议长》《续志江苏谘议局选举议长详情》，载《申报》宣统元年（1909年）八月初五、初六日，第1张第5版。

② 《江苏谘议局开预备会四志》，载《申报》宣统元年（1909年）九月初二日，第1张第5版。

③ 《江苏谘议局行开幕礼纪事》《江督苏抚奏报谘议局成立》，载《申报》宣统元年（1909年）九月初三日、二十四日，第1张第5版、第2张第2版。

论议之权公之于民，执行之责重之于官，然欲提议而策使必行，当思遵行而共践所议。孔子曰："名之必可言，言之必可行。"窃愿与在局诸议员、所属诸公民，共守此训。尝闻西哲斯宾塞尔《群学·政惑》一篇，其驳论政家成见，进论事效相反，以及法令民度，与妄求上理之惑，率多阅历有得之言，亦皆可资参考者。要之，天下安危，匹夫有责，是即近世公民之说所取意。诸议员皆积学明通重负时望之贤，应举出为公民代表，即鄙人在任所依以宣通上下讨论政见之人。鄙见所布，倘不以为谬而教之助之乎，企予望之矣。①

除了客套话以外，值得注意的有三点：一是张人骏强调议政与行政的权力界限，希望与议员共守"可言"与"可行"的尺度，其意在议政必须切合实际，这是一个务实的行政官僚对议员的要求，也是督抚与议员将要发生权力之争的根源。二是张人骏认为谘议局议员是民选的公民代表，是为督抚通上下之情并可讨论政见之人，这个理解并无偏差。三是张人骏虽以保守著称，但以其尚能征引西哲斯宾塞尔论著，可证其对西学并不完全排斥，可见清末新政时期的保守派也有与时俱进的一面。日后地方督抚与立宪派在谘议局中的政争，主要不是因为思想观念，而是因为实际权力。

这届常年会于十月二十日闭幕，会期 50 天，共收集议案 184 件，会议结果如下：(1)已经议决案 109 件，包括督抚交议案 15 件、议员提议案 72 件、人民请议案 22 件；(2)议而未决案 20 件，包括议员提议案 16 件、人民请议案 4 件；(3)未及提议案 13 件，包括议员提议案 10 件、人民请议案 3 件；(4)毋庸提议案 37 件，均为人民请议案；(5)未及审查案 5 件，亦为人民请议案。②

第二届第一年度临时会。宣统二年(1910 年)三月初九日上午，江

---

① 《江苏谘议局第一届常年会议事录》，见《江苏谘议局第一年度报告》第 3 册，4 页，苏州，江苏谘议局，宣统二年(1910 年)刊本。

② 《江苏谘议局第一届常年会议事录》，见《江苏谘议局第一年度报告》第 3 册，85~86 页。

苏谘议局召开临时会开会式。两江总督张人骏到会，发表开会颂词，有谓：

> 今日为江苏咨议局临时会开会之期，此会由正副议长暨驻局
> 诸君同意发起。发起之意以为上年所提出之议案，其间多有改良
> 旧制，有必须由局覆议方能解决者。若必照章俟至九月开常年会
> 时再行提议，既碍于宪政之进行，又不足塞四方之观听，是以合
> 力组织，倡斯盛举。本部堂深佩诸君子之热心公益，是以不待再
> 计，亟为赞成，所愿诸君子于提议之余，熟察社会之程度，曲体
> 困难之情形，言期可行，因势利导，以蕲达夫可以实施之目的。
> 苟绝无扞格，本部堂督策施行，亦当惟力是视。总期官民一心，
> 日臻上理，俾江苏议会之成绩与宪政之效果，灿然可观。此鄙人
> 区区之诚，愿于开会之始披露胸臆，以为本届开幕之祝焉。①

这里张人骏进一步强调了谘议局议政要"言期可行"，根本的落脚点是希望达到"可以实施之目的"。

这届临时会于三月二十八日闭幕，会期 20 天，共收集议案 51 件，会议结果如下：(1)已经议决案 42 件，包括督抚交令覆议案 21 件、议员提议案 19 件、人民请议案 2 件；(2)议而未决案 1 件，未及提议案 4 件，毋庸提议案 4 件，均为人民请议案。②

第三届第二年度常年会。宣统二年(1910 年)八月二十七日，江督张人骏、苏抚程德全召集江苏谘议局全体议员开预备会。九月初一日上午，江苏谘议局第三届第二年度常年会举行开会式，张人骏、程德全及各级行政官员莅会。张人骏照例发表开会颂词，有谓：

> 本省谘议局成立以来，开常年会者一，开临时会者一，凡所
> 敷陈所建议，关系地方之利弊、政治之得失，类皆坐而能言，起
> 而能行。今当第二年开常年会之期，使者承乏是邦，又逢盛会，

---

① 《江苏谘议局第二届临时会议事录》，见《江苏谘议局第一年度报告》第 4 册，2 页。

② 《江苏谘议局第二届临时会议事录》，见《江苏谘议局第一年度报告》第 4 册，19 页。

得与诸君子互相讨论，孜孜求治，窃幸收群策群力之效，察众好众恶之情，开心见诚，无所隐伏，上理渐臻，其庶几乎。夫地方之利弊，政治之得失，就事迹观之，若者宜兴，若者宜革，不难凭多数之论议，以改弦而更张。迨几经研究，征诸实行，始知利弊得失，每有互相倚伏之理。有利于昔而弊生于今者，亦有得于此而失于彼者，时有变迁，利弊得失每随而变迁，亦在诸君子之因时立言而已。诸君子以言为职，即以言职为天职，举凡利弊得失，必具真知灼见之明，始有集思广益之效。方今时局危迫，民力竭矣，九年筹备期促事繁，宜如何官绅一心，言行交顾？必也建一言而必观事理之通，斯推行可期尽利；行一事而力矫因循之弊，庶名实得以相符。咨诹咨询，求通民隐，斯则使者区区之愚，愿与诸君子交相策勉者也。①

张人骏着重强调的还是谘议局议政实施的可行性，要"因时立言"，以期达到"可行"之目的。毋庸讳言，这是一个负有实际行政责任的地方督抚应当考虑的实在问题。

这届常年会于十月二十一日闭会，会期 50 天，共收集议案 135 件，会议结果如下：（1）已经议决案 112 件，包括督抚交议案 11 件、督抚交令覆议案 5 件、督抚咨询案 8 件、议员提议案 59 件、人民请议案 29 件；（2）议而未决案 2 件，为议员提议案；（3）毋庸提议案 14 件，未及审查案 7 件，均为人民请议案。②

第四届第二年度临时会。宣统三年（1911 年）二月初一日上午，江苏谘议局因复议宁属预算案召开临时会，江督代表候补道虞汝钧、苏抚代表苏藩司陆钟琦及各行政官莅会。张人骏未与会，由代表虞汝钧代为宣读开会颂词。③这届临时会于二月二十一日闭会，会期 20 天，

---

① 《江苏谘议局第三届第二年度常年会议事录》，见《江苏谘议局第二年度报告》第 3 册，3 页，苏州，江苏谘议局，宣统三年（1911 年）刊本。

② 《江苏谘议局第三届第二年度常年会议事录》，见《江苏谘议局第二年度报告》第 3 册，60～61 页。

③ 《苏议局临时会纪事》，载《申报》宣统三年（1911 年）二月初四日，第 1 张后幅第 2 版。

共收集议案 33 件，会议结果如下：（1）已经议决案 21 件，包括督抚交令覆议案 1 件、督抚咨询案 2 件、议员遵章覆议案 4 件、议员提议案 11 件、人民请议案 3 件；（2）未及提议案 4 件，毋庸提议案 5 件，未及审查案 3 件，均为人民请议案。①

另外，宣统三年（1911 年）九月初一日，江苏谘议局照例召开第五届第三年度常年会，张人骏到局行礼，并议定初四日开议。②其时已在武昌起义之后，各地革命风潮突起，因议员到者不足数，事实上并未正常开议，不久便随苏、宁相继独立而无形解散。

三、张人骏与江苏谘议局的权限之争

预备立宪时期，张人骏在粤督任上参与筹备广东谘议局，又以江督名义召集开办了江苏谘议局，并亲历苏局各届会议。一方面，这是张人骏作为地方督抚筹备宪政的题中应有之义；另一方面，在此过程中，张人骏与江苏谘议局的权限之争也颇为引人注目。

关于谘议局与地方督抚的权限问题，在清廷上谕与谘议局有关章程规则中，均有相应规定，这些规定是具有法律效力的。清廷在宣布各省成立谘议局的上谕中说明了三层意思：其一，谘议局为资政院在各省相应的机构，具有地方议院性质，而由各省督抚设立的规定，又赋予了督抚更大的权力。"前经降旨于京师设立资政院，以树议院基础，但各省亦应有采取舆论之所，俾其指陈通省利弊，筹计地方治安，并为资政院储材之阶，著各省督抚均在省会速设谘议局。"其二，谘议局是各省议事机构，督抚是裁决与执行机构，并对重大事件有超乎谘议局之上的上奏之权。"凡地方应兴应革事宜，议员公同集议，候本省大吏裁夺施行，遇有重大事件，由该省督抚奏明办理。"其三，资政院与谘议局的业务关系，不能绕开督抚。"如资政院应需考查询问等事，一面行文该省督抚转饬，一面迳行该局具覆；该局有条议事件，准其

一面禀知该省督抚，一面迳禀资政院查核。"①谘议局与督抚虽在省级层面有议政与行政的分工，但从上谕明文规定，尤其是从"饬"与"禀"两字来看，督抚地位似应在谘议局之上。

据宪政编查馆与资政院会奏的《各省谘议局章程》，"谘议局钦遵谕旨为各省采取舆论之地，以指陈通省利病，筹计地方治安为宗旨"。谘议局的权限有如下十条：（1）应办事件十二项：议决本省应兴应革、岁出入预算、岁出入决算、税法及公债、担任义务之增加、单行章程规则之增删修改、权利之存废事件，选举资政院议员，申覆资政院咨询，申覆督抚咨询，公断和解本省自治会之争议，收受本省自治会或人民陈请建议。（2）谘议局议定可行事件，呈候督抚公布施行，若督抚不以为然，应说明原委事由，令谘议局覆议。（3）谘议局议定不可行事件，得呈请督抚更正施行，若督抚不以为然，照前条办理。（4）谘议局于督抚交令覆议事件，若仍执前议，督抚得将全案咨送资政院核议。（5）上述（1）所列前七项事件，应由督抚提交议案，除第二、三项外，谘议局亦得自行草具议案。（6）谘议局于本省行政事件及会议厅议决事件，如有疑问，得呈请督抚批答。若督抚认为必当秘密者，应将大致缘由声明。（7）本省督抚如有侵夺谘议局权限，或违背法律等事，谘议局得呈请资政院核办。（8）本省官绅如有纳贿及违法等事，谘议局得指明确据，呈核督抚查办。（9）凡他省与本省争论事件，谘议局得呈请督抚，咨送资政院核决。（10）上述（4）（7）（9）各事，经资政院议定后，均宜分别照行。至于督抚的权限，除了召集谘议局会议以外，主要表现在对谘议局的监督方面：（1）各省督抚有监督谘议局选举及会议之权，并于谘议局议案有裁夺施行之权。（2）谘议局有下列情事，督抚得令其停会：议事逾越权限，不受督抚劝告者；所决事件违背法律者；议员在议场有狂暴举动，议长不能处理者。停会之期以七日为限。（3）谘议局有下列情事，督抚得奏请解散，并将事由咨明资政院：所决事件有轻蔑朝廷情形者；所决事件有妨害国家治安者；不遵停会之命令，或屡经停会仍不悛改者；议员多数不赴召集，屡经督促仍不到会者。（4）谘

---

① 《光绪宣统两朝上谕档》第33册，219页。

议局议员解散后，督抚应同时通饬重新选举，于两个月内召集开会。①根据这些规定，督抚与谘议局应当是处于相互监督地位，而从督抚可以酌情停会或解散谘议局来看，督抚的实际权力似又大于谘议局。

上述上谕与谘议局章程的有关规定，关于督抚与谘议局的权限其实并不清晰。谘议局作为民意机构，其议政的权力与效力都是模糊的。如谘议局议决所有事件，最终都得由督抚裁决或执行，其效力只能取决于督抚的态度。又如谘议局弹劾督抚，还得由资政院核办，但资政院最终又不能绕开督抚。这些内在矛盾是难以调和的。加上谘议局旨在发扬民权与民气，而督抚又实际处于强势地位，其互相利用或误解法规，而发生权限冲突也就在所难免。如福建谘议局呈总督公文所谓："谘议局之设，在吾国为创举，世人有不尽明其性质者，往往以误解法律之故，生出权限之争。"②这里所谓"误解"，既有错解之意，更有为我所用而故意曲解之意。地方督抚与立宪派在谘议局中的矛盾冲突，都是为了尽可能地扩张自己的权限，而巧妙利用法规，甚至设法钻有关法规的空子。张人骏与江苏谘议局的权力冲突，可谓典型的例证。

在第一届常年会，江苏谘议局为了维持自己的权限与地位，曾就督抚与谘议局公牍格式提出抗议。关于谘议局与督抚等行政官署公文往来究竟用何种格式，因无明文规定，各省多向宪政编查馆询问。宪政编查馆通电各省督抚与谘议局，有谓：

> 督抚署行谘议局公牍式。其专对局言者，应照章用"札"。专对议长、副议长言者，如系京堂翰林，无论局事非局事，应均用"照会"。其谘议局"呈"督抚文，应自称"本局"，称督曰"督部堂"，抚曰"抚部院"，不用"贵"字。如有与府厅州县关涉文件，应互用"移与"。司道领衔之局处，仍用"呈文"。均参照咨呈格式，惟不用"咨"字。③

①　《宪政编查馆等奏拟订各省谘议局并议员选举章程折附清单》（光绪三十四年［1908年］六月二十四日），见《清末筹备立宪档案史料》下册，670、676～678、681页。

②　《声明谘议局权限呈请督部堂注意公文》，见《福建谘议局第四次会议（临时会）速记录》第2号，31页，宣统二年（1910年）十一月二十九日。

③　此据《福建谘议局第一次会议速记录》第10号，宣统元年（1909年）九月二十四日，福州，福建谘议局，宣统元年（1909年）刊本。

宪政编查馆通电明确要求，督抚对谘议局用"札"，谘议局对督抚用"呈"，似把两者置于上下级关系的地位。对此，各省谘议局颇不满意。江苏谘议局致电宪政编查馆抗议，有谓：

> 查公牍往来，"呈"则上达，"札"属御下。若督抚对于谘议局概用"札行"，是议局法团几等诸行政下级官厅，殊非宪政所宜。伏读上年六月二十四日上谕，谘议局为采取舆论之所，并为资政院预储议员之阶梯，议院基础即肇于此。又谓行政之权在官吏，建言之权在议员。大哉王言，昭示薄海，明定两权，尚何疑议，公牍体裁自以相当为是。若督抚于谘议局用"札"，而于京堂翰林之议长则用"照会"，是直重个人之资格而轻公共之法团，谘议局之地位从此尚能确定乎？伏乞俯赐鉴核，按照法理，明定公牍往来格式，电复施行。①

江苏谘议局于此辩解，在宪政体制下，谘议局不是督抚等行政官署的下级官厅，其与督抚分建言与行政两权，地位应该对等，公牍行文格式理应与此相当。这个辩驳颇有说服力，但并没有改变宪政编查馆坚持用"札"的原议。宪政编查馆再次通电各省督抚与谘议局，进一步解释，有谓：

> 上年本馆通行各省文称，督抚行谘议局用"札"，系仿定例，各部札太常、鸿胪各寺、顺天府，礼部札各省学政之程式。其札文应首书"为札行事"，末书"为此札行谘议局查照，须至札者"云云，首不用"札饬"字样，末不用"札到该局，即便遵照，切切毋违，此札"字样，无庸硃标，与外省督抚札饬属员文式须有区别。特此通电，以昭划一。②

在此，宪政编查馆肯定地说明督抚"札行"谘议局的公文程式，与督抚

---

① 《江苏谘议局第一届常年会议事录》，见《江苏谘议局第一年度报告》第3册，24页。

② 《规定督抚行文谘议局之格式》，《申报》宣统元年（1909年）十月初二日，第1张第4版。

"札饬"属员文式不同。揣摩其意，可以这样理解：前者基本上是平行关系，后者才是上下级关系。于是，江苏谘议局也就不便再作计较了。

事实上，在第一届常年会上，张人骏与江苏谘议局并无太大冲突，议长张謇在闭会词中说："举数千年未有之创局，竟能和平正大，卓然成一届议会史，官长与人民毫无龃龉痕迹，上下交尽，谁谓吾国之人程度不及，此为各省所略同，而吾省之尤可喜者。"然而，张謇并不盲目乐观，他提出了谘议局面临的两大困难："窃谓今于谘议局为最困难时代，对于上下尚未能诚信相孚。……官民隔阂已久，有时在议会为和平立论，而行政官已觉其拂逆难堪，此一难也。至人民一方面，立宪之后，其享受幸福固多，而其经济负担亦必较重。今日需款孔殷，百端待举，恐明年交议预算案时，外顾政费，内顾民力，稍一不慎，怨渎言繁兴，此又一难也。"①在此，张謇已敏锐地感觉到谘议局与行政官的矛盾恐难避免，以及将来审议预算案必是一大难题。在第二届临时会闭会式上，副议长蒋炳章在闭会词中肯定"此次临时会遵章办理一切，秩序远胜上年"的同时，也着重强调了审议预算案的意义与难度，有谓："以此时遥度将来，则所可解嘲者，谓预算未经交议，议会之功用本缺而不完，以故成效亦罕。转瞬九月预算案来矣，虽交局预算之条项定自中央，各省长官且爱莫能助，然吾党所可自勉者，不在款项之难于理解，而在各地方之不囿于偏私，以廓然大公之心，支配一省行政经费，事任极重。"②果然，在第二年度常年会时，以预算案为重心，张人骏与江苏谘议局的矛盾终得以充分暴露。

宣统二年(1910年)九月，第二年度常年会开幕不久，据《申报》报道，江苏谘议局以上届公布议决各案未见实行，特向江督、苏抚具呈质问，有谓："本局所议决之案，或公布施行，或更正施行，其责任全在行政长官。乃自上年开局以来，凡本局议决事件，即经督部堂、抚部院所批准公布者，如下开可行不可行各案，以各属议员之闻见，至

---

① 《江苏谘议局第一届常年会议事录》，见《江苏谘议局第一年度报告》第 3 册，86～87 页。

② 《江苏谘议局第二届临时会议事录》，见《江苏谘议局第一年度报告》第 4 册，20 页。

今均未实行。如此漠视定章，既乖朝廷采取舆论之盛心，亦非督部堂、抚部院批准公布之初意。究竟具何理由，不能不生疑问。爰据局章第二十六条，呈请逐案批答。"随后列实行禁烟案、永远停止彩票案等八案。①限于所见史料，未知江督、苏抚如何答复。这并不重要。重要的是，此举预示着号称"向不主张激烈"②的江苏谘议局，这届常年会也并不会平静。其时，各省谘议局风潮迭起，尤其与督抚纠纷不断。如时论所谓："谘议局上届开会，官绅冲突之事，各省鲜有所闻。今则有以停会要求代奏路事者矣，如浙省是；有以解散要求缩限禁烟者矣，如桂省是；有以停议要求提交预算者矣，如闽浙两省是。此不可谓非各省议员之进步也。记者曰：一方固由议员之进步，一方亦由各督抚视官权太重，视议员之权太轻，故演出此种种恶果也。"③督抚与谘议局的权力之争可谓症结所在。

在第二年度常年会上，江苏谘议局多次提出弹劾江督违法及侵权案，与张人骏发生不同程度的矛盾冲突。以下主要略述三个案件：（一）关于江苏饥民焚抢公司案。宣统二年（1910 年）三月，因上年水灾，江北海州等地发生严重饥荒，饥民遍野。其时官绅在海州南门外设厂施粥，四乡饥民迅速群聚至数万人，一时难于遍给。署海州直隶州施焕恐饥民进城滋事，下令关闭城门。有饥民二三百人就食不得，便群向海丰公司求索，他们围住公司，喧闹不已，毁栅栏，烧麻袋，甚至向内抛击砖石。不意公司里突然开枪轰击，当场击毙饥民 7 人，误毙旁人 2 名，击伤 20 余人。同时还发生赣丰饼油公司豆船被抢、宿迁贫民爬抢麦船囤粮及焚抢永丰公司、清江贫民滋扰大丰公司等事件。张人骏先后委派道员黎经诰、按察使左孝同前往调查，随即奏请将处事乖方的署海州直隶州施焕与被控主使放枪的海丰公司经理、捐纳县丞许鼎馨一并革职，同时一面查拿放枪人犯，一面查拿为首滋事犯人。

---

①　《江苏谘议局之质问案》，载《申报》宣统二年（1910 年）九月初七日，第 1 张第 5 版。

②　此为议长张謇在第二年度常年会闭会词中语，见《江苏谘议局第三届第二年度常年会议事录》，《江苏谘议局第二年度报告》第 3 册，61 页。

③　《时评·其一》，载《申报》宣统二年（1910 年）九月初七日，第 1 张第 6 版。

奉硃批："著照所请。"①

十月二十日，江苏谘议局讨论议员邵长镕呈请资政院核办江督违法案，经表决以多数通过。②该呈文列举张人骏办理此案有违法之处五条：(1)饥民焚抢公司，应"照光棍例治罪"，"为首者绞立决，为从者俱绞监候"，但江督"竟不引用此条正例，仅引无当之'徒手爬抢，为首满徒'之文，显系故出入人罪"。(2)江督奏称饥民二三百人逼近海丰公司，抛击砖石，毁栅栏，烧麻袋，"转引饥民爬抢十人以下之例，并谓系徒手行抢，且系爬抢未成，未免纵容乱民，实属弁髦法律"。(3)江督既奏称饥民围攻公司，"而转谓公司轻率动手，枪毙无辜饥民，应照凶手问罪，是直视例案如弁髦，将使不法棍徒一遇歉收即可藉饥纠抢，藐视国法而不畏"。(4)江督既奏称永丰公司系由棍徒煽动饥民用火油焚抢，亦不从严究办犯事之棍徒，"而转归咎于永丰之谋业不臧，自贻伊戚，是不独纵容棍徒扰乱治安，显干法律，且大背朝廷振兴实业之至意，反对宪政之进行"。(5)饥民爬抢案属于民政，为巡抚职掌，又在江北提督辖区，江督理应与江苏巡抚、江北提督会同入奏，但江督单衔具奏，"亦与定制不合，未免专擅"。③

十一月十二日，资政院讨论该案，议员牟琳报告审查结果，完全同意江苏谘议局指控江督五条违法意见，其结论是："两江总督违背法律，毫无疑义。"在议员们自由发言时，王佐良以其当时在海州城亲历为词，很为海丰公司及海州地方官抱不平，认为四五万饥民围困城池，如果公司不开枪打退，海州城不可保，江北将乱，同时海州地方官设法查拿匪类，办得平正，"致被参革，未免太冤"。议员崇芳提议，应审查滋事者究竟是饥民还是棍徒。方还肯定地说："这事情并不是饥

① 《两江总督张人骏奏为委员查明并分别办理饥民滋闹江北面粉公司致被枪毙多命情形事》(宣统二年[1910年]八月二十九日)，见一档藏：硃批奏折，档号04-01-01-1117-025，缩微号04-01-01-171-2394。

② 《江苏谘议局第三届第二年度常年会议事录》，见《江苏谘议局第二年度报告》第3册，59页。

③ 《呈请资政院核办议决张督部堂违背法律案文》(十月二十二日)，见《江苏谘议局第三届第二年度常年会呈报议决案汇录》，见《江苏谘议局第二年度报告》第1册，75～77页。

民。若是饥民，万不能闹到这个地步。这里若没有土匪，那里有这种事体出来？"陈懋鼎则为海丰公司辩护，认为该公司抵制洋面，收回利权，地方官应当保护，"今张督乃一味摧残，不知是何居心！"随后表决经多数通过，照资政院章请旨裁夺。①限于所见史料，未知清廷如何裁夺。还有一点值得注意，在此案中，江苏谘议局一再责难张人骏没有严惩闹事饥民，而资政院议员又强调闹事者是匪徒。有人认为江苏谘议局与资政院弹劾江督，发扬了民权，但不知这个民权之"民"究何所指，确实颇为引人深思。

（二）关于江苏借债代偿商款案。宣统二年（1910年）六月，上海发生橡皮公司股票风潮，市面恐慌，致正元、兆康、谦余等钱庄歇业。张人骏允准上海道蔡乃煌与上海总商会总理周晋镳借洋债350万两，以其中140万两代正元等三家钱庄偿还亏欠洋商之款，其余210万两存款生息，以维持市面。九月，江苏谘议局第二年度常年会召开，张人骏并不向谘议局提出此案。对此，谘议局按章向督抚提出质问：（1）商人倒欠华洋各款，官可代追，不能代偿，而蔡乃煌以国家行政官厅名义借洋债代还钱庄倒欠洋款，将开恶劣先例，"设以后华洋贸易倒欠更巨，外商援例交涉，其奈之何？"（2）借款维持市面，必有相关办法，今但闻借款，不知办法如何，"未识当时蔡革道面禀若何措词？此中亏折之处督部堂原奏曾否据实声叙？"（3）借款既为正元等三家钱庄偿还洋款，该钱庄等"究竟有无确实抵押物件及担保凭证？设有亏短，非特江苏人民不能因此凭空增加义务，即国家亦何能无端代任损失？"②其时，因上海市面恐慌，张人骏又赴沪借洋款300万两，以维持市面，但谘议局正开议，而并不交局议。江苏谘议局致电询问"报载借款三百万，由宁筹还，有无其事"，未蒙答复，于是又补具文牍，正式提出质问

---

① 《资政院第一次常年会会议速记录》第25号，62～67页，宣统二年（1910年）十一月十二日，清末铅印本。

② 《呈请督部堂、抚部院批答革道蔡乃煌息借洋债之质问案文》（九月初八日），见《江苏谘议局第三届第二年度常年会呈报议决案汇录》，《江苏谘议局第二年度报告》第1册，61～63页。

案，呈请迅予批答。①

十月，张人骏批答蔡乃煌借款质问案，详叙蔡乃煌与周晋镳赴宁面禀情形，并称："本部堂察核所论各节，尚非无据，且沪市岌岌，维持之责，原在关道，周道又为商会公举总理商情取藉以通达之人，因即准如所请奏，奉特旨允行在案。至于办理情形，自应由该道钦遵谕旨，悉心筹画，慎防流弊，敬谨从事。"②张人骏以奏请奉旨为挡箭牌。对于借款维持市面质问案，张人骏用同样手法对付，其札文有谓："查此案就宁省及江南各埠市情危迫，并因裕宁局为各项经费垫放饷银，为数太巨，亟应立筹填补，经本部堂于九月十一日电请军机处代奏，奉旨允行在案。"随文还附抄电奏稿。③

与此同时，江苏谘议局对于张人骏批答蔡乃煌借款质问案并不满意，认为："督部堂仅追述当日蔡革道面禀浮混之词，未体谕旨转饬慎防流弊之意，且按照本局原呈，除第一节第二条所问当时蔡革道面禀若何措词一语确承批示外，其余有关紧要各端，亦概未按呈切实逐一答复，仍未能解释本局之疑虑。"于是继续提出质问案，逐层批驳当时蔡乃煌等蒙混面禀，指责张人骏不应借款代偿，并表示："本局所急须呈请批答者，只在以后流弊如何杜绝？借到之款如何存放、归还？以及万一亏短，谁任偿还之责？"④

十月二十日，江苏谘议局讨论议员黄炎培提议江督违背法律并侵

---

① 《呈请督部堂批答借款维持市面质问案文》（十月初六日），见《江苏谘议局第三届第二年度常年会呈报议决案汇录》，见《江苏谘议局第二年度报告》第 1 册，67 页。

② 《张督部堂札复已革苏松太道蔡乃煌息借洋款质问案应由该道钦遵谕旨慎防流弊文》（十月初九日），见《江苏谘议局第三届第二年度常年会议决案汇录·督抚复文汇录》，见《江苏谘议局第二年度报告》第 2 册，22～23 页。按：原书署"十一月初九日"有误，应为"十月初九日"，今改正。

③ 《张督部堂札复借款维持市面质问案曾经电奏奉旨允行文》（十月十四日），见《江苏谘议局第三届第二年度常年会议决案汇录·督抚复文汇录》，见《江苏谘议局第二年度报告》第 2 册，25～26 页。

④ 《呈请督部堂、抚部院批答蔡革道息借洋债继续质问案文》（十月十六日），见《江苏谘议局第三届第二年度常年会呈报议决案汇录》，见《江苏谘议局第二年度报告》第 1 册，68～70 页。

夺谘议局权限呈请资政院核办案，经表决以全体通过。①该呈文就前两案提出张人骏违法与侵权问题：(1)关于蔡乃煌案，张人骏身为南洋通商大臣，于华洋交涉本有专责，而不顾官吏对于华人倒欠洋款只能代追不能保偿之例规，"偏信属吏，朦奏朝廷，又以谕旨所谆饬应行恪遵者，仅诿之于属吏，而己若无与，召外交无穷之患，增财政困难之忧，实较寻常违背法律仅关内政者，情事尤重"。(2)关于借款维持市面案，据张人骏札文称借款300万两，"以六年为期，本利由宁省设法匀还"，江苏谘议局认为："此项借款既声明本利由宁筹还，是即本省公债及本省担任义务之增加事件。"时值谘议局开会之期，而竟不交局议，"使非照章呈请钧院核办，势必于谘议局应有之权限悉被侵夺"。②

　　十一月十二日，资政院讨论该案，议员方还报告审查结果，认为江督张人骏借洋款替华商还洋债，未交谘议局议决，"实在违背法律，侵夺权限，是关系全国事情"。在议员们发言时，高凌霄认为，这个事情与内政、外交均有关系，于国家前途影响非小，若官吏替商民偿还亏倒之款，一则"将来人人都可以倒款，这事情实在不了"，再则"洋商凡有亏倒，都向政府索还，不数年间，中国就可以破产"。许鼎霖详细介绍了上海橡皮公司股票风潮，及江督张人骏借洋款内幕，认为应由江督承担责任："现在经手借款的蔡乃煌，要他的命也无济于事，只有叫两江总督担其责任，方为正理。能如此办法，则将来督抚不至于乱借外债，亦不至于替华商还洋款。不然洋人尽问督抚索欠，督抚又尽令人民负担，后患何堪设想？"议员们多主张要由江督自己担负责任，王佐良说："江督所借此债，必得江督担任，并可限定日期归还。"易宗夔说："这个事体实在应由该督自担责任，方是正常办法。"林绍箕说："由该省督抚自担责任，这个办法是很好的，必要照这样办法方好。"随

---

　　①　《江苏谘议局第三届第二年度常年会议事录》，见《江苏谘议局第二年度报告》第3册，58～59页。

　　②　《呈请资政院核办议决张督部堂违背法律并侵夺谘议局权限案文》（十月二十二日），见《江苏谘议局第三届第二年度常年会呈报议决案汇录》，见《江苏谘议局第二年度报告》第1册，71～72页。

后表决，多数赞成修正后具奏。①十一月二十三日，资政院据情上奏，并没有提出具体处理意见，只是照章请旨裁夺。限于所见史料，不知清廷如何裁夺。在现存中国第一历史档案馆所藏资政院奏折有一个附件，认为第一次借款"全系蔡乃煌一人之咎，江督特受其朦蔽耳"；第二次借款"似近地方公债，而究实外债，江督为维持长江一带市面，情势紧迫，奉旨系为大局起见，允从照办，不得以未及交议为江督咎也。"②几乎完全为张人骏辩护。不知出自何人手笔？待考。

（三）关于宁属预算案。按照预备立宪逐年筹备事宜清单，宣统二年（1910年）试办各省预算决算。有鉴于此，各省谘议局第二年度常年会召开后，便纷纷要求地方督抚提交宣统三年（1911年）预算案，以供审议，甚至不惜以停议相争。据《申报》报道："浙省谘议局以官厅不交预算案，显违定章，致国家税与地方税混淆不分，人民担负日重，脂膏将绝。谘议局代表舆论，决议联合各省谘议局力争，争而不获，各省同时停议。"随即分电各省，得到闽、湘等省回电支持。③福建谘议局提出《预算提出时期质问案》，认为："夫谘议局者，根据谘议局章程而为宪政之基础者也。无预算，则谘议局章程不足恃，是无谘议局也。"在讨论此案时，议员刘崇佑更是直接宣称："有预算始有谘议局，无预算是无谘议局也。"④预算案成为风潮并不足怪。

九月初三日，江苏谘议局讨论各省谘议局联合会关于预算之通告书，及闽、湘两局关于预算两电，有议员提议"即日呈明督抚本局于九月二十日以后专待议决预算案"，经表决全体通过。⑤因江苏有总督与

---

① 《资政院第一次常年会会议速记录》第 25 号，51～59 页，宣统二年（1910年）十一月十二日。

② 《资政院总裁溥伦奏报核办张人骏借外债侵权违法案事》（宣统二年[1910年]十一月二十三日），见一档藏：硃批奏折·附件一，档号 04-01-35-0879-028，缩微号 04-01-35-046-0489。

③ 《各省谘议局联合请交预算案》，载《申报》宣统二年（1910年）九月初六日，第 1 张第 3 版。

④ 《福建谘议局第二次会议速记录》第 2 号，宣统二年（1910年）九月初三日，福州，福建谘议局，宣统二年（1910年）刊本。

⑤ 《江苏谘议局第三届第二年度常年会议事录》，见《江苏谘议局第二年度报告》第 3 册，10 页。

巡抚两个行政中心,预算案也分宁属与苏属。九月二十日,江苏谘议局先将苏抚程德全交议苏属试办宣统三年预算案开第一读会。江督张人骏于九月二十五日才把宁属预算案交谘议局。十月初三日,江苏谘议局为宁属预算案补行第一读会。十月十九日,又开宁属预算案第二读会。十月二十日,续开宁属预算案第二读会,接着又开第三读会,与苏属预算案同时完成审议,并经表决以全体通过。①查江苏谘议局第二年度常年会议案报告,在第一类"已经议决案"下"督抚交议案"的第四项,就是"宁属宣统三年预算案(督),汇集他案修正后可决"。②可见,江苏谘议局第二年度常年会已议决宁属预算案。那种指责张人骏不知预算为何物而迟迟不交预算案的说法,与事实不尽相符。

事实上,张人骏在江苏谘议局第二年度常年会开会当初,已将筹办宁属预算情形奏报清廷。值得注意的一点是,他特别强调江南财政的困难,有谓:"财政为庶政之基,而江南财政头绪纷赜,清理不易,预算尤难。臣上年六月抵任,详加考察,始知外负财赋之名,内处困难之实,非及时梳剔,就事裁减,势将坐困。当即明定功过,切实督催。"张人骏莅任江督后,便一直在清理财政的同时,筹计宁属预算。据清理财政局遵限呈报试办宣统三年(1911年)预算册表,统计岁入银2 574万余两,岁出银2 680万余两,出入相抵计尚不敷银106万余两。经张人骏核实,剔除若干岁入浮费,实计不敷银约150万两,而筹办新政费用尚不在内。度支部电咨指令裁减归并150万两,张人骏先拟将总督衙门经费裁减7万余两,以为表率,各衙门局所相继设法裁减,共计95万余两,仍不敷银50余万两。"如此大加撙节,庶事已成欲窒之机,即欲竭力搜罗,民力亦有难胜之势,况新政筹备需款尤多,非仅筹补五十万,即能敷来年之用。"③随后,张人骏又将此案交谘议局

---

① 《江苏谘议局第三届第二年度常年会议事录》,见《江苏谘议局第二年度报告》第3册,30、39、53、55、58页。

② 《江苏谘议局第三届第二年度常年会议案报告目次》,见《江苏谘议局第二年度报告》第1册,1页。

③ 《两江总督张人骏奏报江南清理财政试办预算情形事》(宣统二年[1910年]九月初二日),见一档藏:硃批奏折,档号04-01-35-1097-029,缩微号04-01-35-054-0689。

审议。谘议局多有删减增补，计删减 30 余项，约银 51 万余两；增加 10 余项，约银 10 万两左右。谘议局审议之后，又呈请江督于 10 日内公布施行，但文册送到已在该局闭会后 20 余日，而各主管局所纷呈窒碍难行情形，甚至有具禀争执者，使张人骏颇感为难。该案未及宣布，而谘议局请开临时会讨论，张人骏只好允准。宣统三年（1911 年）二月初一日，江苏谘议局临时会召开，张人骏札派各主管员绅赴局陈述意见，遭到谘议局拒阻。谘议局复议宁属预算案，继续删减增补，并将议决案再交江督张人骏公布施行。张人骏深感碍难实行，有谓："若如局议预算案迁就成立，势必穷于应付。""当此预备立宪之时，诚宜上下一体，共支大局。议员等持论如此，似于目下帑藏竭蹶实情，茫未计及。按局章第二十四条、第二十九条所载，自不能再令该局复议。"①张人骏作为总督大员，着重考虑的是财政实情，而谘议局作为民意机构，则旨在发扬民权，表达民意，两者于虚实之间，矛盾在所难免。

由于对于江苏谘议局临时会复议的议决案并不满意，张人骏也就不急于公布宁属预算案。江苏谘议局具呈催请张人骏公布施行，"俾预算案不至消灭于若无若有之中，庶重宪政"。张人骏札复称："查各省预算案亦尚多未成立，诚以初次试办，不能不审慎于始，未便徒恃理想，转忽事实，以致舛错窒碍。其预决案未经成立之先，自应暂照上年之案办理。"并表示将送资政院核办。江苏谘议局于四月初三日开协议会，以为"复议预算得此结果，实无以对全省父老"，遂公决议长、副议长、常驻议员全体引咎辞职，即日出局。②随后，其他议员也相继宣布辞职。

江苏谘议局因争执预算案，竟以辞职与行政官相对抗，张人骏据情电请军机处代奏，得旨："谘议局议决本省预算，只能议减实在浮滥之款，若强为增删移补，即属逾越权限。况该局呈内措辞，以责难国

---

① 《两江总督张人骏奏报江苏谘议局办理决议预算行政经费情形事》（宣统三年[1911 年]四月初九日），见一档藏：硃批奏折，档号 04-01-35-1098-009，缩微号 04-01-35-054-0776。

② 《苏谘议局之大纪念日》，载《申报》宣统三年（1911 年）四月初七日，第 1 张后幅第 2 版。

家行政经费，腾出地方行政经费为要旨，是竟涉及国家行政经费，尤为不合。岂得以违章辞职相要挟？督抚有行政之责，原应彼此和衷定议，倘竟不服劝告，亦自应照章办理，未便迁就。著张人骏明白剀切示谕该局，一切务须遵守定章，不得逾越权限，倘仍不受该督之劝告，应即奏明请旨裁夺。"①在此，清廷明显支持张人骏。

　　然而，江苏谘议局议员辞职，引起了轩然大波。不仅得到江苏士绅的支持，有江苏预算维持会的成立；而且得到其他各省谘议局的支持，他们纷纷致电以表声援。江苏同乡京官在江苏会馆开会，控诉江督破坏预算，有谓："江督反对宪法，为全国之公敌，对于江苏谘议局，早有破坏之决心，而又不欲明犯众怒，特借预算诬陷议员，仅以一面之词怂动政府，意在借政府解散议员，使人民归怨政府，而自居于无可指摘之地位。"②其时，张謇缘事进京，在被摄政王载沣召见时，详陈江苏谘议局议员辞职原因，据说"摄政王拟饬内阁电致江督，速将预算颁布施行"。③在各方面的压力下，江督张人骏与苏抚程德全公布了试办宣统三年江苏预算全案。七月二十日，江苏谘议局集议公决，议长、副议长、常驻议员先行复职，即日到局任事，预备九月大会事宜。④江苏谘议局争执预算案风波就此结束。

　　关于地方督抚与立宪派在谘议局的政争，以往论者多以立宪派为民权的代表，以地方督抚为专制的象征，因而有意无意地褒扬前者，而贬抑后者。其实，从上述张人骏与江苏谘议局政争的事例看来，可以得出如下两点新的认识：其一，谘议局作为民意机构，以谘议局议员为代表的立宪派固然有代表民意，发扬民权的一面，但这个民意与民权之"民"究竟是何所指，值得具体分疏。在上述江苏饥民焚抢公司案中，谘议局就站在了饥民的对立面，如果说议员们也在发扬民权，

----

　　①　《竟听江苏谘议局解散耶》，载《申报》宣统三年（1911年）四月十五日，第1张第4版。

　　②　《江苏京官大会纪事》，载《申报》宣统三年（1911年）五月初二日，第1张第5版。

　　③　《专电》，载《申报》宣统三年（1911年）五月十八日，第1张第4版。

　　④　《江苏议员复职之宣言》，载《申报》宣统三年（1911年）七月二十三日，第1张后幅第2版。

表达民意，那么这里所谓的"民"，显然是与"绅"划等号的。其二，论者往往把地方督抚与立宪派的政争，看作思想观念的保守与进步之争，在上述江苏借债代偿商款案与宁属预算案中，江督张人骏常被论者指斥为对宪政无知的顽固鄙陋之徒，实际上与事实并不相符。其实关键是权力之争，地方督抚与立宪派的矛盾，与其说是思想观念之争，毋宁说是预备立宪时期行政权限与议政权限尚未分割清晰的必然冲突。在历史研究中，任何简单的褒贬都是苍白的，只有鲜活的事实才能显出常新的魅力。

原载《政治精英与近代中国》，北京，中国社会科学出版社，2013。

袁世凯与清末责任内阁制

　　清末预备立宪是开启近代中国政治制度变革的契机，其成败得失与各种政治势力之间错综复杂的权利纠葛密切相关。预备立宪从官制改革入手，其中直隶总督袁世凯是一个要角。在丙午官制改革时，袁世凯提出了责任内阁制，但由于清廷内部各派政治势力之间，围绕责任内阁制问题明争暗斗，致使责任内阁制一度流产。在随后的光宣政局变动中，袁世凯再次提出责任内阁制主张，又被卷入高层政争的旋涡之中而再度受挫，甚至袁世凯本人也被迫退出政坛。武昌起义之后，袁世凯乘机东山再起，在危难之际进京组阁，出任清朝内阁总理大臣，控制清廷权力核心，并以清王朝为筹码与南方革命政权做了一大笔政治交易，为自己换取了民国大总统的职位，而成为最大的赢家。责任内阁制最终成为政治权力斗争的工具和牺牲品。可见，预备立宪时期西方宪政制度移植到近代中国之所以举步维艰，其深受各种政治势力之间权力与利益关系的制约，是一个关键的因素。下面拟以袁世凯与责任内阁制为中心，通过剖析各种政治势力之间的矛盾关系，为观察清末政治体制改革与政局变动的复杂历史提供一个视角。

一、袁世凯与责任内阁制的提出

　　光绪三十二年七月十三日(1906 年 9 月 1 日)，清廷发布预备立宪上谕，宣称从改革官制入手。次日，便正式宣布进行官制改革，派载泽、世续、那桐、荣庆、载振、奎俊、铁良、张百熙、戴鸿慈、葛宝华、徐世昌、陆润庠、寿耆、袁世凯为编纂大臣，著端方、张之洞、升允、锡良、周馥、岑春煊选派司道大员进京随同参议，并派庆亲王奕劻、孙家鼐、瞿鸿机为总司核定大臣。①十八日，设编制馆于恭王府之朗润园，以孙宝琦、杨士琦为提调，金邦平、张一麐、曹汝霖、汪荣宝为起草课委员，陆宗舆、邓邦述、熙彦为评议课委员，吴廷燮、郭曾炘、黄瑞祖为考定课委员，周树模、钱能训为审定课委员，另有中央各部、处和上述指定总督所派属员参议。②官制改革名义上是由奕劻、载泽等人负责，但其具体办事机构官制编制馆实际上是由袁世凯所控制，馆中办事人员多为袁氏亲信。因此，袁世凯可以通过该馆提出自己的官制改革方案，其中最为引人注目之处就是责任内阁制。

早在五大臣出洋考察政治回国之初，国内关于立宪的舆论就迅速高涨。著名立宪派首领张謇曾致书袁世凯"以大久保相期，而自居小室信夫"，袁世凯颇为得意。当端方亲到天津北洋大臣公署，与其商议宪政改革问题时，袁世凯提出了"先组责任内阁，俟政权统归内阁，再酌量开国会"的主张，并指示幕僚张一麐、金邦平起草疏稿，由端方回京上奏。③端方等人在奏请清廷实行预备立宪的奏折中，正式提出了责任内

---

① 中国第一历史档案馆编：《光绪宣统两朝上谕档》第 32 册，129 页，桂林，广西师范大学出版社，1996。

② 《更革京朝官制大概情形》，见《宪政初纲·立宪纪闻》（东方杂志临时增刊），6 页，上海，商务印书馆，光绪三十二年（1906 年）十二月。

③ 赵炳麟：《光绪大事汇鉴》卷 12，3 页，见《赵柏岩集》，刊本，无版次。有关袁世凯提出责任内阁制主张的具体情节，还可以其心腹幕僚张一麐的记载为参证。他说："考察政治大臣回国时，一时舆论靡不希望立宪。南通张季直致书项城，以大久保相期，而自居小室信夫。一日，余入见，力言各国潮流均趋重宪政，吾国若不改革，恐无以自列于国际地位。且满汉之见深入人心，若实行内阁制度，皇室退处于无权，可消隐患，但非有大力者主持，未易达到目的。项城谓：中国人民教育未能普及，程度幼稚，若以专制治之，易于就范。立宪之后，权在人民，恐画虎不成，发生种种流弊。余力言专制之不可久恃，民气之不可遏抑。反复辩论，竟不为动。且问余至此尚有何说？余曰：公既有成见，尚复何词？退而悒悒。乃越宿又召余入见，嘱将预备立宪各款作说帖以进，与昨日所言似出两人，颇为惊异。对曰：昨陈者只为救时之策，至其条目，则须与学习政治法律之专家研究之。退而纠合金邦平、黎渊、李士伟诸君，分条讨论，缮成说帖。后见北洋与考察诸大臣会衔奏请预备立宪稿，即余等所拟，未易一字，且知项城先与余辩论之词，实已胸有成竹，而故为相反之论，以作行文之波澜耳。"[张一麐：《古红梅阁笔记》，《心太平室集》卷 8，37～38 页，见《民国丛书》第 3 编（82），上海，上海书店出版社，1991]

阁制。他们认为，实行君主立宪政体，便可以在宪法中明确规定君主不负责任，而由大臣代负其责，以保证君位常安而不危、神圣不可侵犯，此即责任内阁制的神奇功效。"君主立宪国之政府，必有责任内阁之设。所谓责任内阁者，乃于内阁中设总理大臣一人及国务大臣数人，国务大臣以各部之行政长官充之，是之谓阁臣，凡此阁臣皆代君主而对于人民负其责任者也。使其行政而善乎，则阁臣之位得安；使其行政而不善为人民所怨，则是阁臣之责任，而非君主之责任，其怨毒之极，亦不过变易阁臣而已，无丝毫之责任可以及于君主之身。故君主不仅常安而不危，且神圣不可侵犯之权亦载入于宪法之中。此无他，既无责任，则自不至有侵犯，此二者相因而并至者也。此所谓立宪则君主安者是也。"①

随后，端方与戴鸿慈又提出了一个全国官制改革的方案，其中关于中央官制改革便以责任内阁制为中心，极力主张仿行责任内阁制。他们认为："责任内阁者，合首相及各部之国务大臣组织一合议制之政府，代君主而负责任者也。……所以必以阁臣负其责者，一则使之忠于职任，无敢诿卸以误国，一则虽有缺失，有阁臣任之，则天下不敢致怨于君主，所谓神圣不敢干犯者此也。"就此而言，中国旧有的军机处和内阁都无法与责任内阁相比。改革之初，可以保留原来内阁的形式，以军机处归并其中，设总理大臣一人兼充大学士，为首长，设左右副大臣各一人兼充协办大学士，为辅佐，而以各部尚书皆列于阁臣。"此三大臣者，常与各部尚书入阁会议，以图政事之统一，会议既决，奏请圣裁。及其施行，仍由总理大臣、左右大臣及该部尚书副署，使职权既专而无所掣肘，责任复重而无所诿卸，如此则行政之大本立矣。"②

官制编制馆设立之后，即开始起草中央官制改革草案，"大抵依据端制军等原奏，斟酌而成"。具体办法是：以内阁为首，设总理大臣一人，左右副大臣二人，各部尚书均为内阁政务大臣，参知政事。设十

---

① 端方等：《请定国是以安大计折》，见《端忠敏公奏稿》卷6，32页，无出版地，1918。

② 端方等：《请改定官制以为立宪预备折》，见《端忠敏公奏稿》卷6，44～46页。又见《出使各国考察政治大臣戴鸿慈等奏请改定全国官制以为立宪预备折》，见《清末筹备立宪档案史料》上册，368～369页。

一部七院一府：外务部、民政部、财政部、陆军部、海军部、法部、学部、农工商部、交通部、理藩部、吏部，资政院、典礼院、大理院、都察院、集贤院、审计院、行政裁判院，军谘府。①这个草案基本上仿照上述端方、戴鸿慈奏折所拟的方案，其核心内容是责任内阁制。

一般认为，官制编制馆实际上是由袁世凯所控制，馆中许多具体的办事人员都是他的心腹，因此，该馆起草的官制改革草案在某种程度上可以说代表了袁世凯的意见。②值得进一步探讨的问题是，袁世凯为什么要抛出责任内阁制呢？这与袁世凯之所以赞成立宪的用意相关。袁世凯本以投机政客为世人所知，并无固定的政治主张。当时他曾一度反对立宪。那位"以为非立宪无以救国"的镇国公载泽，就把袁世凯看作立宪的最大阻力，所谓"小阻盛宣怀，大阻袁世凯"。据说袁世凯在奏对时还宣称："可有立宪之实，不可有立宪之名。"③但是，后来袁世凯又极力主张立宪，甚至有"官可不做，法不可不改""当以死力相争"之言，其实别有用心。据时人记载："本初（袁世凯——引者注）另有深意，盖欲借此以保其后来，此固人人所料及者。"④此所谓"保其后来"即预留后路。因为袁世凯在戊戌政变中得罪了光绪皇帝，他担心在年过七旬的慈禧太后去世之后光绪亲政会对自己不利，所以想利用责任内阁制来限制君权。他积极提倡设立责任内阁的目的很明显，就是想推自己手中的傀儡奕劻为总理，自己以副总理实际控制内阁，操纵中央

---

① 《更革京朝官制大概情形》，见《宪政初纲·立宪纪闻》，6～7 页。

② 有人甚至认为，袁世凯在丙午官制改革时"主张最多，全案几皆其一手起草"。[一士：《清光绪丁未政潮之重要史料——袁世凯致端方之亲笔秘札》（续），载《国闻周报》第 14 卷第 6 期，75 页，1937 年 2 月 1 日]据亲与其事的袁世凯的心腹曹汝霖日后回忆说：编制官制局由袁世凯"亲自主持"，其成员起草的各种说帖、条例均呈袁世凯"阅定"，责任内阁制显然出自袁世凯的意旨，所谓"揣项城之意，以朝廷既决意立宪，自应照立宪国成例，改为内阁制"。（曹汝霖：《一生之回忆》，56 页，香港，春秋杂志社，1966）另据反对官制改革的胡思敬称："当袁氏聚谋时，率三五少年，抄袭日本法规数十条，傅以己意，名曰官制草案"。（胡思敬：《丙午厘定官制刍论·自序》，1 页，南昌，退庐，1920）

③ 汪大燮函（138），见上海图书馆编：《汪康年师友书札》第 1 册，837 页，上海，上海古籍出版社，1986。

④ 陶湘：《齐东野语》，见陈旭麓、顾廷龙、汪熙主编：《辛亥革命前后——盛宣怀档案资料选辑之一》，28～29 页，上海，上海人民出版社，1979。

大权。①正如赵炳麟所说："世凯因戊戌之变与上有隙，虑上一旦复权，祸生不测，冀以内阁代君主，己可总揽大权，自为帝制，入京坚持之。"②袁世凯主张责任内阁制的真实用意，有如司马昭之心，路人皆知。

二、清廷高层政争与责任内阁制的流产

责任内阁制的提出，引起了激烈的争论。御史交章弹奏，与袁世凯本来就有矛盾的铁良、荣庆等人更是借机攻击。其中的是非与曲折反映了各派政治势力之间错综复杂的权力与利益关系，这是以往论者较少涉及的历史面相，此处拟略作剖析。

在清政府的高层官员中，对于责任内阁制赞成与否，其阵线是比较明朗的。赞成派以袁世凯、端方、载泽为首，以庆亲王奕劻为靠山；反对派则以铁良、荣庆为首，以深得慈禧太后宠信的瞿鸿机为后台。其他如徐世昌、张百熙、那桐、世续等人附和前者；醇亲王载沣、鹿传霖、王文韶、孙家鼐等人则倾向后者。如《申报》转述日本《大阪朝日新闻》的报道称："立宪一事，出洋四大臣及袁世凯、张之洞等，皆以为然，庆亲王、徐世昌、张百熙意见亦大致相同。惟其中有多数之满人及顽固党大为反对，或谓立宪则汉人之势力增长，或谓时期尚远，倡此论者以铁良、荣庆、王文韶三人为首领。"③对此两派，时论或以"进步党"与"守旧党"相称，认为"进步党系庆王、泽公、端方为领袖，并有袁世凯以资辅助，惟不表见于外耳；守旧党系荣庆、铁良及各大员在一千九百年拳匪乱时与表同情之领袖等"。④当然，所谓"进步"与"守旧"只是相对而言；两条阵线的划分也不是绝对的。比如张之洞，他虽然赞成立宪，但他并不赞成责任内阁制，因为与袁世凯的政争关

---

① 据陶湘密报：袁世凯曾"定议总理一人，属现在之领袖"，自己则"竭力设法欲入内为协理"，即副总理。此处所谓"领袖"，就是庆亲王奕劻，其"本属无可无不可，一听命于北洋而已"。《齐东野语》，见《辛亥革命前后——盛宣怀档案资料选辑之一》，30、26页。

② 赵炳麟：《光绪大事汇鉴》卷12，3页，见《赵柏岩集》，刊本，无版次。

③ 《大臣对于立宪之意见》，载《申报》1906年9月4日，第2版。

④ 《西报论中国新旧之争》，载《时报》1906年11月4日，第1版。

系，其实在中央官制改革方面他是与瞿鸿机、鹿传霖、王文韶、孙家
鼐等人站在同一立场上的。①因此，这两派从表面看来似有"进步"与
"守旧"之分，而实际上双方斗争的焦点主要在于权势与利益关系，毋
宁说这是在一定程度上相互对立的两个势力集团。

就人员结构与政治利益进一步分析，便可以更清楚地看出这两派
之间的微妙关系。在赞成派中，袁世凯是当然的主角，他提出责任内
阁制正是包藏弄权的野心；徐世昌是袁氏亲信，张百熙是袁氏儿女亲
家，那桐是袁氏拜把兄弟，世续与庆亲王奕劻很亲近，而奕劻只不过
是袁氏手中的傀儡，袁世凯完全可以控制他们；载泽、端方自出洋考
察回国后便以新派人物著称，颇受时论注目，②他们也自命不凡，都希
望通过宪政改革的机会扩充自己的权势，自然与号称改革派的袁氏气
味相投。在反对派中，铁良以满族亲贵少壮派为反袁的急先锋，所谓
"铁则铮铮"；醇亲王载沣因乃兄光绪皇帝的关系与袁世凯素来不和；
荣庆、鹿传霖、王文韶、孙家鼐则位高能薄，昏庸守旧，以保存既有
的权势为满足；最为深不可测的是瞿鸿机。③瞿氏处世圆滑，表面上像

---

①　详参拙著《张之洞与清末新政研究》，306 页。

②　陶湘密报盛宣怀称："泽为留学生所迷，极力推陈出新，专为沽名钓誉起
见。"（《齐东野语》，见《辛亥革命前后——盛宣怀档案资料选辑之一》，28 页）《申
报》转述《字林西报》的报道云："端制军自奉命充考政大臣出洋游历后，阅历益深，
人皆称之为中国最有才干、最为开通之人。"（《西报称美江督一缺之得人》，载《申
报》1906 年 9 月 6 日，第 3 版）据袁世凯次子袁克文称，端方还是袁世凯"平生盟好
中交最厚而最相推服者。"（袁克文：《洹上私乘·辛丙秘苑》，46 页，上海，上海
书店出版社，2000）

③　据陶湘观察："政府中荣、铁一起，瞿则中立，鹿则如聋如聩。"或曰：
"善化乃见机之流，定兴安于聋聩，荣、铁守旧，铁则铮铮。"又曰：官制改革廷议
时，"寿州、仁和均不发一言，慈圣问及且不知，经同人在后知会，始同对具表同
情。"（《齐东野语》，见《辛亥革命前后——盛宣怀档案资料选辑之一》，26、28、29
页。按：此处荣、铁即荣庆、铁良，瞿、善化即瞿鸿机，鹿、定兴即鹿传霖，寿
州即孙家鼐，仁和即王文韶）又据《时报》与《申报》报道，鹿传霖"为人忠厚有余，
而于新政太形隔膜"。（《京师近信》，载《时报》1906 年 10 月 13 日，第 2 版）"王夔
石（王文韶——引者注）相国对于改订官制之事不赞一词，自知将来必位置于元老
院内。近日尝语同寅曰：我受恩深重，既不允准乞休，现在亦未感遽辞，然将来
位置元老院后，尸位素餐，一无事事，彼时当决计告休归里矣。"（《王相国拟俟入
元老院后乞休》，载《申报》1906 年 10 月 30 日，第 4 版）

个中立的和事佬，其实暗中颇有决断。时论称："反对立宪及改革官制者，人皆知为荣、铁，荣、铁诚有之，然为之魁首者，实为瞿鸿机。荣、铁无大机智，瞿则变化百出，彼能利用庆邸。端之放江督，意在排出，以孤袁势。……此次总核官制之中有孙中堂者，亦彼之主意。彼最畏清议，而又能貌饰文明。此次举孙，盖欲以孙为傀偏，若有与新党为难之事，彼尽推诿之于孙而已，仍可置身事外。故世之语此次之阻挠者，荣、铁、孙皆及，而独不及瞿，其巧可知矣。"①瞿鸿机堪称反对派的幕后指挥。

至于这两派争斗的政治目的，则是很明显的。如果说袁世凯势力主张实行责任内阁制，目的是为了揽权，这已是公开的秘密；那么，以铁良为首的反对派又何尝不是如此呢？据《时报》报道："改官制一事，近日外间纷传大有阻力，诚有之，今为补述其原因。当时反对立宪，系铁为首，荣和之，后庆、袁极力主持，始定下立宪之诏。端、戴各人所拟总理大臣止有一人，因体察中国情形，添设副大臣一人。铁自揣总理必归庆邸，若自己要户部，则失副总理，若要副总理，则失户部。盖现下军机兵权财政握于一人之手，若实行改变，则自己止可得一而必失二，于是极力与庆、袁反对，实自计利害之心过胜耳。"②铁良本来身兼军机大臣、会办练兵大臣与户部尚书数职，所谓"军机兵权财政握于一人之手"，官制改革之后既不可能捞到总理大臣一职，还可能失去一些重要兼职，如此得不偿失，因而跳起来反对也就不足为怪。

早在清廷宣布预备立宪之前，两派势力之间的冲突已是异常激烈，甚至影响到清廷关于立宪与否的决策。如时人所谓："改官立宪，铮铮（铁良）颇同阻挠，与东海（徐世昌）大为冲突，一时恐难定议。"③端方自出洋考察回国后，因力主立宪而被连连召见，又因太监李莲英的援

---

① 《京师近事之里面》，载《时报》1906年11月24日，第1版。

② 《京师近信》，载《时报》1906年10月29日，第2版。

③ 《丙午七月初四日天津张委员来电》，见《张之洞存各处来电》第80函，中国社会科学院近代史研究所图书馆藏档案（以下简称"所藏档"），甲182—182。按：引文中括号内容为引者所注。

引，居然可以随时面见慈禧太后并长谈。但铁良却处处从中作梗。"铁与端甚为反对，端能随时进见，铁竟能随时阻止，彼此权力均属两不相下。"铁良对袁世凯本来心存芥蒂，又与袁氏"契友"端方不合，便"不免因新旧而益形水火"。据说，袁世凯进京时，见到铁良便揶揄其"大权独揽"，使铁良颇觉尴尬。不仅如此，袁氏在召见时又面参铁良"揽权欺君"，声称："若不去铁，新政必有阻挠。"庆亲王奕劻也附和袁世凯，"力言铁之不是"，并称铁良为"聚敛之臣"。①在清廷谕命醇亲王载沣、军机大臣、政务处大臣、大学士和直隶总督袁世凯讨论是否立宪的廷臣会议上，以庆亲王奕劻、张百熙、徐世昌、袁世凯为一派，主张速行立宪；以孙家鼐、荣庆、铁良为一派，相应提出种种问难，意在缓行。奕劻首先发言，主张"应决定立宪，从速宣布"。孙家鼐起而抗辩，认为"变之太大太骤，实恐有骚然不靖之象"。徐世昌继而宣称："惟大变之，乃所以发起全国之精神也。"孙家鼐仍然坚持"宜慎之又慎乃可"。随后张百熙、荣庆、铁良、袁世凯等人相继出场，双方针锋相对，争论颇为激烈。醇亲王载沣与瞿鸿禨虽貌似调和折中，而实在缓行派之列。瞿鸿禨曰："故言预备立宪，而不能遽立宪也"。载沣云："立宪之事，既如是繁重，而程度之能及与否，又在难必之数，则不能不多留时日，为预备之地矣"。结果，双方在预备立宪的基础上达成妥协，随后清廷宣布预备立宪。其实，这个局面也是来之不易。自出洋考察政治大臣回国后，立宪声浪骤增，然反对派亦是声嘶力竭，"其间大臣阻挠，百僚抗议，立宪之局，几为所动"。在一定程度上可以说，清廷宣布预备立宪，无疑是号称立宪赞成派的奕劻、袁世凯、载泽势力的政治胜利。如时论所谓："此次宣布立宪，当以泽公等为首功，而庆王、袁制军实左右之。"②显然，这为奕劻、袁世凯势力在预备立宪初期操纵官制改革奠定了一定的基础；但反对派势力之大也是不容忽视的，这又充分预示了官制改革的艰难与前途的微妙。

---

① 陶湘：《齐东野语》，见《辛亥革命前后——盛宣怀档案资料选辑之一》，26页。

② 《考政大臣之陈奏及廷臣会议立宪情形》，见《宪政初纲·立宪纪闻》，3～5页。

以责任内阁制为中心的中央官制改革，涉及清廷高层官员的既得权势与利益，冲突更是难免。《申报》有报道称："据政府某巨公言及，近因议改官制之事，诸大老每于奏对意见多歧，两宫颇以为虑。"①对此，各种报刊多有记载，难免捕风捉影之处，亦属空穴来风，理有固然。陶湘密报有云："近来谣传纷杂，摘要而言，必以更官制为首。据说设内部、外部为各部之冠，吏、礼（以太常、鸿胪、光禄并入）、户（以工部之半及财政处并入）、兵改为军（练兵处、太仆寺并入）、刑改法（大理寺并入）、巡、学、商（工部并入）共八部（各部设丞、参、尚书一，侍郎二）。……或云，此系北洋主见，铁则不云然。以上皆近数日之谣说较人情人理者。昨闻日内即将宣布，且看如何。朝市之间莫不皇皇如。竟有人言戊戌将见者，未免过甚。然而不能说不扰乱也。"②官制改革已成时论焦点，主张改革者与反对派双方公开对立，致使政界人心惶惶，政海顿起波澜。

在中央官制改革中设立责任内阁，首先便直接触及了王公亲贵的权势与利益，这便引起袁世凯与醇亲王载沣及王公亲贵的冲突。据《申报》载北京专电云："日前会议官制，某亲王与直督袁宫保意见不合，大起冲突，由庆邸劝止。是以日昨召见军机，慈宫有'和衷共济，勿以意见误大局'之谕。"③这里所谓的"某亲王"，就是醇亲王载沣。载沣之所以与袁世凯在会议官制时"大起冲突"，一个重要的原因就是在改革中如何安置王公亲贵的问题上双方发生了矛盾。对此，《时报》有更明确的记载："闻议官制时，袁宫保创议，凡宗室王公贝子将军等，无行政之责任者，别设一勋贵院以置之，非奉旨派有差缺，不得干预行政事件。以此大触宗室王公之忌，怂恿小醇邸出与为难。是日会议时，醇邸至出手枪抵袁之前，谓：'尔如此跋扈，我为主子除尔奸臣。'幸庆邸急至，出而排解，风潮始息。袁于是有不欲与闻之说，其第一次具

①　《面谕枢臣尽心王事》，载《申报》1906 年 10 月 29 日，第 3 版。

②　陶湘：《齐东野语》，见《辛亥革命前后——盛宣怀档案资料选辑之一》，27 页。

③　《本馆接某亲王与直督冲突专电》，载《申报》1906 年 9 月 27 日，第 3 版。

奏，申明凡无关行政司法之衙署，此次均不提议，盖恐再有阻力也。"①显然，袁世凯本想闲置一般王公亲贵，但却遭到激烈的抵抗，结果只能做出妥协让步，以尽量避免直接冲突。

设立责任内阁，同时又牵涉到旧内阁与军机处等中枢机构的存废问题，自然会触动原有内阁大臣、军机大臣甚至各部院大臣的权势与利益，这又必然引起袁世凯与铁良、荣庆等朝中政要的冲突。如时论所谓："议设内阁，最困难之一端，即为现时军机大臣无从安置，副总理仅有二席，故不免其中稍有阻碍。"②其实，不仅军机大臣如此，其他如内阁大学士、各部尚书以及大小京官都面临着危机。据称："内阁即系以军机处及旧内阁两处合并而成，而旧之内阁及军机处均须消灭，其人员另筹安置，各部亦然。裁缺各尚书、中堂及大小京官等，均入枢密顾问院，其中无定员，盖仿英国枢密院制度也。不论官阶高下，惟以皇上之钦命得与列。"③军机大臣铁良、内阁大学士荣庆是反对派的首领，他们"因皇上已颁发明诏，又不能反对立宪，是以翻然改变其宗旨，提倡急激之论，曰：'立宪非中央集权不可，实行中央集权非剥夺督抚兵权财权收揽于中央政府则又不可。'坚持其议，确不可拔"。他

---

① 《京师近信》，载《时报》1906年10月7日，第2版。另据袁世凯与兄世勋书云："本月初六奉诏人京，在政务处共议立宪，弟主张立宪必先改组责任内阁，设立总理，举办选举，分建上下议院，则君主端拱于上，可不劳而治。不料醇王大起反对，不辨是非，出口谩骂。弟云：'此乃君主立宪国之法制，非余信心妄议也。'振贝子亦云，他曾出洋考察立宪国，政治井然，皆由内阁负责任所致。醇王闻言益怒，强词驳诘，不胜，即出手枪拟向余射放，幸其邸中长史深恐肇祸，紧随其后，见其袖出手枪，即夺去云。就此罢议而散，弟即匆匆反津。"（转引自张国淦《北洋军阀的起源》，杜春和、林斌生、丘权政编：《北洋军阀史料选辑》上册，49页，北京，中国社会科学出版社，1981）按：关于载沣是否敢枪击袁世凯，后人有所怀疑。如，张国淦在所引上述袁世凯与兄世勋书中便夹注："载澧［沣］不配有此作风，或是故甚其词。"再如，黄濬认为"世传袁世凯家书，言朗润园议官制时，载沣欲枪击世凯，予殊疑之，载沣庸讷，岂能持枪拼命者乎？"（见《花随人圣庵摭忆》，348页，上海，上海书店出版社，1998）当然，这些均是就载沣的性格而言的推测之词，并不能否认袁世凯与载沣等王公亲贵之间因官制改革而产生了矛盾。

② 《京师近信》，载《时报》1906年9月20日，第2版。

③ 《京师近信》，载《时报》1906年9月22日，第2版。

们王顾左右而言他，在官制改革中坚决提倡中央集权，以"剥夺督抚兵权财权"，显然是针对改革派领袖人物直隶总督袁世凯与两江总督端方而言的。袁、端则极力反对，认为："将督抚兵权财权收揽于中央以行集权之实，固非不可，但以中国现在情形论之，其事可言不可行，故此事暂缓议改，先自易于改革者著手，以徐及其难者。"袁、端之议得到庆亲王奕劻与镇国公载泽等人的赞同。双方"互相辨难，不得要领"。载泽气愤之下，递折参劾铁良等人挟私见持偏论以沮挠立宪，奕劻与袁世凯甚至密议拟将铁良外放。①关于袁世凯与铁良等人的冲突，陶湘的密报有更形象的描述："初预廷议，本初（袁世凯）气概如虹，退后与铁（良）意见不合。铁有'如乃公所谓立宪，实与立宪本旨不合'之语。所谓冲突者，即由此。本初与领袖（奕劻）先后劾铁聚敛，已拟谕着荣（庆）、铁同出枢廷，忽然不应，本初始觉得有异。至二次集议，本初意兴稍衰，出而告人，有'我又何苦受人唾骂，京中事真不能办'等语。"②显然，袁世凯等人关于立宪与改官制的主张明显地受到铁良等人的制约。

面对反对派的攻击，改革派被迫做出辩解。"世凯连上三疏促之，太后召见切责，世凯恐，遂以阅南北新军会操为词，即日出京。"③载泽也上折辨明设立内阁总理大臣之意，认为："内阁之设，实各部尚书会合而成，人数且视今日军机大臣而加倍，不过设总理大臣与左右副大臣为之表率，以当承宣诏旨之责。若夫天下大政出自亲裁，彼固不得而专之也；部院大臣皆由特简，彼固不得而私之也。而又有重臣顾问于上，以备要政之咨询；言路纠弹于下，而为公共之监视。法制之密，实过于前。何嫌何疑故作影响之词以为淆惑之地乎？"④并恳请召见，面奏一切，但"折上留中，亦无召见消息，惟由内监传旨谓'圣躬

---

① 《各大臣对于改革官制之意见》，载《时报》1906 年 9 月 30 日，第 3 版。

② 陶湘：《齐东野语》，见《辛亥革命前后——盛宣怀档案资料选辑之一》，29 页。按：引文中括号内容为引者所注。

③ 赵炳麟：《光绪大事汇鉴》卷 12，第 8 页。

④ 中国第一历史档案馆编：《光绪朝硃批奏折》第 33 辑，53 页，北京，中华书局，1995。

不甚快愉'而已"。①显然，反对派的言论已经打动慈禧太后，这对改革派是极为不利的。

尽管如此，以奕劻为首的总司核定官制大臣在审核袁世凯等人草拟的官制草案时，只是作了一些无关紧要的改动，如改财政部为度支部，改交通部为邮传部，去掉典礼院之名而恢复礼部，删除行政裁判院和集贤院，②而仍然保存责任内阁制。

光绪三十二年九月十六日（1906 年 11 月 2 日），奕劻等人将已核定的官制草案上奏朝廷，宣称"此次改定官制既为预备立宪之基，自以所定官制与宪政相近为要义"，因而主张实行责任内阁制。具体办法是：设内阁总理大臣一人，左右副大臣各一人，以各部长官为内阁政务大臣。中央设十一部，依次为外务部、吏部、民政部、度支部、礼部、学部、陆军部、法部、农工商部、邮传部、理藩部，各部设一尚书、二侍郎。内阁之外另设五院一府，即集贤院、资政院、审计院、行政裁判院、大理院和军谘府。③同日，作为总司核定官制大臣之一的大学士孙家鼐单衔上奏，主张改官制"当从州县起，而京朝百官犹其后焉者也"。④有意避重就轻，视中央官制改革为缓途。这是一个不祥的信号。果然，九月二十日，清廷正式公布新的中央官制，并没有采用责任内阁制，而是仍然保留了旧的内阁和军机处，各部院的设置则基本上采用上述奕劻等人的奏折。⑤这个结果使袁世凯"大失所望"。个中原由主要是袁世凯的过分张扬，不仅引起多方面的反对与攻击，而且使清廷也对他产生了怀疑和不满。"本初此番入都，颇露跋扈痕迹，内廷颇有疑心。"⑥其中一个颇为重要的关节是瞿鸿玑的作用。

---

① 《记改革官制之最近见闻》，载《时报》1906 年 11 月 10 日，第 1 版。

② 《更革京朝官制大概情形》，见《宪政初纲·立宪纪闻》，7 页。

③ 《庆亲王奕劻等奏厘定中央各衙门官制缮单进呈折附清单二》，见《清末筹备立宪档案史料》上册，462～471 页。

④ 《大学士孙家鼐奏改官制当从州县起并请试行地方自治折》，见《清末筹备立宪档案史料》上册，461 页。

⑤ 《光绪宣统两朝上谕档》第 32 册，196～197 页。

⑥ 陶湘：《齐东野语》，见《辛亥革命前后——盛宣怀档案资料选辑之一》，31 页。

本来，袁世凯欲乘官制改革之机推行责任内阁制，以便通过以奕劻为总理大臣而揽权，"鸿机知其意，隐沮之，言路亦陈其不便，孝钦采鸿机之议，仍用军机处制"。①此所谓"鸿机之议"，可以他的一份《说帖》为证。他认为："日本以内阁居首，亦采中制。欧洲各国不名内阁，其以一员总理，则同我朝以军机处为行政总汇，其义亦未尝不同军机处。"因此，他主张原有军机处与内阁照旧。②这显然是对袁世凯等人所主张的把军机处归并内阁以设立责任内阁的反对。总核官制大臣本有奕劻、孙家鼐、瞿鸿机三人，名义上以奕劻为首，实际上起关键作用的是瞿鸿机。"议改官制，领袖（奕劻）暨寿阳（孙家鼐）、九公（瞿鸿机）为督理。寿阳本守旧，领袖则向来无可无不可，故一切均九公专主。"③瞿鸿机也曾向人询问过英国责任内阁制问题，但他并未公开表态。"瞿对此事，甚为缄默，故外人未之知也。"④瞿鸿机久历政坛，处世圆滑老到，如时论所谓"瞿氏周旋于两党之间，无所反对，将来无论何党胜，瞿氏必不败。"⑤ 时人评论其"为人向系阴险一路"，甚至"以阴鸷譬"之。⑥又加上他深得慈禧太后宠信，更是有恃无恐，如陈夔龙所谓"善化得君最专，一意孤行"⑦。官制改革中，与改革派正面冲突的主要是铁良、荣庆等人，瞿鸿机则一般活动在幕后。他善于与袁世凯等人虚与委蛇，甚至阳奉阴违。"文慎（瞿鸿机——引者注）总司核定，隐操可否之权，袁亦知之，曾密请先示意旨，文慎阳为推让，袁不疑也。及奏上，竟用文慎言，不用内阁总理制。"⑧正如当时与瞿处

---

① 汪诒年：《汪穰卿先生传记》，见《近代稗海》第 12 册，264 页。

② 瞿鸿机：《复核官制说帖》，见周育民整理《瞿鸿机奏稿选录》，载《近代史资料》总 83 号，35 页，北京，中国社会科学出版社，1993。

③ 陶湘：《齐东野语》，见《辛亥革命前后——盛宣怀档案资料选辑之一》，30 页。按：引文中括号内容为引者所注。

④ 丁士源：《梅楞章京笔记》，见荣孟源、章伯锋主编：《近代稗海》第 1 辑，443 页，成都，四川人民出版社，1985。

⑤ 《京师近信》，载《时报》1906 年 11 月 8 日，第 2 版。

⑥ 《陶湘致盛宣怀函》，见《辛亥革命前后——盛宣怀档案资料选辑之一》，46 页。

⑦ 陈夔龙：《梦蕉亭杂记》卷 2，26 页，上海，上海古籍书店，1983。

⑧ 一士：《清光绪丁未政潮之重要史料——袁世凯致端方之亲笔秘札》（续），载《国闻周报》第 14 卷第 6 期，75 页，1937 年 2 月 1 日。

于同一阵线的张之洞致电鹿传霖所说："此次内官改制，全赖止老（瞿
鸿机——引者注）默运挽回，功在社稷。"①此所谓"默运挽回"颇为传
神，恰是对瞿鸿机在中央官制改革中所起幕后作用的真实写照。

当然，最后还要看慈禧太后的态度。应该说，当时她对立宪与改
官制在一定程度上都是赞成的，否则这些举措是不会有任何进展的。
当京朝各官攻击载泽主持立宪将误国病民时，"两宫意未少动，并面谕
泽公'勿避谗谤，勿辞劳怨'"②。当都察院御史纷纷上奏反对官制改
革，攻击责任内阁制，指责"内阁总理之权太重，必至权臣跋扈，并行
鳌拜等历史"时，"廷意尚为坚定，不甚置意"③，"并谕令'不可为浮言
所摇夺'"④。尽管如此，但是，慈禧太后对官制改革的赞成还是有一
定限度的。在反对派强大的攻势之下，她不得不对改革派保持一定的
距离。"近日泽公请见并不叫起，并有传旨叫载泽'不要太多说话'，泽
公乃不敢再有所陈奏矣。"当张百熙召对必须"大行改制"时，慈禧太后
无奈地表示："我并非不愿，不过要你们细细推求，不可造次。现在参
折虽多，汝等亦不必因此游移，惟愿尔等以此事重大，须十分子细
耳。"⑤显然，慈禧太后从根本上乃属缓改派之列，其对张百熙等改革
派相对激进的主张是有所保留的。虽然她因并不想背着顽固派的恶名
而在某种程度上赞成立宪与改官制，但权力欲望极强的她同样不想看
到如反对派所谓实行责任内阁制将导致皇室大权旁落的后果。诚如是，
则其反对责任内阁制自在情理之中，而丙午官制改革时责任内阁制流
产也就不足为怪了。⑥

---

① 《丙午十一月十八日致京吏部大堂鹿尚书》，见《张之洞电稿》，所藏档甲
182—471。

② 《京师近信》，载《时报》1906 年 10 月 24 日，第 2 版。

③ 《京师近信》，载《时报》1906 年 10 月 22 日，第 2 版。

④ 《记改革官制之最近见闻》，载《时报》1906 年 11 月 10 日，第 1 版。

⑤ 《京师近信》，载《时报》1906 年 11 月 8 日，第 2 版。

⑥ 据说，丙午官制改革时清廷最后放弃责任内阁制，"是瞿鸿机揣测西太后
意旨于独对时决定的"。（参见张国淦：《北洋军阀的起源》，杜春和、林斌生、丘
权政编：《北洋军阀史料选辑》上册，49 页）

三、光宣间政争与袁世凯阁制主张再度受挫

光绪末年宣统初年，从丁未政潮到袁世凯开缺前后，各派势力政争不已，政局波谲云诡，政潮迭起。这是以往学界关注较多的历史现象。但这一时期的责任内阁制问题及其与各种派系政争的关系，却是以往学界关注不够而有所忽视的领域。下面拟对此略作史实钩沉，以揭示丙午官制改革后阁制问题余波未已的历史面相，由此可见历史看似断裂之处却仍有某种连续性因子存在的驳杂现象。

光绪三十二年九月二十日（1906 年 11 月 6 日），在清廷宣布中央官制改革方案的同时，还对军机处成员作了重大调整：铁良、荣庆、鹿传霖、徐世昌开去军机大臣，专管部务；庆亲王奕劻、瞿鸿禨仍为军机大臣，世续补授军机大臣，林绍年在军机大臣上学习行走。①这种人事变动是改革派与反对派双方权力斗争与妥协的结果。官制改革中，由于瞿鸿禨的暗中运动，袁世凯企图借责任内阁制而揽权的幻想破灭，无疑一大打击。但是，军机大臣人员的调整，又使反对派力量遭到一定的损失，这在某种程度上可以说是对袁派势力的补偿。原有军机大臣 6 人，袁派仅庆亲王奕劻、徐世昌 2 人，反对派则有铁良、荣庆、鹿传霖、瞿鸿禨 4 人。通过这次人员调整，反对派主将铁良、荣庆及守旧人士鹿传霖与袁世凯亲信徐世昌同出军机处，而新进军机处的世续亲近奕劻，林绍年为瞿鸿禨所援引，其结果使双方至少在人数上达到 2：2 的对等平衡。当然，双方的实际权力则又另当别论。这与清廷最高决策者慈禧太后的好恶密切相关。

慈禧太后惯用的统治术，即是凌驾于各派政治势力之上，操纵其间，利用各方矛盾冲突，寻求制衡，以保持自己的权势，并维持政局的稳定。本来，袁世凯以直隶总督兼北洋大臣的资格进京参与官制改革，就是慈禧太后的特殊恩宠。但是，在官制改革过程中，袁氏竟然有点忘乎所以，表现过分张扬，使清廷颇生疑心和不满。据说，"七月

---

① 《光绪宣统两朝上谕档》第 32 册，195 页。

中有日，卧雪（袁世凯——引者注）召见时，慈圣云：'近来，参汝等之折有如许之多，皆未发出。'照例应碰头，而卧雪以为系改官制之参折，即对称：'此等闲话，皆不可听。'（粗率温真）慈圣色为之变。后来领袖（奕劻——引者注）进去，慈谕：'某臣如此，将何为？'适其时卧雪欲督办东三省、豫、东、直等省训练事，慈更生疑，渐用防范之策"①。其"防范之策"，就是利用瞿鸿机等反对派力量，制衡袁世凯势力。结果，由于慈禧太后的示意，通过瞿鸿机等人的运动，清廷不仅粉碎了袁世凯的责任内阁制迷梦，而且随后还开去其参预政务、会办练兵事务、办理京旗练兵、督办电政、督办山海关内外铁路、督办津镇铁路、督办京汉铁路、会议商约等各项兼差，并将北洋六镇中的第一、三、五、六镇划归新设立的陆军部统辖，只留第二、四镇由袁世凯"调遣训练"。此举使袁世凯"面子大不好看，心境甚为恶劣"。②更有甚者，瞿鸿机"恃慈眷优隆，复拟将首辅庆邸一并排去"③。正是在慈禧太后的支持下，瞿鸿机援引两广总督新任邮传部尚书岑春煊为奥援，进一步打击奕劻、袁世凯势力。瞿鸿机电召岑春煊进京，"盖欲于此时内外夹击，将庆推倒，以岑代袁，已亦可代庆矣"。④岑春煊抵京后，连连被慈禧太后和光绪皇帝召见，多次面奏，极力攻击奕劻、袁世凯，认为："近年亲贵弄权，贿赂公行，以致中外效尤，纪纲扫地，皆由庆亲王奕劻贪庸误国，引用非人。若不力图刷新政治，重整纪纲，臣恐人心离散

---

① 陶湘：《齐东野语》，见《辛亥革命前后——盛宣怀档案资料选辑之一》，34 页。

② 陶湘：《齐东野语》，见《辛亥革命前后——盛宣怀档案资料选辑之一》，31 页；袁世凯：《恳恩开去各项兼差折》《陆军各镇请分别归部留直统辖督练片》，《袁世凯奏议》下册，1417～1420 页。另据报道："袁宫保此次辞去要差之原由，闻系秋操复命召见时力陈改革官制办法，太后谓其权势太重，颇事疑忌。袁随对庆邸言：精力不及，差事太多，大部既有不能兼差之条，彼似亦应息肩，前此屡辞，朝命未允，尚求王爷代求云云。庆邸谓：且俟官制发表后再说。故日前有辞去八要差之举，盖践前此之言也。"（《京师近信》，载《时报》1906 年 12 月 1 日，第 2 版）

③ 陈夔龙：《梦蕉亭杂记》卷 2，26 页。

④ 《丁未五月初九日京高道来电》，见《张之洞存各处来电稿》第 2 函，所藏档甲 182—445。

之日，强欲勉强维持，亦将挽回无术矣。"并表示自己"不胜犬马恋主之情，意欲留在都中为皇太后、皇上作一看家恶犬"。①不料，奕劻、袁世凯势力先手反戈一击，他们暗中重金贿买侍读学士恽毓鼎，指示其具折参劾瞿鸿机"暗通报馆，授意言官，阴结外援，分布党羽"。②结果瞿被开缺回籍，岑也被迫退隐沪上。此即所谓的"丁未政潮"。

丁未政潮后，奕劻、袁世凯势力再度膨胀，这是垂暮之年的慈禧太后不得不深以为患的。为了寻求新的权力平衡，慈禧太后采取了一系列应对措施。一方面，用载沣对付奕劻。就在瞿鸿机被开缺回籍后两天，清廷谕令调醇亲王载沣入军机处，为在军机大臣上学习行走。其目的显然是"希望分奕劻的权"，然而"载沣谨小慎微，尚有父风，而才具平庸，尤乏手腕，岂是奕劻的对手，徒成其为'伴食中书'而已"。③对付奕劻，这种措施虽然并非有效，但无论如何，这已预示着日后载沣的发迹。另一方面，用张之洞牵制袁世凯。调袁世凯入军机处为军机大臣兼外务部尚书，去掉其直隶总督兼北洋大臣之职，实为明升暗降之法；同时又调张之洞入军机处，显然是希图对袁加以牵制。要想制约袁世凯势力的膨胀，资望远在袁氏之上的张之洞自然是较为合适的人选。当时，慈禧太后"时有'还是张某老成之见'之褒"④。可见张氏在其心目中的分量。当然，这些只不过是慈禧太后试图控制朝政的如意算盘而已。

袁世凯是颇有政治野心的人。他早有进京入枢府之意，但因瞿鸿机等人的阻格，一时未能如愿，只好等待时机。"项城之入内，上年七月即蓄此心。后经慈圣嫌其露跋扈痕迹，善化（瞿鸿机）趁此施削压手段，项城抑郁半载，竭意恭维乔梓（奕劻、载振父子），至善化将斥之

---

① 岑春煊：《乐斋漫笔》，见荣孟源、章伯锋主编：《近代稗海》，第1辑，100、102页，成都，四川人民出版社，1985。

② 朱寿朋辑：《光绪朝东华录》第5册，5681页，北京，中华书局，1984。

③ 恽宝惠：《清末贵族之明争暗斗》，见中国人民政治协商会议全国委员会文史资料委员会编：《晚清宫廷生活见闻》，57页，北京，中国文史出版社，2000。

④ 《丁未五月二十四日京高道来电》，见《张之洞存各处来电稿》第2函，所藏档甲182—445。

先，泗州(杨士琦)力劝其速进，雪公(袁世凯)以时非其时。"①当他扳倒瞿鸿机之后，进京入枢的时机到来，便再次提出责任内阁制主张。光绪三十三年六月初六日(1907年7月15日)，军机大臣面奉谕旨，随后密电袁世凯"将所有应议要政，暨海军并东三省各项事宜，务秉忠直，妥为筹议，勿得稍存意见，规避迟疑，以副朝廷依畀之意"。②十六日，袁世凯便奏请"赶紧认真预备立宪"。他认为："东西立宪各国，皆用责任内阁之义，使其君主超然为不可侵犯之神圣，故万年共戴一尊，盖立宪国之宪法，恒使国务大臣代任君主之责。"如果进行官制改革而不采用内阁制度，那么便是"舍其本而末是图，主脑既差，精神胥失"。立宪的关键就是"改设新内阁而采用合议制"。③ 袁世凯再次提出责任内阁制主张，仍是玩的老花样。据张之洞在京的坐探委员齐耀珊报告："组织内阁，仍持去年(丙午)旧议，以各部长官为内阁政务大臣；另设总理大臣一人，以资表率，闻确有密折保承泽(奕劻)未发；副大臣一人，以宏辅弼，闻系自为设，痛陈必无流弊。"④又据当时《汉口中西报》摘引《字林西报》的消息："袁督将内用为内阁副总理，庆邸为总理，闻不日将组织完备。"⑤显然，袁世凯虽然在丙午官制改革时受挫，但并未改变初衷。其实，他的责任内阁制设想只不过是个公开的秘密，世人皆知仍然是以奕劻为总理大臣，自己为副总理大臣，以借此控制朝政大权。

御史赵炳麟公然上疏抗议。他主张设立责任内阁必先明定内阁责

---

① 陶湘：《齐东野语》，见《辛亥革命前后——盛宣怀档案资料选辑之一》，63页。按：引文中括号内容为引者所注。

② 《密电直督筹画要政》，载《申报》1907年7月25日，第10版。

③ 《直隶总督袁世凯折》《直隶总督袁世凯密陈管见十条清单》，转引自侯宜杰：《袁世凯传》，151页，天津，百花文艺出版社，2004。据赵炳麟记载，袁折为张一麐起草，有曰："三十三年丁未，袁世凯疏请行内阁制建立政府。世凯回津半年，以内阁制不行，中央之权终无统系，令张一麐为疏，请建立强健政府。"参见《光绪大事汇鉴》卷12，8~9页，《赵柏岩集》，刊本，无版次。

④ 《丁未六月三十日京齐道来电》，见《张之洞电稿(零散件)》，所藏档甲182—479。

⑤ 《新内阁组织之传闻》，载《汉口中西报》光绪三十三年(1907年)七月二十二日。

任与权限，并预先设立监督机关以预防内阁专权流弊。具体办法五条，概而言之：一方面，政权与军权分立，并明定内阁大臣任期。内阁总理、副理大臣只据行政权以辅弼皇上，而不得掌控海陆军权，其任期以三年为一任，良者再任，不得连三任，以防止其权重而专横。另一方面，设立监督机关。在议院未开之前，预先设立资政院、审计院及行政裁判院，并整顿都察院，以为行政监督机关。他认为："明定责任之制度，确立监督之机关，如组织内阁，似皆不可偏废，方能维持秩序而无患气之乘。倘各种监督机关全不预先设立，骤建此无限制之政府，臣恐大权久假不归，君上将拥虚位，议院无期成立，下民莫可谁何，颠覆之忧，将在眉睫。此固非朝廷之福，又岂政府诸大臣之福哉？是故非先设各种监督机关，责任制度断不完全，甚非所以预备立宪之义。"①清廷将袁、赵两折交会议政务处议奏。会议政务处王大臣充分肯定了赵炳麟的意见，认为其所陈五条"有应切实推行者，有当次第筹划者"，"所陈各节系为维持宪法，期无流弊，颇多见到之言"。至于袁世凯所奏"早建政府"即设立责任内阁的主张，会议政务处的覆奏则语意含混，既重申丙午官制改革时"未敢遽议更张"，又说："今奉旨将会议政务处改归内阁，凡军机大臣、各部大臣皆入阁会议，公同处决，出则为各部行政长官，入则为内阁政务大臣，衡之各国中央合议之制，已有初基，与原奏所谓合军机政务处为一之办法，亦适相符合。"②其实主张仍是维持原状，而并不赞成更改。于是，袁世凯的责任内阁制主张又被搁置起来。

袁世凯虽然如愿进京入枢，但实际上仕途并不怎么得意。他不仅在责任内阁制主张方面再度受挫，而且在实际权势方面也受到各种牵制与压抑。诚如论者所言，张之洞进京入枢确实是慈禧太后搞权力平衡的结果。就在瞿鸿禨被开缺之后不几天，张之洞受命以湖广总督协

---

① 赵炳麟：《论责任制度疏》（光绪三十三年七月初三日），见《谏院奏事录》卷3，20～24页，《赵柏岩集》；又参见《御史赵炳麟奏组织内阁宜明定责任制度确立监督机关以杜专权流弊折》，见《清末筹备立宪档案史料》上册，511～513页。

② 《政务处等议覆御史赵炳麟组织内阁确定责任制度折》《政务处覆奏军机大臣袁预备立宪折》，见邓实辑《光绪丁未（卅三年）政艺丛书》，1617～1624页，见沈云龙主编：《近代中国史料丛刊续编》第28辑（276），台北，文海出版社，1976。

办大学士，从此迈出了由地方督抚进入中央权力核心的第一步。据其在京师的坐探委员陈树屏通报说："都中传论宪台指日入阁，即晋枢府，缘定兴（鹿传霖）自陈不谙新政，岑（春煊）、袁（世凯）锐意维新，上未深信。"①显然，慈禧太后又在开始寻求新的权力平衡。当时，京中诸大老鹿传霖、肃亲王善耆和铁良等人，也希望张之洞早日到京，以对付袁世凯势力，维持大局。善耆说："此次相召，首在筹议革命党事件，次则满汉畛域，次则立宪。如内阁是题中命脉，立储为关系重大题目，项、振（载振）虽似有密议，断不敢孟浪倡议。……总之，中堂早来一日，则大局早定一日，某某秘计亦可暗中隐销无数；若再观望徘徊，坐失事机，不惟大损向日威望，亦殊负此次两圣特召入都之至意。"铁良说："中堂若早来，则某某秘计早已瓦解；迟迟其行，始有今日。……良以为中堂不可因袁入，遽怀观望；当立即启节，以慰天下之望，以报两圣之知。总之，愈速愈佳，怠迟则某某布置亦有端倪，对待又当煞费苦心。"②众望难违，张之洞迅速启程进京，并开始与袁世凯斗法的历程。

就在张之洞进京的同时，他的亲信梁鼎芬上奏一疏一片参劾奕劻与袁世凯。在疏中，梁鼎芬认为预备立宪当"以奕劻有极优养廉为第一要义"，他建议清廷"每月加奕劻养廉银三万两，由度支部发给"，对素著贪名的奕劻极尽讽刺之能事。在片中，梁鼎芬认为袁世凯不学无术，专靠钻营取巧起家，尤其在勾结奕劻后，植党营私，肆意揽权，"袁世凯之权力，遂为我朝二百余年满汉疆臣所未有"，他把袁世凯比作历史上著名的反臣如汉之曹操、晋之刘裕，认为"如此之人，乃令狼抗朝列，虎步京师，臣实忧之"，对于参劾袁世凯，他表示愿以官职与性命作担保，显示了坚定的决心。③对于梁鼎芬此举，当时的媒体大加披

---

① 《丁未五月十三日京陈丞来电》，见《张之洞存各处来电稿》第 2 函，所藏档甲 182—445。

② 《丁未七月二十三、二十四日京邹道来电》，见《张之洞存各处来电稿》第 3 函，所藏档甲 182—446。

③ 《鄂臬梁星海廉访鼎芬请给庆王养廉疏》《鄂臬梁廉访鼎芬劾外部尚书袁世凯片》，见《奏折丛钞》（光绪三十二年[1906 年]至宣统二年[1910 年]），所藏档乙 F39。

露，如北京的《正宗爱国报》转载上海《神州日报》的消息说："日前鄂省梁臬司给政府来一封奏，说庆亲王合袁大军机狼狈为奸，毫无廉耻，东西各国无以亲王为总理大臣之例，袁军机掌握兵权不宜入内阁"。①应该说梁氏此举已在某种程度上达到了打击奕、袁势力的目的。

张之洞进京之后第一次被慈禧太后召见，在奏对中便提出"速行立宪"的主张，认为："立宪实行，愈速愈妙；预备两字，实在误国。"②他的"速行立宪"主张的具体内容，主要就是开议院，尤其是开设"民选议院"或"下议院"。开议院、设内阁、颁宪法是宪政的题中应有之义，至于这三者之间的先后次序问题，当时各种政治势力之间歧见互出。张之洞主张先开议院，后立宪法，并认为内阁的设立必须有国会为之监督。他说："宜先开国会，后布宪法；若先立内阁，以一人为总理大臣，而无国会为之监督，则是变君主专制之政体为内阁专制之政体，其弊更大。"③显然，张之洞主张先开议院，有针对他的政敌袁世凯的责任内阁主张的意图。张之洞主张内阁总理大臣"必合内外官用廷推之法"产生④，责任内阁必须有国会的监督，否则，"则是变君主专制之政体为内阁专制之政体"。可见，他积极主张开议院显然是要与袁世凯作一番较量。

光绪三十四年八月初一日（1908 年 8 月 27 日），清廷颁布《钦定宪法大纲》《议院法要领》《选举法要领》和《九年筹备立宪清单》，规定九年后即光绪四十二年（1916 年）正式实行立宪：颁布宪法，并开设议院。虽然提到内外官制改革，但并没有明确提出责任内阁问题。第二天，各军机王大臣在朗润园例会，又讨论了组织新内阁问题。袁世凯说明各先进国内阁的性质有政党内阁、半党内阁和官僚内阁，认为："吾国人民政治思想之发达实不亚欧美，将来参与政治之能力日益发展，必

---

① 《梁臬司之封奏》，载《正宗爱国报》光绪三十三年（1907 年）八月十四日。

② 《八月初七日张之洞入京奏对大略》，见《时务汇录·丁未时务杂录》，所藏档乙 F99。

③ 参见《丁未七月初四日江宁端制台来电》，见《张之洞存各处来电稿》第 3 函，所藏档甲 182—446。

④ 参见《丁未七月初四日上海岑宫保来电》，见《张之洞存各处来电》第 85 函，所藏档甲 182—187。

有政党内阁出现，可无疑议。此时宪政草创，吾辈不可不先具一内阁雏形，为日后组织张本。余意适于现行制度，莫若官僚内阁为宜。"奕劻表示赞同，他说："内忧外祸，岌岌堪虞，此时距召集议会之期虽有数年，但吾等身受国恩，即无议院监察于旁，亦不可不共负责任，济此时艰。余意不如趁此时机，暂将各部尚书摆入会议之列，以为组织新内阁张本。"①袁世凯、奕劻并不死心，但结果还是没有下文，袁世凯的责任内阁制设想终于又是不了了之。

光宣之际，光绪皇帝与慈禧太后相继去世，清末政局因此大变。宣统皇帝继位，乃父载沣便以监国摄政王的身份总揽朝纲。载沣摄政伊始，即大力加强中央集权，排除异己，任用亲贵，集权于皇族。载沣自代宣统皇帝为全国海陆军大元帅，任其胞弟载洵为海军大臣，载涛为军谘府大臣，紧紧抓住军权；同时调整各部院大臣，多以皇族亲贵充任。这便形成一个以载沣为首的皇族亲贵集团。

当其时，权倾朝野的袁世凯是载沣最主要的政敌。虽然在慈禧太后去世前袁世凯已被解除直隶总督与北洋大臣的军政大权，而仅任军机大臣兼外务部尚书之职，但他在北洋军中遍布党羽，"近畿陆军将领以及几省的督抚，都是袁所提拔，或与袁有秘密勾结"，他们"只知有宫保，而不知有朝廷"。首席军机大臣奕劻也是"叫袁拿金钱喂饱了的人，完全听袁支配"。②因此，"实际上当时的军政大权已操诸袁世凯之手"。这是载沣集团最大的难题。他开始打算杀掉袁世凯，但由于载沣生性懦弱无能，犹豫不决，便商之于朝廷大臣，而遭到奕劻、那桐、张之洞等人的反对，最后只是以"足疾"令袁世凯"回籍养疴"，解除其一切职务。袁世凯虽然被轻易地驱逐出朝，但有袁"后台老板"之称的庆亲王奕劻却并不容易扳倒，致使袁世凯能够于"辞去军机大臣，而返回河南之后，仍在暗中操纵一切"。这实际上无异于"纵虎归山，养痈成患"。③以至于袁世凯日后能够乘机而轻易地东山再起。

---

① 《内阁之雏形》，载《时报》光绪三十四年(1908年)八月十三日，第2版。
② 载涛：《载沣与袁世凯的矛盾》，见《晚清宫廷生活见闻》，72页。
③ 载润：《隆裕与载沣的矛盾》，见《晚清宫廷生活见闻》，70~71页。

四、袁世凯内阁与清王朝覆灭

武昌起义爆发，日薄西山的清王朝面临灭顶之灾，却是蛰伏多时的袁世凯重新出山的天赐良机。袁世凯自被开缺回籍后，表面上韬光养晦，似欲息影林泉，实则暗藏心机，随时伺机东山再起。其时，袁世凯虽然下野，但仍然与各种政治势力保持密切的联系，并时刻关注国内局势的发展变化。他既可以依靠庆亲王奕劻和那桐、徐世昌等同党探悉朝廷动向，利用亲信段祺瑞、冯国璋、王士珍、段芝贵、曹锟、姜桂题等人控制北洋新军，又与各国驻华使馆联系密切，取得列强的信任与支持，还与张謇等立宪派人士暗通款曲，相互达成默契。武昌事起，国内外多种政治势力都期待着袁世凯重新出山。据英国《大陆报》特派员观察认为："其时只有一个人可以应付时局，只有一个人能在与南方军对垒时可以使北方军队服从，这个人就是被贬的袁世凯。"①英国《泰晤士报》驻北京记者莫理循转述日本武官青木宣纯的话说："袁世凯的权力时时刻刻在增长。他会拥有独裁权力。他能得到他所要求的任何条件。他是皇室的唯一希望，他在中国有信誉，在外国有好名声，是唯一可望从目前的动乱中恢复秩序的一个人。"②袁世凯就是在如此"非袁不可"的氛围中成了清政府的救命稻草。

事实上，袁世凯蛰居彰德养疴期间，正值清政府内外交困之时，监国摄政王载沣懦弱无能，庆亲王奕劻老朽昏庸，均不能有效控制政局。因此，朝野上下时有吁请袁世凯出山的呼声。据近人研究，仅对《袁世凯未刊书信稿》的不完全统计，吁请袁复出者，就有近 40 人次；又据天津《大公报》与奉天《盛京时报》统计，这期间关于袁世凯活动的报道有 106 条，其中涉及出山问题的有 64 条，保荐、敦劝袁出山者有

---

① ［英］埃德温·丁格尔著，陈红民等译校：《辛亥革命目击记：〈大陆报〉特派员的现场报道》，156 页，北京，中国青年出版社，2002。

② 莫理循：《致达·狄·布拉姆函》，见［澳］骆惠敏编，刘桂梁等译：《清末民初政情内幕——〈泰晤士报〉驻北京记者袁世凯政治顾问乔·厄·莫理循书信集》，上册，767 页，上海，知识出版社，1986。

载涛、载洵、奕劻、鹿传霖、那桐、陆润庠、徐世昌、端方、赵尔巽、锡良、李经羲、邹嘉来、梁敦彦，等等。①其实，上海的《申报》等新闻媒体也有不少类似报道。例如，《申报》有云："自涛贝勒回国，即向监国前力请起用项城。朗军机、锡制军继之，均极力保荐。此次荫尚书自德归来，于引见时即首请起用项城。"甚至说袁世凯已秘密进京，奕劻、徐世昌商议力保袁世凯，军机王大臣例行召见时也面奏起用袁世凯，监国摄政王载沣更是虚位以待袁世凯来补鹿传霖所遗军机之缺。"鹿相故后，……惟大军机一缺，迄未补人，枢府所举之陈夔龙、张人骏、盛宣怀、沈云沛、邹嘉来、唐景崇、陆润庠、李殿林等，监国均未加可否，盖将虚席以待袁项城也。闻监国日前面奏皇太后，谓时局愈艰，迭据枢臣力保袁某才尚可用，废弃似觉可惜，吁请量材起用。太后默然，未置可否。监国拟得间再向慈宫奏恳，故此事一时尚难发表。"②又云："年来内忧外患，风云日紧，而政界之稍具才望堪支危局者，实属寥寥。近时舆论颇属意于罢职闲居之袁世凯，即当国者亦有弃嫌召用之意，无如阻力迭生，终成虚话。此次端方起用后，阁部及亲贵大臣乘机保袁者，不下六七人，如庆、那、朗、泽、荫、涛、洵等，均曾在监国前面奏，而锡、李两督尤表同情，机缘几将成熟。"③《民立报》也有报道："某枢臣"力保袁世凯出任东三省总督，"摄政王意似肯可"。外务部尚书邹嘉来因病不堪重任，"某方面之有力者力主张强制要求袁项城出山以代之"。④又说："政府现正在与袁世凯协商复职，袁要求将太后一切反对之举消除，惟太后目下仍反对起用袁，政府探询袁意，拟以内阁副总理位置，以制盛宣怀，因见盛之势力日涨。"⑤"近日人民多数属意项城，项城亦不欲郁郁久居。现闻太后怒亦稍解，监国见阁臣举事愤愤不及前人，思得如项城者而任用之，以救危局。故项城之复用，可操左券。监国曾商之庆邸，颇示赞成，惟不

① 刘路生：《彰德养疴时期的袁世凯》，见中国史学会主编：《辛亥革命与20世纪的中国》上册，377～378页，北京，中央文献出版社，2002。
② 《袁项城确将起用》，载《申报》1910年9月9日，第1张第4版。
③ 《袁项城竟不容于政党》，载《申报》1911年6月17日，第1张第5版。
④ 《袁项城出山两说》，载《民立报》，1910年11月18日。
⑤ 《袁世凯再起说》，载《民立报》1911年5月26日，第2页。

欲遽引入阁，有七月间先授资政院长之说。"①这些新闻报道虽多系传
闻，且真假莫辨，但亦从不同侧面提示如下几点值得注意：其一，袁
世凯仍然有足够的政治能量引起清廷的高度重视；其二，迫于形势的
压力，无论是奕劻派还是载沣派，不管出于什么动机，都主张重新起
用袁世凯；其三，相对于奕劻而言，载沣显然有点勉强甚至无奈，隆
裕太后则是比较坚定的反对者，她的态度的最后转变颇有迫不得已的
苦衷。考虑到戊戌政变中光绪皇帝与袁世凯的宿怨，以及载沣摄政伊
始即将袁世凯开缺回籍的过节，载沣与隆裕太后的尴尬就不难理解了。

当然，袁世凯出山，既是当时各种主客观因素的机缘际会，也是
多种政治力量合力作用的结果。这些政治势力包括清廷内部的奕劻派、
地方督抚、北洋新军、立宪派，以及外国在华势力，甚至革命党人。
但是，从清廷决策层的派系关系与权力斗争的角度来看，袁世凯之能
够得以复出的关键因素，还是奕劻等人的暗中力挺与明里支持。奕劻
贪婪成性，袁世凯贪缘以进，双方狼狈为奸，结成政治同盟。光绪末
年，"庆邸当国，项城遥执朝权，与政府沆瀣一气"②。宣统初期，袁
世凯虽被开缺回籍，但仍能通过奕劻操纵政柄。"世凯虽家居，而奕劻
在政府，政无大小，毕报北洋，宾吏布满京外，惟世凯意旨是瞻。"③
在某种意义上可以说，奕劻只不过是袁世凯的政治代言人而已。那桐、
徐世昌也是著名的袁派人物。载沣摄政期间，奕、那、徐实际上控制
朝政。一有时机，他们便不遗余力地推出袁世凯。新内阁成立时，那
桐在辞职折中就公然奏请起用袁世凯、端方，认为袁世凯"智勇深沉，
谋猷闳远"，端方"才略优长，器识开敏"，"此两臣者，皆尝为国宣力，
著有劳绩，其才具固胜臣十倍，其誉望亦众口交推"。徐世昌的辞职折
也奏请"破除常格，擢用扶危济变之才，以收转弱为强之效"。④虽未明
言，但明眼人不难看出所指。那、徐奏折均在《政治官报》刊载，这等

---

① 《新人旧人哭笑记·袁世凯》，载《民立报》1911 年 6 月 27 日，第 3 页。

② 刘体仁：《异辞录》卷四，1 页，上海，上海书店出版社，1984。

③ 赵炳麟：《宣统大事鉴》卷一，5 页。

④ 《内阁协理大臣那桐奏恳请收回成命折》《内阁协理大臣徐世昌奏国务重要
实难胜任沥情恳辞折》，载《政治官报》第 1266 号，宣统三年（1911 年）四月十三
日。

于是向社会公开宣示。对此，载涛日后回忆认为，那桐、徐世昌的说法非常不可理解。"徐世昌本是袁一手提拔的私党，不足深论；那桐是一个著名圆滑的官僚，何以亦有这样说词？况且其时各省并无特别事故，必须袁出来收拾。他们两人既敢如此说，监国亦居然未加斥责，凡看到官报的人无不诧异。"①其实，这正是那桐、徐世昌密谋之后而有意为之。"辛亥四月，遂授奕劻为总理大臣，那桐、徐世昌为协理大臣。世昌告桐曰：此席予居不称，唯慰庭才足胜任，而以朋党嫌疑，不便论列，奈何？桐曰：是何难，我言之可耳。乃具疏以疏庸辞职，荐世凯、端方自代。"②因"皇族内阁"屡受攻击，奕劻也有荐袁自代之意。据《申报》披露："庆王近致电袁世凯，谓曾奏保其接充内阁总理大臣，其材能资格最为相当，且可免皇族内阁之舆论攻击。"③后来，奕劻迫于内外压力再次奏请辞职时，舆论有云："或谓折中'威望素著，才优力强'数语，并含有保荐袁项城自代之意。"④在"皇族内阁"中，奕劻的权力经常遭到载泽等少壮亲贵的掣肘，使其非常恼怒。"庆亲王尝怫然曰：必不得已，甘让权利于私友，决不任孺子得志也。故庆于袁之再出也，颇致其力。"⑤武昌起义后，奕劻正式向载沣提议起用袁世凯，得到那桐、徐世昌的附和。奕劻认为："此种非常局面，本人年老，绝对不能承当，袁有气魄，北洋军队都是他一手编练，若令其赴鄂剿办，必操胜算，否则畏葸迁延，不堪设想。且东交民巷（各国驻华使馆——引者注）亦盛传非袁不能收拾。"⑥当天，清廷谕令袁世凯为湖

---

① 载涛：《载沣与袁世凯的矛盾》，见《晚清宫廷生活见闻》，74 页。

② 沃丘仲子：《徐世昌》，19 页，见沈云龙主编：《近代中国史料丛刊三编》第 38 辑（378），台北，文海出版社，1988。

③ 《译电》，载《申报》1911 年 9 月 30 日，第 1 张第 3、4 版。

④ 《庆邸自愧不能操纵舆论》，载《申报》1911 年 10 月 7 日，第 1 张第 4 版。

⑤ 金梁：《光宣小记·内阁官制》，见章伯锋、顾亚主编：《近代稗海》第 11 辑，324 页，成都，四川人民出版社，1988。

⑥ 张国淦：《辛亥革命史料》，第 108 页。载涛也说："到了武昌起义，革命爆发，那、徐协谋，推动奕劻，趁着载沣仓皇失措之时，极力主张起用袁世凯。袁在彰德，包藏野心，待时而动。冯国璋、段祺瑞是袁的嫡系心腹大将，亦认为'非宫保再出，不能挽救危局'。载沣本不愿意将这个大对头请出，以威胁自己的政治生命，但是他素性懦弱，没有独作主张的能力，亦没有对抗他们的勇气，只有听任摆布，忍泪屈从。"（《载沣与袁世凯的矛盾》，见《晚清宫廷生活见闻》，74 页）

广总督，督办剿抚事宜。这是袁世凯复出的起点。清廷虽然开始起用袁世凯，但仅用一个没有任何实权的湖广总督头衔，根本无法打动权势欲望正在急剧膨胀的袁世凯。于是，他声称"足疾"未愈，施展拖延战术，朝廷无可如何。清政府不能满足袁世凯的要求，袁世凯也就继续按兵不动，待价而沽。经过一段时间的讨价还价，清廷不得不授袁世凯为钦差大臣，予以指挥清军的全权，随后又用袁世凯取代奕劻为内阁总理大臣，并命其进京组织完全内阁。

九月十三日，资政院上奏《宪法重大信条》十九条，清廷谕令颁布，其中第八条明确规定："总理大臣由国会公举，皇帝任命。其他国务大臣，由总理大臣推举，皇帝任命。皇族不得为总理大臣及其他国务大臣并各省行政长官。"第十九条又规定："国会未开以前，资政院适用之。"①这个宪法信条既将皇族亲贵排除在责任内阁之外，又规定了总理大臣必须"由国会公举，皇帝任命"的法律程序。因此，尽管清廷已谕令袁世凯为内阁总理大臣，并一再催促迅速进京，但他并不着急。袁世凯一面奏请辞谢，以示谦让；一面还要求通过资政院公开选举，以获得名义上的合法资格。"袁世凯打电报说要等到资政院给他任命后才来北京。许多资政院成员打电报请袁进京，但袁说，他希望在他来京前资政院能通过一个任命他的正式的决议。昨天有消息说，一个这样的决议已在秘密会议上通过。"②十八日，资政院以无记名投票形式选举袁世凯为内阁总理大臣，并在十九日上奏，即得清廷正式任命。③当天，袁世凯电奏"一二日立即启程"，清廷电谕"著即兼程北上"。④据《那桐日记》记载，袁世凯同时还与那桐联系，电告"一二日来京"。二

---

① 《择期颁布君主立宪重要信条谕》，见《清末筹备立宪档案史料》上册，103～104页。

② 莫理循：《致达·狄·布拉姆》，见《清末民初政情内幕——〈泰晤士报〉驻北京记者袁世凯政治顾问乔·厄·莫理循书信集》上册，775～776页。另据曹汝霖回忆称："袁要请由资政院通过，方能拜命，遂如其命"。(《一生之回忆》，90页)

③ 《资政院总裁李家驹等奏遵照宪法信条公举袁世凯为内阁总理大臣折》《命袁世凯为内阁总理大臣谕》，载《清末筹备立宪档案史料》上册，601页。

④ 金毓黻辑：《宣统政纪》卷40，52页。

十三日，"袁总理今日酉刻到京，寓锡拉胡同，戌刻往拜，稍谈即归"。二十四日，"袁宫保到京请安，酉刻到锡拉胡同晚饭，亥初归"。二十五日，"袁总理今日谢恩入阁办事，桐于本日交卸协理大臣"①。可见其时那桐与袁世凯过从甚密。与此同时，"资政院代表汪荣宝、邵羲、陈树楷、陈枞鼎四员，往谒项城，解释宪法信条第八条'总理大臣由国会公举'之无障碍，并请其就职"②。二十六日，袁世凯推举各部国务大臣：外务大臣梁敦彦、副大臣胡惟德；民政大臣赵秉钧、副大臣乌海珍；度支大臣严修、副大臣陈锦涛；学务大臣唐景崇、副大臣杨度；陆军大臣王士珍、副大臣田文烈；海军大臣萨镇冰、副大臣谭学衡；司法大臣沈家本、副大臣梁启超；农工商大臣张謇、副大臣熙彦；邮传大臣杨士琦、副大臣梁如浩；理藩大臣达寿、副大臣荣勋。经清廷任命，正式组织责任内阁。③这就是袁世凯内阁。

袁世凯内阁成员大致由三部分人组成：其一，主要是袁氏心腹及袁派人物，如民政大臣赵秉钧、度支大臣严修、陆军大臣王士珍、邮传大臣杨士琦，以及署理外务副大臣曹汝霖、署理邮传副大臣梁士诒等；其二，是原奕劻内阁成员及旧官僚，如外务大臣梁敦彦、学务大臣唐景崇、司法大臣沈家本、理藩大臣达寿等；其三，是著名立宪派人士，如农工商大臣张謇、司法副大臣梁启超、学务副大臣杨度等。其实，后两种人不过点缀而已。"所推国务大臣，凡有声望者，皆不应召。"④英国公使朱尔典向其外交部报告称："张謇之授农工商大臣，颇有趣味。……其任斯职，当为各省所乐闻。然允受职与否，尚难预料。""其最可惊讶者，则授梁启超为司法部副大臣之事。"⑤事实上，不但张謇、梁启超借故坚辞，梁敦彦、陈锦涛、严修、杨度等人亦均未到任。时论有谓："清内阁成立，所举之人，除与段芝贵相类者外，非

① 《那桐日记（1890—1912年）》（续七），见《北京档案史料》2002年第4期。
② 《北京断命新闻·资政院》，载《民立报》1911年11月23日。
③ 金毓黻辑：《宣统政纪》卷40，59页。
④ 《北京断命新闻·梦呓内阁》，载《民立报》1911年11月30日，第4页。
⑤ 《英使朱迩典致英外部葛垒文》，见陈国权译述：《新译英国政府刊布中国革命蓝皮书》，《辛亥革命》（八），376～377页。

原有老朽，即决不肯到任之人。"①此所谓"与段芝贵相类者"，即指袁氏私党而言。袁世凯内阁实际上由袁氏心腹赵秉钧、梁士诒等少数人操纵。

袁世凯内阁取代奕劻内阁，既有"非袁不可"的社会氛围，是各种政治势力促成的结果，又有《宪法重大信条》的法理基础，并符合由代行国会职能的资政院公举的法制原则，可谓名正言顺。既如此，为什么袁世凯内阁不能顺利引导清政府走向宪政道路而拯救清王朝呢？这除了革命形势迅速发展的客观局面难以逆转之外，袁世凯个人借责任内阁以揽权自重的政治野心是关键因素。的确，时人曾经对袁世凯出山抱有很大的希望，但很快便醒悟过来，看清了袁世凯揽权与专制的本质。据恽毓鼎日记，他在清廷谕令袁世凯取代奕劻为内阁总理大臣的当天认为："朝局大变，果能举从前老朽庸劣腐败之人物习气，一扫而空之，上下一心，力图整顿，巩皇基而安区寓，大有可望矣。"②时论亦云："闻袁世凯拟即回京，外间皆信其能安定大局。"③但是，袁世凯内阁正式成立后，便立刻露出了真面目。恽毓鼎评论说："谕旨定内阁制度，国务大臣不值日，不召见，政事皆归阁臣议决。阁臣不每日入对，有事则特召或请对。言事者亦送阁。阁臣权重，于斯为极（前明首辅，权极重，然尚轻于此）！中国官僚政治之局，至此大变。"④《申报》进而揭露说："袁世凯之心，非特以为共和民主，今日之中国断无此事；即君主立宪云云，亦不过因现在时势所趋，用此粉饰以瞒一时之人心耳。其实如彼之意，以为非实行专制万不可也。……故'专制'二字，实与'袁世凯'三字相连。袁世凯不死，则中国之专制总无或已之时。鸣呼！清廷之立宪，伪立宪也，然而亦伪专制，故破灭之也尚易。若袁世凯得志，则伪立宪而真专制矣。"⑤事实上，袁世凯内阁不

---

① 《论袁世凯之用人》，载《申报》1911年12月16日，第1张第3版。

② 史晓风整理：《恽毓鼎澄斋日记》第2册，556页，杭州，浙江古籍出版社，2004。

③ 《专电·十一日伦敦电》，载《申报》1911年11月3日，第1张第4版。

④ 史晓风整理：《恽毓鼎澄斋日记》第2册，第561页。

⑤ 《再论袁世凯》，载《申报》1911年11月25日，第1张第2版。

但没有挽救清王朝，反而以牺牲清王朝的方式成就了袁世凯。袁世凯内阁在形式上似乎比以奕劻为首的"皇族内阁"更符合宪政精神，但实质上也只不过是袁世凯借以实现自己政治野心的工具而已。

袁世凯内阁成立后，表面上看来，清廷正在加速朝着预备立宪的目标迈进，但为时已晚，客观形势今非昔比，在各省纷纷独立的全国革命大风潮中，立宪已经无法挽救风雨飘摇的清王朝。不但立宪派逐渐转入革命的洪流之中，业已攫取军政大权的袁世凯也在肆无忌惮地借革命之势而弃清廷以自重。当北洋军攻下汉阳而与革命军隔江对峙时，袁世凯便准备与南方革命政府进行和谈。关于南北议和，南方旨在清帝退位，试图以和平的手段达到革命的目的；袁世凯则是借机取得政权。为此，他不惜玩弄两面手法，"一方挟满族以难民党，一方则张民党以迫清廷，时人谓之新式曹操"。①所谓民党、清廷、袁世凯三方的关系颇为微妙，民党与清廷势不两立，袁世凯恰好操纵其间。因此，南北议和其实只不过是民党与袁世凯之间如何处置清廷的一桩政治交易罢了，其关键有两个互为前提的条件：一是南方许诺袁世凯为民国大总统；二是袁世凯答应迫使清帝退位。南北议和曾经因为南京临时政府的成立而一度出现波折，但南北双方事实上始终没有真正放弃议和，交易仍在秘密进行。这个时期，双方交涉的主要内容集中在袁世凯迫使清帝退位的交换条件上，即孙中山在清帝退位后辞去临时大总统职务，并推举袁世凯为民国大总统。对此，南方各派政治势力基本上是赞同的，孙中山也并不反对。他曾通过伍廷芳向袁世凯明确表示："如清帝实行退位，宣布共和，则临时政府决不食言，文即可正式宣布解职，以功以能，首推袁氏。"②袁世凯得到孙中山的这个保证后，便开始加紧进行"逼宫"，迫使清帝退位。

对付清廷，袁世凯还是施展其惯用的威逼利诱的手段。奕劻、那桐等人不仅极力鼓动袁世凯出山，而且还是袁世凯"逼宫"的帮凶。袁世凯用重金贿赂贪婪的奕劻、那桐和隆裕太后宠信的太监张兰德，"一方面利用张兰德哄骗隆裕；另一方面又利用奕、那，挟制载沣"。正如

---

① 《胡汉民自传》，载《近代史资料》1981 年第 2 期（总 45 号），58 页。
② 《复伍廷芳电》，见《孙中山全集》第 2 卷，23 页。

载涛日后回忆所说："奕劻、那桐本来只认得钱，至于清廷封建统治的垮台，并不在他们的心上。他们二人与张兰德里应外合，不由得隆裕不入他们的圈套。"所谓宣统退位"这种'禅让'之局得以成功，可以说是全由奕、那、张三人之手"①。载沣虽然并不赞成清帝退位，但他无力应对时局，只有听从命运的摆布。十月十六日，在袁世凯等人的压力之下，载沣不得不自请辞职，隆裕太后发布懿旨，命其退归藩邸，不再预政，有称："监国摄政王性情宽厚，谨慎小心，虽求治綦殷，而济变乏术，以至受人蒙蔽，贻害群生。自应俯如所请，准退监国摄政王之位。所钤监国摄政王章，著即缴销。仍以醇亲王退归藩邸，不再预政。……嗣后用人行政，均责成内阁总理大臣、各国务大臣担负责任。"同时，懿旨虽然规定"所有颁布诏旨，应请盖用御宝，并觐见典礼，予率同皇帝将事"，但又特授袁世凯私党世续、徐世昌为太保，命其"尽心卫护"年幼的皇帝。②袁世凯完全攫取了清廷行政大权，并实际控制隆裕太后与宣统皇帝。载沣退归藩邸后，对付孤儿寡母更不在话下。

十一月二十八日，袁世凯以内阁总理的身份，率全体国务大臣联衔上奏清廷，宣称清廷大局岌岌可危，"战地范围，过为广阔，几于饷无可筹，兵不敷遣，度支艰难，计无所出，筹款之法，罗掘俱穷，……常此迁延，必有内溃之一日。倘大局至此，虽效周室之播迁，已无相容之地"。南方民军"万众之心，坚持共和，别无可议"。各国列强因此次战祸而贸易损失不小，"若其久事争持，则难免不无干涉"，希望清廷"俯鉴大势，以顺民心"。否则将出现法国革命那样不堪设想的后果，"读法兰西革命之史，如能早顺舆情，何至路易之子孙，靡有孑遗也"③。显然意在要挟。当天，袁世凯在退朝回家途中遭到革命党人的伏击，虚惊一场，便借故请假不再入朝，而仍在幕后操纵"逼宫"活动。第二天，清廷召开内阁会议。醇亲王载沣、庆亲王奕劻、恭亲王

① 载润：《隆裕与载沣的矛盾》，载涛：《载沣与袁世凯的矛盾》，见《晚清宫廷生活见闻》，71、75～76 页。

② 金毓黻辑：《宣统政纪》卷 41，21 页。

③ 张国淦：《辛亥革命史料》，第 299～300 页。

溥伟诸王及蒙古王公均与会，袁世凯称病未到，派民政大臣赵秉钧、邮传大臣梁士诒为代表。会上，赵秉钧传达了袁世凯的意旨，他说："革命党势甚强，各省响应，北方军不足恃。袁总理欲设临时政府于天津，与彼开议，或和或战，再定办法。"此言一出，当即遭到溥伟的强烈反对，双方唇枪舌战，争执不下。最后，奕劻打圆场，认为"事体重大，我辈亦不敢决，应请旨办理"。众人随声附和，会议不欢而散。十二月初一日，隆裕太后在养心殿召集满蒙王公亲贵载沣、溥伟、善耆、毓朗、载泽、那彦图等十余人，举行御前会议，讨论君主立宪与民主共和问题。当太后提出"是君主好，还是共和好"的问题时，众人均"力主君主"，认为"无主张共和之理"。溥伟等人一面攻击"奕劻欺罔"，认为"嗣后不要再信他言"；一面坚决主战，甚至要求太后拿出宫中金银器皿，暂充战费，"虽不足数，然而军人感激，必能效死。如获一胜仗，则人心大定，恩以御众，胜则主威"。但隆裕太后已有无力回天之感，她说："胜了固然好，要是败了，连优待条件都没有，岂不是要亡国么？"会议无结果而散。①同一天，外务大臣胡惟德、民政大臣赵秉钧、邮传大臣梁士诒联衔奏称："人心已去，君主制度恐难保全，恳赞同共和，以维大局。"②这显然是袁世凯意旨的进一步公开表露。

在袁世凯"逼宫"的过程中，曾经一度遭到部分清室王公亲贵的激烈反对，并以这些清室王公亲贵为中心而迅速形成一股强大的反对清帝退位的政治势力，即宗社党。宗社党"乃清帝退位以前，以清朝之皇族宗室及旗人为其核心，以及食清朝之禄之义士为挽救宗社而组织之政治团体"。③其主要成员有恭亲王溥伟、肃亲王善耆、贝勒载涛、镇国公载泽、军谘使良弼、原陆军部尚书铁良等少数清室王公亲贵，另有蒙古王公那彦图和陕甘总督长庚、署陕西巡抚升允等蒙古重臣。他

---

① 溥伟：《让国御前会议日记》，见中国史学会主编：《辛亥革命》（八），111～114 页。

② 凤冈及门弟子编：《三水梁燕孙先生年谱》上册，105 页，1946 年版，无出版地。

③ ［日］宗方小太郎：《一九一二年中国之政党结社》，见章伯锋、顾亚主编：《近代稗海》第 12 辑，123 页。

们以"君主立宪维持会"的名义，发布激烈的宣言，极力攻击袁世凯。
对于袁世凯借停战议和以"逼宫"的行径，载泽奏劾其故意拖延，居心
叵测，有云："前藉口军饷不足，不能开战；后颁内国短期公债，勒捐
亲贵大臣，合内帑黄金八万两，款近千万，仍不开战，是何居心。"①
宗社党人还以"直豫鲁晋奉吉黑七省文武官员绅商兵民"的名义上书袁
世凯，指责其"甘心为曹莽之后裔，作外人之奴隶，……始终欺负孤
寡，卖国求荣"。并散发《北京旗汉军民函》，揭露袁世凯"巧取上旨，
与为议和，待以敌国之礼，蔑视纲常，损辱国体，于斯为甚。况在汉
阳克复以后，席全胜之威，忽倡和议，其居心更不可问。……观望弥
月，坐耗饷糈，必使国事不可收拾而后已，必使我北省军民同遭涂炭
而后已。嗟我同人，束手待毙，亦复何苦。司马昭之心，路人皆
知。"②当袁世凯加紧进行"逼宫"活动而势必将清廷逼上绝路的时候，
宗社党也企图铤而走险，准备用激烈的手段对付袁世凯。据时人记载：
"宗社党上书袁内阁，其词旨极为严厉，略谓欲将我朝天下断送汉人，
我辈决不容忍，愿与阁下同归澌灭。袁内阁览之，恍若芒刺在背，意
不自安。"③袁世凯与宗社党已势同水火，必欲去之而后快。其时，袁
氏党羽在北京街市散布说帖，"有'先刺良弼，后炸铁良，二良不死，
满虏不亡'及'肃王好，肃王引贼反清了。载泽好，载泽家里堆元宝'等
不伦不类之语。"④同时在暗中伺机对付宗社党。与此同时，革命党人
也想除掉极端反对共和政体的宗社党。十二月初八日，革命党人彭家
珍炸伤良弼，彭当场牺牲，良弼也在两天后不治身亡。⑤良弼死后，宗

① 杨玉如：《辛亥革命先著记》，273页。

② 《直豫鲁晋奉吉黑七省文武官员绅商兵民公上袁总理书》《北京旗汉军民
函》，吉迪整理《大树堂来鸿集》，载《近代史资料》1982年第4期（总50号），
182～184页。

③ 廖少游：《新中国武装解决和平记》，65～66页，北京，陆军编译局印刷
所，1912。

④ 常顺：《赍臣被炸追记》，见《辛亥革命回忆录》第6集，390页。

⑤ 有人认为，良弼系革命党人彭家珍所炸，而实际上背后有袁世凯插手，彭
家珍炸良弼是被袁世凯所利用，良弼被炸伤后，最终由袁世凯指使赵秉钧买嘱医生
所毒死。参见吴兆清：《袁世凯与良弼被炸案》，载《近代史研究》1987年第2期。

社党闻风丧胆，纷纷逃离北京，潜往天津、大连、青岛等地租界。隆裕太后闻讯后颇感绝望，禁不住当朝掩面而泣曰："梁士诒啊！赵秉钧啊！胡惟德啊！我母子二人性命，都在你三人手中，你们回去好好对袁世凯说，务要保全我们母子二人性命。"①宗社党并没有阻挡清帝退位的步伐。虽然善耆、升允等人此后仍以宗社党的名义聚集前清遗老遗少，托庇于天津、大连、青岛等地租界，甚至勾结日本等列强，不断地从事拥清复辟活动，但终究不能挽救清室宗社覆亡的命运。

就在彭家珍炸伤良弼的同一天，在袁世凯的授意下，段祺瑞联合北洋将领姜桂题、何宗莲、段芝贵、倪嗣冲、王占元、曹锟、李纯、潘矩楹等50人，致电内阁，请代奏清廷，建议清廷接受优待条件，赞同共和，否则后果不堪设想。"虽祺瑞等公贞自励，死生敢保无他，而饷源告匮，兵气动摇，大势所趋，将心不固。一旦决裂，何所恃以为战？深恐丧师之后，宗社随倾，彼时皇室尊荣，宗藩生计，必均难求满志。即拟南北分立，勉强支持。而以人心论，则西北骚动，形既内溃；以地理论，则江海尽失，势成坐亡。"他们强烈要求清廷"明降谕旨，宣示中外，立定共和政体，以现在内阁及国务大臣等，暂时代表政府"。②其咄咄逼人之势，令清廷无处藏身，清帝退位已经毫无回旋余地。时人评论说，彭家珍之弹与段祺瑞之电，"足以夺禁卫军之魄，而褫宗社党之魂，实乃祛除共和障害之二大利器也"。③十二日，清廷再次召开御前会议，"各亲贵王公对于共和，均不反对"。④十六日，清廷发布上谕："著授袁世凯以全权，研究一切办法，先行迅速与民军商酌条件，奏明请旨。"⑤一纸上谕，终于使清廷完全把自己的命运交给了袁世凯。二十五日，清帝正式宣布退位。二十七日，南京临时参议院选举袁世凯为中华民国临时政府大总统。

① 凤冈及门弟子编：《三水梁燕孙先生年谱》上册，111页。
② 《宣统三年（1911年）十二月初八日会办剿抚事宜第一军总统官段祺瑞等致内阁请代奏电》，见故宫档案馆：《关于南北议和的清方档案》，见中国史学会主编：《辛亥革命》（八），174页。
③ 廖少游：《新中国武装解决和平记》，72页。
④ 张国淦：《辛亥革命史料》，311页。
⑤ 金毓黻辑：《宣统政纪》卷43，25页。

历史在此开起了玩笑。袁世凯本是清政府在危难之际搬出来的"救世主",然而,这个"救世主"不但没有尽力拯救清王朝,而且还在关键时候擅用清王朝为筹码做了一大笔政治交易,为自己换取了民国大总统的职位。

原载张华腾主编:《辛亥革命与袁世凯——清末民初社会转型时期人物研究》,开封,河南大学出版社,2014。

神妖之间的人

——慈禧太后形象三面观

慈禧太后(1835—1908 年),又称西太后,小名兰儿,叶赫那拉氏,满洲镶蓝旗(后抬升为镶黄旗)人,安徽徽宁池太广道惠征的女儿。她身历晚清道、咸、同、光、宣五朝。道光朝待字闺中,蓄势待发;咸丰朝偶尔代帝批答奏章,小试锋芒;同、光两朝操控两个儿皇帝,把持朝政;临终前日尚且钦定宣统皇帝继位,为大清朝皇位继承问题做了最后的了断。慈禧太后到底是怎样的一个人?在她生前死后,众说纷纭,誉毁不一。有人为她涂脂抹粉,唱赞歌,甚至顶礼膜拜;也有人痛恨她,诅咒她,极力丑化她的人格与灵魂。是圣母皇太后,还是野心家、阴谋家?在她身上,圣洁与恶毒并现,天使与魔鬼共舞。她虽然未有武则天称帝之名,而实际上君临天下近半个世纪,是中国历史上罕见的一位名副其实的无冕女皇。慈禧太后在晚清历史上的地位如何?实在很难用一句话来定位。不过可以说,要谈晚清历史,从根本上就绕不开慈禧太后。

一、神化的慈禧太后

咸丰元年(1851 年),在中国历史上也许并不是一个特别引人注目的年份,但却是大清王朝从天朝盛世余威直接走向衰败覆亡的关键点。就在这一年,洪秀全领导的太平天国农民起义爆发,而那位此后实际统治大清朝将近半个世纪的叶赫那拉氏也开始走上选秀女之路而发迹。岂是红颜祸水自此始耶?

（一）从秀女走向权力之巅

咸丰皇帝真可谓生不逢时。其在位十一年（1850—1861 年），全在内忧外患之中，无一日稍得安宁。在农民起义风起云涌的同时，英、法等列强发动第二次鸦片战争，直捣京城，迫使咸丰皇帝仓皇北狩，客死热河行宫。

尽管咸丰皇帝生于忧患，但他却在国事焦头烂额之余，居然能忙里偷闲，耽于安逸，甚至风流成性，藏春渔色，未曾稍息。咸丰皇帝御极之初，正值南中国地区烽烟四起之时，选秀女的工作也在紧锣密鼓而有条不紊地展开。选秀女是清朝皇帝在全国范围内从适龄（14—16 岁）旗人女子中挑选后宫佳丽的选美工程，按例三年一选。时逢选年，咸丰皇帝江山美人两不弃，一箭双雕，苦心经营。经过复杂的挑选程序，安徽徽宁池太广道惠征之女那拉氏兰儿艳压群芳，脱颖而出，于咸丰二年（1852 年）奉旨进宫，是为兰贵人。

那拉氏不仅美貌绝伦，而且聪慧过人，很快便获得咸丰皇帝的宠爱。据说在选秀女时，咸丰皇帝初见那拉氏，便眼前一亮，觉其秀丽妍媚之中，含有威武尊严之态，以为若使此女正位后宫，当能驾驭六宫，弼成内政，禁不住为之心动不已。那拉氏进宫后，咸丰皇帝迷恋绝色，宠爱有加，如白居易《长恨歌》所咏："云鬓花颜金步摇，芙蓉帐暖度春宵。春宵苦短日高起，从此君王不早朝。"[1]风流旖旎，恋色昏迷，犹如唐明皇痴迷杨贵妃。

咸丰四年（1854 年），那拉氏由兰贵人晋升为懿嫔。六年，那拉氏生下咸丰皇帝唯一的儿子载淳，即后来的同治皇帝。咸丰皇帝以天恩祖佑，喜不自禁，爰有"庶慰在天六年望，更欣率土万斯人"之咏。[2]那拉氏亦母因子贵，遂晋封为懿妃。越明年，又晋封懿贵妃，成为后宫里仅次于皇后钮祜禄氏的第二号人物。因钮祜禄氏生性柔和，拙于心计，居心机巧而又倍受咸丰皇帝宠爱的那拉氏的实际地位并不在皇后之下。

---

① 藕香室主人：《西太后全传》，3～4 页，上海，世界书局，1924，5 版。

② 天嘏：《满清外史》，见《满清野史》第 2 种，26 页，台北，新兴书局，1983。

咸丰十一年(1861 年)，年仅 31 岁的咸丰皇帝在承德避暑山庄病逝。临终前，咸丰皇帝遗命立皇长子载淳为皇太子，钦定为皇位继承人选。因皇太子载淳年甫 6 岁，又命怡亲王载垣、郑亲王端华、御前大臣景寿、户部尚书协办大学士肃顺及军机大臣穆荫、匡源、杜翰、焦佑瀛等八人为顾命大臣，尽心辅弼，赞襄一切政务。与此同时，又赐给皇后钮祜禄氏"御赏"印，赐给皇太子载淳"同道堂"印。皇太子即皇位后，凡发布谕旨，开头钤"御赏"印，结尾钤"同道堂"印。因皇太子载淳年幼，其"同道堂"印由其生母懿贵妃那拉氏掌管代钤。① 这种安排，显然有防止载垣等顾命八大臣专权的意图，而那拉氏也取得了与皇后参与朝政的同等的权力。

咸丰皇帝死后，皇太子载淳继位，皇后钮祜禄氏与懿贵妃那拉氏相继晋封为皇太后，常被并称为两宫皇太后。凡发布懿旨均用两宫皇太后之名，其实关键是慈禧太后。咸丰皇帝尸骨未寒，两宫皇太后便与恭亲王奕䜣联手，密谋发动辛酉政变，成功地解除了载垣、端华、肃顺等八位赞襄政务大臣的职权，并对其进行相应的惩治，全面清除了肃顺集团的势力。随后，两宫皇太后开始实行垂帘听政，实权掌握在慈禧太后手中。

在同治、光绪两朝(1861—1908 年)，虽然同治皇帝与光绪皇帝在成年以后均有过短暂的亲政，但慈禧太后曾经三次垂帘听政，非常娴熟地运用这种制度设计而操控朝政。表面上看来，慈禧太后是坐在后台，而实际上她是站在了清王朝统治的前台，因为她虽名义上退居二线，但各种政治权力运作仍然逃不过她的实际掌控。可以说，从第一次垂帘听政开始，慈禧太后便掌握了大清王朝的统治权，而登上了政治权力之巅峰，此后统治中国近半个世纪，成为一代名副其实的无冕女皇。

(二)加封徽号——皇家造神运动

在一个没有现代大众传播媒体的时代，明星与权威的形象如何塑造，是一个非常值得探讨的问题。

① 金梁：《道咸同光四朝佚闻》，16～17 页，"同道堂印"条，台北，广文书局，1978。

慈禧太后的声名自然随着她的实际统治权力的增长而日益显赫，但亦与她所操控的清廷自己的造神运动密切相关。就像伟大领袖个人权威的树立，需要不断的政治宣传一样，清廷曾经八次给慈禧太后加封徽号，最后盖棺论定，追封了一个长达二十五字的谥号：孝钦慈禧端佑康颐昭豫庄诚寿恭钦献崇熙配天兴圣显皇后。据说这是有史以来皇后身后哀荣之最。

清代沿用历代加封尊号、徽号、谥号的旧制，在新皇帝登基时，要尊称嫡母（先帝正宫皇后）和生母（先帝妃嫔）为母后皇太后和圣母皇太后，即尊号。此后，每逢朝廷大庆之日，还要在皇太后尊号上再加一些溢美之词，称徽号。皇太后死后，又从其生前的徽号选取若干关键字，再加上几个字，便成其谥号。如果说尊号是名分，谥号是哀荣，那么，徽号的累加，则是其生前荣光不断的显耀。

加封徽号有一套严格的程序和隆重的仪式。一般先要由亲王或大臣奏请，太后同意，皇帝批准；预定日期，敕所司备仪物，制册宝，遣官告祭天、地、太庙、社稷；由皇帝亲向太后进献奏书、册宝，由大臣宣读奏书、册文，皇帝率文武大臣向太后行三跪九拜礼；礼成后，皇帝要诏告天下，赏赐天下臣民，并实行大赦。此举在使天下臣民感受浩荡皇恩的同时，既向世人表明了皇帝的仁孝之心，又炫耀了皇太后的无上荣光。可见，加封徽号实际上可谓一场皇家造神运动。在某种意义上可以说，慈禧太后正是在不断地累加徽号的过程中日益走向神坛的。

《清实录》记载了慈禧太后八次加徽号的经历，现略述如下：

第一次：咸丰十一年（1861年）九月，大学士桂良等奏请崇上两宫皇太后徽号。同治元年（1862年）四月二十五日行礼，母后皇太后为慈安皇太后，圣母皇太后为慈禧皇太后。慈禧有"慈和普被，禧福永膺"之义。

第二次：同治十一年（1872年）二月，恭亲王奕䜣等奏请同治皇帝大婚礼成之后应举行加上两宫皇太后徽号典礼。十月初八日行礼，慈安加端裕，慈禧加端佑。

第三次：同治十一年（1872年）十一月，礼亲王世铎等奏请同治皇

帝明年二月亲政宜加上两宫皇太后徽号。同治十二年（1873 年）二月初
九日行礼，慈安端裕加康庆，慈禧端佑加康颐。

第四、五次：同治十三年（1874 年）十一月，同治皇帝以遇有天花
之喜，两宫皇太后调护无微不至，并代为披览裁定内外各衙门章奏，
请上徽号。十二月初五日，同治皇帝驾崩，未及举行，两宫皇太后谕
令停止。光绪皇帝即位，以先帝孝思肫挚，恳请允行。又以新即帝位，
宜恪遵成宪，恭上两宫皇太后徽号。光绪二年（1876 年）七月初三日，
两次崇上徽号典礼同时举行，慈安端裕康庆加昭和庄敬，慈禧端佑康
颐加昭豫庄诚。

光绪七年（1881 年）三月，慈安太后病逝。

第六、七次：光绪十四年（1888 年）六月，礼部尚书奎润等奏请明
年光绪皇帝大婚礼成之后加上皇太后徽号。七月，礼亲王世铎等又奏
请明年光绪皇帝亲政后加上皇太后徽号。八月，礼部、内务府奏两次
崇上徽号，均请于归政后敬办。光绪十五年（1889 年）二月十六日、三
月十五日分别行礼，慈禧端佑康颐昭豫庄诚加寿恭钦献。

第八次：光绪十九年（1893 年）正月，礼亲王世铎等会同礼部奏陈
明年恭逢慈禧太后六旬万寿请加徽号。光绪二十年（1894 年）八月十
四、十五日行礼，慈禧端佑康颐昭豫庄诚寿恭钦献加崇熙。

在加封徽号仪式中，以皇帝名义所上的奏书、册文均极尽铺张夸
饰之能事，整篇为溢美谀词。下面以慈禧太后第八次加封徽号为例，
据《清实录》记载，奏书称颂慈禧太后有云：

> 钦惟圣母慈禧端佑康颐昭豫庄诚寿恭钦献皇太后，安贞应地，
> 仁厚同天。极恩勤覆育之深慈，致亲睦平章之盛治。六经三史悉
> 禀心传，一日万几亲承指授。归政训政，成功固前古所未闻；安
> 民养民，大泽实敷天所同被。

册文则曰：

> 钦惟圣母慈禧端佑康颐昭豫庄诚寿恭钦献皇太后陛下，德懋
> 徽柔，性弥纯嘏。垂帘听政，勤宵旰者三十年；筹策安边，播声
> 威于六万里。极文治武功之盛，手致太平；举敬天法祖之谟，躬

亲训迪。兹际阏逢敦牂之岁，允符绾绰眉寿之期。恭聆懿旨之重申，深念民生之至计。内帑颁而普加振贷，贡珍却而力戒浮华。凡此巍焕之成功，实为古今所罕觏。翠辇经行之地，夹道欢呼；彩衣抃舞之辰，捧觞喜起。①

此所谓"固前古所未闻""实为古今所罕觏"，简直把慈禧太后吹捧成了至高无上的天神。联想其时正值甲午战争方酣，三天之后的八月十八日，北洋舰队在黄海海战中遭受重创，战局直转而下，战火逐渐燃烧到中国领土，清朝败局遂定。这血与火的残酷现实，确是大煞风景！

慈禧太后的徽号经过八次累加，已达十六字：慈禧端佑康颐昭豫庄诚寿恭钦献崇熙。如此包装，不知慈禧太后当时如何消受？

值得注意的是，慈禧太后对于加封徽号虽然经常是半推半就，但并非来者不拒，而也曾坚决地说过"不"。光绪十二年（1886年）八月，礼亲王世铎等奏恭请加封徽号，以光巨典；十一月，睿亲王魁斌等奏再行恭请加封徽号，以光孝治。甚至光绪皇帝亦再三吁恳跪求，慈禧太后谕以现在时事多艰，正君臣交儆之时，不必以崇上隆仪，徒事虚文，均著毋庸举行。

甲午战争以后，慈禧太后有生之年再也没有接受新的徽号。光绪二十九年（1903年）六月，礼亲王世铎等又奏请加封徽号，仍以时事艰难、民生困苦为由拒之。光绪三十年（1904年）五月，光绪皇帝以慈禧太后七旬万寿，吁恳崇上徽号，又以方今大局艰危，民生困敝，谕令所请仍不准行。

慈禧太后也够晦气的。四十大寿遇到日本侵台，五十大寿又遇中法战争，均不敢高调庆贺。六十大寿时逢甲午战争，曾经大肆庆祝而颇遭非议。不料，到其七十大寿时，又逢日俄战争，于是不得不低调处理。她发布懿旨宣称："值此时事多艰，日俄两国兵事未定，我东三省境内人民方在流离颠沛之中，广西叛匪狓猖，生灵屡遭荼毒，其余完善各省亦复疲于捐派，民力难堪，满目疮痍。深宫无日不为引疚，

---

① 《德宗景皇帝实录》（五）卷346，光绪二十年（1894年）八月上，见《清实录》第56册，441、442～443页，北京，中华书局，1987，影印本。

岂尚忍以百姓之脂膏，供一人之逸豫。此次皇帝所请仍不准行。本年万寿，所有臣工筵燕，著即停止；各省将军督抚以下等官，均毋庸奏请来京祝嘏；京外文武诸臣，并一概不准进献。"①

光绪三十四年（1908年）十月二十二日，慈禧太后去世。以宣统皇帝名义发布恭上尊谥的谕旨，称颂慈禧太后近五十年来的统治是："仁恩汪涉，功德崇隆，实为天下臣民所共知，古今史册所未有。"又称是："德涵万有，泽被群生。秉坤元而协乾元，以母范而兼帝范。垂帘训政，勤劳历四十七年；重译来宾，声誉播五洲万国。"徽号十六字全留，定谥号曰："孝钦慈禧端佑康颐昭豫庄诚寿恭钦献崇熙配天兴圣显皇后。"②其中"显"字为咸丰皇帝谥，"显皇后"表明其为咸丰皇帝皇后的名分。

按清制，皇后的谥号一般总共为十九字，在死后第一次追谥用十五字，并在新帝登基时再加字，一直到总数为十九字便不再追谥。不过，也有个别例外，慈禧太后堪称例外之最。其长达二十五字的谥号，大大超过了清朝历代皇后谥号十九字的定制，也超越了开国皇后——孝庄文皇后及咸丰皇帝两位正宫皇后——孝德显皇后、孝贞显皇后。孝贞显皇后就是慈安太后，她的谥号只有十五字：孝贞慈安裕庆和敬仪天祚圣显皇后。其尊荣根本不可与慈禧太后同日而语。

（三）献媚与追捧

慈禧太后享受清廷的尊荣不足为怪。时人与后人如何献媚与追捧，也是饶有趣味的问题。

戊戌政变后，清廷大肆捕杀维新党人。康有为、梁启超流亡日本；谭嗣同、刘光第、杨锐、杨深秀、林旭、康广仁"六君子"喋血菜市口；徐致靖被监禁于刑部大狱；陈宝箴遭革职永不叙用；张荫桓谪戍新疆。这些与维新派有所关联的各级政府官员大都难以幸免于厄运，惟端方虽然也曾以新派著称，并一度出面主持农工商局新政，但却安然无恙。

---

① 《德宗景皇帝实录》（八）卷531，光绪三十年（1904年）五月下，见《清实录》第59册，71页。

② 《宣统政纪》卷1，光绪三十四年（1908年）十月，见《清实录》第60册，15、42页。

据说这既是由于荣禄与李莲英的庇护，更是端方自己见风转舵，及时进呈《劝善歌》以歌颂慈禧太后圣德而取媚的结果。端方《劝善歌》有云：

> 太后佛爷真圣人，垂帘听政爱黎民，
> 官加俸禄兵加饷，豁免钱粮千万金。
> 当时天下未平静，发捻搅乱偏行省，
> 太后知人善任人，救民水火全性命。
> 从此天下庆太平，鸡鸣犬吠都不惊，
> 试问此事谁恩德，重生父母还不能。
> 光绪初年遭荒旱，御膳房内曾减膳，
> 省出银钱去放赈，救活饥民数百万。
> 近年驻跸颐和园，借此颐养稍息肩，
> 圣心犹为天下计，忧国忧民常不眠。
> 当今皇帝真圣孝，视膳问安尽子道，
> 躬率臣民同祝嘏，屡为圣母上徽号。
> 我朝恩德同天地，顽石也应知感激，
> 如何逆党惑人心，乱臣贼子人切齿。①

这是《劝善歌》的片段。端方不仅肉麻地歌颂了"圣人"慈禧太后作为天下百姓"重生父母"同于天地的恩德，而且极力宣扬光绪皇帝对慈禧太后的孝心以美化其"母子"关系，同时痛斥维新党人为"逆党"，为"乱臣贼子"。据时人苏继祖《清廷戊戌朝变记》记载："（端方）进劝善歌，太后大悦，命天下张贴，京中呼之为'升官保命歌'。"②的确，端方在戊戌政变后不但丝毫未受牵连，而且还平步青云，由道员擢升按察使，历经布政使、巡抚，官至两江总督，成为清末著名的封疆大吏。

庚子事变时，当列强要求"惩凶"的时候，两江总督刘坤一与湖广总督张之洞努力为慈禧太后辩护。他们致电驻上海英国总领事，请他

---

① 转引自张海林：《端方与清末新政》，15 页，南京，南京大学出版社，2007。

② 中国史学会主编：《戊戌变法》第 1 册，349 页，上海，神州国光社，1953。

转电英国政府，极力为慈禧太后开脱罪责，并美化她在中国人民心目中的形象及其与光绪皇帝之间的关系，希望能够得到各国的谅解与尊敬。电文有谓：

> 惟究近年乱萌之起，皆由康党布散谣言，离间我两宫，诬谤皇太后，沪上华洋各报为之传播，人心惶惑，致生种种事变，不利于中国，兼不利于各国。甚至近日或疑朝廷衵匪，不知我皇太后训政三十余年，素多善政，不辩自明。朝廷种种为难情形，各国未能深悉耳。我中国以孝治天下，臣民共戴两宫，无稍异视。不特臣民尊敬皇太后，亦如英人之尊其后；皇上又加有母子之恩，尤极尊敬皇太后，我皇太后之心不安，则我皇上之心亦无以自安。现在东南各省，极力弹压，尊旨保护洋人。然假使各国不尊我皇太后、皇上，薄海臣民，必然不服，以后事机，实难逆料。……须知康党谣谤，全非中国之实事，尤非中国臣民之公言。严禁上海、香港及南洋各埠报馆，凡有语涉谤毁我皇太后者，立饬查办；并请于洋文报纸一律示禁。盖我中国尊敬两宫，并无异视；亦望各国于我两宫，均必尊必敬。则中国人心，不至为所激动；各国见闻，不至为所荧惑。祸乱之端，或可稍戢。①

英国驻上海代总领事霍必澜向首相索尔兹伯理汇报了刘坤一与张之洞效忠慈禧太后的信息："两江和湖广总督已经声明他们自己忠于慈禧太后，并且明白说明：除非各国政府保证她本人将受到尊重，他们将不能执行同各国政府达成的中立协议。"②与此同时，张之洞还嘱托精通英文的幕僚辜鸿铭将此电文翻译成英文公开发表。结果，辜鸿铭以此为基础用其娴熟优雅的英文写了一篇长文，题名《我们愿为君王去死，皇太后啊！——关于中国人民对皇太后陛下及其权威真实感情的声明书》，向世界宣称：

---

① 《庚子六月二十九日致上海英总领事》，见《张之洞致各省及外洋电稿》第1函，中国社会科学院近代史研究所图书馆藏档案甲 182—30。

② 《代总领事霍必澜致索尔兹伯理侯爵电》，见胡滨译：《英国蓝皮书有关义和团运动资料选译》，153 页，北京，中华书局，1980。

作为国母的皇太后陛下在中国治体中至高无上的权威，是得到绝对的认可和毫无疑义的。

皇太后陛下的存在及其影响，乃是中华帝国稳定与统一的唯一保证。

作为一个民族，中国人现在热爱和崇敬其国母皇太后陛下，以及按王朝命运为之系赖的皇太后的意志指定的后嗣和继承人皇帝陛下。

促使中国人民无论南北都想与洋人开战的实实在在的情绪性冲动，乃是他们确信列强要冒犯或打算冒犯皇太后陛下及其自由行动一事。……在中国，从南到北，自东徂西，一个声音高喊着：'Moriamur Pro Rege, Regina!'〔我们愿为君王去死，皇太后啊!〕"①

该文首先发表在横滨出版的英文报纸《日本邮报》(1900 年 7 月)，随后作为英文版《尊王篇》(《总督衙门论文集：一个中国人为中国的良治秩序和真正的文明所作的辩护》，1901 年 11 月版)的第一篇。无疑，这是向西方世界宣扬慈禧太后形象的绝妙文字。

清末以来，也有一些西方来华人士极力美化慈禧太后。如那位曾多次受到慈禧太后接见的美国驻华公使康格夫人对她这样评价："47年来，这个精明强干的女人一直位于大清帝国权力的顶端，受到众多男性强有力的支持。在这块女性没有多少社会地位的土地上，她的成就让她的能力和才干更加耀眼。……通过这个女强人的一生，全世界可以窥见中国女性难得一见的特质，并可以发现让西方女性受益的优

---

① 辜鸿铭：《尊王篇》，见黄兴涛等编译：《辜鸿铭文集》上卷，21、23、32、33 页，海口，海南出版社，1996。

秀品质。愿全世界将她的名字载入历史的缔造者之列。"①

尽管如此，但是，对于慈禧太后这位东方文明古国女统治者的形象，许多西方人仍有神秘莫测之感。还有三本英文著作以作者的亲历见闻为素材，极力宣扬了慈禧太后的高大形象，在西方世界颇有影响。

一是满人德龄的《清宫二年记》。德龄是清末驻法公使裕庚的女儿，受过良好的西方新式教育，回国后曾任慈禧太后的一等侍从女官，在宫中随侍两年之久。德龄出宫后嫁给一个美国人，并在美国定居。她是应亲友的要求，写下了这个回忆录，详细地记载了她在宫中那段不平凡的生活。在这本书里，德龄非常具体地描写了慈禧太后在宫中的内政外交活动与日常生活情景，细致地刻画了慈禧太后的习惯兴趣与个性气质，同时，也写下了自己在宫中生活的深刻体验与感受。在她的笔下，慈禧太后既是一个精力充沛、日理万机的国家统治者，也是一个令人敬爱的慈母般的长辈，因此，她从内心非常崇敬慈禧太后，并对宫中生活始终留恋不舍。德龄的这种感受多次流露笔端。在她刚进宫不久陪太后游湖时，她写道："我向太后保证我和她在一起的时候只有快乐。说真话，我实在喜欢这幽美的湖景，温和的气候，鲜丽的阳光和太后的慈母般的爱，我对太后的敬爱是每分钟在增加。"在宫中生活一年后，"太后问我在宫中一年来是否快乐，还想念巴黎吗？我诚实地告诉她在法国固然快活，但终不及宫中，宫中的生活很有趣。……只要太后愿意，我总希望在宫中伺候她。"在短暂离宫到上海探视父亲病情时，"不久，我怀念宫中的生活来，虽然上海有许多朋友时常邀我参加宴会跳舞，我总不觉得快乐，每一件事都好像跟我在北京一向所接触到的两样，我只想早一些回到太后那边去。我们走了二星期后，太后就特地差一个人到上海来看我们，带来许多礼品和给父亲的药，我们都觉得很高兴，他告诉我太后很想念我们，希望能够早些回去"。随后德龄回到宫中，"遇见了太后，我们都欢喜得流下泪来，我

---

① ［美］萨拉·康格著，沈春蕾等译：《北京信札——特别是关于慈禧太后和中国妇女》，311 页，南京，南京出版社，2006。

告诉太后，父亲的病已有起色，我也很希望能永远在宫中服侍她"。①
德龄以自己亲身的感受说明，她所认识的慈禧太后，与一般人想象中
的"一个凶恶的老太婆"的形象具有强烈反差，简直有天壤之别。

二是美国画家卡尔女士的《慈禧写照记》。卡尔女士经美国驻华公
使康格夫人的介绍，应邀进宫给慈禧太后画像，拟送美国圣路易博览
会参展，前后在宫中生活约九个月。她回美后，见欧美各种报纸肆意
编排其在华经历，借以诋毁慈禧太后。"有人谓太后乃为一阴险之女
子，待我极苛刻。写照之时，强予写一较美较少之像，且落笔之后，
又不准予有所改正。""有人云中国慈禧皇太后性极暴戾，有虎豹之威，
今经卡尔女士证实，殊非过言。"如此种种，卡尔女士不胜其烦，便著
书以辩。她写初见慈禧太后时的印象："予相皇太后面貌，乃一极美丽
极和善之妇人。度其年事，不过四十而止。其神情之佳，一见即能使
人喜悦。与世界相传其为一残暴不可以理喻之老妇人之评语，何不相
类如此。几疑其非是，然在予前者，固明明中国之慈禧太后，而非别
一妇人，从可知人传之非其真也。"卡尔女士自称出于好奇心的驱使，
在宫中特别留意慈禧太后的一举一动，一颦一笑，尤其刻意揣摩慈禧
太后的特异品性。有谓："太后为人，深沉多智虑，且极机警，有应变
之才。兴味盎然，能令人油然生其愉快之心。而其威严之容，又足使
人震摄至不可方物。玩其品性，殆具一种不可思议之魔力者。故能使
大小百官，咸俯伏于其宝座之下，罔敢有所违背，诚非常人矣。"因此，
她认为慈禧太后"为有清一代之大人物，亦为世界上不可多得之女君
主"，而对之崇拜至极。②

三是英国记者濮兰德、白克好司的《慈禧外纪》。两位作者在中国
生活多年，结交达官贵人，熟悉一些宫廷内幕。《慈禧外纪》于宣统二
年(1910年)在伦敦出版，很快重印、再版，并被译成德、法、日等多
种文字发行，在西方世界风行一时。作者不满于其时维新党、革命派

---

① 德龄著，顾秋心译：《清宫二年记》，40、175、189 页，珠海，珠海出版
社，1994。

② ［美］卡尔著，陈霆锐译：《慈禧写照记》，3、8、77～78 页，北京，中华
书局，1915。

以排满之见，视慈禧太后为"野蛮之怪物"，而著此书以明太后之真相。他们认为："观于现今世界之公论及中国人之心理，慈禧必为中国历史上一极有名之君主，其聪睿之识、沉毅之才，远出寻常男子之上。"认为，中国人民爱戴慈禧太后，就像英国臣民爱戴维多利亚女王一样。"此非常之太后，实与其他英君明辟同于世界史上占一重要之位置也。其一生常获胜利及其能得臣下之爱戴，不能以寻常分析比较之法讲明之，寻思其所以然，盖其独得于天者，若有一种奇妙不可思议之禀赋，使人一见而自然倾倒如具有魔力焉。此等禀赋，独立于道德文明之外，而具非常之势力，使大多数人群俯伏于此势力之下，无能抵抗。太后既有此天授之姿，而又参以温良活泼诸美德，遂得群下之爱敬。即持道德之正论者，亦输服于不自觉焉。此非常奇异之势力，其中于人，如磁气之吸引者，乃自古英雄执握大权驾御一世之秘密也。太后以此而操无上之大权，宰御地球上三分之一人种至半世纪之久，其治绩则美恶参半、功罪不掩，亦以此而得中国最勇毅特出之才而用之。虽既没之后，人民皆深念之而不忘，至今太后之名已成历史上超越之人物，群思其智慧迥出于寻常矣。"①

无论是德龄、卡尔，还是濮兰德、白克好司，他们都在一定程度上神化了慈禧太后。这种神化在西方世界颇有影响，一个美国传教士关于中国宫廷生活的著作可为例证。他是这样评价慈禧太后："即使不说在世界历史上慈禧太后绝无仅有，至少在中国历史上她是独一无二的。她不仅在近半个世纪里把握着国家的航船，而且把握得很好。……即使将她说成是近半个世纪以来最伟大的女性也不过分。"②

同样，在中国，慈禧太后是与西汉的吕后、唐朝的武则天后先比肩的无冕女皇。民国年间有本《西太后全传》（又名《西太后全史》）开卷即云："千古以来，以女子而执一国之政柄者，在西汉则有吕后，在唐

---

① ［英］濮兰德、白克好司著，陈冷汰译：《慈禧外纪》，254、264～265 页，沈阳，辽沈书社，1994。

② ［美］何德兰著，晏方译：《慈禧与光绪——中国宫廷中的生存游戏》，66 页，北京，中华书局，2004。

则有武则天，在满清则有慈禧后，可谓鼎足而三。"①慈禧太后的时代早已落水流花而去，但在现代中国还有一个小插曲。据说"文化大革命"时期的江青对慈禧太后崇拜得五体投地，曾经吹捧慈禧"很有作为"，甚至跑到颐和园，把慈禧戴过的帽子戴到自己头上，到光绪坐过的椅子上坐一坐。江青还毫不掩饰地叫嚷："西太后你们知道吗？名为太后，实际上是女皇帝！"②她极想效法慈禧，做着她的女皇梦。

二、妖魔化的慈禧太后

在晚清历史舞台上，慈禧太后确曾叱咤风云，呼风唤雨，以儿皇帝为傀儡，玩弄天下于股掌之中，因而成为一代无冕女皇。这女皇前面加个"无冕"，其实隐含了名不正言不顺的意味。慈禧太后的专制君主式的统治，在某种意义上实无异于僭主政治。这样，便使人很自然而然地想象这个女人真的不一般。在一个男人纵横捭阖的政治权力世界中，她一个小女子如何有这般能耐？如果说一些野史笔记或民间逸闻传说尚只记载了各种流言蜚语与花边八卦，而那特殊年代的影射史学与政治思想批判，则塑造的是一个荒淫无耻的专制君主的政治恶魔形象。于是，便有了一个妖魔化的慈禧太后。

(一)家庭出身卑贱

要作践一个人，先贬抑其家庭出身，甚至清算其祖宗三代的旧账，从根子上涂抹几笔漆黑的底色，以达到贬损其形象的目的。这是国人常用的逻辑思维。以阶级成分将人类划分三六九等的血统论、出身论，曾经是那个特殊历史时代政治斗争的锐利武器，每个经历过那个时代的人都会有切肤之感。其妙用何在？就是一旦被判定出身不好，血统不纯，根不正苗不红，就是专政的对象，革命群众打倒之后还要踏上一只脚；反之，则可以肆无忌惮，多少卑鄙的勾当均以高贵的名义行之。套用北岛的朦胧诗句式可谓：卑贱是卑贱者的墓志铭，高贵是高

---

① 藕香室主人：《西太后全传》，1 页。

② 史泽生编著：《祸国殃民的西太后》，1 页，北京，北京人民出版社，1978。

贵者的通行证。

给慈禧太后这个在大清朝高贵得不能再高贵的主儿，配上一番贫寒卑贱的身世传说，当然不仅仅是为了增添野史笔记的卖点而已，更有以贬损其形象而表达某种愤懑情绪的意味。

有一个传说，慈禧入宫当政是为了倾覆满洲，以报叶赫先祖世仇。叶赫是古代海西女真的部落，后被满洲先祖努尔哈赤的建州部女真所灭。据说叶赫部被灭时，其首领布扬古临死前愤然发誓："吾子孙虽存一女子，亦必覆满洲！"而努尔哈赤也相应地定下规矩：此后不准选叶赫氏女子入满洲宫闱。因此，便有所谓清朝祖制"宫闱不选叶赫氏"之说。① 此说被野史笔记、文艺作品广为渲染，遂为掌故家所津津乐道。其实纯属无稽之谈。如果说满清王朝断送于叶赫那拉氏慈禧太后之手，确有一定道理，但这只能说是历史的偶然性巧合，因此而推衍前说，就不免荒谬离奇了。试想，既有所谓清朝祖制"宫闱不选叶赫氏"，那么，叶赫那拉氏何以能得入宫？又何以会有慈禧太后？既如此，其报仇云云何从谈起？这个传说，固然可以作为无聊文人茶余饭后的谈资，但作为史家，如果以此论证慈禧太后是天生的阴谋家，则就大谬不然了。

至于慈禧太后的家世，在野史中有不少关于其家境贫寒的记载。有说，慈禧小时家里很穷，而又爱臭美。乃父惠征与候补知县吴棠为结拜兄弟，经常得到他的周济。慈禧聪明伶俐，认吴棠为义父，得到一些零花钱，用于涂脂抹粉，穿戴装扮，每每出游，引起路人围观，叹若天仙。又说，慈禧父亲惠征在安徽病逝后，家里非常贫困，几乎没钱治丧，清江知县吴棠赠赙仪三百两，始能发丧还京。慈禧感激涕零，对妹妹说："吾姊妹他日倘得志，无忘此令也。"后来慈禧进宫得宠，吴棠颇受眷顾，遂由知县青云直上，升至四川总督。还有说，慈禧小时候经常挎着菜篮子到东城某小卖铺买食物，店老板常用粗笨之手捏其鼻子，以戏弄之。后来慈禧得势，那个店老板吓得坠井而死，全家遁逃。甚至说，惠征死后，慈禧奉母扶榇回京，家境极贫，无以

---

① 恽毓鼎：《清光绪皇帝外传》（原名《崇陵传信录》），见《满清野史三编》第2种，17页，台北，新兴书局，1983。

为生。其时京中有丧家雇佣妇女号哭助哀的习俗，称号丧女子或丧娘。相传慈禧善歌尤善哭，凄切动人，遂以此糊口，一时闻名京师。① 其实，慈禧的父亲惠征官至安徽徽宁池太广道，虽难说家财万贯，但总还不至于落到穷苦人家的地步。三年清知府，十万雪花银。道员品级尚在知府之上，就算惠征是清代第一清官，又岂能不认识那雪花花的银子，而居然使尊贵无比的慈禧太后不得不去为他人哭丧？

还有一个说法，就是慈禧初入宫时只是地位低下的宫女。据说慈禧随父亲惠征在南方长大，少而美貌绝伦，尤善南方小曲。咸丰初年，被选充宫苑女侍，分在圆明园桐荫深处。如果没有皇帝意外的宠幸，一个普通宫女很难有出头之日。其时咸丰皇帝迷恋声色，常携妃嫔游园取乐。某日，忽闻桐荫深处飘出悠扬的南方小调，心中惊异，因问内监歌者何人，那拉氏兰儿遂得以面接天颜。也有说那拉氏不吝金钱，贿赂内监以通天，始邀圣宠。② 这些有意无意贬损其身家的说法，大概有讥笑那不可一世的慈禧太后原来是野鸡变凤凰的意味。其实，据可靠的史料记载，慈禧入宫时为兰贵人，后因生子遂被晋封为懿贵妃，应该说其起点还是挺高的。

（二）生活隐私龌龊

历史上的宫闱秘闻，向来是小说家着意渲染的主题。且说咸丰十一年（1861 年）皇帝去世时，慈禧虚岁 27 岁，正值青春年少。人们很难相信，这位年轻貌美的皇太后虽深居宫中，却能守身如玉。于是，各种野史笔记与文艺作品竞相爆料，纷纷制造出种种绯闻。据说与慈禧太后有染者有假太监安得海、李莲英，恭亲王奕䜣，重臣荣禄，戏子杨月楼，琉璃厂的白姓古董商，金华饭店的史姓伙计，甚至洋人白克好司（E. Backhouse，又译拜克豪斯、巴克斯），等等。不必再列举，虽未必真实，已足以表明慈禧太后荒淫无耻的形象。

---

① 《清朝野史大观》（一），"清宫遗闻"卷 2，34 页，"记满洲姑奶奶"条，上海，上海书店出版社，1981；恽毓鼎：《清光绪皇帝外传》（又名《崇陵传信录》），见《满清野史三编》第 2 种，18 页；金梁：《道咸同光四朝佚闻》，15 页，"慈禧微时"条。

② 天嘏：《满清外史》，见《满清野史》第 2 种，25 页。

安得海是慈禧太后早期宠爱的太监。他长得眉清目秀，标致端正，又聪颖机灵，善于察言观色，逢迎讨巧，对慈禧太后照顾得体贴入微。慈禧非常宠爱他，戏称他为人精儿，昵称小安子。在日常生活中，饮食起居均离不开他。安得海成了慈禧太后身边一刻也不能少的人物，因而在朝中权势显赫，炙手可热，内外大臣欲求升迁，均夤缘以进。安得海大肆敛财，所受贿赂，不可胜数。据说安得海进宫时并未净身，是假太监，故慈禧宠爱有加。有所谓安监"虽为宦官，实为皇帝之假父"①，意即同治皇帝就是安得海与慈禧的私生子。此说不可考。其实，同治皇帝并不喜欢安得海。由于安得海招权纳贿，有恃无恐，亦颇遭物议。同治八年（1869 年），安得海突发奇想，要出京旅游观光。于是便在慈禧太后的允许下，借故南下广东给同治皇帝大婚典礼置办龙衣，大张旗鼓，沿运河游玩，其排场居然不亚于皇帝南巡。不料，同治皇帝密诏山东巡抚丁宝桢以太监私自出京，有违祖制，将其就地正法。安得海在济南伏诛，一时大快人心。

李莲英是慈禧太后后期最宠爱的太监，可谓安得海的替代品。据说李莲英最初获得慈禧太后的恩宠，是靠的一手漂亮的梳头工夫，有所谓"小篦李"之称。当然，李莲英能得慈禧太后长期宠爱，也绝对是个人精。他不但具备安得海长相俊美、乖巧机灵等特点，还能从安得海的下场吸取教训，虽有通天之权势，而始终不忘奴才身份，故能侍奉慈禧终生而恩宠未曾稍衰。正因为李莲英是随时侍候在慈禧太后身边的大红人，因而有关李为假太监而与慈禧有私情的传说也就不胫而走，广为流传。与此相关，还有一些传说，就是说李莲英本身不行，但为了讨好主子慈禧的欢心，就设法安排戏子杨月楼、琉璃厂的白姓古董商、金华饭店的史姓伙计等进宫，与慈禧太后私会，以解其孤独寂寞之愁。甚至说光绪皇帝就是某某与慈禧所生，后将某某杀人灭口云云。这些在野史笔记中有不少绘声绘色的描写，多为有闲无聊者的编造，以供作茶坊酒肆之谈助而已。

晚清重臣荣禄，据说是慈禧被选入宫之前已有婚约的未婚夫。慈

---

① 藕香室主人：《西太后全传》，13 页。

禧的父亲惠征在京任职时，与荣禄的父亲时相过从，为莫逆之交。两家很早就订有婚约。荣禄美丰仪，气象豪迈伟岸，而又出身满洲贵族世家，慈禧对这门婚事非常满意。荣禄年长慈禧两岁，曾多次到慈禧家。慈禧常于屏后偷窥其未婚夫容貌，见其英姿飒爽，气宇轩昂，雄武之概，不可一世，中心企慕，自幸得此快婿，不负此生。但荣禄的母亲因嫌慈禧家门第普通，又家境一般，颇有怨言。后来惠征客死安徽，家道更形衰落，荣禄母亲更是愤然逼迫乃父断绝了这门亲事。其时恰逢选秀女，慈禧入宫，一朝选在君王侧，顿令光彩耀门楣。慈禧与荣禄之婚事，便作烟消云散，但两人被生生拆散，总难免藕断丝连。慈禧始终钟情荣禄，而荣禄亦不忘慈禧旧情。[1] 咸丰皇帝去世后，从辛酉政变开始，每每关键时候，荣禄都能及时助慈禧太后一臂之力，并因此而平步青云，成为慈禧太后的心腹重臣。慈禧与荣禄的风流韵事亦成公开的秘密。据说光绪皇帝载湉实际上就是他们的私生子，因避人耳目而转托慈禧太后的妹妹及妹夫醇亲王奕譞抚养。同治皇帝去世时，慈禧太后坚持要立同辈的载湉继位，其故如此。更有甚者，进而推论慈禧太后特意为醇亲王奕譞的儿子载沣与荣禄的女儿指婚，并在临死之前确立他们的儿子溥仪——荣禄的外孙——为宣统皇帝，似有慈禧要与荣禄共掌天下的意味。这些似是而非的说辞，颇能眩人耳目。

还有说恭亲王奕䜣，在慈禧入宫前亦与她有过一段情史，甚至说同治皇帝是他们的私生子。大概也是因为咸丰皇帝去世之后，慈禧与奕䜣叔嫂联手，迅速发动辛酉政变而掌控朝政大权，由此而衍生的悬揣之词而已。

至于洋人白克好司，实为戴着汉学家面具的英国浪荡子，为人下流无耻。他惯于弄虚作假，伪造文件，诓蒙拐骗，无所不用其极。他居然在回忆录里自称为"外国的荣禄"，极力渲染与慈禧太后的情事，甚至与太监玩同性恋游戏。据说他30岁左右进京，经常出入宫廷，那时慈禧已经年近70岁。其所记到底有多少可信度，很是令人怀疑。如

---

① 藕香室主人：《西太后全传》，6～7页。

果仅是自我吹嘘，那实在是变态的无聊。

(三)政治手腕阴毒

野史中、银幕上的慈禧太后，大多给人一个阴险、狡诈、狠毒的铁血女强人形象。慈禧太后确实善于玩弄政治手腕，在关键时候，其决断之无情，下手之阴狠，从其处置恭亲王奕䜣和光绪皇帝的两个事例可见一斑。

恭亲王奕䜣是咸丰皇帝的弟弟，慈禧太后的小叔子。咸丰皇帝去世以后，慈禧与奕䜣联手发动辛酉政变，清除了肃顺势力。两宫皇太后开始实行垂帘听政，实权掌握在慈禧太后手中；同时，封奕䜣为议政王，兼首席军机大臣，实为群臣之首。表面上，慈禧与奕䜣结成了政治联盟；实际上，朝中权力之争亦成两极格局。

同治朝政局非常复杂。其时，清王朝处于内忧外患的严重危机之中，恭亲王奕䜣成为维系大局的关键人物，慈禧太后不得不依靠他；然而，随着所谓"同治中兴"局面的形成，奕䜣权势膨胀，遂成尾大不掉之势，这又是权力欲极强的慈禧所不能容忍的。因此，慈禧与奕䜣表面上的政治联盟是极其脆弱的，权力之争在暗中较劲，尤其慈禧太后更是等待时机加强集权。

同治四年(1865年)三月，日讲起居注官翰林院编修蔡寿祺上疏参劾奕䜣贪墨、骄盈、揽权、徇私，要求奕䜣"归政朝廷，退居藩邸，请别择懿亲议政，多任老成，参赞密勿"[1]。有人说这是慈禧太后的"精心策划"[2]。其内情确实难以指证，但无论如何，这是慈禧打击奕䜣的有利借口。

慈禧谕令大学士倭仁、周祖培等在内阁审讯蔡寿祺，其结论是：虽不能指出实据，恐未必尽出无因。看似模棱两可，其实意思很明确，就是应将恭亲王予以适当惩戒，即裁减事权。这正合慈禧太后的心意。所以，当倭仁等将奏折呈上时，慈禧太后早已事先亲笔拟好了诏书，给了恭亲王奕䜣极为严厉的处分，有云：

---

[1] 李宗侗、刘凤翰：《李鸿藻先生年谱》上册，136～138 页。

[2] 宝成关：《奕䜣慈禧政争记》，208 页，长春，吉林文史出版社，1990。

恭亲王议政之初尚属勤慎，迨后妄自尊大，诸多狂傲，倚仗爵高权重，目无君上，视朕冲龄，诸多挟制，往往暗使离间，不可细问，每日召见，趾高气扬，言语之间许多取巧妄陈。若不及早宣示，朕亲政之时何以用人行政？凡此重大情形，姑免深究，正是朕宽大之恩。恭亲王着毋庸在军机处议政，革去一切差使，不准干预公事，以示朕曲为保全之至意。①

此举引起朝野上下巨大的震动，尤其遭到王公大臣的纷纷反对。

惇亲王奕誴首先上疏抗议，认为恭亲王自议政以来，办事未闻有昭著劣迹，其召对时言语之间诸多不检，并非臣民所共见共闻，而被参各款又查无实据，如果遽行罢斥，恐怕传闻中外，议论纷然，于朝廷用人行政，关系匪浅，故请两宫太后将此事交廷臣集议。奕誴为咸丰皇帝之弟，恭亲王奕䜣之兄，慈禧太后对其意见亦不可等闲视之。

其时，慈禧太后心情非常复杂。他一方面谕令王公大臣于内阁会议，一方面玩弄两面手法。在王公大臣会议之前，慈禧先召见倭仁、周祖培等人，表明她罢斥恭亲王奕䜣的坚决态度，认为恭王恣肆已甚，必不可复用。接着慈禧又召见军机大臣文祥等人，表示可以让步的意愿："若等固谓国家非王不治，但与外廷共议之，合疏请复任王，我听许焉可也。"②当两方面的人在内阁集议时，各述所受旨意，显然大相径庭，双方各持己见，互不相让，争吵不休，最后以当天召见时均在场押班的钟郡王作证，钟王表示都对。诸公相顾失色，不欢而散，显然均有被玩弄的羞辱之感。

其实，慈禧的心情很矛盾：既想罢斥奕䜣，而理由又不甚充分，时机不很成熟，不仅枢臣和亲藩反对，而且可能引起外国人的干涉。但是，早已下达罢斥奕䜣的诏旨，有心转圜，而惭于更改，真有骑虎难下之势。她只是希望有王公大臣附和支持她，以寻求体面下台的

---

① 陈义杰整理：《翁同龢日记》第 1 册，379～380 页，北京，中华书局，1989。

② 李慈铭：《越缦堂日记》同治四年（1865 年）三月初九日，上海，商务印书馆，1920，石印本。

机会。

随后几日，又有醇郡王奕譞、降调通政使王拯、御史孙翼谋上疏为奕䜣争，慈禧将此三折发下交给王公大臣与惇王折一起讨论。为此，王公大臣再次在内阁集议，众人已深悉慈禧心意，讨论很快达成一致意见：重新录用恭亲王奕䜣，至如何加恩之处，出自圣裁。奏上，慈禧太后终于对恭亲王奕䜣作了体面的让步：

> 兹览王大臣学士等所奏，佥以恭亲王咎虽自取，尚可录用，与朝廷之意正相吻合。现既明白宣示，恭亲王着即加恩仍在内廷行走，并仍管理总理各国事务衙门。此后惟当益矢慎勤，力图报称，用副训诲成全至意。①

约一个月以后，慈禧太后又恢复奕䜣的军机大臣之职，但永远削去了奕䜣的"议政王"名号与权位。奕䜣遭此打击，权势大为削弱，锐气顿减，从此更是谨慎有加。应该说，慈禧太后最终达到了目的。

光绪皇帝是慈禧太后亲手扶上宝座的儿皇帝。同治皇帝去世后，为了继续垂帘听政，掌控大清王朝的皇权，慈禧太后再次选择年幼的光绪皇帝继位，以确保其大权独揽。但是，随着时间的流逝，光绪皇帝一天天长大成人。光绪十五年（1889年），光绪皇帝完成大婚典礼，慈禧太后在训政两年后不得不宣布归政，退居幕后。光绪皇帝正式开始亲政。

光绪二十四年（1898年），在康有为、梁启超等维新派的发动下，光绪皇帝开始了轰轰烈烈的变法运动，遭到顽固派的强烈抵抗。慈禧太后被维新人士看作顽固派的总后台，必欲去之而后快。康有为、谭嗣同策划谋围颐和园、劫杀西太后。在这千钧一发之际，慈禧太后在荣禄的支持下，先发制人，迅速发动政变，捕杀维新党人，囚禁光绪皇帝。

光绪皇帝被幽禁在紫禁城边南海的瀛台。瀛台四面环水，只有北面搭一板桥与岸上相通。据说光绪皇帝被禁后，慈禧太后命人撤去板

---

① 《翁同龢日记》第1册，383页。

桥，并派太监严密监守。光绪皇帝每天例行公事似的像木偶一样陪同慈禧太后早朝，随后又被押送回瀛台。形单影只，孤寂莫名。堂堂一国之君，竟与阶下之囚无异。可怜的光绪皇帝禁不住发出"朕并不如汉献帝也"的悲鸣。

尽管光绪皇帝的命运已微弱如游丝，但慈禧太后仍不想轻易放过他。

光绪二十五年(1899 年)，宫中不断传出光绪皇帝病重的消息，随后又传谕广征天下名医给光绪治病。其实，这是慈禧太后想废黜光绪皇帝的花招。但是，这一招并不灵。一方面，外国人反对。光绪病重的谣传盛极一时，引起了英、法等列强的干涉。英、法驻华公使到总理衙门，推荐一位法国医生给光绪看病。结果发现，光绪皇帝虽然有病，但并非不治之症。另一方面，地方督抚也不赞成。当慈禧的心腹荣禄试探督抚意见时，两江总督刘坤一复电表示："君臣之分已定，中外之口宜防。"①慈禧欲废黜光绪的阴谋破产。于是，又接受荣禄的建议，策立大阿哥，为光绪皇帝建立储君。本来，光绪皇帝即位时，曾奉皇太后懿旨，将来生有皇子，即承继同治皇帝为嗣。无奈光绪皇帝成人之后，并未生子。慈禧太后便与荣禄等人商议，封端郡王载漪之子溥儁为同治皇帝的皇子，即大阿哥。大阿哥名义上将继承同治皇帝的皇位，那么光绪皇帝实际上就处在一个不废而废的尴尬境地。立大阿哥的消息一出，全国舆论哗然，纷纷谴责："名为立嗣，实则废立。"②但在慈禧太后的铁腕之下也无可如何。遗憾的是，那位大阿哥溥儁很不争气，不学无术，顽劣不堪，后来在庚子事变中由慈禧太后迫于各方面的压力而亲手废黜。

至于光绪皇帝的死因，历来众说纷纭。不少笔记、野史认为系遭谋害而死，而且隐约均与慈禧太后有关，因为光绪与慈禧相继在光绪三十四年(1908 年)十月二十一、二十二日先后去世，委实离奇。2008

① 小横香室主人辑：《清朝野史大观》，见中国史学会主编：《戊戌变法》第4 册，272 页。

② 经元善：《上总署转奏电禀》(1900 年 1 月 26 日)，见虞和平编：《经元善集》，309 页，武汉，华中师范大学出版社，1988。

年底，就在光绪、慈禧去世百年之际，国家清史编纂委员会正式公布
《清光绪皇帝死因研究工作报告》宣称："光绪皇帝系砒霜中毒死亡。"①
这是中央电视台清史纪录片摄制组、清西陵文物管理处、中国原子能
科学研究院反应堆工程研究设计所、北京市公安局法医检验鉴定中心
等单位 13 位专家组成的"清光绪皇帝死因"专项研究课题组，以光绪皇
帝墓葬中的头发、遗骸、衣物等为样品，历时五年反复检验和研究而
得出的结论。据新华网报道："课题组的专家和清史研究专家认为，以
当时的条件、环境而论，如果没有慈禧太后的主使和授意，谁也不敢、
不能下手毒杀光绪，且慈禧又有谋害光绪的动机。因而，慈禧是毒杀
光绪的凶手，这就是历史的真相。"②虽然难以怀疑各路专家学者的智
识，更难以怀疑现代科学技术和侦察思维的高明，但有一个疑问始终
令人费解：慈禧太后毒杀光绪皇帝的动机到底何在？这是无法用现代
科学技术和侦察思维检验的千古之谜。

还有两个女人的命运与慈禧太后息息相关，即慈安太后与珍妃。
围绕她们与慈禧太后的关系有许多真真假假的传说，扑朔迷离。

光绪七年(1881 年)，慈安太后突然去世，朝野震惊，引出种种猜
疑，其中最为骇人听闻的是慈禧太后下毒致死说。据恽毓鼎《崇陵传信
录》记载：某日，东宫慈安太后正在宫中庭院里悠闲地观赏水缸里的金
鱼，西宫太监捧着食盒走来，跪呈于慈安太后面前称：外边刚进献西
宫奶饼，西佛爷食之甚美，不肯独用，特分呈东佛爷。慈安太后非常
高兴，打开食盒，当着使者的面品尝了一块，以示感谢之意。不料食
后骤然昏厥，太医尚未进宫，即凤驭升天了。随后，各种野史笔记多
据此铺陈渲染，慈禧毒杀慈安的传闻便在坊间广为流传。但据清史学
者考证，恽毓鼎的记载并不可信，慈安太后实为因病正常死亡。③ 所
谓慈禧毒杀慈安的传闻，正是妖魔化慈禧形象的一个典型例证。

---

① 据中华文史网(http://www.qinghistory.cn)；又载《清史研究》2008 年
第 4 期。

② 《清光绪皇帝死因真相大白：死于砒霜中毒》，见新华网(http://
www.news.cn)2008 年 11 月 3 日。

③ 参见徐彻：《慈禧大传》，290 页，沈阳，辽沈书社，1994。

珍妃是光绪皇帝的妃子。由于清宫影视剧对其与光绪皇帝凄美爱情的渲染，在世人心目中，珍妃一直是一个因支持光绪皇帝维新变法而遭慈禧太后嫉恨与陷害的悲剧性人物，深受同情与赞美。与此同时，慈禧太后则被塑造成一个阴险狡诈狠毒的角色。这是妖魔化慈禧形象的又一个典型例证。事实上，历史真相并非如此简单。

珍妃与慈禧太后结怨，起因是光绪皇帝的后妃争宠。珍妃十三岁进宫，因其活泼可爱，颇得光绪皇帝恩宠，因而便引起了皇后的嫉恨。这位皇后，是慈禧太后的侄女。正是慈禧太后的刻意安排，她才成为光绪皇帝的皇后，但光绪皇帝并不喜欢她。于是，这位不甘遭受冷落的皇后便经常在慈禧太后面前搬弄是非，使慈禧太后对珍妃的恶感日渐增生。偏偏珍妃也不是一盏省油的灯，居然有恃无恐，在宫中干起卖官鬻爵的勾当——由宫中太监拉官纤，通过珍妃向光绪皇帝求请，收受钱财，为人跑官。据说，有个富商鲁伯阳，向珍妃进献四万两银子，珍妃美言于光绪，遂被简放上海道，不料上任不到一个月，便被两江总督刘坤一参劾罢免，一时舆论哗然。珍妃仍不敛手，又为内务府旗人玉铭谋得四川盐法道一职。这个玉铭花了三十万两银子。玉铭赴任前按例向光绪皇帝谢恩，光绪问他在哪个衙门当差，居然回答在木厂。光绪皇帝闻之骇然，命其将履历写出，玉铭许久不能落笔成字，原来是个文盲。光绪皇帝大为恼怒，当场将其开缺。此事风播朝廷内外，慈禧太后自然不能轻易放过珍妃。光绪二十年（1894 年）十月，光绪皇帝奉慈禧太后懿旨，以其"习尚浮华，屡有乞请之事"，颇有"干预朝政"的嫌疑，把珍妃贬为贵人，以示薄惩而肃内政。① 可见，珍妃被贬，也是咎由自取。

珍妃是否参与光绪皇帝的变法维新活动还有待于考证。有人说，珍妃卖官事败后就被幽禁起来，从此便不能与光绪皇帝见面，所谓襄助变法云云，纯属子虚乌有。此聊备一说。不过，珍妃之死，确实与慈禧太后有关。庚子事变中，八国联军兵临北京城下，慈禧太后决定带光绪皇帝等人出逃。临行前，慈禧太后以珍妃带走不便，留下又恐

---

① 《德宗景皇帝实录》（五）卷 352，光绪二十年（1894 年）十月下，见《清实录》第 56 册，565 页。

其年轻惹出是非为由，便命珍妃投井自尽，珍妃不从，慈禧太后便命领班太监崔玉贵强行把珍妃推入井中。可见，慈禧太后确实有其狠毒的一面。

（四）反动派的典型代表

这完全是一个政治评判。尽管历史研究似应与政治保持一定的距离，但事实上历史评价是难以离开政治的，而总不免受到政治的影响。近代史尤其如此。

在清末，维新派与革命党人都曾痛诋慈禧太后。

戊戌变法失败后，康有为、梁启超流亡海外。他们扯起保皇的旗帜，宣扬光绪皇帝的变法业绩，而攻诋慈禧太后扼杀维新变法运动。梁启超著《戊戌政变记》，着力揭露戊戌政变是慈禧太后欲借机废黜光绪皇帝以进一步揽权的阴谋。他认为，慈禧太后当年之所以要立年幼的光绪皇帝，目的是为了自己控制朝权；即使光绪皇帝长大成人，名义上开始亲政，但一切用人行政实权仍归慈禧太后控制。慈禧太后与光绪皇帝并非亲生母子关系，她需要的只是一个可以任意摆布的傀儡皇帝，而决不希望光绪皇帝真正有所作为。他引用内监寇连材的笔记，说明慈禧太后经常虐待光绪皇帝。有云："西后待皇上无不疾声厉色，少年时每日呵斥之声不绝，稍不如意，常加鞭挞，或罚令长跪，故积威既久，皇上见西后如对狮虎，战战兢兢，因此胆为之破，至今每闻锣鼓之声，或闻吆喝之声，或闻雷则变色云。"光绪二十年（1894年），慈禧太后就曾想方设法废黜光绪皇帝，但阴谋并未得逞，因而对光绪皇帝更加严苛。"当是时，即欲废皇上而立某亲王孙某为新帝。某佯狂不愿就，盖皇族之人，皆知西后之凶残，畏居帝位之苦累，不欲贪虚名以受实害也。而恭亲王亦力争废立，西后颇惮之，其谋遂止。然自此以后，皇上每召见群臣，西后必遣内监在屏风后窃听之。皇上战战栗栗，如坐针毡矣。"在他看来，戊戌政变恰好实现了慈禧太后废立的阴谋，慈禧太后就像是篡唐称帝的武则天。"历代母后垂帘，皆因嗣君幼冲，暂时临摄。若夫已有长君，而犹复专政者，则惟唐之武后而已。

卒乃易唐为周，几覆宗社。今日之事，正其类也。"①随后，梁启超又发表《中国积弱溯源论》，认为慈禧太后三次垂帘听政是阻碍中国进步的根源。有云：

> 那拉氏垂帘三次，前后凡三十余年，中国之一线生机，艾夷斩伐而靡有孑遗者，皆在此三十年也。中兴诸勋臣，所以不能兴维新之治者，虽由其识力之不足，抑亦畏那拉氏之猜忌悍忍而不敢行其志也。……若那拉后者，非惟视中国四百兆之黎庶如草芥，抑且视大清二百年之社稷如秦越也，故忍将全国之大权，畀诸数阉宦之手，竭全国之财力，以穷极池台鸟兽之乐，遂使吾中国有所谓安仔政府，有所谓皮笑李政府者，盖二百余年来京师之腐败秽丑，未有甚于那拉时代者也。……呜呼！我一部近十年史论，那拉氏实书中之主人翁也。使三十年来无那拉氏一人梗乎其间，则我中国今日，其勃兴如日本可也，其富乐如英美可也，其威张如法俄可也。故推原其所以积弱之故，其总因之重大者，在国民全体，其分因之重大者，在那拉一人，其远因在数千年之上，其近因在二百年以来，而其最近因又在那拉柄政三十年之间。②

康有为在《刘张二督致英沙侯电驳词》中说："西后乃文宗遗妾，皇上西后又非亲生母子，入继大统以嫡母为母，故只得母显皇后，而西后非母。……今西后内之有幽君僭位之罪，外之有祖匪侮邻之罪，实天下万国之罪人也。"③他在《答南北美洲诸华商论中国只可行立宪不可行革命书》中，又痛斥慈禧太后与荣禄是祸国殃民的卖国贼。有谓："今之割台、胶、旅大者，非皇上也，乃西后、荣禄也；推翻新政以虐我民者，非皇上也，乃西后、荣禄也；通拳乱国，赔款加税以虐我民者，非皇上也，乃西后、荣禄也。吾国人之恨政府，卖我辱我，奴隶我，

① 梁启超：《戊戌政变记》，见《饮冰室合集》专集之1，57、59、68页。
② 梁启超：《中国积弱溯源论》，见《饮冰室合集》文集之5，40～41页。
③ 康有为：《刘张二督致英沙侯电驳词》（1900年），见上海市文物保管委员会编：《康有为与保皇会》，39～40页，上海，上海人民出版社，1982。

剥削我，而仇而怨之宜也。然今之政府，是皆幽废皇上之贼也。"①

通过辛丑议和，清政府完全屈服在列强的淫威之下。革命派痛斥清王朝成了"洋人的朝廷"。陈天华著《警世钟》《猛回头》，用通俗的语言控诉："你道今日中国还是满洲政府的吗？早已是各国的了。那些财政权、铁道权、用人权，一概拱手送与洋人，洋人全不要费力，要怎么样，只要下一个号令，满洲政府遂立刻奉行。""你道现在的朝廷，仍是满洲的吗？多久是洋人的了！列位！若还不信，请看近来朝廷所做的事，那一件不是奉洋人的号令？"②光绪三十年(1904 年)，慈禧太后七十大寿时节，章太炎做了一副对联讥讽：

今日到南苑，明日到北海，何日再到古长安？叹黎民膏血全枯，只为一人歌庆有。

五十割琉球，六十割台湾，而今又割东三省！痛赤县邦圻益蹙，每逢万寿祝疆无。③

痛斥慈禧太后穷奢极侈的腐朽生活及丧权辱国的滔天罪行，尤其是上下联末句，以"一人有庆，万寿无疆"颠倒用之，极灰色幽默之至，妙不可言。

无产阶级革命史学兴起后，慈禧太后更是被当作腐朽没落的封建专制统治者的典型代表进行过彻底的清算。在这种史观的评判下，慈禧太后的一生是反动的一生。她既是疯狂镇压人民革命、屠杀人民群众的最大的刽子手，又是厚颜无耻的屈膝投降、卖国求荣的一切汉奸卖国贼的总后台总根子，更是残酷剥削压榨人民、过着骄奢淫逸腐朽生活的封建地主阶级统治者的总头子，因而也就是近代中国史上黑暗的、反动的、半殖民地半封建统治的典型代表。慈禧太后统治近代中

---

① 康有为：《答南北美洲诸华商论中国只可行立宪不可行革命书》，见汤志钧编：《康有为政论集》上册，478 页，北京，中华书局，1998。

② 陈天华：《警世钟》《猛回头》，见中国史学会主编：《辛亥革命》第 2 册，125、151 页，上海，上海人民出版社，1959。

③ 转引自吴嘉静：《章太炎斥西太后联语一则》，见俞炳坤等著：《西太后》，296 页，北京，紫禁城出版社，1985。

国达半个世纪之久，给中国人民造成了深重的痛苦和耻辱，给中国社会带来了巨大的灾难和障碍，完全是人民的敌人，历史的罪人。慈禧太后的名字最终被钉在历史的耻辱柱上。

"文化在革命"之后不久，有人编写了一本《祸国殃民的西太后》，把她与"四人帮"的核心人物江青相比附，系统地控诉了慈禧太后的罪状：一是"篡政夺权的阴谋家"；二是"镇压人民的刽子手"；三是"崇洋媚外的卖国贼"；四是"穷奢极欲的吸血鬼"。其基本结论是：慈禧太后在近代中国逐步沦为半殖民地半封建社会过程中，对外投降帝国主义，对内疯狂屠杀中国人民，起了极其反动的作用。她和她的主要帮凶奕䜣、奕劻、荣禄、曾国藩、李鸿章等，创造了一套走半殖民地半封建道路的经验，这套经验是中国后来的一切反动派无不奉为至宝的。

> 那拉氏死后，她的反动衣钵传给了袁世凯和北洋军阀，再传给独夫民贼蒋介石。袁世凯、北洋军阀、蒋介石和那拉氏同样走半殖民地半封建道路，同样勾结帝国主义侵略者屠杀中国人民，同样是帝国主义的儿皇帝。因此，不管袁世凯、蒋介石之流自己挂的是什么招牌，也不管他们在走半殖民地半封建道路时各自又搞了一些什么花样，从根本上来说，都是那拉氏反革命事业的继承人，都是那拉氏的徒子徒孙。王洪文、张春桥、江青、姚文元"四人帮"，也继承了那拉氏的反动衣钵，他们的反革命复辟事业和那拉氏有着本质的联系。……江青无耻吹捧那拉氏，妄图登上女皇宝座，……她高喊什么限制资产阶级法权，摆出一副要和工农"划等号"的姿态，实际上却无时不在梦想恢复专制君主的封建特权，骑在人民的头上，做当代中国的女皇。①

三、还原到人的慈禧太后

近代中国是从传统向现代转型的过渡时代，历史人物均呈现纷繁

---

① 史泽生编著：《祸国殃民的西太后》，105～107 页。

复杂的面相，从不同角度观察，可能得出完全不同的认识。去掉慈禧
太后神圣的光环与妖魔化的面具，作为历史人物的慈禧太后也有多重
面相。从个体生命史与个人命运来看，慈禧太后看似无限辉煌的人生
背后，其实颇有悲剧性意味。把慈禧太后置于宏大历史场景之中，从
革命史的角度来看，慈禧太后残酷镇压太平天国、义和团与辛亥革命，
均可予以大张挞伐；但从清史的角度思考，如果慈禧太后对这些反清
武装起义和革命无动于衷，那未免不可理喻。就改革史的层面而言，
慈禧太后既有顽固保守的一面，如发动戊戌政变，扼杀维新变法；也
有被迫顺应潮流之举，从举办洋务到新政、立宪，进行有限度的改革，
但终归因循游移而一再错失中国近代化的机遇。显然，慈禧太后关注
清王朝的皇位统治更胜于关注近代中国的前途与命运。

（一）辉煌背后的悲剧人生

从咸丰十一年（1861年）辛酉政变上台，到光绪三十四年（1908年）
去世，慈禧太后统治中国近半个世纪。这是慈禧太后的时代。

慈禧太后三次垂帘听政，把太后专权体制发挥到极致，可谓前无
古人，后无来者。个中原委，既是个性权欲膨胀，也有迫不得已的苦
衷。慈禧毕竟不像武则天自己称帝，因而其太后名分在皇权结构中的
位置始终颇为尴尬。正是为了保持这个能够专权的位置，她走过了一
条争权、贪权与揽权而通向权力巅峰的道路。

咸丰十一年（1861年），因避难而疲于奔命的咸丰皇帝在热河行宫
病逝，年仅31岁，可谓英年早逝。这是大清王朝真正走向衰亡的不祥
之兆。通过辛酉政变，慈禧与慈安两宫太后正式开始垂帘听政。这第
一次垂帘听政虽然从血腥的政变而来，但当时之所以采取这种政治体
制，亦确属不得已之举。一个不可否认的事实是：其时同治皇帝年甫
6岁，根本没有行政能力，必需有人辅佐代行皇权。在清代历史上，
顺治时期多尔衮摄政，康熙时期鳌拜等人辅政，均曾一度严重侵犯皇
权；而肃顺等顾命八大臣的专权跋扈，更是触目惊心。这些历史与现
实的教训，使慈禧太后毫不犹豫地摈弃了摄政与辅政体制，而仅给才
高功伟的恭亲王奕訢以议政王资格参政的权力，最终选择了亲自临朝
的垂帘听政体制。为此，两宫太后曾发布懿旨剖白心迹，有云：

> 垂帘之举，本非意所乐为。惟以时事多难，该王大臣等不能无所禀承，是以姑允所请，以期措施克当，共济艰难。一俟皇帝典学有成，即行归政，王大臣仍当届时具奏悉归旧制。①

很难说这是慈禧太后故作姿态。说垂帘听政是形势所迫，并没有问题；关键的问题是，她是否真的做到了及时"归政"？揆诸后来史实，也没有问题。同治十二年（1873 年）正月，年满 18 岁的同治皇帝已完成大婚，并"典学有成"。两宫太后正式宣布归政，同治皇帝开始亲政。

然而，不幸的是，同治十三年（1874 年）十二月，亲政不到两年的同治皇帝去世，年仅 19 岁。世人对同治皇帝究竟是死于天花还是梅毒争论不休，其实这已不重要。重要的是，同治之死对于晚清历史走向的影响不可低估。试设想：如果同治皇帝不那么早就去世，慈禧太后还能有第二、第三次垂帘听政吗？这确实是个无法验证的疑问。历史不能假设。一个不争的事实是：同治之死使慈禧太后所寄托的希望与幻想均彻底破灭。更可悲的是，同治皇帝死后没有子嗣。如果说咸丰皇帝英年早逝是清王朝衰亡的不祥之兆，那么同治皇帝无后而亡更是清王朝近乎天绝的宿命。这对慈禧太后的打击无疑是致命的。就个人生活经历来说，慈禧太后一生是很不幸的：少年丧父，青年丧夫，中年丧子。这人生三大悲剧的苦涩，磨砺了她超人的权力意志。慈禧太后再次爆发，坚毅地走向历史的前台。这便成为历史的必然。就此意义而言，同治之死从根本上改变了晚清历史的航向。

咸丰皇帝去世时，尚剩下慈禧太后与同治皇帝这对孤儿寡母；同治皇帝去世后，慈禧太后便成为真正的孤家寡人。此后，慈禧的心态发生了根本性的变化。她的心里只有皇权，只有丝毫不可动摇的绝对的皇权。正如溥仪《我的前半生》所说：

> 慈禧是个权势欲非常强烈的人，绝不愿丢开到手的任何权力。对她说来，所谓三纲五常、祖宗法制只能用来适应自己，决不能让它束缚自己。为了保持住自己的权威和尊严，什么至亲骨肉、

---

① 转引自吴相湘：《晚清宫庭实纪》第 1 辑（修订本），88 页，台北，正中书局，1982。

外戚内臣，一律顺我者昌，逆我者亡。①

的确，为了能够继续控制皇权，慈禧太后肯定会不择手段，因为她除了大清王朝的统治权力之外，几乎是什么都没有了。

此后慈禧太后煞费苦心选择年幼的光绪皇帝继位而继续垂帘听政，并在光绪皇帝亲政十年之后又通过戊戌政变实现其第三次垂帘听政。这既表明光绪皇帝的软弱无能，也是慈禧太后进一步揽权的结果。慈禧太后与光绪皇帝虽然也以两宫的名义临朝理政，但明眼人一目了然，实际上就是慈禧太后。为了堵住天下臣民悠悠众口，慈禧曾经谋划废黜光绪皇帝和策立溥儁为大阿哥，以便名正言顺地继续垂帘听政，但均以失败而告终。庚子事变后，慈禧与光绪的关系渐渐有所和缓，内外臣工对于两宫临朝的政治格局也习以为常。

光绪三十四年（1908 年）十月二十一日，年仅 38 岁的光绪皇帝悄然走完了短暂而暗淡的一生。遗憾的是，光绪皇帝也没有子嗣。那位 74 岁高龄的慈禧太后不得不再次为这不幸的儿皇帝料理后事。这一次，她又如法炮制，选择了光绪皇帝的弟弟醇亲王载沣的四岁的儿子溥仪为皇位继承人。同时，她没有忘记自己的亲生儿子同治皇帝。她以"兼祧"之说，把溥仪立为同治与光绪共同的嗣皇帝，即宣统皇帝。

此时，也许慈禧太后已有预感来日无多，因此她在选择溥仪为皇位继承人的同时，还特授乃父载沣为摄政王。但是，一生要强的慈禧太后似乎又不甘心就这样退出历史舞台，故她在谕命载沣以摄政王监国之时，又禁不住坦露自己仍将训政的心声。其懿旨有云：

> 现值时事多艰，嗣皇帝尚在冲龄，正宜专心典学。著摄政王载沣为监国，所有军国政事，悉秉承予之训示，裁度施行。俟嗣皇帝年岁渐长，学业有成，再由嗣皇帝亲裁政事。②

然而，天命难违。就在这一切似乎都安排妥当之后，慈禧太后的生命

---

① 爱新觉罗·溥仪：《我的前半生》，7 页，北京，群众出版社，1996。
② 《德宗景皇帝实录》（八）卷 597，光绪三十四年（1908 年）十月，见《清实录》第 59 册，892 页。

历程也快到了终点。据说在弥留之际，她念念不忘的主要是如何给自己"垂帘听政"一个恰当的说法。当军机大臣呈上草拟的遗诏时，她特意加上"不得不再行训政"等字句，并特别说明："余垂帘数次，不知者或以为贪权，实则迫于时势不得不然也。"她试图在表白其不得已的苦衷。更有趣的是，其临终遗言有云："以后勿再使妇人预闻国政，此与本朝家法有违，须严加限制。尤须严防，不得令太监擅权，明末之事可为殷鉴。"①这不知是在自责，还是警示后人，实在有点莫名其妙。自己既如此，又不许别人如此，这就是慈禧太后至死不渝的强权逻辑。然而，又有谁能理解慈禧太后心中难以名状的万盘苦楚呢？

（二）延续了清王朝的统治

从清史的角度，对于慈禧太后的统治，有两种截然相反的评价：一种是说她在一定程度上延长了清王朝的统治寿命；另一种则说她应该对清王朝的灭亡负主要责任。关于后者，其实很难证明。这主要是一些清廷遗老在追念故朝时对慈禧太后统治不满的批评，其情感宣泄远胜于理性分析。甚至还有人认为，慈禧太后就是为了实现报叶赫先祖世仇的遗愿而倾覆满洲的，则更是纯属无稽之谈。

那么，何以说慈禧太后延续了清王朝的统治？

现在回头看历史，可以断定，慈禧太后是后咸丰时代清王朝最合适的统治者。咸丰皇帝去世时，年仅 31 岁。他只有一个儿子，就是继位的同治皇帝。同治皇帝更是天绝，19 岁去世，没有子嗣。光绪皇帝以堂弟资格继位，活了 38 岁，也没有子嗣。其后末代皇帝宣统，虽然活了 60 多岁，但同样没有子嗣；当然，即便是有，也与大清朝皇位没有关系了，因为他已跨进共和国的新时代。从咸丰皇帝之后的皇位继承人看，无论是同治，还是光绪、宣统，都是慈禧太后一手扶植的儿皇帝，他们对于慈禧太后的统治地位不具备任何挑战力。也许有人会问，恭亲王奕䜣怎么样？必须承认，在晚清满洲王公贵族中，奕䜣确实是一个难得的人才。据说他曾与咸丰皇帝竞争过皇位，双方各有长短，争得还很激烈，道光皇帝很难抉择，最后破天荒地一匣二谕，在

---

① ［英］濮兰德、白克好司著，陈冷汰译：《慈禧外纪》，250 页。

立储金匣中藏有两道谕旨：立皇四子奕詝为皇太子，封皇六子奕䜣为亲王。又据说，其实奕䜣之才本非咸丰皇帝所比，但是咸丰皇帝的师傅杜受田技高一筹，要他扬长避短，多次在道光皇帝面前彰显仁慈形象，结果胜过了奕䜣。① 无论如何，最后失败的是奕䜣。平心而论，如果不是道光皇帝老眼昏花，奕䜣总有不如咸丰皇帝之处。在清朝十二个皇帝中，除了同治、光绪与宣统三个傀儡外，咸丰皇帝是最没有作为的皇帝。何况恭亲王奕䜣还是他的手下败将！当然，很难假设如果奕䜣当政会怎么样。问题是，咸丰皇帝时代，他没有资格当政；慈禧太后时代，他同样没有资格当政。慈禧太后依靠奕䜣发动政变而上台，政变之后，给了他议政王与首席军机大臣的权位，可谓位极人臣，权倾朝野。奕䜣曾经一度忘乎所以，但很快便被慈禧太后借故开去其议政王的封号，其首席军机大臣的职务也多次被吊销。奕䜣均无可奈何，最后忧郁而终。可以说，在慈禧太后的铁腕之下，恭亲王奕䜣一点脾气都没有。奕䜣被治得如此服服帖帖，其他如荣禄、奕劻之流，更是不得不乖乖地俯首称臣。也许有人会说，正是慈禧太后的专权，而导致了满朝文武的平庸。当然，这话也可以反过来说。这样就可能永远争论不休了。关键的问题是，慈禧太后是如何统治清王朝的。

值得注意的是，慈禧太后所接下的咸丰皇帝的政治遗产，其实是一副烂摊子。有人把咸丰皇帝称作"苦命天子"。的确，这咸丰皇帝是够命苦的了。他在位十一年(1850—1861 年)，都是在内忧外患中度过的，无一日得以安宁。当他即位之初，洪秀全领导的太平天国农民起义爆发，迅速席卷长江中下游地区；与此同时，捻军兴起于北方，回民、苗民等少数民族起义亦在西北、西南地区风起云涌。清王朝处在农民起义的汪洋大海之中，风雨飘摇，大厦将倾。不曾想屋漏偏逢暴雨，英、法联军发动第二次鸦片战争，两次从广州北上天津，最终直捣京城。咸丰十年(1860 年)，咸丰皇帝留下御弟恭亲王奕䜣在京师办理和局，遂携后妃仓皇逃往热河行宫。次年七月，咸丰皇帝在热河黯然撒手西归。他留下的遗产除了一个年甫 6 岁的儿皇帝以外，便是一

---

① 天嘏：《满清外史》，见《满清野史》第 2 种，24~25 页。

群专权跋扈的顾命大臣和一座千疮百孔的大清江山。如何收拾这副烂摊子，从此乱局中挽救即将崩溃的清王朝，就是摆在虚年 27 岁的慈禧太后面前最迫切的政治使命。

不可否认的是，慈禧太后创造了"同治中兴"的奇迹。慈禧太后在恭亲王奕䜣的支持下发动政变，迅速清除了肃顺集团势力，开始垂帘听政。其时，以太平天国为中心的农民起义正如火如荼。如何镇压农民起义？慈禧太后采取重用汉人的政策，依靠曾国藩、左宗棠、李鸿章的湘淮军武装力量，作为清军的主力。重用汉人政策本为肃顺所主张，曾经也被咸丰皇帝采纳，但咸丰皇帝并不完全相信汉人，而是心存疑虑颇深。曾国藩练成湘军之初，咸丰皇帝担心其为汉人私人武装，将来可能有尾大不掉之势，特意命满人官文以钦差大臣兼湖广总督，节制湖北军务，借以牵制曾国藩。又加上曾国藩以理学名家，咸丰皇帝对于书生带兵亦是将信将疑。据说曾国藩的湘军攻下武昌、汉阳，捷报传到京师，咸丰皇帝颇感意外，以为"获此大胜，殊非意料所及"[1]。他还私下里对人说："不意曾国藩一书生，乃能建此奇功。"[2]由于不甚信任，终咸丰之世，始终没有重用曾国藩。慈禧太后垂帘听政后，很快便把军事指挥实权交给曾国藩，命其以两江总督统辖江苏、安徽、江西、浙江四省军务，巡抚、提、镇以下悉归节制，使曾国藩成为镇压太平天国运动的最高军事统帅。与此同时，左宗棠为浙江巡抚，李鸿章为江苏巡抚，李续宜为安徽巡抚，彭玉麟为水师提督。这些以曾国藩为首的湘淮军悍将都得以重用提拔，均被直接安置在与太平天国作战的最重要的前线。诸军奋勇当先，速奏奇效。同治三年（1864 年），太平天国起义遂被以湘淮军为主的清军所镇压。随后，曾国藩、左宗棠、李鸿章的湘淮军又被调去镇压捻军和西北回民起义，同样迅速收到实效。正是利用这些湘淮军的武装力量，清王朝取得了所谓"同治中兴"的局面。对此，印鸾章《清鉴》评论道：

---

① 朱孔彰：《中兴将帅别传》，5 页。

② 薛福成：《书宰相有学无识》（1887 年），见丁凤麟、王欣之编：《薛福成选集》，252 页，上海，上海人民出版社，1987。

听政之初，军事方亟。两宫仍师用肃顺等专任汉人策，内则以文祥、倭仁、沈桂芬等为相，外则以曾国藩、左宗棠、李鸿章等为将，自军政吏治，黜陟赏罚，无不咨询。故卒能削平大乱，开一代中兴之局。①

这"两宫"当然主要是指慈禧太后。关于"同治中兴"的含义，据陈弢光绪元年(1875)所编《同治中兴京外奏议约编》，主要是指清王朝在同治时期的复兴。他说："穆宗毅皇帝冲龄嗣服，躬遭殷忧，上赖七庙眷佑之灵，入禀两宫思齐之教，卒能削平僭伪，绥靖边陲，伟烈丰功，为书契以还所罕觏。"②这不免有所夸张。在清史上，两宫尤其是慈禧太后对于"同治中兴"的功绩，虽然无法与"康乾盛世"相比，但至少可谓清王朝统治末世的回光返照。

还有一个反证：后慈禧时代，宣统朝三年而亡。慈禧太后去世后，载沣以监国摄政王的身份总揽朝政。为了对付权势显赫的奕劻、袁世凯集团，在载沣周围聚集了大批皇族亲贵，形成载沣集团。载沣一方面罢黜袁世凯，闲置张之洞，打击汉族大臣；另一方面自代宣统皇帝为全国海陆军大元帅，任其胞弟载洵为海军大臣，载涛为军谘府大臣，紧紧抓住军权，同时调整各部院大臣，多以皇族亲贵充任。这种扬满抑汉集权皇族的政策使满汉矛盾更趋激化。有人对比慈禧太后与摄政王载沣，认为载沣摈弃了慈禧太后的重用汉人政策，而一味集权皇族亲贵，导致了清王朝迅速覆灭。有云：

使醇王摄政之初稍有知识，憬然于天命已去，大局将危，遵先后之遗言，礼重耆硕，相与补苴罅漏，夙夜忧危，或尚有祈天永命之望。乃听信谗言，袭用国初忮克汉人之习，以威名赫赫、天下仰望之大臣首与为仇，几以托孤受命之身蹈亡身赤族之祸。虽张文襄、鹿文端诸臣极力保全，犹使罢职以去。……而乃自坏

---

① 印鸾章编：《清鉴》下册，654 页，上海，上海书店出版社（影印本），1985。

② 陈弢辑：《同治中兴京外奏议约编》，1 页，"叙"，上海，上海书店出版社，1985，影印本。

长城，使革命党生心，一班青年无聊之士忿欲思泄矣。摄政王晏然，方日用其中央集权之策。各省设督练公所，而督抚之兵权掣；到处设财政监理官，而地方之脂膏竭。至无省不练新军，即无一新军非革命之先锋；无省不立学堂，即无一学生非革命之谋主。武汉一呼，各督抚贤者抱头鼠窜，不肖者甘心作新朝之都督矣。国不自亡谁能亡之？①

正是由于载沣个人庸碌无能，并不能像慈禧太后那样的铁腕人物成为一个权力中心，因而无法控制迅速走向分崩离析的局面。后慈禧时代的宣统朝仅仅三年而亡，是很值得后人深思的问题。

（三）错失了近代化的机遇

慈禧太后与中国近代化的关系，是一个很难说得清楚的话题。在慈禧太后时代，中国近代化走过了洋务、维新与新政的历程。这个历程是艰难曲折的。无论如何估价，都无法回避作为最高统治者的慈禧太后；但是，她在这个过程中究竟起了什么作用，应该负什么责任，则实在不容易说清楚。下面拟略作分析。

洋务运动开启了中国早期近代化的历程，慈禧太后给予了有力支持。通过屈辱的鸦片战争，中国的大门被西方列强的坚船利炮打开，有识之士大声疾呼"师夷之长技以制夷"。但统治者仍然晏安苟且，沉睡在天朝上国的迷梦之中，战后二十年，基本上没有什么改革举措。中国近代化运动的真正启动始于 19 世纪 60 年代的洋务运动。咸同之交，太平天国运动与第二次鸦片战争，使清王朝遭遇到空前严重的内忧外患的政治危机，"一国生事，诸国构煽，实为数千年来未有之变局。"②如何回应这个大"变局"呢？以奕䜣、文祥、曾国藩、左宗棠、李鸿章等人为代表的洋务派发出了"自强"的呼声，"夫中国之宜谋自强，至今日而已亟矣。

---

① 王锡彤著，郑永福、吕美颐点注：《抑斋自述》，143 页，开封，河南大学出版社，2001。

② 李鸿章：《筹议海防折》，见中国史学会主编：《洋务运动》第 1 册，42 页，上海，上海人民出版社，1961。

识时务者，莫不以采西学、制洋器为自强之道。"①自强以练兵为急，练兵以制器为先。于是，以创办近代军事工业为先导的洋务自强运动便应运而生。咸丰十一年(1861年)，总理各国事务衙门的设立，使洋务运动有了一个中枢机构。洋务运动从此进入实际运作过程。此后30余年的洋务运动经历了从创办军事企业以"求强"到创办民用企业以"求富"的两个阶段。在这个过程中，慈禧太后是什么态度？应该说，基本上是支持的。比如说，奕訢等人建议在同文馆设立天文算学馆，遭到倭仁等顽固守旧派的阻挠，慈禧太后支持奕訢，天文算学馆得以招生开馆。其他如关于设厂制造枪炮轮船、关于修造铁路、关于幼童留美等等，每一项事业的举办都不同程度地遭到了传统保守势力的非议与阻扰。当时的顽固派"一闻修造铁路、电报，痛心疾首，群起阻难，至有以见洋人机器为公愤者"。②但各项事业最终都能够艰难地起步，这与慈禧太后的支持是分不开的。不过，综观洋务运动的各项举措，这只是一个限于学习西方近代科学技术进行器物层面变革的低层次的近代化运动。洋务运动虽然对中国近代化有开启之功，但其作用是有一定限度的，并没有使中国社会从根本上走上近代化道路。洋务运动标榜以"求强"与"求富"为目的，这个初衷应该说毋庸置疑。然而，其是否真正使国家走向富强呢？则需要实践的检验。战争尤其是国际之间的战争，无疑是检验综合国力的一个客观实在的标准。1894—1895年的中日甲午战争充当了洋务运动成败的试金石。结果的事实是无情的，中国被日本战败，北洋海军的全军覆灭标志着洋务派苦心经营了30余年的洋务运动以失败而告终。

戊戌维新运动是制度变革的尝试，遭到慈禧太后的镇压。甲午战争的失败对中国社会的震动是巨大的，这个震动强烈地刺激了维新变法运动的兴起。泱泱大中国败于"蕞尔岛国"日本，既明确地向国人昭示了日本明治维新的成功，同时又促使国人深刻地反省中国洋务运动的失败。维新派从血的教训中认识到，洋务运动的局限在于仅有器物

---

① 《同治五年十二月二十三日总理各国事务奕訢等折》，见中国史学会主编：《洋务运动》第2册，24页。

② 郭嵩焘：《伦敦致李伯相》，见《郭嵩焘诗文集》，190页，长沙，岳麓书社，1984。

层面的变革，从学习西方的角度来看，则是只知皮毛，而不知本原。在他们看来，西方富强的本原不在于近代机器生产与军事装备，而在于近代经济与政治制度。梁启超严厉地批评洋务派谈"变法"，只知练兵、开矿、通商、铁路、轮船、银行、邮政、农务、制造等器物层面上的枝节改革，而"不知本原"，是不得要领；他认为："变法之本，在育人才，人才之兴，在开学校，学校之立，在变科举，而一切要其大成，在变官制"。① 康有为在回答"如何变法"的问题时，也曾明确地表示"宜变法律、官制为先"②。显然，康、梁的变法思想主张已经明显地超越洋务思想的技术改造层面而进到制度创新的层面。当然，在他们看来，技术与制度有着内在的关联，是不可分割的统一体，因此，中国要想变法图强，不能点滴、枝节地变革，而必须实行全面的、根本的改革，正如康有为所说："能变则全，不变则亡；全变则强，小变仍亡。"③ 从"小变"到"全变"，是维新运动对洋务运动的超越之处。甲午战后，在维新派的宣传鼓动之下，以日本为榜样的全面的维新变法，一时成为时代思潮的主流。值得注意的一点是，在甲午战后民族危亡的特殊历史条件下，变法图强不只是康、梁几个维新派人物的呐喊，而是一时成为朝野的共识，尤其是一度引起了一些高层官僚的共鸣。如湖广总督张之洞有感于甲午战败，痛定思痛，认为："泥法而流于弱，变法即转为强"，主张"变通陈法"，"力变从前种种积弊"④。基于这样的思想基础，一批军机大臣或地方督抚如李鸿藻、孙家鼐、翁同龢、王文韶、张之洞、刘坤一等政界要人列名维新派组织强学会，这对维新运动无疑是一个有力的支持。更重要的是，"不甘作亡国之君"的光绪皇帝对维新派也是采取积极接纳的态度，一举将维新运动推向高潮，从而轰轰烈烈地上演了"百日维新"的一幕。在"百日维新"期

① 梁启超：《论变法不知本原之害》，见中国史学会主编：《戊戌变法》第 3 册，19～21 页。

② 康有为：《康南海自编年谱》，37 页，北京，中华书局，1992。

③ 康有为：《上清帝第六书（应诏统筹全局折）》，见中国史学会主编：《戊戌变法》第 2 册，197 页。

④ 张之洞：《普天忠愤集序》，见孔广德编《普天忠愤集》卷首，沈云龙主编《近代中国史料丛刊》续编第 23 辑（226），台北，文海出版社。

间，光绪皇帝发布了一系列的变法谕旨，具体涉及政治、经济、军事、文化教育等方面。这些举措有的在洋务时期已经开始举办，有的则是全新的事项。大而言之，维新运动超越洋务运动之处主要有两点：一是变革的全面性；二是变革已明确地指向制度层面。因此，无论在变革的广度还是深度上，维新运动都比洋务运动更进了一步。可以说，由洋务运动开启的中国近代化运动在维新时期进入了一个新的阶段。如同洋务事业举步维艰一样，维新变法遇到反对派的阻力是有过之而无不及。本来，慈禧太后并不反对变法，她起初对变法是持冷眼旁观的态度。但是，康、梁维新派全变、速变的激进思想，尤其是以围园劫后的计谋将矛头直指慈禧太后的过激策略，使慈禧太后转而坚定地支持守旧势力。戊戌政变使光绪皇帝被囚于瀛台，康、梁逃亡海外，谭嗣同等"六君子"喋血菜市口，维新力量遭到近乎毁灭性的打击。一场轰轰烈烈的变法运动转瞬间便烟消云散，只留下并未见诸实施的一纸维新蓝图。

庚子事变后，慈禧太后被迫实行新政，但宪政改革进展迟缓。事实上，在戊戌政变之后一段时期内中国政治虽然一度走向黑暗与反动，但是，当慈禧太后这位大清王朝的实际主宰者在新世纪来临之际于"庚子事变"中陷于绝境时，她不得不呼唤"变法"的亡灵。历史的嘲讽是无情的，反动派成了改革者的遗嘱继承人。光绪二十六年（1900年）十二月，慈禧太后以光绪皇帝的名义在西安行在发布新政上谕，新政改革正式启动。清末新政分两个阶段：第一阶段涉及政治、经济、军事、文化教育与社会生活等领域的变革，这些变革基本上都是在体制内进行。第二阶段是政治体制本身的变革，这是前一阶段各项体制内变革发展的必然趋势。日俄战争的结果，日本战胜俄国，标志着立宪对专制的胜利。在日俄战争的刺激下，立宪思潮在中国勃兴。中国是否实行立宪及如何立宪？慈禧太后派遣载泽、端方等五大臣出洋，到日本、欧美各国考察宪政。载泽等人回国后，奏陈立宪之利有三：皇位永固，外患渐轻，内乱可弭。就是说，可以永保大清江山。这正合慈禧太后心意。光绪三十二年（1906年）七月，慈禧太后发布懿旨，宣布仿行宪政，开始预备立宪。对于慈禧太后来说，立宪的目的主要是维护大清王朝的皇权统治，因此改革不能操之过急，尤其不能有损于皇权。预备立宪以改官制为先，当编制官制馆奏请合并旧内阁与军机处以实行责任内阁制时，慈禧太后洞察到奕劻、袁世凯集团企图以责任内阁制分享皇权的阴谋，便毫不犹豫地予以否决，而仍然保持旧内阁与军机处的体制。立宪之要"预备"，最为冠冕堂皇的理由是因为在当时的中国实行立宪的条件尚不成熟，必须要有一个准备与过渡的时期。至于这个时期究竟要多长，则是一个难以解决的问题。清廷起初并没有确定一个期限，立宪派感觉遥遥无期，于是请愿要求确定召开国会的年限。光绪三十四年（1908 年）七月，慈禧太后以光绪皇帝的名义颁布了《钦定宪法大纲》和《九年筹备立宪清单》。《钦定宪法大纲》的主体是"君上大权"，明确规定大清皇帝是大清帝国永远的绝对主宰，君权神圣不可侵犯，大清皇帝拥有大清帝国一切内政外交大权。其条文主要仿自日本的宪法，君主的权力在此得到最为充分的肯定。这是慈禧太后实行预备立宪的初衷与根本目的。《九年筹备立宪清单》规定了此后九年内逐步实行预备立宪的各项事宜，对预备立宪的进展作了一个总体规划。但是，这个九年的期限，与立宪派要求的两三年内实行立宪期望颇有差距。就在《九年筹备立宪清单》颁布之后不久，光绪皇帝与慈禧太后相继去世，政局大变，预备立宪仍在艰难地进行，但前途渺茫。

纵观慈禧太后时代中国近代化历程，从洋务运动、戊戌维新到清末新政，是一个近代化的依次递进的过程。这个过程是无比艰难曲折的。洋务运动只局限于技术层面的变革，经甲午战争检验，是失败的。戊戌维新指向制度层面，但被慈禧太后发动的戊戌政变所扼杀。清末新政由体制内变革发展到政治体制变革，开始预备立宪，但最终并没有使大清王朝稳步地走上民主宪政的道路。在某种意义上可以说，慈禧太后以洋务运动的形式开启了中国近代化，但却以预备立宪的形式制约了中国近代化的进程。与东邻日本通过明治维新而实现近代化的目标不同，慈禧太后时代的中国，无论是洋务、维新，还是新政，均没有使中国顺利走上近代化的道路，而是一再错失了近代化的机遇。

(四)"老人政治"模式的局限

在中国历史上，慈禧太后是与西汉的吕后和唐朝的武则天鼎足而三的政治女强人。她们是太后临朝称制的标志性人物，均为男权世界中女主政治的异数。所不同的是，吕后曾经企图变刘汉政权为吕氏王朝，武则天竟公然改李唐为武周并自称皇帝，慈禧太后则始终维护爱新觉罗氏的皇统不变。吕后与武则天的篡权均不可避免地难逃败亡的命运；也许是吸取了前辈的教训，慈禧太后可谓青出于蓝而胜于蓝，把太后临朝称制这种独特的政治模式发挥到了极致。

如何评价慈禧太后的统治？可以从以下两个方面来看：

一方面，慈禧太后统治靠的是政治经验与手腕，她有传统政客老辣的政治经验与高超的政治手腕。就政治经验来说，慈禧太后并不是天生的权谋者。辛酉政变的成功，激发了她的无限的权欲。在同治朝第一次垂帘听政，使她积累了丰富的政治经验。比如她在处理与恭亲王奕䜣的关系，以及重用汉族大臣曾国藩、左宗棠、李鸿章等方面，均能得心应手。她的唯一的儿子同治皇帝的去世，对她的打击是致命的。本来她已归政，但她的唯一的希望破灭，使她不可能再颐养天年。此后，她的全部精力均灌注于大清王朝的统治权力，一再临朝理政，欲罢不能。名义上在位30多年的光绪皇帝，实际上只不过一个傀儡而已。朝廷内外大臣如荣禄、奕劻、袁世凯、张之洞等，均无不俯首帖耳，甘心臣服。当然，这些都离不开她高超的政治手腕。慈禧太后惯用的统治术，就是善于利用各派政治势力之间的矛盾，凌驾于各派冲突之上，操纵其间，保持自己权势，以此维持政局的稳定。咸丰十一年（1861年）辛酉政变的成功，就是利用恭亲王奕䜣集团，而铲除了肃顺集团。第一次垂帘听政时，慈禧太后比较依重恭亲王奕䜣；位居议政王与首席军机大臣的奕䜣，起初并不把年轻的慈禧太后放在眼里，遂有居功自傲而尾大不掉之势。同治四年（1865年），慈禧太后略施小技，便去掉了奕䜣议政王的封号，使奕䜣稍有收敛。但是，奕䜣势力对慈禧太后的统治始终是一个潜在的威胁。慈禧太后既要依靠和利用奕䜣，又不能使奕䜣集团势力过分膨胀。光绪十年（1884年），慈禧太后又借中法战争战局不利之机，撤掉奕䜣为首的全部军机大臣，换成礼亲王世铎为首的新军机处，并谕命新军机处遇有紧要事件，与醇亲王奕譞会同商办。实际上是用奕譞集团取代了奕䜣集团。光绪二十四年(1898年)，慈禧太后在荣禄的支持下发动戊戌政变，第三次临朝理政，荣禄一度成为其最宠信的大臣。荣禄去世后，庆亲王奕劻继而为首席军机大臣，与直隶总督兼北洋大臣袁世凯相勾结，形成当朝一种显赫势力。与此同时，朝中还存在另外一种势力，以深受慈禧太后宠信的军机大臣外务部尚书瞿鸿机为首，以两广总督岑春煊为奥援。奕劻、袁世凯集团权倾朝野，慈禧太后本想借助瞿鸿机、岑春煊势力予以打击。结果出人意料，由于瞿鸿机弄巧成拙，反而使奕劻、袁世凯先发制人地反戈一击，致使瞿鸿机和岑春煊横遭罢斥和放逐。奕、袁集团因此而权势至于鼎盛，这是垂暮之年的慈禧太后不得不深以为患的。为此，慈禧太后采取了一系列抑制奕、袁集团势力再度膨胀的措施。首先，调醇亲王载沣入军机处，以分奕劻之权。其次，去掉袁世凯直隶总督及北洋大臣之职，调袁为军机大臣兼外务部尚书，实为明升暗降之法。再次，又调张之洞入军机处，对袁加以牵制。慈禧太后煞费苦心，基本维持了光绪末年政局的稳定。

另一方面，慈禧太后缺乏近代政治家的政治智识，她关注大清朝的皇位统治更胜于关注近代中国的前途与命运。当洋务运动在清政府向西方列强"借师助剿"的过程中兴起时，慈禧太后也感性地意识到洋枪洋炮的厉害，而对于洋务运动在技术层面的变革给予了相应地支持。当戊戌维新指向制度变革时，慈禧太后及时予以镇压。当清末新政发展到预备立宪阶段而走向政治体制变革时，慈禧太后游移持重，企图采取拖延战术，终于功败垂成。制度变革尤其是政治体制变革，是慈禧太后时代中国近代化的一个难以突破的瓶颈。在慈禧太后时代，清王朝的专制皇权与近代中国的政治民主化趋向之间有一个内在的紧张关系。慈禧太后关注大清朝的皇位统治更胜于关注近代中国的前途与命运，因而始终无法突破其间内在的张力，也无法真正地迈出政治体制改革最关键的一步。预备立宪终于未能完成政治体制的结构性转型，清王朝很快就在革命中覆亡。诚如第二次出洋考察宪政大臣于式枚曾所预言："行之而善，则为日本之维新；行之不善，则为法国之革命。"①不幸而言中，这真成了

---

① 《考察宪政大臣于式枚奏立宪必先正名不须求之外国折》(光绪三十四年[1908年]三月十七日)，见《清末筹备立宪档案史料》上册，337页。

清末预备立宪结局的谶语。

可见，慈禧太后的统治，主要靠的是政治经验与政治手腕，是一种典型的"老人政治"模式。在这种模式下，实际最高统治者没有国家元首与政府首脑的名分，靠个人的威望与影响力控制权力，在幕后操纵国家政权。这种政治模式，明显地表现出保守而缺乏远见的特征，可以维稳而难以开新。其实质是一种隐性专制政治，必然成为民主政治的绊脚石，从而与政治近代化潮流背道而驰。清末预备立宪举步维艰可为明证。清政府也因此付出了遭受灭顶之灾的惨痛代价。

原文部分内容以《一个人与一个时代——论慈禧太后及其统治的是非功过》为题，载《安徽史学》2014 年第 3 期。

后 记

本书是一部关于晚清历史人物研究的专题论文集。

回首前尘,冥冥之中似有定数。我在走上历史研究路途之初,便与人物研究结下不解之缘。做硕士论文时,虽然题目是研究民国初年的统一党,但涉及很多重要历史人物,尤其是作为党魁的章太炎和王赓。章太炎是鲁迅所谓"有学问的革命家",他的学问与革命经历均是学界研究的重点,但其在民国初年的政党活动则少有论析,这是值得深入发掘的一面。王赓就是王揖唐,近代历史上只留下"汉奸"的骂名,但他在清末民初也有非常亮眼的历史。他是清末最后一科进士,留学日本回国参加留学生考试,又获进士头衔,有"双料进士"之称;民初与章太炎等人组织统一党,并成为后期统一党首领。揭示王赓(王揖唐)这鲜为人知的一面,更使我深深地感觉到,历史人物都有多重面相,对于任何人物都不能简单地贴标签,只有实事求是地具体研究,才能去除历史人物研究中的"脸谱化"模式,以尽可能地还原历史人物的本来面目。

我的博士论文与博士后报告都是人物专题研究,重点研究了倭仁与张之洞。做倭仁研究实在有点懵懂。当时学界思想史研究比较时髦,我的研究方向是近代中国社会思潮。或许是别出心裁,我逆向思维,认为一般都研究从经世、洋务、维新到革命的进步思潮,而与之相对立的保守思潮则被忽视,实际上,研究保守思潮,也有揭示历史另一面之意。个人的想法,本来是要做近代中国保守思潮的宏观研究,但先师陈胜粦教授不以为然,单独拈出倭仁来,指示先做个案研究。倭仁研究很辛苦,苦于资料太少。以倭仁为中心,从明末到晚清,上穷碧落下黄泉,动手动脚找东西,苦心经营三年的结果,便是薄薄的一册《晚清保守思想的原型——倭仁研究》。

做张之洞研究则纯属意外。当年北上进京时，本想继续做戊戌时期保守思想研究，但导师张海鹏先生要我看看近代史所藏张之洞档案。这是张之洞的曾孙张遵骝先生于上个世纪50年代初捐献给近代史所的一份张氏家藏档案，其藏量之丰（后全部扫描据说有20万余页），使我颇感惊讶。张之洞研究也很辛苦，不过是苦于资料太多。整整两年时间，我的工作便主要是阅读这份档案，同时收集其他相关资料，其结果便是那本已经再版了的《张之洞与清末新政研究》。

在完成张之洞研究的基础上，我又做了一项清末新政时期地方督抚的群体研究。这项研究断断续续达十年之久，令我意外的是，最重要的发现却是在跳出人物研究的窠臼之后，通过重新检讨晚清中央与地方关系，提出了"内外皆轻"的权力格局说。这个说法并不是对罗尔纲先生等既往相关研究的全盘颠覆，毋宁说是一定程度上的补充与修正，可能也并不一定能被学界理解、接受，但确实是《地方督抚与清末新政——晚清权力格局再研究》一书的最大创获。

回顾我做过的人物研究，从个案到群体，一路走来，实在是莽莽撞撞。这本论集涉及10余位晚清历史人物，其中篇章大都是为学术会议而写，甚至不无应景之嫌。之所以写这些人物，其间有无内在逻辑还不好说，但各篇多少有些故事或许还值得回味。

按照各篇写作时间顺序，首先说《人生境遇与时代变迁——魏源、容闳、谭嗣同三题》。这篇实际上是由三篇小论文合成，其主题是现加的，也是我理解和研究历史人物的中心旨意。

（1）《略论魏源思想的文化背景》，是一篇"硕士后"或"博士前"论文，其稚嫩显而易见。当时的想法很简单，由于湖南人趋于极端的性格，加上湖南地处内地，并不是开放地区，近代以来湖南人在省内相当保守，而出省在外则较为开放，开风气之先者为嘉道经世派督抚重臣陶澍、贺长龄，魏源是其中重要一分子，于是冒出"走出湖南的湖南人"这个怪异说法。该文提交1994年9月20—25日在湖南邵阳举办的"纪念魏源200周年诞辰国际学术研讨会"。那是刚上博士研究生不久，随侍先师陈胜粦教授第一次也是最后一次外出参加学术研讨会。会议讨论的情况已不记得，只依稀记得新宁崀山的一线天、扶夷江的竹排，以及陈先生非常富有亲和力的笑容。

（2）《谭嗣同戊戌进京前后的思想变动及其原因》，从谭嗣同的科举仕宦经历考察其以死"酬圣主"的心态，指出这是"死事"与"死君"的统一：既有为维新变法理想献身的近代爱国精神，也有报答光绪皇帝知遇之恩的传统忠君意识。该文先是提交 1998 年 9 月 15—17 日在广东南海举办的"康有为与戊戌变法学术研讨会"，当时正带领华南师范大学历史系的学生在南海实习，顺便参会了；随后又提交 9 月 27—30 日在湖南浏阳举办的"谭嗣同暨湖南戊戌维新国际学术研讨会"，会上报告之后，某位谭氏后人特别声明"我们的先人是为革命献身的"，至今我不明白谭嗣同与"革命"有何关系，大概其所谓"革命"是一个泛政治化所谓"政治正确"的代名词。

（3）《"边缘人"的角色尴尬——容闳在晚清中国的人生境遇》，提交1998 年 11 月 26—29 日在广东珠海举办的"容闳与中国近代化——纪念容闳诞辰 170 周年学术研讨会"。当时用"边缘人"一词评论容闳，并没有理会社会心理学上有这个概念，只是凭感觉用的。阅读容闳的自传，发现他在美国是"老外"，回到中国还是"老外"，两边都有关系，又两边都靠不住，卡在夹缝之中，好生奇特。会上另有两位学者也用了"边缘人"或"边际人"，不谋而合，才意识到这个词与容闳确实有不少贴切之处。

《在社会问题与经济问题之间——从张之洞禁烟思想与实践的内在矛盾看晚清禁烟问题的两难困境》，提交 2001 年 6 月 26—28 日在河北师范大学举办的"毒品问题与近代中国学术讨论会"。题目实在太长，为了把问题说清楚而又实在无法精简。当时刚做完张之洞研究，材料还算熟悉，主题的提炼则是有感于曾经被媒体称赞香烟盒上终于写上了"吸烟有害健康"。对此，我偶发奇想，要是在闹市区扔炸弹，是否只要嘴里念叨"炸弹危险"就不犯法呢。当然这是个冷笑话。实际上，鸦片烟也好，香烟也罢，之所以禁而不绝，正是社会伦理与经济效益的矛盾冲突。这是当年张之洞的无奈，也是晚清政府乃至后世政府的困境。

《曾国藩与倭仁交谊略论》，是在倭仁研究的旧著基础上整理出来的，提交 2006 年 11 月 30 日—12 月 2 日在湖南双峰举办的"曾国藩与近代中国国际学术研讨会"。曾国藩籍贯湘乡，现在属于双峰。这个研讨会规模宏大（据说整个双峰的宾馆全部包满），是双峰县招商引资的重要平台，当时有个时髦说法是"文化搭台，经济唱戏"。学术讨论实在只是点缀，没有留下什么记忆，只记得整修一新的曾国藩故居——富厚堂借此开张，锣鼓喧天，鞭炮齐鸣，从此正式列为全国重点文物保护单位。

《张之洞庚子年何曾有过帝王梦——与孔祥吉先生商榷兼论清末文献中的"政府"概念》，初稿写于 2005 年，后陆续有所修订，2009 年 9 月 19—21 日提交武汉大学举办的"张之洞与中国近代化国际学术研讨会"。写作此文的诱因，是看到《文汇读书周报》（2005 年 9 月 16 日）刊载《宇都宫太郎的日记印证范文澜推理：张之洞在庚子年的帝王梦》的报道。这是推介孔祥吉先生的新作《张之洞在庚子年的帝王梦——以宇都宫太郎的日记为线索》（《学术月刊》2005 年第 8 期），该文提出庚子年张之洞在内心深处存在独立称王的思想，实为石破天惊之论。然而，仔细拜读孔先生原文后，对于其立论的核心依据——所谓"日本史学界近年来关于中国近代史资料最重要的发现"的宇都宫太郎《明治三十三年当用日记》，以及孔先生围绕其中心论题所做的各项论证，尤其是对所征引史料中关键词"政府"含义的理解，均颇有疑惑。因撰此文，逐一辨析。

《袁世凯与清末责任内阁制》，略叙清末官制改革中袁世凯与清廷内部各派政治势力围绕责任内阁制的权力争斗，以及武昌起义之后袁世凯利用责任内阁制，控制清廷权力核心，以攫取革命果实，指出责任内阁制最终成为政治权力斗争的工具和牺牲品。该文提交 2011 年 12 月 9—12 日河南安阳举办的"辛亥革命与袁世凯学术研讨会"。需要说明的是，袁世凯能被作为学术讨论会的对象，尤其是把袁世凯与辛亥革命一起来讨论，是安阳师范学院张华腾教授对学界的贡献。该文特别对张华腾教授的勇气表示敬意。

《张人骏与江苏谘议局》，提交 2012 年 4 月 20—24 日浙江杭州举办的"政治精英与近代中国国际学术讨论会"。在历史人物研究中，有一个普遍现象，就是有的人在历史上实际地位很高，但其身后却事迹不彰，声名不著，张人骏就属此类人物。论直隶丰润张氏之俗名，曾经位高权重的张人骏，既不如清流健将张佩纶（张人骏堂叔），更不如红粉作家张爱玲（张佩纶孙女）。该文详细爬梳官至两江总督的张人骏的事迹，认为张人骏常被论者指斥为对宪政无知的顽固鄙陋之徒，实际上与事实并不相符；并以张人骏与江苏谘议局的矛盾冲突为例说明，地方督抚与立宪派的矛盾，与其说是思想观念之争，毋宁说是权力之争，其实质是预备立宪时期行政权限与议政权限尚未分割清晰的必然冲突。

《李鸿章对日本的认识及其外交策略——以 1870 年代为中心》，是中日韩共同历史研究项目成果之一。在参与中日韩三国共同历史编纂委员会编写《超越国境的东亚近现代史》的过程中，我与日本早稻田大学大日方纯夫教授、韩国建国大学朴三宪教授合作做了一个小项目"近代转换期东亚地区秩序研究——以 1870 年代为中心"。该项目由韩国东北亚历史财团资助，中日韩三国各两位学者分别做两个专题研究。我做的便是这篇李鸿章研究，在充分重建史实的基础上，主要辨析两个问题：一是关于 19 世纪 70 年代李鸿章对外思想的认识问题。李鸿章在维持传统东亚国际秩序与进入近代国际秩序之间有着深刻的矛盾：一方面是维持传统的宗藩体制，另一方面是适应国际法进入近代国际秩序。二是关于 19 世纪 80 年代清朝对朝鲜政策性质的评价问题。究竟是继续维持和加强传统宗藩关系，还是仿效西方列强进行近代殖民侵略？部分日本与韩国学者认为，清朝在维持与朝鲜的传统宗藩关系的同时，也在仿照西方列强的方式，对朝鲜进行殖民侵略。我认为，19 世纪 80 年代乃至甲午战争以前，清朝与朝鲜的关系基本上还是在传统的宗藩关系框架范围内，尽管清政府通过袁世凯驻朝有意识地加强了中国的宗主权，但这个时期的中朝关系并没有突破传统的宗藩关系框架，清朝无力也没有意图对朝鲜进行西方式的殖民侵略。该文先以韩文发表于《东北亚历史论丛》第 32 号（2011 年 6 月），后提交 2012 年 10 月 26—29 日湖南师范大学举办的"近代中国的国家观念与世界意识——第四届中国近代思想史国际学术研讨会"。走笔至此，我要特别对为中日韩三国共同历史研究竭尽心力的步平先生表示深切的怀念。

《神妖之间的人——慈禧太后形象三面观》，有点异类。记得当年阅读中国社科院近代史研究所所藏张之洞档案时，看到慈禧太后召见梁鼎芬时曾说过这样一段话："我常看我看的书，并一天不看书不好过，新书我亦看。"忍不住对慈禧太后要刮目相看。后来在韩访学又看到 1902 年 4 月 2 日韩国报纸《皇城新闻》关于慈禧太后学英语的报道："近日西太后每日读习英文，前日各国使臣陛见时，采英音하우두유두（How do you do）向各使致礼。"更是完全颠覆了既往对慈禧太后的刻板印象。该文初稿写于 2008—2009 年访韩期间。在首尔大学初期，有此难得时机稍作身心休整，不禁信马由缰地神游冥思，许多历史人物在脑海中走马灯似的飘过，我看到了他们的三个面相：神化的一面，妖魔化的一面，还原到人的一面。慈禧太后尤为典型。近代中国是从传统向现代转型的过渡时代，历史人物均呈现纷繁复杂的面相，从不同角度观察，可能得出完全不同的认识。慈禧太后到底是怎样的一个人？在她生前死后，众说纷纭，誉毁不一。有人为她涂脂抹粉，唱赞歌，甚至顶礼膜拜；也有人痛恨她，诅咒她，极力丑化她的人格与灵魂。于是有了神化与妖魔化的慈禧太后两面形象。去掉慈禧太后神圣的光环与妖魔化的面具，作为历史人物的慈禧太后也有多重面相。从个体生命史与个人命运来看，慈禧太后看似无限辉煌的人生背后，其实颇有悲剧性意味。把慈禧太后置于宏大历史场景之中，从革命史的角度来看，慈禧太后残酷镇压各种反清武装起义和革命，均可予以大张挞伐；但从清史的角度思考，如果慈禧太后对这些反清起义和革命无动于衷，那未免不可理喻。就改革史的层面而言，慈禧太后既有顽固保守的一面，也有被迫顺应潮流之举，但终归因循游移而一再错失中国近代化的机遇。慈禧太后的统治，是一种典型的"老人政治"模式，主要靠的是政治经验与政治手腕，她有传统政客老辣的政治经验与高超的政治手腕，但缺乏近代政治家的政治智识，她关注清王朝的皇位统治更胜于关注近代中国的前途与命运。该文提交 2013 年 12 月 6—9 日广州暨南大学举办的"共创历史：精英人物与近代中国学术讨论会"。

《乡村士绅在"近代"边缘的生活世界——嘉道咸同时期管庭芬日记解读》，提交 2014 年 10 月 10—14 日四川大学举办的"地方的近代史：州县士庶的思想与生活学术研讨会"。在鸦片战争前后中国社会从传统向近代转型的过程中，出现了林则徐、魏源等一批"开眼看世界"的经世派人物，他们在向国人介绍西方知识的同时也开始迈入近代的门槛，但更多的传统士人究竟是否走向了近代则是一个值得探究的问题。进而言之，那些没有走入"近代"或仍在"近代"边缘徘徊的士人，他们又是如何因应世变以及其实际生活世界又是怎样一番情景呢？这更是值得深入探讨的问题。浙江海宁乡村士绅管庭芬，为此提供了一个典型的个案。作为一个普通的乡村士绅，管庭芬在"近代"边缘的生活世界具有相当普遍的代表性。或许正是因为有千千万万像管庭芬这样拒绝转型的普通士人与民众，故而使这个转型的道路显得颇为艰难曲折，甚至因为不得不转型而变得扭曲畸形。至于这究竟是中国传统社会的阻力还是生命力，却非常值得引人深思。职是之故，所谓"近代"与"近代化"的意义或许当予以重估。

《略论刘铭传的台海防御观》，提交 2015 年 9 月 23—26 日安徽合肥举办的"海峡两岸纪念刘铭传首任台湾巡抚 130 周年学术研讨会"。刘铭传是首任台湾巡抚，后半生事业主要在台湾，是推动台湾近代化的关键人物。有关刘铭传的海防思想与实践，既往学界研究大都就台湾论台湾，其关键性概念主要是"台湾防务"或"台湾海防"。该文提出"台海防御观"的概念，认为刘铭传的海防思想，并不是孤立的台湾海防或台湾防务，而是立足台湾又超越台湾、涉及台海地区的整体防御，甚至涉及以台海防御为中心的东南海疆防务乃至整个中国海防。这是一个内部结构复杂而包含多个层面内容的海防思想体系。

最后需要说明的是，这些论文得以结集出版，必须特别感谢青年出版家谭徐锋先生的睿智筹划。在我为书名颇为踌躇之际，徐锋建议用《变局与抉择——晚清人物研究》，我觉得很好，于是便定此名。借此机会，还要对多年来给予我诸多关心、支持与帮助的各方师友表示诚挚的谢忱，并期待各位及读者诸君不吝指教。

图书在版编目(CIP)数据

变局与抉择：晚清人物研究/李细珠著. —北京：北京师范大
学出版社，2017.10（2018.11重印）
（中华学人丛书）
ISBN 978-7-303-22395-4

Ⅰ.①变… Ⅱ.①李… Ⅲ.①人物研究－中国－清后期
Ⅳ.①K820.52

中国版本图书馆 CIP 数据核字(2017)第 092601 号

营 销 中 心 电 话　010-58805072　58807651
北师大出版社高等教育与学术著作分社　http://xueda.bnup.com

BIANJU YU JUEZE：WANQING RENWU YANJIU

出版发行：北京师范大学出版社 www.bnup.com
　　　　　北京市海淀区新街口外大街 19 号
　　　　　邮政编码：100875

印　　刷：北京京师印务有限公司
经　　销：全国新华书店
开　　本：730 mm×980 mm　1/16
印　　张：19.75
字　　数：288 千字
版　　次：2017 年 10 月第 1 版
印　　次：2018 年 11 月第 2 次印刷
定　　价：68.00 元

策划编辑：谭徐锋　　　　　　责任编辑：谭徐锋
美术编辑：王齐云　　　　　　装帧设计：王齐云
责任校对：陈　民　　　　　　责任印制：马　洁